Selbstverwirklichungsprozesse erwachsener Menschen mit geistiger Behinderung über bildende Kunst?

Der Versuch, über ein Beobachtungsinstrumentarium die Praxis zu erschließen

von

Simone H.L. Fischer

Kasseler Dissertation

Tectum Verlag
Marburg 2003

Fischer, Simone Hildegard Lidwina:
Selbstverwirklichungsprozesse erwachsener Menschen mit geistiger Behinderung über bildende Kunst?.
Der Versuch, über ein Beobachtungsinstrumentarium die Praxis zu erschließen.
/ von Simone H.L. Fischer
- Marburg : Tectum Verlag, 2003
Zugl.: Kassel, Univ. Diss. 2003
ISBN 978-3-8288-8582-0

© Tectum Verlag

Tectum Verlag
Marburg 2003

Mein Dank gilt allen Menschen,
die zum Gelingen der vorliegenden Arbeit beigetragen haben.

Kunst

Ton der Stille
ist die Kunst den
Ton der Stille im
Inneren zu vernehmen.

Ton der Stille
ist die Kunst
unverfälscht nach
außen fließen zu lassen.

Damit der Ton der Stille
im Kunstwerk der Kunst
für die Augen des Betrachters
sichtbar wird.

Sonja Weil[1]
Kunsttherapeutin
2000

---

[1] Dieses Gedicht wurde der Autorin in Freundschaft zugeeignet und befindet sich in Privatbesitz. Eine Erstveröffentlichung erfolgt mit Einverständnis der Urheberin.

Inhaltsverzeichnis

1. Einleitende Überlegungen 17
2. Strukturierung und methodische Herangehensweise 19
3. Übersicht über den sozialwissenschaftlichen Stand zur Forschungsfragestellung 33
4. Theorie der Körpersprache 45
   4.1 Körpersprachliches Ausdrucksverhalten *45*
      4.1.1 Visueller Kanal 48
         4.1.1.1 Mimik 49
         4.1.1.2 Gestik 52
         4.1.1.3 Körperhaltung 54
      4.1.2 Auditiv-akustischer Kanal 56
   4.2 Wahrnehmung und Beobachtung körpersprachlichen Ausdrucksverhaltens *57*
   4.3 Körpersprache und bildende Kunst *61*
5. Explikation des Begriffes Selbstverwirklichung 65
   5.1 Aussagen erwachsener Menschen mit geistiger Behinderung zum Explikandum „Selbstverwirklichung" *65*
      5.1.1 Kategorie V: Definitionsansätze 65
      5.1.2 Kategorie VI: Bereiche möglicher Selbstverwirklichung 67
      5.1.3 Zusammenfassung 70
   5.2 Aussagen von Fachleuten zum Explikandum „Selbstverwirklichung" *70*
      5.2.1 Kategorie I: Einstellungen zum Begriff Selbstverwirklichung ... 70
      5.2.2 Kategorie II: Aussagen über den Begriff Selbst 74
      5.2.3 Kategorie III: Begrenzungen der Selbstverwirklichung 75
      5.2.4 Kategorie IV: Assoziationen zum Begriff Selbstverwirklichung ... 76
      5.2.5 Kategorie V: Definitionsansätze 81
      5.2.6 Kategorie VI: Bereiche möglicher Selbstverwirklichung 86
      5.2.7 Zusammenfassung 87
   5.3 Aussagen von Studierenden zum Explikandum „Selbstverwirklichung" *88*
      5.3.1 Kategorie I: Einstellungen zum Begriff Selbstverwirklichung ... 88
      5.3.2 Kategorie II: Aussagen über den Begriff Selbst 88
      5.3.3 Kategorie III: Begrenzungen der Selbstverwirklichung 90
      5.3.4 Kategorie IV: Assoziationen zum Begriff Selbstverwirklichung ... 91
      5.3.5 Kategorie V: Definitionsansätze 92
      5.3.6 Kategorie VI: Bereiche möglicher Selbstverwirklichung 99
      5.3.7 Zusammenfassung 101
   5.4 Das Explikandum *101*
   5.5 Das Explikat *104*

5.6 Zusammenfassung und Zuordnung zu nachfolgender Problemstellung 105

6. Selbstverwirklichungsprozesse erwachsener Menschen mit geistiger Behinderung über bildende Kunst? 107

6.1 *Autobiografisch-narrative Interviews mit erwachsenen Menschen mit geistiger Behinderung* *107*

    6.1.1 Biografische Aspekte der künstlerischen Entwicklung 107
        6.1.1.1 Anfänge der künstlerischen Entwicklung 107
        6.1.1.2 Inneres Bedürfnis und Motivation 109
        6.1.1.3 Bedeutung von bildender Kunst im Erwachsenenalter 110
        6.1.1.4 Tätigkeit als Künstler/Künstlerin versus Tätigkeit in einer Werkstatt für Behinderte 111
    6.1.2 Bildende Kunst erwachsener Menschen mit geistiger Behinderung in der Öffentlichkeit 113
        6.1.2.1 Künstler-/Künstlerinnendasein 113
        6.1.2.2 Zur Bedeutung von Kunstausstellungen und Verkäufen künstlerischer Werke 115
        6.1.2.3 Kommunikation mit dem Publikum 117
    6.1.3 Selbstverwirklichungsprozesse über bildende Kunst? 119
        6.1.3.1 Konkurrenz unter Künstlern/Künstlerinnen mit geistiger Behinderung 119
        6.1.3.2 Lieblingsfarben und Farbsymbolik 120
        6.1.3.3 Materialwahl und künstlerische Technik 120
        6.1.3.4 Motivwahl und Motivsymbolik 121
        6.1.3.5 Ausdrucksmöglichkeiten über bildende Kunst 123
        6.1.3.6 Wirkungsweisen von bildender Kunst 124
        6.1.3.7 Aussagen zur individuellen Selbstverwirklichung über bildende Kunst 125
        6.1.3.8 Möglichkeiten der Erkennung von Selbstverwirklichungsprozessen erwachsener Menschen mit geistiger Behinderung über bildende Kunst 126
    6.1.4 Zusammenfassung 127

6.2 *Gruppendiskussionen mit Fachleuten* *128*

    6.2.1 Biografische Aspekte erwachsener Menschen mit geistiger Behinderung 129
        6.2.1.1 Kindheit und Jugend 129
        6.2.1.2 Künstler-/Künstlerinnendasein 130
    6.2.2 Bedeutung von bildender Kunst für erwachsene Menschen mit geistiger Behinderung 132
        6.2.2.1 Bildende Kunst als Freiraum 132
        6.2.2.2 Künstlerischer Freiraum versus Lebensbereich Wohngruppe und Lebensbereich Werkstatt für Behinderte 133
        6.2.2.3 Bildende Kunst als Arbeit 135
        6.2.2.4 Bildende Kunst als Kommunikation 136
    6.2.3 Bildende Kunst erwachsener Menschen mit geistiger Behinderung in der Öffentlichkeit 138
        6.2.3.1 Abwertung und Anerkennung 138

6.2.3.2 Zur Bedeutung von Kunstausstellungen und Verkäufen künstlerischer Werke..... 139
6.2.4 Selbstverwirklichungsprozesse erwachsener Menschen mit geistiger Behinderung?. 142
 6.2.4.1 Das Phänomen „Selbstverwirklichung"..... 142
 6.2.4.2 Selbstverwirklichungsprozesse als autoaggressive Handlungen 144
 6.2.4.3 Selbstverwirklichungsprozesse in der Wohngruppe: Chancen und Grenzen .. 145
 6.2.4.4 Interpretation von Selbstverwirklichungsimpulsen..... 148
6.2.5 Selbstverwirklichungsprozesse erwachsener Menschen mit geistiger Behinderung über bildende Kunst? 150
 6.2.5.1 Farb- und Materialwahl..... 155
 6.2.5.2 Motivwahl und Ausgestaltung 156
 6.2.5.3 Künstlerische Technik..... 158
 6.2.5.4 Ausdrucksmöglichkeiten über bildende Kunst 160
 6.2.5.5 Wirkungsweisen bildender Kunst 161
 6.2.5.6 Inneres Bedürfnis 163
 6.2.5.7 Individuelle Bildsprache 166
 6.2.5.8 Künstlerischer Selbstausdruck 168
 6.2.5.9 Lustbetonter Umgang mit Material und Motiven 169
 6.2.5.10 Weiterentwicklung und Entwicklung von Selbstbewusstsein..... 170
6.2.6 Sind Selbstverwirklichungsprozesse erwachsener Menschen mit geistiger Behinderung über bildende Kunst wahrnehmbar und beobachtbar? 172
 6.2.6.1 Emotionalität..... 174
 6.2.6.2 Lebendigsein 175
 6.2.6.3 Einssein mit der Kunst 176
 6.2.6.4 Konzentration 177
 6.2.6.5 Ausdauer 178
 6.2.6.6 Anspannung..... 179
 6.2.6.7 Erschöpfung 179
 6.2.6.8 Entspannung 180
 6.2.6.9 Autonomie..... 180
 6.2.6.10 Authentizität..... 182
 6.2.6.11 Emanzipation..... 183
 6.2.6.12 Soziale Kompetenz..... 185
 6.2.6.13 Selbstbewusstsein..... 186
 6.2.6.14 Physische und psychische Gesundung 187
6.2.7 Durch welche Indikatoren sind Selbstverwirklichungsprozesse erwachsener Menschen mit geistiger Behinderung über bildende Kunst wahrnehmbar und beobachtbar?..... 189
 6.2.7.1 Präsenz 194
 6.2.7.2 Bildsprache..... 195
 6.2.7.3 Farbe..... 196
 6.2.7.4 Körperbewegung und Körperhaltung..... 197
 6.2.7.5 Gestik 200
 6.2.7.6 Mimik 202

      6.2.7.7   Stille 203
      6.2.7.8   Lautliche Artikulation 204
      6.2.7.9   Sprachfähigkeit 205
   6.2.8   Zusammenfassung 207

6.3   Zusammenfassung und Zuordnung zu nachfolgender Problemstellung 207

7.   Körpersprachliches Ausdrucksverhalten im Rahmen der Forschungsfragestellung 217

7.1   Körpersprachliches Ausdrucksverhalten als Indikator für Selbstverwirklichungsprozesse erwachsener Menschen mit geistiger Behinderung über bildende Kunst... 217
   7.1.1   Freude/Heiterkeit 218
   7.1.2   Glück 219
   7.1.3   Lachen 219
   7.1.4   Überraschung 219
   7.1.5   Interesse/Aufmerksamkeit 220
   7.1.6   Konzentration 220
   7.1.7   Anspannung 221
   7.1.8   Erschöpfung/Müdigkeit 221
   7.1.9   Entspannung 222
   7.1.10   Selbstbewusstsein 222

7.2   Körpersprachliches Ausdrucksverhalten als Indikator für ablehnendes Verhalten und für Krisensituationen 223
   7.2.1   Abwehr/Ablehnung 223
   7.2.2   Abscheu/Ekel 224
   7.2.3   Angst/Furcht 224
   7.2.4   Zorn/Ärger/Wut 225
   7.2.5   Aggression 226
   7.2.6   Trauer 227
   7.2.7   Weinen 228
   7.2.8   Resignation/Verbitterung 228
   7.2.9   Depression 228
   7.2.10   Nervöse Hochstimmung 230

7.3   Nutzung der Erkenntnisse über körpersprachliches Ausdrucksverhalten 230

8.   Darstellung des Beobachtungsinstrumentariums 233

8.1   Heilpädagogische Diagnostik 233

8.2   Entwicklung und Erprobung 234

8.3   Das Beobachtungsinstrument 256

9.   Ausblick 259

10.   Literaturverzeichnis 263

11.   Quellenverzeichnis 287

12. Anhang I: Exkurs - Selbstverwirklichungsprozesse erwachsener Menschen mit geistiger Behinderung über darstellende Kunst? 289

12.1 Aussagen zu Selbstverwirklichungsprozessen erwachsener Menschen mit geistiger Behinderung über darstellende Kunst 290

12.2 Möglichkeiten der Wahrnehmung und Beobachtung von Selbstverwirklichungsprozessen erwachsener Menschen mit geistiger Behinderung über darstellende Kunst 293

12.3 Abschließende Betrachtung 295

13. Anhang II: Schriftliche Befragungen mit/von Studierenden 299

13.1 Selbstverwirklichungsprozesse erwachsener Menschen mit geistiger Behinderung über bildende Kunst? 299

    13.1.1 Ausdrucksmöglichkeiten über bildende Kunst 300
    13.1.2 Wirkungsweisen bildender Kunst 300
    13.1.3 Inneres Bedürfnis 301
    13.1.4 Künstlerischer Selbstausdruck 302
    13.1.5 Lustbetonter Umgang mit Material und Motiven 302
    13.1.6 Weiterentwicklung und Entwicklung von Selbstbewusstsein 302

13.2 Sind Selbstverwirklichungsprozesse erwachsener Menschen mit geistiger Behinderung über bildende Kunst wahrnehmbar und beobachtbar? 303

    13.2.1 Emotionalität 304
    13.2.2 Lebendigsein 305
    13.2.3 Einssein mit der Kunst 305
    13.2.4 Konzentration, Ausdauer, Entspannung 306
    13.2.5 Autonomie 306
    13.2.6 Authentizität 307
    13.2.7 Emanzipation 307
    13.2.8 Soziale Kompetenz 308
    13.2.9 Selbstbewusstsein 308
    13.2.10 Physische und psychische Gesundung 309

13.3 Durch welche Indikatoren sind Selbstverwirklichungsprozesse erwachsener Menschen mit geistiger Behinderung über bildende Kunst wahrnehmbar und beobachtbar? 310

    13.3.1 Bildsprache 311
    13.3.2 Körperbewegungen 311
    13.3.3 Gestik 312
    13.3.4 Mimik 312
    13.3.5 Sprachfähigkeit 313

13.4 Zusammenfassung 314

14. Anhang III: Überblick der statistischen Erhebungsdaten 315

Verzeichnis der Visualisierungen

Abbildung 8.1: Grafische Darstellung der statistischen Versuchsauswertung 242
Abbildung 8.2: Häufigkeit der beobachteten körpersprachlichen Signale, dargestellt nach Beobachtergruppen 254

Hervorhebung 5.1: Ergebnisse der strukturierenden Inhaltsanalyse der autobiografisch-narrativen Interviews mit erwachsenen Menschen mit geistiger Behinderung in Bezug auf Definitionsansätze 67
Hervorhebung 5.2: Ergebnisse der strukturierenden Inhaltsanalyse der autobiografisch-narrativen Interviews mit erwachsenen Menschen mit geistiger Behinderung in Bezug auf Bereiche möglicher Selbstverwirklichung 69
Hervorhebung 5.3: Ergebnisse der strukturierenden Inhaltsanalyse der Gruppendiskussionen mit Fachleuten in Bezug auf Einstellungen zum Begriff Selbstverwirklichung 73
Hervorhebung 5.4: Ergebnisse der strukturierenden Inhaltsanalyse der Gruppendiskussionen mit Fachleuten in Bezug auf Aussagen über den Begriff Selbst 74
Hervorhebung 5.5: Ergebnisse der strukturierenden Inhaltsanalyse der Gruppendiskussionen mit Fachleuten in Bezug auf Begrenzungen der Selbstverwirklichung 76
Hervorhebung 5.6: Ergebnisse der strukturierenden Inhaltsanalyse der Gruppendiskussionen mit Fachleuten in Bezug auf Assoziationen zum Begriff Selbstverwirklichung 80
Hervorhebung 5.7: Ergebnisse der strukturierenden Inhaltsanalyse der Gruppendiskussionen mit Fachleuten in Bezug auf Definitionsansätze 86
Hervorhebung 5.8: Ergebnisse der strukturierenden Inhaltsanalyse der Gruppendiskussionen mit Fachleuten in Bezug auf Bereiche möglicher Selbstverwirklichung 87
Hervorhebung 5.9: Ergebnis der strukturierenden Inhaltsanalyse der schriftlichen Befragungen in Bezug auf Einstellungen zum Begriff Selbstverwirklichung 88
Hervorhebung 5.10: Ergebnisse der strukturierenden Inhaltsanalyse der schriftlichen Befragungen mit Studierenden in Bezug auf Aussagen über den Begriff Selbst 89
Hervorhebung 5.11: Ergebnisse der strukturierenden Inhaltsanalyse der schriftlichen Befragungen in Bezug auf Begrenzungen der Selbstverwirklichung 91
Hervorhebung 5.12: Ergebnis der strukturierenden Inhaltsanalyse der schriftlichen Befragungen in Bezug auf Assoziationen zum Begriff Selbstverwirklichung 92
Hervorhebung 5.13: Ergebnisse der strukturierenden Inhaltsanalyse der schriftlichen Befragungen in Bezug auf Definitionsansätze 99
Hervorhebung 5.14: Ergebnis der strukturierenden Inhaltsanalyse der schriftlichen Befragungen in Bezug auf Bereiche möglicher Selbstverwirklichung 101
Hervorhebung 12.1: Das erarbeitete Explikat in Bezug auf darstellende Kunst mit erwachsenen Menschen mit geistiger Behinderung 290

Tabelle 5.1: Übersicht über die sechs herausgearbeiteten Bedeutungselemente und Wortklassen zum Explikandum „Selbstverwirklichung" 103
Tabelle 5.2: Übersicht über die fünf zentralen Bedeutungselemente zum Explikandum „Selbstverwirklichung" und Darlegung des Explikates 104
Tabelle 6.1: Zusammenfassende Darstellung zentraler Aussagen der Datenerhebungen im Rahmen des multimethodischen Forschungsdesigns 212
Tabelle 8.1: Beobachtungsinstrumentarium (im Testmodus in vergrößerter Form verwendet) 239
Tabelle 8.2: Summenwerte der durchgeführten Beobachtungen 243
Tabelle 8.3: Beobachtergruppe 1, Kodierung in einer SPSS-Rohdatentabelle 244
Tabelle 8.4: Beobachtergruppe 2, Kodierung in einer SPSS-Rohdatentabelle 244
Tabelle 8.5: Beobachtergruppe 3, resultierend aus Tabelle 8.3 und Tabelle 8.4 245
Tabelle 8.6: Streudiagramm Beobachtergruppe 1 246
Tabelle 8.7: Streudiagramm Beobachtergruppe 2 247
Tabelle 8.8: Streudiagramm Beobachtergruppe 3 248
Tabelle 8.9: Darstellung der Zeiteinheiten der durchgeführten Beobachtungen 252

1. Einleitende Überlegungen

Schwerpunkte der vorliegenden Arbeit sind Wahrnehmungs- und Erkennungsmöglichkeiten von Selbstverwirklichungsprozessen erwachsener Menschen mit geistiger Behinderung über das Medium bildende Kunst.

Selbstverwirklichung erwachsener Menschen mit geistiger Behinderung über bildende Kunst ist künstlerischer Selbstausdruck aus einem inneren Bedürfnis heraus und führt zu lustbetonter Weiterentwicklung und Entwicklung von Selbstbewusstsein. Selbstverwirklichung ist anhand einer je individuellen Bild- und Körpersprache wahrnehmbar und beobachtbar. Der Einsatz eines Beobachtungsinstrumentariums ermöglicht hierbei eine gezielte Beobachtung von verschiedenen körpersprachlichen Signalen, die als Indikatoren für beginnende oder fortschreitende Selbstverwirklichungsprozesse erwachsener Menschen mit geistiger Behinderung betrachtet werden können.

In dieser Arbeit kommen erwachsene Menschen mit geistiger Behinderung zu Wort. Aussagen von erwachsenen Menschen mit geistiger Behinderung sind wertvoll und sollten meiner Ansicht nach von anderen gehört und verstanden werden. Darüber hinaus sind in weiten Teilen dieser Untersuchung Äußerungen von Fachleuten unterschiedlicher Professionalität wiedergegeben. Interessierte Leser und Leserinnen, die mit Menschen mit geistiger Behinderung arbeiten, können sich so in verschiedenen Ankerbeispielen wiederfinden und sich in ihrem beruflichen Handeln bestätigt fühlen.

Es ist an dieser Stelle vorläufig zusammenzufassen, dass die mir zugängliche Literatur sehr wohl die Bedeutung des Mediums bildende Kunst in Hinblick auf die heilpädagogische, therapeutische und künstlerische Arbeit mit erwachsenen Menschen mit geistiger Behinderung würdigt, eine mögliche Selbstverwirklichung, wenngleich Mode- und Schlagwort sowie pädagogische Zielsetzung, als Ergebnis jedoch bisher kaum in Betracht gezogen hat bzw. keine Untersuchungsergebnisse und methodische Handreichungen zur Erlangung dieses Ziels bietet. Die Durchsicht relevanter Aussagen der Literatur verdeutlicht die unzureichende Operationalisierung der normativen Vorgabe „Selbstverwirklichung" im sonder-, heil- und kunstpädagogischen sowie kunsttherapeutischen Bereich. Fachveröffentlichungen enthalten keine Hinweise auf methodisch-didaktische Umsetzung dieser normativen Vorgabe im Sinne von praktischer beruflicher Tätigkeit oder auf Möglichkeiten des Wahrnehmens und Erkennens.[2] Mein Erfahrungswissen aus dem heilpädagogischen Alltag durch differenziertes Beobachten erwachsener Menschen mit geistiger

---

[2] vgl. u.a. KLÄGER, 1986a, S. 50ff.; SPELLENBERG, ²1987, S. 47ff.; ZIEGLER, ²1987, S. 43ff.; PÖSCHEL, 1991, S. 19ff.; BULMAHN, GRIMM u.a., 1993, S. 1ff.; KLÄGER, 1993, S. 11ff.; SCHLUMPER IN BERLIN, 1993 (ohne Seitenangabe, Quellenverzeichnis); GEKELER, 1997, S. 395ff.; FELDWIESER u. KEMPER, 1999, S. 11ff.; GÖBEL, 2000c, S. 131ff.

Behinderung in Situationen des künstlerisch-kreativen Tätigseins steht in Opposition zu einem Forschungsdefizit in der Wissenschaftsdisziplin Heilpädagogik und angrenzender Fachgebiete.[3]

---

[3] vgl. FISCHER u. RICHTER, 2003a, S. 31f.; FISCHER u. RICHTER., 2003b, S. 19ff.

2. Strukturierung und methodische Herangehensweise

Die vorliegende Arbeit versucht daher, einen Beitrag im Rahmen heilpädagogischer Forschung zum Phänomen „Selbstverwirklichung über bildende Kunst" für die Zielgruppe erwachsener Menschen mit geistiger Behinderung, d.h. jugendliche Erwachsene über älter werdende bis zu alten Menschen, zu leisten und Orientierungshilfen für das praktische berufliche Handeln von Mitarbeitern und Mitarbeiterinnen[4] in der Begegnung mit erwachsenen Künstlern und Künstlerinnen mit geistiger Behinderung zu bieten.

In Hinsicht auf den Terminus geistige Behinderung beschäftigen sich zahlreiche Arbeiten mit möglichen Definitionsansätzen.[5] Ziel im Rahmen dieser Arbeit ist nicht die Zusammenstellung einer Übersicht verschiedener Definitionen, denn

> (a)lle Versuche, geistige Behinderung zu erklären oder gar zu verstehen, müssen ... letztendlich unvollkommen bleiben.[6]

Darüber hinaus erweist sich eine Behinderung als Relation.[7] Der Begriff wird im Kontext der vorliegenden Arbeit als bekannt vorausgesetzt. Bezogen auf die formulierte Ausgangsfragestellung wird geistige Behinderung nicht als Krankheit, sondern als eine mögliche Variante menschlichen Lebens aufgefasst. Wichtig erscheint mir in diesem Zusammenhang die Betonung des Menschseins[8], so dass ich in der vorliegenden Arbeit von Menschen, Erwachsenen, Bewohnern und Bewohnerinnen, Künstlern und Künstlerinnen etc. mit geistiger Behinderung und nicht von **den** Geistigbehinderten sprechen möchte.

Im Mittelpunkt dieser Arbeit steht die Forschungsfragestellung „Sind Selbstverwirklichungsprozesse erwachsener Menschen mit geistiger Behinderung über bildende Kunst wahrnehmbar und beobachtbar?". Hierbei handelt es sich um eine angewandte Fragestellung mit Praxisbezug.

---

[4] Die männliche und weibliche Form steht in der vorliegenden Arbeit gleichberechtigt nebeneinander. Es wurde die neue Rechtschreibung verwendet. Eingebrachte Zitate können der alten Rechtschreibung entsprechen.

[5] vgl. u.a. PFEFFER, 1982, S. 122ff.; DERS., 1988, S. 19; STRAßMEIER, SPECK u. HOMANN, 1990, S. 12ff.; SPECK, [7]1993, S. 39ff.; THEUNISSEN, [5]1994, S. 20ff.; DERS., [3]1994, S. 9ff.; FORNEFELD, [3]1995, S. 80ff.; GAEDT, 1995, S. 1ff.

[6] MEYER, 2000, S. 72

[7] vgl. HERMES, 2000, S. 66; OSBAHR, 2000, S. 59

[8] vgl. SCHRIEGEL u. MULLER, 2001, S. 12ff.

Zunächst ergeben sich diesbezüglich verschiedene Fragestellungen:

- *Was ist Selbstverwirklichung allgemein? Was bedeutet sie für erwachsene Menschen mit geistiger Behinderung? Wie sieht Selbstverwirklichung für erwachsene Menschen mit geistiger Behinderung aus, wenn sie das Medium Kunst verwenden?*

Diese grundlegenden Fragen sind durch die Lektüre von Fachveröffentlichungen nicht ausreichend zu beantworten.

- *Wie können Selbstverwirklichungsprozesse erwachsener Menschen mit geistiger Behinderung über bildende Kunst durch Erfahrungswissen von Fachleuten verschiedener Professionalität genauer umrissen werden? Wie äußern sich erwachsene Menschen mit geistiger Behinderung zu möglichen Selbstverwirklichungsprozessen über dieses Medium? Und wie spiegelt sich dieses Phänomen in vorherrschenden Alltagsmeinungen?*

Im Fall der Bestätigung möglicher Selbstverwirklichungsprozesse erwachsener Menschen mit geistiger Behinderung über bildende Kunst sollte diese Erkenntnis innerhalb der heilpädagogischen Fachdiskussion stärker berücksichtigt werden. Im Rahmen von Forschungsprojekten könnten weitere Aspekte des Themas untersucht werden. Zu wünschen wären positive Auswirkungen auf die heilpädagogische Praxis, also auf finanzielle, räumliche, sachliche und personelle Ausstattung heilpädagogischer Einrichtungen durch Veröffentlichung des Erfahrungswissens von Fachleuten und erwachsenen Menschen mit geistiger Behinderung, denn die momentane Situation ist gekennzeichnet durch vermehrten Stellenabbau und finanzielle Einsparungen. Institutionsgrenzen wie geringer finanzieller Spielraum im Sinne mangelnder räumlicher, sachlicher sowie personeller Ausstattung erschweren mögliche Selbstverwirklichungsprozesse erwachsener Menschen mit geistiger Behinderung bzw. lassen diese nicht zu. Hier drängen sich Folgerungen für die heilpädagogische Praxis auf, die durch die zustimmende Haltung der Öffentlichkeit entsprechende Unterstützung erfahren könnten.

- *Wie können mögliche Selbstverwirklichungsprozesse erwachsener Menschen mit geistiger Behinderung erkannt werden?*

Ausgangsbasis für ein Erkennen dieses Phänomens ist die Sensibilisierung von Mitarbeitern und Mitarbeiterinnen in heilpädagogischen Arbeitsbereichen. Sind Selbstverwirklichungsprozesse erwachsener Künstler und Künstlerinnen mit geistiger Behinderung wahrnehmbar und beobachtbar, ist es für jeden Mitarbeiter und jede Mitarbeiterin möglich zu lernen, diese Prozesse zu sehen. Meiner Auffassung nach ist es wichtig, diese Prozesse zu erkennen, um heilpädagogische, kunstpädagogische, kunsttherapeutische oder künstlerische Aktivitäten im Sinne methodisch-didaktischer Planung daran auszurichten.

2.. Strukturierung und methodische Herangehensweise

- *Können typische Muster von Selbstverwirklichungsprozessen erwachsener Menschen mit geistiger Behinderung herausgearbeitet werden?*

Selbstverwirklichungsprozesse verlaufen individuell. Sollen jedoch konkrete Hinweise für ein Erkennen dieses Phänomens gegeben werden, bedingt dies ein Herausarbeiten universeller Merkmale, welche sich in der künstlerisch-kreativen Betätigung individuell ausgeprägt manifestieren.

Die von mir aufgeworfenen Fragen können zusammenfassend unter die zentrale Fragestellung *„Sind Selbstverwirklichungsprozesse erwachsener Menschen mit geistiger Behinderung über bildende Kunst wahrnehmbar und beobachtbar?"* subsumiert werden. Aufgrund meines Erfahrungswissens bin ich der Meinung, dass dies tatsächlich möglich ist. Diese formulierte Ausgangsfragestellung beinhaltet daher zugleich die aus dem heilpädagogischen Alltag erwachsene Hypothese *„Selbstverwirklichungsprozesse erwachsener Menschen mit geistiger Behinderung über bildende Kunst sind wahrnehmbar und beobachtbar!"*

Die zentrale Fragestellung nach Wahrnehmungs- und Erkennungsmöglichkeiten von Selbstverwirklichungsprozessen bildete die Ausgangsbasis für die Entwicklung eines multimethodischen Forschungsdesigns als offene, induktive Vorgehensweise mit den Teilerhebungen autobiografisch-narrative Interviews mit erwachsenen Menschen mit geistiger Behinderung, Gruppendiskussionen mit Fachleuten und schriftliche Befragungen mit Studierenden des Fachbereiches Sozialwesen[9] unter Berücksichtigung der Testgütekriterien Objektivität, Reliabilität und Validität.[10] So gesehen wurden innerhalb der Planungsphase drei differente Forschungsdesigns konzipiert, die zusammen ein multimethodisches Design im Sinne einer qualitativen Datenerhebung ergaben und zwei Gruppenerhebungen sowie eine Einzelerhebung beinhaltete. Über die Erschließung von Gedankenwelten der an den Erhebungen beteiligten Personen sollten subjektive Tendenzaussagen hinsichtlich der zuvor formulierten Forschungsfragestellung herausgearbeitet werden.

Der Aufbau des Forschungsdesigns zur Überprüfung der von mir formulierten Fragestellung, sowie diesbezüglich gewählte Forschungsstrategien und Techniken der Materialaufbereitung und Datenauswertung werden nachfolgend dargelegt.

---

[9] Ein diesbezüglicher Überblick über statistische Erhebungsdaten des multimethodischen Forschungsdesigns (z.B. Anzahl der Teilnehmer/Teilnehmerinnen, Zeitraum der Durchführung, Durchführung in verschiedenen Bundesländern etc.) befindet sich im Anhang III.

[10] vgl. ERBSLÖH, 1972, S. 60; VOLMERG, ²1981, S. 196f.; KROMREY, 1986, S. 122ff.; DERS.;1989, S. 259ff.; ENDRUWEIT, 1989, S. 50ff.; MAYRING, ³1996, S. 115ff.; DIEKMANN, ⁴1998, S. 216ff.; DAMMER u. SZYMKOWIAK, 1998, S. 32ff.; LAMNEK, 1998, S. 98ff.; KONRAD, 1999, S. 34 u. 96ff.; BOHNSACK, 2000, S. 376f.

Das Erhebungsinstrument narratives Interview stellt eine an alltagsweltliche Erzählungen anknüpfende Form der Sozialforschung dar und ermöglicht die Erforschung von Thematiken mit starkem Handlungsbezug.[11]

Über den Einsatz autobiografisch-narrativer Interviews mit erwachsenen Menschen mit geistiger Behinderung erfolgte eine Annäherung an deren individuelle Auffassungen zu der aufgeworfenen Forschungsthematik. Autobiografische Ausschnittserzählungen zum Themenkreis „Kunst" vermittelten authentische Einblicke in die Lebenswirklichkeiten erwachsener Menschen mit geistiger Behinderung. Als Sample wurden erwachsene Menschen mit geistiger Behinderung bzw. in zwei Fällen mit einer Mehrfachbehinderung, d.h. geistiger und seelischer sowie geistiger und körperlicher Behinderung, aus Institutionen mit Voll- bzw. Teilzeitbetreuung gewählt, die in ihrer Freizeit oder als tagesstrukturierendes bzw. als arbeits- oder beschäftigungs- bzw. psychotherapeutisches Angebot eine Vorliebe für künstlerisch-kreatives Tätigsein zeigen. Darüber hinaus sollten Interviews mit geistig behinderten Menschen geführt werden, die bildende Kunst im Rahmen von Angeboten der ästhetischen Erwachsenenbildung ausgewählt haben. Des Weiteren waren Interviews mit erwachsenen Künstlern und Künstlerinnen mit geistiger Behinderung vorgesehen, die zu einem Großteil durch Verkäufe ihrer Werke finanziell unabhängig sind und denen der Umgang mit einer breiten Öffentlichkeit und damit verbunden mit Interviewsituationen durch Kunstausstellungen und Performances vertraut sind. Somit wurden die Parameter „Kunst als Hobby", „Kunst als Arbeit und Beschäftigung", „Kunst als Therapie" sowie „Kunst als Beruf" erfasst.

Da in der wissenschaftlichen Fachliteratur Erzählen als Methodik dieser Erhebungsform angenommen wird, wurden als Sample erwachsene Menschen mit geistiger Behinderung mit entsprechenden Fähigkeiten zu verbalen Mitteilungen gewählt. Autobiografisch-narrative Interviews wurden daher nicht mit erwachsenen Menschen mit Schwerstmehrfachbehinderung durchgeführt, obwohl dieser Personenkreis in der formulierten Ausgangsfragestellung selbstverständlich Berücksichtigung findet. Darüber hinaus wurde davon ausgegangen, dass die Erzähler und Erzählerinnen stellvertretend für alle erwachsenen Menschen mit geistiger Behinderung unabhängig vom Schweregrad der Behinderung (d.h. auch für nicht sprechende Menschen mit geistiger Behinderung) ihre Geschichte erzählen und somit die persönlichen Anliegen aller Menschen mit geistiger Behinderung in der Öffentlichkeit vertreten.

---

[11] vgl. u.a. ERBSLÖH, 1972, S. 61; KRAIMER, 1994, S. 82ff.; MAYRING, ³1996, S. 54ff.; PIXA-KETTNER, 1996, S. 24ff.; DIEKMANN, ⁴1998, S. 449f.; GLINKA, 1998, S. 9ff.; KONRAD, 1999, S. 39ff.; SCHMIDT-GRUNERT, 1999, S. 11ff.; HERMANNS, 2000, S. 360ff.

2.. Strukturierung und methodische Herangehensweise 23

Der Einsatz autobiografisch-narrativer Interviews wurde gewählt, da ein strikter Interviewcharakter mit systematischem Abfragen vermieden werden sollte. Eine Gestaltung der Interviewsituationen sollte vielmehr durch offene und freundschaftliche Beziehungen charakterisiert sein. Im Vordergrund stand das Wohlfühlen in Kommunikationssituationen ohne Gesprächs- und Beziehungsbarrieren. Autobiografisch-narrative Interviews im Sinne von Einzelerhebungen boten erwachsenen Menschen mit geistiger Behinderung ein geschütztes Forum, ihre individuellen Geschichten zu der Ausgangsfragestellung angstfrei der Autorin zu erzählen. Mit Hilfe von Transkription entstanden authentische Bilder[12] der Innenwelt der Erzähler und Erzählerinnen.

Im Vorfeld der Forschungsplanung wurde folgende autobiografische Erzählaufforderung zu dem lebensgeschichtlichen Ausschnitt „bildende Kunst" gewählt:

- **Erzählimpuls der narrativen Eingangsfrage:**
  Was bedeutet Ihnen/dir Ihre/deine Kunst?

Da im Kontext der Planungsphase der Datenerhebung mittels autobiografisch-narrativen Interviews nicht absehbar war, ob für alle Erzähler und Erzählerinnen mit geistiger Behinderung über den Erzählimpuls eine Stegreiferzählung möglich war, wurden im Sinne einer Kommunikationsunterstützung weitere Impulse vorformuliert:

- **Erzählimpulse der Haupterzählphase:**
  Kennen Sie/kennst du das Wort Selbstverwirklichung?
  Können Sie sich/kannst du dich über Ihre/deine Kunst selbstverwirklichen?
- **Erzählimpulse der Phase des narrativen Nachfragens:**
  Warum tut Ihnen/dir Kunst gut?
  Warum macht Ihnen/dir Kunst Spaß?

Zusätzlich wurden Situativfragen seitens der Autorin formuliert.

Darüber hinaus wurde davon ausgegangen, dass über den Haupterzählimpuls der Themenkreis „Selbstverwirklichung" in den Worten erwachsener Menschen mit geistiger Behinderung in irgendeiner Art und Weise thematisiert wird.

Die Technik der Gruppendiskussion dient dem Auffinden eines Grundkonsenses in Gruppen.[13] Über das Erhebungsinstrument als ideengenerierendes Vorhaben sollten Aussagen und Meinungen von Experten und Expertinnen, d.h. von Praktikern und Praktikerinnen,

---

[12] vgl. DIEKMANN, [4]1998, S. 450

[13] vgl. u.a. ERBSLÖH, 1972, S. 28f.; MANGOLD, [3]1973, S. 228ff.; VOLMERG, [2]1981, S. 185ff.; PEUKERT, 1984, S. XIff.; WISWEDE, 1985, S. 77; KROMREY, 1986, S. 109ff.; DERS., 1989, S. 258ff.; MAYRING, [3]1996, S. 58ff.; DAMMER u. SZYMKOWIAK, 1998, S. 7ff.; LAMNEK, 1998, S. 11ff.; BOHNSACK, 2000, S. 369ff.

die aus eigenem professionellen Handeln heraus bestimmte Erkenntnisse für sich formulieren konnten, herausgearbeitet werden. Der Schwerpunkt wurde hierbei auf heilpädagogische und/oder künstlerische, kunstpädagogische bzw. kunsttherapeutische Tätigkeitsfelder festgelegt.

Intention hierbei war das Herstellen eines Bezuges zur Lebens- und Arbeitswelt der Diskussionsteilnehmer und Diskussionsteilnehmerinnen durch die Aufforderung, persönliche Erlebnisse aus dem beruflichen Alltag zu berichten. Eine Diskussion über ausschließlich abstrakte Zusammenhänge sollte vermieden werden zu Gunsten der Thematisierung unterschiedlicher Wahrnehmungen der Beteiligten. Im Rahmen der Planungsphase erfolgte die Festlegung einzelner Vorentscheidungen, die den weiteren Verlauf der Datenerhebung beeinflussten und im Folgenden dargelegt werden. Mit Bezug auf die formulierte Ausgangsfragestellung „Sind Selbstverwirklichungsprozesse erwachsener Menschen mit geistiger Behinderung über bildende Kunst wahrnehmbar und beobachtbar?" erfolgte die Erstellung eines Diskussionsleitfadens im Sinne einer Vorstrukturierung, welcher sich durch Offenheit und Flexibilität auszeichnete. Der Diskussionsleitfaden wurde als Topic Guide konzipiert, bestand also aus einer grob eingegrenzten Thematik unter Verwendung von offenen Fragen, welche die Selbstbestimmung der Antwortrichtung der beteiligten Personen implizierte.

Entgegen der üblichen Präsentationen eines Grundreizes als einleitenden Stimulus sowie weiteren Reizargumenten wurde der Einstieg in die Diskussion und der weitere Verlauf über das Einbringen eines einleitenden Satzes und vorformulierter Fragen gewählt. Der einleitende Satz beinhaltete die Information über den Diskussionsgegenstand. Da alle beteiligten Personen im Bereich der Heil- bzw. Geistigbehindertenpädagogik und/oder im Bereich der bildenden bzw. darstellenden Kunst tätig waren, ergab sich eine persönliche Betroffenheit zum Diskussionsgegenstand. Der einleitende Satz sollte daher das Wir-Bewusstsein der Diskutanten und Diskutantinnen ansprechen.

Abgesehen von der Einleitung bestand der Diskussionsleitfaden aus einer Eröffnungsfrage, einer Hinführungsfrage und drei Schlüsselfragen. Abschließend erfolgte eine Frage auf der Metaebene.

Der Topic Guide wurde seitens der Moderatorin flexibel und situativ modifizierbar gehandhabt. Reihenfolgeeffekte wurden vernachlässigt, so dass beispielsweise eine Reihenfolgevariation der drei Schlüsselfragen möglich wurde. Für den Fall, dass die Teilnehmer und Teilnehmerinnen eigenständig im Gespräch einen „roten Faden" entwickelten, wurde auf das Einbringen weiterer Fragen verzichtet. Da der Diskussionsleitfaden lediglich eine Rahmenstrukturierung darstellte, erfuhren vorformulierte Fragen stellenweise sprachliche

Variationen durch die Moderatorin unter Beibehaltung der Kerngedanken. Auch die Möglichkeit eines situativen Weglassens einer Frage, z.B. einer Schlüsselfrage, war gegeben.

Im Rahmen der Planungsphase ergab sich folgender Diskussionsleitfaden:

- **Einleitung:**
  Ich möchte mit Ihnen/mit euch über verschiedene Möglichkeiten von Selbstverwirklichungsprozessen erwachsener Menschen mit geistiger Behinderung über bildende Kunst diskutieren.

- **Eröffnungsfrage:**
  Was bedeutet für Sie/für euch persönlich der Begriff Selbstverwirklichung?

- **Hinführungsfrage:**
  Sind Sie/seid ihr der Meinung, dass sich ein erwachsener Mensch mit geistiger Behinderung über bildende Kunst selbstverwirklichen kann?

- **1. Schlüsselfrage:**
  Wie manifestieren sich Selbstverwirklichungsprozesse erwachsener Menschen mit geistiger Behinderung?

- **2. Schlüsselfrage:**
  Können äußere Anzeichen erkannt werden?

- **3. Schlüsselfrage:**
  Können typische Muster von Selbstverwirklichungsprozessen erkannt werden?

- **Metaebene:**
  Wie bewerten Sie/bewertet ihr diese Diskussion?

Der Einsatz von Fragebögen ermöglicht die Erhebung subjektiver Einstellungen und Merkmale.[14] Mittels einer schriftlichen Befragung von Studierenden des Fachbereiches Sozialwesen erfolgte eine Erhebung von Alltagswissen und umgangssprachlichen Sinnstrukturen. Der Terminus Selbstverwirklichung ist häufig in alltagssprachlichen Kommunikationsstrukturen enthalten und daher nicht ausschließlich ein wissenschaftliches Konstrukt.[15]

Anders als bei den Beteiligten an den Gruppendiskussionen wurden bei dem Sample Studierende des Fachbereiches Sozialwesen keine generellen, aus praktischem künstlerisch-kreativen Tätigsein mit erwachsenen Menschen mit geistiger Behinderung in professio-

---

[14] vgl. u.a. ERBSLÖH, 1972, S. 30f.; HAFERMALZ, 1976, S. 7f.; ENDRUWEIT, 1989, S. 48ff.; DIEKMANN, ⁴1998, S. 440ff.; KONRAD, 1999, S. 63ff.

[15] vgl. PAULUS, 1994, S. 36

neller anleitender Form gewonnenen Erfahrungen vorausgesetzt. Vielmehr wurde angenommen, dass sich die Versuchspersonen während des Studiums bis zum Besuch der Veranstaltungen der Autorin nicht durch Lehrangebote intensiver mit dem Themenkreis „Selbstverwirklichung, geistige Behinderung, Erwachsensein, bildende Kunst" auseinandergesetzt hatten, wobei in Einzelfällen private Kontakte zu Menschen mit Behinderungen im Sinne von Betreuung und Förderung bestanden oder auch Praktika im Rahmen des Hochschulstudiums in behindertenpädagogischen Bereichen absolviert wurden. Somit konnten Studierende als eine Stichprobe möglicher Repräsentanten und Repräsentantinnen für verbreitete Meinungen im Alltag angenommen werden.

Intention war die Erhebung persönlicher Auffassungen der Studierenden über das Phänomen „Selbstverwirklichung" mittels der Datenerhebungsmethodik schriftliche Befragung sowie die Herausarbeitung öffentlicher, alltäglicher Meinungen in Bezug auf das Forschungsthema. Angestrebt war somit eine Erweiterung des Antwortspektrums auf die formulierte Ausgangsfragestellung mit Hilfe der Ideennutzung Nichtprofessioneller.

Im Hinblick auf die Durchführung der schriftlichen Befragung wurde folgende Fragebogenstrukturierung gewählt:

- **Einleitungsfrage:**
  Was bedeutet für Sie/euch persönlich der Begriff Selbstverwirklichung?
- **Übergangsfrage:**
  Sind Sie/seid ihr der Meinung, dass sich ein erwachsener Mensch mit geistiger Behinderung über bildende Kunst selbstverwirklichen kann?
- **Schlüsselfrage:**
  Wie manifestieren sich Selbstverwirklichungsprozesse erwachsener Menschen mit geistiger Behinderung über bildende Kunst?
- **Trichterfrage:**
  Können äußere Anzeichen erkannt werden?

Der erstellte Fragebogen zeichnete sich durch einen klaren, kurzen und übersichtlichen Aufbau und Verwendung offener Fragen aus. Eine vorgegebene Antwortskala war nicht vorgesehen. Im Gegensatz zum Diskussionsleitfaden der Gruppendiskussionen waren die formulierten Fragen im Rahmen der Fragebogenkonstruktion nicht flexibel oder modifizierbar handhabbar.

In Hinblick auf die erste durchgeführte schriftliche Befragung wurden seitens der Autorin lediglich die ersten beiden Fragen des oben dargelegten Fragebogens formuliert. Nach einer ersten Sichtung und Durchnummerierung der abgegebenen Antwortpapiere beteiligter Studierender (Nr. 1 - 11) zeigte sich, dass in diesen u.a. umfangreich und detailliert

2.. Strukturierung und methodische Herangehensweise 27

Anzeichen möglicher Selbstverwirklichungsprozesse erwachsener Menschen mit geistiger Behinderung über bildende Kunst beschrieben sind. Als Reaktion darauf folgte eine Erweiterung des Fragebogens im Forschungsverlauf. Aus der zunächst angedachten Schlüsselfrage wurde unter Beibehaltung der formulierten Fragestellung die Übergangsfrage. Die nachfolgende Trichterfrage stellte eine Präzisierung dieser Übergangsfrage dar. Auf diesen, durch vier Fragen charakterisierten Fragebogen, beziehen sich die schriftlichen Antwortpapiere Nr. 12 - 52.

Im Fall der autobiografisch-narrativen Interviews und der Gruppendiskussionen lagen die erhobenen Daten zunächst als Sekundärdaten in Form von Audiobandaufnahmen vor. Für die angedachte Datenanalyse war daher eine Materialaufbereitung erforderlich. Eine Dokumentation in schriftlicher Form als Transkription[16] ermöglicht intersubjektive Nachprüfbarkeit der erhobenen Daten, bedeutete gleichzeitig eine Optimierung der Datenerfassung und erleichterte die weitere hermeneutische Erschließung. Das Umsetzen gesprochener Sprache wird allgemein als Transkription verstanden. Das Ziel liegt in der Rekonstruktion von Bedeutungen, die in einem Gespräch hergestellt werden. Besonderheiten eines einmaligen Gespräches werden hierbei durch Darstellung verbaler, prosodischer, parasprachlicher oder außersprachlicher Merkmale auf dem Papier sichtbar.[17] Im Rahmen des multimethodischen Forschungsdesigns wurde einheitlich eine wörtliche Transkription gewählt.

Hinsichtlich der schriftlichen Befragung von Studierenden stellten deren schriftliche Antworten die Grundlage für den Vorgang der Datenanalyse dar. Die Materialaufbereitung beschränkte sich hier auf das Ordnen und Systematisieren der abgegebenen Antworten.

Als Strategien der Datenauswertung wurden die qualitative Inhaltsanalyse sowie das Verfahren der Begriffsexplikation gewählt.

Die strukturierende Inhaltsanalyse wird als zentralste inhaltsanalytische Technik angesehen. Möglich sind hierbei formale, inhaltliche, typisierende und skalierende Vorgehensweisen in Abhängigkeit der theoriegeleitet entwickelten Strukturierungsdimensionen, welche in einzelne Kategorien untergliedert werden. Um ein eindeutiges Zuordnen von Textmaterial zu den Kategorien zu ermöglichen, erfolgt nach der Definition der Katego-

---

[16] vgl. u.a. PEUKERT, 1984, S. VIff.; MAYRING, ³1996, S. 68f.; GLINKA, 1998, S. 18ff.; LAMNEK, 1998, S. 159f.; KOWAL u. O'CONNELL, 2000, S. 437ff.

[17] vgl. PEUKERT, 1984, S. 12ff.; KOWALL u. O'CONNELL, 2000, S. 438

rien die Zuordnung von Ankerbeispielen. Diese haben prototypische Funktion für die Kategorie und gewährleisten die Trennschärfe verschiedener Kategorien.[18]

Die Durchsicht des zu Grunde liegenden Datenmaterials ergab die Bildung von insgesamt sechs zentralen Kategorien. Begonnen wurde mit der Sichtung der Transkripte der durchgeführten Gruppendiskussionen, da diese das umfangreichste Material darstellten.

Hierbei wurden folgende sechs Kategorien gefunden:

- Kategorie I: Einstellungen zum Begriff Selbstverwirklichung,
- Kategorie II: Aussagen über den Begriff Selbst,
- Kategorie III: Begrenzungen der Selbstverwirklichung,
- Kategorie IV: Assoziationen zum Begriff Selbstverwirklichung,
- Kategorie V: Definitionsansätze,
- Kategorie VI: Bereiche möglicher Selbstverwirklichung.

Die Informationen aus den schriftlichen Antworten der Studierenden konnten unter die bereits gebildeten Kategorien I - VI subsumiert werden.

Die Aussagen der erwachsenen Menschen mit geistiger Behinderung wurden unter die Kategorien V - VI gefasst.

Sozialwissenschaften operieren oftmals mit unpräzisen Ausdrücken. Über das Verfahren der Explikation kann eine Präzisierung solcher Ausdrücke erreicht werden. Hierbei ist die Methodik der Explikation in Abgrenzung zu dem Verfahren der Interpretation als Präzisierung entsprechend der Intention des Autors oder der Autorin zu sehen. Je nach Forschungsabsicht ist jedoch auch eine Kombination beider Strategien möglich.[19]

Der zu explizierende Ausdruck (Ausgangsbegriff) wird mit dem Terminus Explikandum, das Ergebnis der Explikation mit dem Terminus Explikat bezeichnet.[20]

Als Voraussetzung einer Explikation muss das Explikandum laut POPPER mehr oder weniger als wahr anerkannt sein[21],

> (d)enn es hat wenig Zweck, nach einer Erklärung für einen Stand von Dingen zu fragen, der sich als völlig imaginär herausstellen kann.[22]

---

[18] vgl. u.a. FRÜH, 1989, S. 301ff.; MAYRING, ³1996, S. 92; DIEKMANN, ⁴1989, S. 481ff.; LAMNEK, 1998, S. 180; MAYRING, 2000, S. 468ff.

[19] vgl. LAUTMANN, ²1971, S. 10; OPP, ³1995, S. 133ff.

[20] vgl. CARNAP, ²1960, S. 2; ebd., ⁴1971, S. 3; LAUTMANN, ²1971, S. 10; OPP, ³1995, S. 134

[21] vgl. 1964, S. 73

[22] ebd.

2.. Strukturierung und methodische Herangehensweise

Eine Explikation ist nur dann als adäquat anzusehen,

> ... wenn das Explikat den Zwecken oder Kriterien, die mit der Explikation erfüllt werden sollen, genügt.[23]

Voraussetzung hierfür ist die explizite Formulierung der zur Anwendung vorgesehenen Kriterien.[24]

Ein mögliches Kriterium in Hinblick auf die Präzisierung eines Explikandums ist nach Aussage von OPP

> ... die *Substituierbarkeit von Explikat und Explikandum in bestimmten Sätzen*, wobei diese Sätze angegeben werden müssen und wobei festzulegen ist, welche Eigenschaften diese Sätze nach der Substitution haben müssen.[25]

Da das Ziel in der Formulierung informativer und wahrer Theorien zu sehen ist, sollte in Anlehnung an OPP ein Explikandum in einer gegebenen theoretischen Aussage so expliziert werden, dass bei Einsetzen des Explikates in diesen Satz eine informative sowie wahre Theorie entsteht. Diesbezüglich erfolgt erstens die Festlegung eines bestimmten Satzes, einer Theorie oder einer Klasse theoretischer Aussagen, in dem bzw. in der das Explikandum substituiert wird, sowie zweitens die Festlegung der Merkmale „hoher Gehalt" und „Wahrheit", die dieser Satz nach der Substitution aufweisen sollte.[26]

LAUTMANN sieht das Verfahren der Begriffsexplikation als ein mehrstufiges an.[27] Eine Anwendung des Explikationsverfahrens erfolgt unter Berücksichtigung methodologischer Regeln.[28] Nachfolgend werden daher grundlegende Verfahrensschritte und methodologische Regeln aufgezeigt.

Als Explikandum wird ein vieldeutiger, vager Begriff gewählt, dessen gebräuchliche Bedeutungen möglichst vollständig aufzuführen sind. Die Explikation sollte also den gegenwärtigen Wissensstand repräsentieren.[29]

---

[23] OPP, ³1995, S. 134

[24] vgl. ebd., S. 135

[25] ebd.

[26] vgl. ebd.

[27] vgl. ²1971, S. 10

[28] vgl. OPP, ³1995, S. 135

[29] vgl. LAUTMANN, ²1971, S. 10f.

In diesem Zusammenhang weist LAUTMANN darauf hin, dass nur solche Bedeutungen anzugeben sind,

> ... bei denen auf der linken Seite der Definition das Explikandum steht; denn in der Regel können nur solche Sätze eine Definition des Explikandums sein ...[30]

Als Voraussetzung für eine weitere Begriffsexplikation stellt OPP folgende Regelung auf:

> Regel 1: Es ist zu zeigen, daß ein Explikandum unpräzise ist.[31]

Hieran anschließend erfolgt die Festlegung der Kriterien, welche der Explikation genügen sollten. Die Explikation sollte zu einem adäquaten Explikat führen. Das Explikat wiederum sollte den aufgestellten Kriterien mehr genügen als bisher vorhandene Bedeutungen[32], so dass festgehalten werden kann:

> Regel 2: Mindestens ein Adäquatheitskriterium für das Explikat ist anzugeben.[33]

Laut OPP können keine weiteren Regeln formuliert werden.[34] Allerdings können weitere Kriterien der Explikation benannt werden, die LAUTMANN wie folgt zusammenfasst:

> Die Explikation will für das Definiendum (Explikandum) einen neuen Ausdruck einführen; dieser, das Explikat, soll exakt - eindeutig, nicht vage, konsistent -, soll dem Explikandum ähnlich sowie fruchtbar und einfach sein.[35]

Die Strategie der Explikation ist definiert als Präzisierung im Sinne einer Verminderung der Region der Unbestimmtheit. In diesem Begründungszusammenhang weist OPP auch auf die Möglichkeit der Modifikation des Explikandums im Fall einer unvollkommenen Präzisierung des Adäquatheitskriteriums hin.[36]

Wie bereits herausgearbeitet wurde, können in der sozialwissenschaftlichen Literatur keine allgemeingültigen Aussagen und Definitionen bezüglich des Phänomens „Selbstverwirklichung" gefunden werden. Der Terminus stellt demnach eine sogenannte Leerformel dar, d.h. dieser verwendete Begriff ist unpräzise. Leerformeln zeichnen sich durch konnotative Bedeutungen, jedoch nicht durch denotative Bedeutungen aus.[37]

---

[30] ebd., S. 11

[31] ³1995, S. 136

[32] vgl. LAUTMANN, ²1971, S. 11; OPP, ³1995, S. 136

[33] OPP, ³1995, S. 136

[34] vgl. ebd.

[35] ²1971, S. 24

[36] vgl. ³1995, S. 134 ff.

[37] vgl. OPP, ³1995, S. 127ff.

2.. Strukturierung und methodische Herangehensweise

Hinsichtlich der Verwendung von unpräzisen Begriffen äußert sich OPP wie folgt:

> Die meisten empirisch orientierten Sozialwissenschaftler dürfen darin übereinstimmen, daß *unpräzise* Begriffe wie etwa „Freiheit", „Wesen", „Sein", u.ä. erheblich präzisiert werden müssen, um in den Sozialwissenschaften fruchtbar sein zu können. Weiterhin dürfte allgemein akzeptiert sein, daß Begriffe einheitlich - d.h. *eindeutig* - verwendet werden sollten.[38]

Über das multimethodische Forschungsdesign sollten daher u.a. Meinungen und Definitionsansätze zum Explikandum „Selbstverwirklichung" erhoben werden, um der konstatierten unzureichenden Operationalisierung dieses, meiner Auffassung nach, wichtigen Begriffs in der Heilpädagogik entgegenzuwirken. Die Intention der Autorin lag in einer Begriffsexplikation des Explikandums „Selbstverwirklichung" unter Verwendung einer engen Kontextanalyse. Die Analysegrundlage bildeten die erstellten Transkriptionen und die schriftlichen Antwortpapiere. Zur Begriffsexplikation herangezogen wurden die Aussagen, die unter die gebildeten Kategorien subsumiert wurden. Entgegen einer herkömmlichen Vorgehensweise bezog sich die Begriffsexplikation daher nicht auf in Fachliteratur gefundenen Aussagen, sondern auf erhobene Daten.

Die Datenauswertung erfolgte qualitativ mittels strukturierender Inhaltsanalyse der erstellten Transkriptionen und der vorliegenden schriftlichen Antworten. Ankerbeispiele illustrieren die von mir gewählten Oberbegriffe und aufgestellten Hypothesen, gewährleisten Transparenz und Nachvollziehbarkeit. Verwendete Ankerbeispiele stellen eine von mir bewusst getroffene Auswahl aus der Materialfülle dar. Darüber hinaus erforderte die Datenanalyse stellenweise eine quantitative Herangehensweise.[39] Insgesamt umfasst die Datenanalyse der Erhebungen im Rahmen des multimethodischen Forschungsdesigns eine Begriffsexplikation der Phänomene „Selbstverwirklichung" sowie „Selbstverwirklichung erwachsener Menschen mit geistiger Behinderung über bildende Kunst" und eine umfassende Darstellung verschiedener Elemente in Bezug auf eine Erfassung und Beschreibung dieses Phänomens.

Die zentrale Theorie, dass Selbstverwirklichungsprozesse erwachsener Menschen mit geistiger Behinderung über individuelle Bild- und Körpersprache wahrnehmbar und beobachtbar sind, fand eine weiterführende Vertiefung in dem Versuch, über ein von mir entwickeltes Beobachtungsinstrumentarium diese Praxis zu erschließen.

Datenerhebung im Rahmen des multimethodischen Forschungsdesigns sowie praktische Erprobung des Beobachtungsinstrumentariums erfolgten nicht in Form von Zufallsstichproben, erfassen auch nicht die Grundgesamtheit aller Künstler und Künstlerinnen mit

---

[38] ebd., S. 127

[39] vgl. STRAUSS u. CORBIN, 1996, S. 4; KELLE u. ERZBERGER, 2000, S. 299ff.

geistiger Behinderung, aller Mitarbeiter und Mitarbeiterinnen, die mit erwachsenen Künstlern und Künstlerinnen mit geistiger Behinderung arbeiten oder aller Studierenden des Fachbereiches Sozialwesen. Zu Grunde gelegt wurde jedoch eine breite Streuung durch Berücksichtigung verschiedener Bundesländer, unterschiedlicher Institutionen, verschiedener Berufsgruppen unterschiedlichen Alters und Geschlechts mit unterschiedlicher Berufserfahrung, erwachsener Menschen mit geistiger Behinderung unterschiedlichen Alters mit unterschiedlichen Zugangsweisen zur bildenden Kunst.[40] Dargelegte Ergebnisse zeichnen sich daher nicht durch Repräsentativität im engeren Sinne aus, sondern stellen eine annäherungsweise Validitätsabschätzung[41] in Bezug auf Beobachtungs- und Wahrnehmungsmöglichkeiten individueller Selbstverwirklichungsprozesse erwachsener Menschen mit geistiger Behinderung über bildende Kunst dar.

Der Darlegung zentraler Ergebnisse aus den durchgeführten Datenerhebungen vorangestellt wird ein Überblick über den sozialwissenschaftlichen Stand zur Forschungsfragestellung sowie über den gegenwärtigen Wissensstand zu körpersprachlichem Ausdrucksverhalten. Gezieltere Erkenntnisse körpersprachlicher Signale finden zu einem späteren Zeitpunkt auf die Forschungsfragestellung Anwendung, d.h. körpersprachliches Ausdrucksverhalten wird als Indikator für Selbstverwirklichungsprozesse erwachsener Menschen mit geistiger Behinderung über bildende Kunst herausgearbeitet. Die Gültigkeit körpersprachlicher Universalien für den Personenkreis erwachsener Menschen mit geistiger Behinderung wird diesbezüglich vorausgesetzt.

---

[40] siehe hierzu Anhang III
[41] vgl. OSNABRÜGGE u. FREY, 1989, S. 183f.; CÁRDENAS, [7]2000; S. 12

3. Übersicht über den sozialwissenschaftlichen Stand zur Forschungsfragestellung

Recherchen in den CD-Rom-Datenbanken Eric (Jahrgänge 1993 - 1998), CD-Bildung und Literaturdatenbank Bildungswesen (alle Jahrgänge bis 1998), im elektronischen Katalog OPAC (alle Jahrgänge bis 2002), im Themenkatalog „Geistige Behinderung" (Jahrgänge 1980 - 1996)[42], in der Bibliographie zur geistigen Behinderung (Jahrgänge 1988 - 1995)[43] sowie im Literaturverzeichnis der zentralen Dokumentationsstelle für heilpädagogische Fachliteratur des Berufsverbandes der Heilpädagogen (Jahrgänge 1993-2003)[44] zu den Schlagwörtern geistige Behinderung, Kunst, Selbstverwirklichung, Art, Art Therapy, Creative Art, Mental Retardation und Self-Actualization in verschiedenen Kombinationsmöglichkeiten bestätigen das bereits konstatierte Forschungsdefizit. Es konnte keine Publikation gefunden werden, die sich gezielt mit der Fragestellung nach Selbstverwirklichungsprozessen erwachsener Menschen mit geistiger Behinderung über bildende Kunst auseinandersetzt. Fachveröffentlichungen beschäftigen sich lediglich mit einzelnen Schlagwörtern wie Selbstverwirklichung, Kunst etc. oder mit einer Kombination der Schlagwörter Kunst/Kunsttherapie und geistige Behinderung oder Selbstverwirklichung und geistige Behinderung.

Da die Wissenschaftsdisziplin Heilpädagogik[45] als eklektische Wissenschaft durch Interdisziplinarität[46] gekennzeichnet ist, findet sich in der Literatur keine eindeutige begriffliche Abgrenzung zu den Gebieten der Behindertenpädagogik, Rehabilitationspädagogik oder Sozialpädagogik.[47] Heilpädagogik als primär außerschulisches Angebot ist lediglich von dem Begriff der Sonderschulpädagogik abgrenzbar. Jedoch sind auch hier Überschneidungen gegeben, d.h. auch im Rahmen einer sonderschulischen Betreuung sind heilpädagogische Fördereinheiten möglich. Festzuhalten ist, dass der pädagogische Auftrag „Selbstverwirklichung" sowohl ein sonderschulischer als auch ein heilpädagogischer ist.

Heilpädagogik beinhaltet eine pädagogische und therapeutische Arbeit mit Menschen mit Behinderungen.[48] Versuche, im heilpädagogischen Kontext Pädagogik von Therapie zu

---

[42] vgl. BUNDESVEREINIGUNG Lebenshilfe für Menschen mit geistiger Behinderung, 1997, S. 4ff.

[43] vgl. BUNDESVEREINIGUNG Lebenshilfe für geistig Behinderte, 1995, S. 1ff.

[44] vgl. BERUFSVERBAND der Heilpädagogen, 2003, S. 1f. (Quellenverzeichnis)

[45] vgl. u.a. GRÖSCHKE, 1992, S. 14ff.; THEUNISSEN, 1992, S. 25ff.; ONDRACEK u. TROST, 1998, S. 134; VAN GULIJK, 1998, S. 12; FORNEFELD, 1999, S. 6ff.; BERUFSBILD Heilpädagoge/Heilpädagogin, S. 4 (ohne Jahresangabe, Quellenverzeichnis)

[46] vgl. LEMKE, 2002, S. 13

[47] vgl. COLLA-MÜLLER, 1994, S. 10ff.; HAGMANN, 1994, S. 20ff.

[48] vgl. ONDRACEK u. TROST, 1998, S. 134

differenzieren oder auch Gemeinsamkeiten herauszuarbeiten, fehlen. Obwohl in der Literatur Aussagen zur Unterscheidung von Therapie und Erziehung gemacht werden, ist in Anlehnung an REICH das Verhältnis beider Dizipline bis heute unzureichend geklärt. Therapeutisches Handeln kann jedoch ein Baustein heilpädagogischer Förderung von Menschen mit Beeinträchtigungen sein.[49]

Heilpädagogische Kunsterziehung oder Heilpädagogische Kunsttherapie als Methodiken der allgemeinen Heilpädagogik wurden bisher inhaltlich nicht von Konzepten allgemeiner Kunsterziehung oder Kunsttherapie abgegrenzt. Folge davon ist eine verwirrende Begriffsvielfalt im Sinne unterschiedlichster künstlerischer Arbeitsformen in der Heilpädagogik sowie in der Sonderpädagogik. Der Ansatz einer therapeutisch-ästhetischen Praxis als sogenanntes mehrperspektivisches Phasenmodell findet beispielsweise oft als Synonym für therapeutisch-ästhetische Erziehung, Pädagogische Kunsttherapie oder Heilpädagogische Kunsttherapie Anwendung.[50] Darüber hinaus operiert die kunstpädagogische, kunstpsychologische sowie sonder- und heilpädagogische Fachvertretung mit einem unklar definierten Begriff der Kunst. Vielfach dient Kunst als Sammelbegriff.[51]

Der für mein Forschungsvorhaben relevante Bereich der bildenden Kunst ist somit nicht eindeutig bestimmbar. Bis zur sogenannten analytischen Phase des Kubismus erfolgte eine Unterteilung des Gesamtspektrums der bildenden Kunst in die vier Gattungen Malerei, Bildhauerei, Zeichnung und Druckgrafik. Die Einführung der Collagetechnik wurde Anlass für eine Auflösung dieser Gattungen.[52] Das Gebiet der Psychologie der bildenden Kunst wird unter dem Begriff Kunstpsychologie gefasst.[53] Künste mit Wirkung auf den Gesichtssinn des Menschen können laut SCHUSTER als Rahmen dafür vorgeschlagen werden. Herkömmliche Kunstrichtungen erfahren so eine Erweiterung um die Bereiche Theater, Film und Werbung.[54]

Kunst ist nach Ansicht von KLÄGER unteilbar, womit der Annahme einer speziellen Kunst von Menschen mit geistiger Behinderung widersprochen ist.[55]

> Geistige Behinderung ... ist nicht gleichzusetzen mit künstlerischer Behinderung ...[56]

---

[49] vgl. 2003, S. 11ff.

[50] vgl. THEUNISSEN, 1995, S. 204ff.

[51] vgl. SCHUSTER, 1990, S. IX; BUNDESVEREINIGUNG Lebenshilfe für geistig Behinderte e.V., ³1996, S. 11; SCHUSTER, ³1997, S. 11

[52] vgl. THOMAS, 1997, S. ⁷141f.

[53] vgl. SCHUSTER, 1990, S. IX

[54] vgl. ³1997, S. 10

[55] vgl. 1993, S. 5

3. Übersicht über den sozialwissenschaftlichen Stand zur Forschungsfragestellung 35

und steht einer künstlerischen Begabung nicht im Weg.[57] Nach Auffassung von BEUYS ist jeder Mensch ein Künstler, eine Künstlerin.[58]

Die Frage nach Kriterien für Kunst oder Künstlersein erweist sich zusammenfassend als Frage nach individuell revidierbaren Faktoren wie Sehgewohnheiten, Kunstverständnis oder gesellschaftlich festgeschriebene Qualitätsmaßstäbe, beispielsweise die Maßstäbe der Kunstkritik der klassischen Moderne.[59] Um einer

> ... nihilistisch geprägten Entwertung ästhetischer Ausdrucksformen von geistig schwer und mehrfachbehinderten Menschen wirksam zu begegnen ...[60]

plädiert THEUNISSEN für einen weiten und entideologisierten Begriff von Kunst als polyästhetischer Praxis, dem auch professionelle Künstler und Künstlerinnen zustimmen, und verweist auf die ursprüngliche Bedeutung von Ästhetik, welche als Oberbegriff für Kunst im Sinne von Bildnerei und nahestehenden Bereichen angenommen werden kann. Die Verwendung eines weiten Kunstbegriffes impliziert, dass eine Kunstpraxis für alle Menschen unabhängig vom Schweregrad ihrer Behinderung möglich ist.[61]

Die von mir formulierte komplexe Fragestellung nach Selbstverwirklichungsprozessen erwachsener Menschen mit geistiger Behinderung über das Medium bildende Kunst erfordert ein Nachdenken über Erwachsenwerden/Erwachsensein, Selbst und Selbstverwirklichung von Menschen mit geistiger Behinderung unter besonderer Berücksichtigung des künstlerischen Aspektes.

Erwachsensein/Erwachsenwerden von Menschen mit geistiger Behinderung:
Der Prozess des individuellen Erwachsenwerdens bzw. Erwachsenseins von Menschen mit geistiger Behinderung entzieht sich einer präzisen Definition.[62] Jedoch können in Hinsicht auf das Erwachsenwerden als Prozess des Selbstwerdens Kriterien wie Loslösung von Autoritäten, Unabhängigkeit, Selbstentscheidung, Selbsthandeln, Autonomie, persönliche Kompetenz, Selbstorganisation, Selbstaktualisierung, Selbstverwirklichung[63] und Mündigkeit formuliert werden. Mündigkeit äußert sich in Selbst-, Du- und Weltfähigkeit

---

[56] WOLLSCHLAEGER, 1990, S. 3

[57] vgl. ebd., S. 6

[58] vgl. 1991, S. 33

[59] vgl. KLÄGER, 1993, S. 5; BUNDESVEREINIGUNG Lebenshilfe für geistig Behinderte e.V., ³1996, S. 12; THEUNISSEN, 1997a, S. 8f.

[60] THEUNISSEN, 1997a, S. 10

[61] vgl. ebd., S. 11

[62] vgl. SCHATZ, 1983, S. 32ff.; SCHWARTE, 1991, S. 19f.

[63] vgl. SPECK, ⁷1993, S. 74, S. 128, S. 312ff.

und ist ein lebenslanger Prozess im Spannungsgefüge zwischen Emanzipations- und Sozialisationsprozessen, zwischen Individuum (Ich-Kompetenz) sowie der Gesellschaft (Sozial-Kompetenz). Laut SCHATZ stellt Mündigkeit das Ergebnis eines Selbstverwirklichungsprozesses dar.[64] Im Rahmen einer Erwachsenenbildung für Menschen mit geistiger Behinderung werden in der Literatur zusammenfassend folgende (heil)pädagogische Ziele angegeben: Entwicklung und Gewinnung von Mündigkeit, Emanzipation, sozialen Kompetenzen, Selbstständigkeit, Selbstvertrauen, Selbstwertgefühl, Selbstsicherheit, Selbstbewusstsein, Selbstbestimmung, Autonomie, Selbstkritik sowie Selbstverwirklichung und Beschäftigung des Menschen mit sich selbst.[65]

Im Bereich der bildenden Kunst richtete sich der Blick im Zuge der Psychiatrie-Enquête von 1975[66] in Abgrenzung zu Kunst von an Schizophrenie erkrankten Menschen[67] differenzierter auf bildnerische Äußerungen von erwachsenen Menschen mit geistiger Behinderung, welche während ihres jahrelangen, oft auch jahrzehntelangen Psychiatrieaufenthaltes wenig Anregungen zum Malen und Zeichnen erhielten.[68] Über eine ästhetische Praxis[69] konnte erwachsenen, oftmals hospitalisierten Menschen mit geistiger Behinderung Möglichkeiten zu bildnerischer bzw. künstlerischer Ausdrucksweise angeboten werden.

Obwohl für die allgemeine Erwachsenenbildung als Ziel formuliert, findet das Phänomen „Selbstverwirklichung" in Handreichungen zur ästhetischen Erwachsenenbildung keine explizite methodisch-didaktische Umsetzung.[70]

Das Selbst erwachsener Menschen mit geistiger Behinderung:
In Hinblick auf die Termini Selbst, Ich und Identität kann eine unüberschaubare Zahl psychologischer (insbesondere Entwicklungspsychologie sowie Säuglings- und Kleinkindforschung), psychoanalytischer, philosophisch-anthropologischer, philosophisch-neurophysi-

---

[64] vgl. 1983, S. 37ff.

[65] vgl. MEYER-JUNGCLAUSSEN, 1985, S. 48ff.; KÖNIG, 1990, S. 19ff.; SCHWARTE, 1991, S. 14; BAUMGART, 1991, S. 55; HAMBITZER, 1991, S. 74; BERLINER MANIFEST, 1995, S. 2 (Quellenverzeichnis)

[66] vgl. DROSTE, 2000, S. 125ff.

[67] vgl. u.a. RICHTER, 1984, S. 18ff.; NAVRATIL, 1986, S. 72ff.; RITTMEYER, 1988, S. 63ff.; MENZEN, 1990, S. 240ff.; DUBUFFET, 1991, S. 86ff.; KLÄGER, 1993, S. 5; LIEßEM, 1995, S. 10ff.; PRAMANN, 1995, S. 86ff.; HAMPE, 1996, S. 20ff.; PRINZHORN, ^{5}1997, S. IIIff.; SCHUSTER, ^{3}1997, S. 164ff.; THÉVOZ, 1997, S. 1ff.; EISSING-CHRISTOPHERSEN u. LE PARK, 1997, S. 15ff.; RICHTER, 1997a, S. 332ff.; NAVRATIL, 1998, S. 52ff.: HASELBECK, 2000, S. 22ff.

[68] vgl. THEUNISSEN, 1984, S. 9; 1997c, S. 189

[69] vgl. u.a. ebd., 1986, S. 280ff.; 1994a, S. 4ff.; 1994b, S. 867ff.; ^{5}1994, S. 75ff.; ^{3}1994, S. 67ff.; 1995, S. 204ff.;1997b, S. 62ff.; 1997d, S. 101ff.

[70] vgl. WILDER, 1990, S. 19ff.

3. Übersicht über den sozialwissenschaftlichen Stand zur Forschungsfragestellung 37

ologischer, soziologischer, sonder- und heilpädagogischer und kunsttherapeutischer Einzelbeiträge und Überblicksarbeiten[71] festgehalten werden. Daneben gibt es Formulierungen wie Körperselbst und Haut-Ich[72] sowie verschiedene Wortverbindungen wie beispielsweise Selbstkonzept, Selbstpathologie, Selbstwertgefühl, Selbstwerterhöhung, Selbstkonsistenz, Selbstmodell, Selbstbestimmung, Selbstakzeptanz, Selbstaufmerksamkeit, Selbstorganisation oder Selbstaktualisierung, welche trotz fehlender eindeutiger Definitionen in Form empirischer Erfassung in der Forschungspraxis Verwendung finden.[73]

Das Selbst erwachsener Menschen mit geistiger Behinderung ist nicht eindeutig erfassbar. Als eine von möglichen Definitionen lassen sich nach PFEFFER Kriterien für die Entwicklung des Selbst von Menschen mit schwerer geistiger Behinderung nur als Qualitäten des Zur-Welt-Seins erarbeiten.[74] Der Ansatz einer selbstorientierten Pädagogik geht von einem bewussten Selbst von Menschen mit geistiger Behinderung und damit auch von Möglichkeiten der Selbstverwirklichung aus. Aus entwicklungspsychologisch-neurophysiologischer Sicht ist in jedem Menschen, somit auch in jedem Menschen mit geistiger Behinderung, bereits vor der Geburt ein Selbst angelegt. Aufgrund dynamischer Prozesse von Entwicklung und Veränderung ist dieses Selbst werdend und aktiv. Aktivität meint hierbei eine auf Erkenntnis und menschliches Sein ausgerichtete Bedeutungsbildung. Prozesse der Bedeutungsbildung vollziehen sich auf jeder Stufe menschlicher Entwicklung unabhängig von Parametern wie Alter oder Grad einer geistigen Behinderung. Erkenntnisorientierung erfolgt über erste Formen von Selbstwahrnehmung bis zur Entwicklung eines stabilen differenzierten Selbstkonzeptes und der Erlangung von Selbstbewusstsein. Das Wesen des Selbst findet Ausdruck in dem Bedürfnis sowohl nach Gemeinschaft als auch

---

[71] vgl. u.a. SCHEUERL, 1978, S. 177ff.; PRIOR, 1984, S. 36ff.; DIEKMANN, 1988, S. 86; PFEFFER, 1988, S. 276ff.; AISSEN-CREWETT, ²1989, S. 154; MIDDCKE, 1989, S. 25ff.; DENEKE, 1989, S. 577; MENZEN, 1990, S. 95ff.; BOHLEBER, 1992, S. 336ff.; PETERSEN, 1992, S. 290; ENGELKE u. ROSENTHAL, 1993, S. 138f.; KEGAN, ³1994, S. 22ff.; BETTELHEIM, 1995, S. 15ff.; OSTEN, 1996, S. 149ff.; POPPER u. ECCLES, ⁶1997, S. 13ff.; DORNES, 1997, S. 20ff.; MAHLER, PINE u. BERGMAN, 1997, S. 57ff.; RICHTER, 1997b, S. 28f.; KAPLAN, ¹⁰1998, S. 11ff.; STERN, ⁶1998, S. 9ff.; GREVE, 2000a, S. 15ff.; DERS., 2000b, S. 96ff.; FUHRER u.a., 2000, S. 39ff.; DEUTSCH, SANDHAGEN u. WAGNER, 2000, S. 58ff.; PINQUART u. SILBEREISEN, 2000, S. 75ff.; FREUND, 2000, S. 115ff.; STAUDINGER, 2000, S. 133ff.; KLAUER, 2000, S. 149ff.; BAYER u. GOLLWITZ, 2000, S. 208ff.; HANNOVER, 2000, S. 227ff.; WENTURA, 2000, S. 255ff.; STRAUB, 2000, S. 279ff.; NUNNER-WINKLER, 2000, S. 302ff.

[72] vgl. ANZIEU, 1996, S. 60ff.

[73] vgl. BOTTENBERG u. KELLER, 1975, S. 21ff.; BERGEMANN u. JOHANN, 1985, S. 119ff.; MENZEN, 1990, S. 96; DUPUIS u. KERKHOFF, 1992, S. 574 u. 577f.; PAULUS, 1994, S. 1; SEITZ, 1994, S. 166ff.; FERRING u. FILIPP, 1996, S. 284ff.; FURTWÄNGLER, 2000, S. 24ff.; FILIPP, 2000, S. 7ff.; MIELKE, 2000, S. 167ff.; SCHÜTZ, 2000, S. 189ff.; PETERSEN, STAHLBERG u. DAUENHEIMER, 2000, S. 239ff.; METZINGER, 2000, S. 317ff.; FREY u.a., 2000, S. 339; HOYER, 2000, S. 140ff.; OSBAHR, 2000, S. 61; HOFMANN, 2001, S. 317ff.

[74] vgl. 1988, S. 267

nach Unabhängigkeit und in dem Streben nach Einheit bzw. Gleichgewicht. Die Behauptung des eigenen Selbst ist für Kinder mit geistiger Behinderung oftmals erschwert. Grundlegend für eine Selbstentwicklung ist primär die Familie mit den Werten Geborgenheit, Zugehörigkeit und Wärme. Bei umfassender Förderung beginnt die Entwicklung von Autonomie von Menschen mit geistiger Behinderung bereits in der frühen Kindheit. Im Verlauf des Heranwachsens gewinnt die Komponente Selbstverwirklichung bzw. Selbstaktualisierung an Bedeutung. Bezüglich einer Selbstentwicklung als individuellem Prozess kann kein vorab definiertes Ziel dieses Prozesses angegeben werden.[75]

> Die Differenzierung des Selbstwerdungsprozesses hängt von dem ab, was der Mensch bisher an eigener Struktur in Wechselwirkung mit seiner Umwelt aufbauen, konstruieren konnte. Das Ergebnis ist von Mensch zu Mensch verschieden, aber in jedem Falle ist die Entwicklung autonomer Motivationen und Handlungen möglich, mag sie auch, wie im Falle einer schweren geistigen Behinderung noch so eingeschränkt sein ...[76]

In Anlehnung an SPECK besitzt jedes Kind mit geistiger Behinderung eine individuelle Bildbarkeit, wobei Bildbarkeit als Verwirklichungspotentialität für Menschlichkeit unter der Voraussetzung von Erziehung und Bildung zu verstehen ist.[77]

Bezogen auf den Bereich der bildenden Kunst spricht RICHTER von einem bildnerischen Selbst. Erste präverbale ästhetische Erfahrungen gehen von frühen Körpererlebnissen des Säuglings aus. Körpererfahrungen und bildnerische Subjektivität stehen in Zusammenhang und prägen die Entwicklung einer bildnerischen Biografie, d.h. einer bildnerischen Identität.[78] In der Literatur finden sich Fallbeispiele von frühen Störungen des Körperselbst/Körperbildes als mögliche Quelle künstlerischer Äußerungen im Sinne von Leidensbildern.[79] Künstlerische Medien bieten ästhetische Selbstgestaltungsmöglichkeiten und Heilungschancen des Selbst.[80] Im Zuge einer Persönlichkeitsentwicklung und Ausbildung von Ich-Identität können innere Bilder als Teil des individuellen Selbst in einem äußeren Bild zum Ausdruck gebracht werden.[81] Selbst-Bilder entstehen somit durch Selbsterfahrung.[82]

---

[75] vgl. MIDDCKE, 1989, S. 33ff.; SPECK, ⁷1993, S. 69ff.
[76] SPECK, ⁷1993, S. 75
[77] vgl. ebd., S. 154ff.
[78] vgl. 1997a, S. 291ff.
[79] vgl. NIEDERLAND, 1989, S. 141ff.; RICHTER, 1997a, S. 296
[80] vgl. PETERSEN, 1992, S. 290
[81] vgl. CRIEGERN von, 1984, S. 19
[82] vgl. MENZEN, 1990, S. 95ff.

3. Übersicht über den sozialwissenschaftlichen Stand zur Forschungsfragestellung   39

Nach Auffassung von SCHUSTER entstehen Variationen der Selbstaktualisierung als Ausmaß der Bewusstheit von sich selbst durch ein Sehen im Spiegel oder durch das Tragen von Masken.[83]

Die Theorie des bildnerischen Selbst ist nicht umfassend erforscht. Aussagen über die Entwicklung eines bildnerischen Selbst erwachsener Menschen mit geistiger Behinderung fehlen.

Selbstverwirklichung erwachsener Menschen mit geistiger Behinderung:
Der Terminus Selbstverwirklichung[84], in der Literatur mehrfach als Modewort[85] bezeichnet, ist durch begriffliche Uneindeutigkeiten (beispielsweise in Abgrenzung zu den Parametern Selbstaktualisierung/Self-Actualization, Selbstrealisierung/Self-Realization, Selbstentfaltung oder Individuation) und differierende Bewertungen gekennzeichnet sowie als Leerformel kritisiert.[86]

Im Rahmen einer Gesundheitspsychologie implizieren zum Beispiel vielfältige Selbstverwirklichungskonzeptionen unterschiedliche Vorstellungen von psychisch gesundem Erleben und Verhalten. Selbstverwirklichung findet entweder als Teilaspekt, als Schwerpunkt oder synonym zum Begriff der psychischen Gesundheit Verwendung.[87] In der mir zugänglichen Literatur wird somit lediglich ein Zusammenhang zwischen Selbstverwirklichung als freie schöpferische Entfaltung[88] und psychischer Gesundheit hergestellt, der Aspekt der physischen Gesundheit bleibt unerwähnt.

Ungeachtet definitorischer Schwierigkeiten und der Auffassung als Modewort wird das Phänomen „Selbstverwirklichung" in Form verschiedener Zielformulierungen wie beispielsweise „Selbstverwirklichung als Selbstbestimmung in sozialer Bezogenheit" als Zielbestimmung klinisch-psychologischer, pädagogisch-psychologischer bzw. entwicklungspsychologischer Intervention[89] oder „Selbstverwirklichung in sozialer Eingliederung"[90], „Selbstverwirklichung in sozialer Integration"[91] bzw. „Selbstverwirklichung als

---

[83] vgl. ³1997, S. 134

[84] vgl. u.a. MASLOW, 1943, S. 370ff.; KORFF, 1966, S. 221ff.; SCHEUERL, 1978, S. 175ff.; WENDLAND, 1983, S. 149ff.; PAULUS, 1984, S. 171ff.; PRIOR, 1984, S. 2; MEYER-JUNGCLAUSSEN, 1985, S. 45.; ROGERS, 1985, S. 265ff.; WILLI, 1985, S. 35ff.; AISSEN-CREWETT, ²1989, S. 154; PAULUS, 1994, S. 10ff.; FORNEFELD, ³1995, S. 78; LINDNER, 1997, S. 231ff.; MASLOW, 1999, S. 179ff.

[85] vgl. MIDDCKE, 1989, S. 25; PAULUS, 1994, S. 1

[86] vgl. PAULUS, 1994, S. 1ff.

[87] vgl. ebd., 1984, S. 171; 1994, S. 21ff.

[88] vgl. ebd., 1994, S. 31

[89] vgl. ebd., S. 275ff.

[90] vgl. SOMAZZI, 1999, S, 236

Autonomie in sozialer Gebundenheit"[92] als sonder- und heilpädagogisches Leitziel beschrieben.

Selbstverwirklichung als normative Vorgabe betrifft im sonder- und heilpädagogischen Kontext die Arbeit mit Menschen mit geistiger Behinderung aller Altersstufen, bezieht sich somit auf sonderschulische sowie außerschulische Bereiche wie Wohngruppe, Tagesförderstätte, Tagesheim, Tageszentrum, Werkstatt für Behinderte und Erwachsenenbildungsstätte und ist teilweise im Leitbild dieser Einrichtungen festgeschrieben.[93] In der Literatur findet sich allerdings Kritik an diesen Institutionen, welche durch Rahmenbedingungen verschiedenster Art eine Umsetzung des pädagogischen Leitzieles erschweren.[94] Der Aspekt der Selbstverwirklichung von Menschen mit geistiger Behinderung in der praktischen professionellen Tätigkeit scheint seitens der Mitarbeiter und Mitarbeiterinnen und seitens der Kostenträger nicht erstrebenswert. So bleibt im Rahmen der Erhebung des individuellen Hilfebedarfes von erwachsenen Menschen mit geistiger Behinderung in der individuellen Lebensgestaltung im Kontext Wohngruppe hinsichtlich einer Eingruppierung in Hilfebedarfsgruppen im entsprechenden Fragebogen der Aspekt Selbstverwirklichung unerwähnt.[95] Auch in der Erstermittlung des Hilfebedarfes in der individuellen Lebensgestaltung im Bereich „Gestaltung des Tages", bezogen auf eine Beschäftigung in einer Werkstatt für Behinderte, in einer Tagesförderstätte, in anthroposophischen Lebens- und Arbeitsformen, in der Tagesstruktur eines Wohnbereiches bzw. Wohn- und Pflegeheimes sowie in der Ergotherapie als Teil der Tagesstruktur für Menschen mit Abhängigkeitserkrankungen erscheint unter der Rubrik „Entwickeln von Perspektiven in der Tagesstrukturierung" lediglich die Komponente Selbstvertrauen/Kompetenzentwicklung. Das Phänomen „Selbstverwirklichung" wird nicht als relevant erachtet.[96] Des Weiteren geben erarbeitete Leitbilder als Qualitätsmanagementmaßnahme von Institutionen vielfach

---

[91] vgl. KULTUSMINISTER des Landes Nordrhein-Westfalen, 1980, S. 25ff.; KULTUSMINISTER des Landes Hessen, 1983, S. 3ff.; SCHATZ, 1983, S. 20ff.; SCHWEINS, 1983a, S. 12ff.; DERS., 1983b, S. 145ff.; OBERACKER, 1983a, S. 39ff.; DERS., 1983b. S. 121ff., HUBLOW, 1983a, S. 55ff.; DERS., 1983b, S. 133ff.; REBMANN, 1983a, S. 75ff.; DERS., 1983b, S. 107ff.; DITTMANN, 1983, S. 89ff.; GÜLDENSTUBBE, 1983a, S. 159ff.; DERS., 1983b, S. 171ff.; KULTUSMINISTER des Landes Nordrhein-Westfalen, 1985, S. 5ff.; MEYER-JUNGCLAUSSEN, 1985, S. 44ff.; MÜHL, ^{7}1986, S. 36ff.; MIDDCKE, 1989, S. 25; FORNEFELD, ^{3}1995, S. 76ff.

[92] vgl. SENCKEL, 2002, S. 24 (Quellenverzeichnis)

[93] vgl. MEYER-JUNGCLAUSSEN, 1985, S. 48ff.; SPECK, ^{7}1993, S. 324f.; THEUNISSEN, ^{5}1994, S. 15ff.; LEITBILD einer Heilpädagogischen Einrichtung (ohne Jahres- und Seitenangaben, Quellenverzeichnis)

[94] vgl. THEUNISSEN, ^{5}1994, S. 32ff.; GRAF, 1995, S. 9

[95] vgl. LANDESWOHLFAHRTSVERBAND Hessen (ohne Jahres- und Seitenangaben, Quellenverzeichnis)

[96] vgl. ebd., Stand 03/2001, S. 1ff. (Quellenverzeichnis)

keinen Aufschluss über Möglichkeiten konkreter Umsetzung von Selbstverwirklichungsimpulsen erwachsener Menschen mit geistiger Behinderung.[97]

Im Hinblick auf die Entwicklung und Förderung bildnerischen Gestaltens in der Sonderschule[98] werden dem Medium bildende Kunst Wirkungsweisen wie Lust- und Entlastungsfunktion, kritische und emanzipatorische Funktion[99] und darüber hinaus verschiedene Lerninhalte wie beispielsweise motorische Fertigkeiten (Auge-Hand-Koordination), Wahrnehmung (Farbunterscheidungen), Kommunikation oder Selbstverwirklichung zugeschrieben. Selbstverwirklichung wird hierbei durch die Parameter Emotionen, kreative Reaktionen, interpersonale Beziehungen und Selbstbewusstsein charakterisiert. Die Dimension Selbstverwirklichung wird jedoch nicht in Form methodisch-didaktischer Umsetzungsmöglichkeiten für das Medium Kunst herausgearbeitet oder entwickelt, obwohl das Unterrichtsfach Kunst/ästhetische Erziehung auf der Basis offener Curricula Lehrern und Lehrerinnen Freiräume hierfür bieten könnte.[100]

Im außerschulischen heilpädagogischen Bereich wird im Rahmen der ästhetischen Praxis der Aspekt Selbstverwirklichung[101] wie folgt definiert:

> Unter ästhetischer Erziehung verstehen wir das pädagogische Bemühen, mit einem (geistig) behinderten Menschen in Beziehung zu treten und ihn auf dem Hintergrund dieses zwischenmenschlichen Verhältnisses mittels ästhetischer Materialien und Prozesse zur „Selbstverwirklichung in sozialer Bezogenheit" zu befähigen.[102]

Die diesbezüglich erhobene Forderung nach ganzheitlichen Lernprozessen über ästhetische Materialien zur Förderung von Selbstverwirklichungsprozessen[103] reicht allerdings nicht aus, um den heilpädagogischen Anspruch zu charakterisieren.

Im Sinne einer kreativen Freizeitgestaltung in der Altenarbeit verhilft das Medium bildende Kunst laut SCHUSTER zu einer Auseinandersetzung mit sich selbst bzw. dem eigenen Leben, zu psychischem Wachstum und zur Selbstverwirklichung.[104]

---

[97] vgl. LEITBILD einer Heilpädagogischen Einrichtung (ohne Jahres- und Seitenangaben, Quellenverzeichnis)

[98] vgl. STÜTZ, 1983a, S. 5; DERS., 1983b, S. 5; SIEGENTHALER, 1986, S. 1ff.; AISSEN-CREWETT, 1986a, S. 286ff.; DERS.; ²1989, S. 13ff.; RICHTER, 1997b, S. 18ff; SOMAZZI, 1999, S. 16ff.

[99] vgl. STÜTZ, 1983a, S. 5; DERS., 1983b, S. 5

[100] vgl. AISSEN-CREWETT, ²1989, S. 14ff; BUSS u. THEUNISSEN, 1997, S. 145; SOMAZZI, 1999, S. 230ff.

[101] vgl. THEUNISSEN, 1986, S. 278; ³1994, S. 88; ⁵1994, S. 77; 1994b, S. 868; 1995, S. 204; 1997d, S. 130

[102] ebd., 1997b, S. 63

[103] vgl. ebd., 1986, S. 285

[104] vgl. 1990, S. 292

Handreichungen zur konkreten Umsetzung des Anspruches nach Selbstverwirklichung fehlen sowohl in der Literatur zur ästhetischen Praxis als auch zur Arbeit mit Senioren und Seniorinnen.

Innerhalb (heil)pädagogischer Kunsttherapie[105] für erwachsene Menschen mit geistiger Behinderung, beispielsweise im Rahmen projektiver Testverfahren bzw. von Beurteilungsskalen zur Evaluation von künstlerischen Bildern und im Rahmen farbpsychologischer Untersuchungen[106], scheint die Dimension Selbstverwirklichung keine Beachtung zu finden. Allerdings sind vereinzelte Zielvorstellungen wie Gemeinschaftsgefühl, Konzentrationsfähigkeit, Sich-selber-Wiederfinden, Aufbau und Zuwachs an Selbstwertgefühl, Selbstvertrauen, Selbstachtung, Selbstwahrnehmung, Selbstreflexion, Selbsterkenntnis, Selbstdokumentation, persönliche Autonomie, Selbstkonzept, soziale Interaktion, Auseinandersetzung mit sich und der Umwelt oder bildnerisches Ausdrucksvermögen formuliert.[107]

Aus der Literatur sind für den Bereich der bildenden Kunst mit erwachsenen Menschen mit geistiger Behinderung Untersuchungen und Beschreibungen positiver Verhaltensänderungen der Künstler und Künstlerinnen zu entnehmen. In diesem Zusammenhang wird jedoch das Phänomen „Selbstverwirklichung" anscheinend nicht beobachtet.[108] BRÜHL gibt, bezogen auf die künstlerische und kunsttherapeutische Arbeit im Bereich der Gerontopsychiatrie, als Rechtfertigung eine zu kurze Verweildauer dortiger Patienten und Patientinnen an.[109]

Die hier skizzierten Überlegungen zeigen meiner Auffassung nach Folgendes:
Heil- und sonderpädagogische sowie kunstpädagogische und kunsttherapeutische Ansätze lassen in Hinsicht auf mögliche Selbstverwirklichungsprozesse erwachsener Menschen mit geistiger Behinderung über bildende Kunst differenziertere Darstellungen und Beschreibungen dafür relevanter Faktoren vermissen. Es sind keine Aussagen über einen eventuell erhöhten Unterstützungsbedarf bzw. erhöhten Bedarf an Assistenz in Form konkreterer/direkterer verbaler Hinweise, einem Anbieten größerer experimenteller Freiräu-

---

[105] vgl. u.a. MENZEN, 1990, S. 281ff.; DERS., 1991, S. 499ff.; DERS., 1994, S. 389ff.; THEUNISSEN, 1995, S. 205; WICHELHAUS, 1996, S. 143f.; MENZEN, 1996, S. 197ff.; SCHUSTER, ³1997, S. 203ff.; NEUMANN, 1997, S. 191ff.; PETERSEN, 1998, S. 196ff.

[106] vgl. KRETSCHMER, 1997, S. 147ff.; PAPE, KARLE u. KLOSINSKI, 1999, S. 140ff.; SALEWSKI, GRUBER u. WEIS, 1999, S. 211ff.; ELBING u. HACKING, 2001, S. 133ff.

[107] vgl. AISSEN-CREWETT, 1986b, S. 247; LICHTENBERG, 1987, S. 24f.; THEUNISSEN, 1995, S. 207; STEINER, ³1996, S. 25; AISSEN-CREWETT, ⁴1997, S. 15

[108] vgl. KLÄGER, 1984a, S. 234ff; DERS., 1984b, S. 1ff; DERS., 1986a, S. 54ff.; DERS., 1986b, S. 136ff.; GEKELER, 1997, S. 389ff.; BRÜHL, 1998, S. 30

[109] vgl. 1998, S, 29f.

me oder einer eventuell erforderlichen Stütze des Armes bei Malbewegungen, eventuell längere Einübungszeiten zur Handhabung künstlerischer Materialien, erforderliche Rahmenbedingungen etc. zu finden. Weiterhin gibt es keine herausgearbeiteten methodisch-didaktischen Abgrenzungen oder Gemeinsamkeiten kunstpädagogischer oder kunsttherapeutischer Vorgehensweisen in der Arbeit mit Kindern, mit Erwachsenen und in der Arbeit mit Menschen mit geistiger Behinderung.

Der pädagogische Auftrag „Selbstverwirklichung" bleibt also vage. Das Phänomen wird weder inhaltlich belegt noch methodisch-didaktisch formuliert, sondern spiegelt bestehende definitorische Unklarheiten. Gefordert ist daher ein Umdenken in Institutionen der Behindertenhilfe sowie eine Neuausrichtung der professionellen Rolle von Mitarbeitern und Mitarbeiterinnen.

4. Theorie der Körpersprache

4.1 Körpersprachliches Ausdrucksverhalten

Die Entwicklung der Körpersprache des Menschen wird in der Literatur im Vergleich zur Körpersprache der Tiere beschrieben.[110] Neben einer Vielzahl an Parallelen körpersprachlichen Ausdrucksverhaltens in Bezug auf Emotionen wie Interesse, Neugierde, Spannungszuständen etc. stellt die menschliche Fähigkeit zur sprachlichen Kommunikation einen entscheidenden Unterschied dar.[111] Aufgrund dessen wird von einer Untrennbarkeit verbaler Sprache, d.h. digitaler Signale, von Körpersprache, d.h. analogen Signalen, ausgegangen, wobei dieses komplexe Signalsystem Lernprozesse beinhaltet.[112] Verbale Sprache beschreibt Körpersprache, so dass digitale Signale eine Transformation in analoge Signale erfahren. Dabei unterliegt verbale Sprache den gleichen Gesetzmäßigkeiten wie Körpersprache.[113]

Das Phänomen „Körpersprache" kann wie folgt beschrieben werden:

> Körpersprache ist ein fließendes Element, das sich verändert, in jeder Begegnung neue Formen annimmt, wie das Wasser in einem Gefäß, und das doch unverändert bleibt. Körpersprache ist der Ausdruck unserer Wünsche, unserer Gefühle, unseres Wollens, unseres Handelns. Sie verkörpert unser Ich.[114]

Der Mensch ist somit sein Körper.[115] Alle Empfindungen, Bedürfnisse und Gedanken suchen ihre Erfüllung über Motorik. Nonverbale Kommunikation kann demnach als körperliche Bewegung aufgefasst werden.[116] Körpersprache als Selbstausdruck entspricht dem inneren Geschehen. Da sich Emotionen unmittelbar physisch äußern, kann Körpersprache aufgrund der angeborenen Ganzheit des Körpers nicht lügen. Die Expressivität des Körpers ist sichtbare Unmittelbarkeit psychischen Erlebens. Daher wird von einer unteilbaren, analytisch nicht zu isolierenden Einheit von Körper und Seele ausgegangen.[117] PFAU sieht körpersprachliche Ausdruckserscheinungen als Erlebnisgestalten in gegenseitiger

---

[110] vgl. ARGYLE, [7]1996, S. 18ff.; LAUSTER, [21]1997, S. 16; KAISER, 1998, S. 16ff.

[111] vgl. ARGYLE, [7]1996, S. 57; KAISER, 1998, S. 18f.

[112] vgl. ARGYLE, [7]1996, S. 17; KAISER, 1998, S. 18; BIRKENBIHL, [14]1999, S. 18

[113] vgl. MOLCHO, 1999a, S. 21ff.

[114] MOLCHO, 1999a, S. 7

[115] vgl. KURTZ u. PRESTERA, 1979, S. 9; BIRKENBIHL, [14]1999, S. 114; MOLCHO, 1999a, S. 20; MOLCHO, 1999b, S. 11

[116] vgl. ARGYLE, [7]1996, S. 62; MOLCHO, 1999a, S. 20f.

[117] vgl. EKMAN u. FRIESEN von, 1975, S. 136; KURTZ u. PRESTERA, 1979, S. 13 u. 19; BONNAFONT, 1993, S. 20; HARTMANN, [2]1998, S. VII; PFAU, [2]1998, S. 2; KAISER, 1998, S. 33; CERWINKA u. SCHRANZ, 1999, S. 9; MOLCHO, 1999a, S. 21ff.

Abhängigkeit geistig-seelischen Erlebens und körperlicher Funktionalität und im Bezug des Menschen zur Mit- und Umwelt.[118]

Körpersprachliches Ausdrucksverhalten ist ein soziales Signal zur Selbstdarstellung, denn körpersprachliche Elemente wie Körperhaltung oder Sprache vermitteln Identität. Das Selbstbild bzw. die Ich-Identität eines Menschen enthält ein Körper-Image, eine Reihe von Rollen sowie Vorstellungen über Charakterzüge und Persönlichkeitsmerkmale. Aktivitäten des Selbst sind kontextgebunden. Persönlichkeitsmerkmale erzeugen im Gegenüber jedoch unmittelbar, unwillkürlich und ohne Mitteilungsabsicht nonverbale Signale. Körpersprachliches Ausdrucksverhalten ist also nicht ausschließlich auf Kommunikation ausgelegt und impliziert dennoch Kommunikation.[119]

Körpersprachliches Ausdrucksverhalten als effizientes Kommunikationsmittel weist parasemantische, parasyntaktische, parapragmatische und dialogische Funktion auf. Im Vergleich zu verbaler Kommunikation ermöglicht Körpersprache einen stärkeren Gefühlsausdruck. Reaktionen erfolgen unmittelbarer, direkter, komprimierter, schneller. Nonverbale Signale sind ursprünglicher, entziehen sich mehr einer bewussten Kontrolle und übermitteln komplexere Strukturen.[120] Verschiedene Botschaften werden mit Hilfe verschiedener Körpersignale übermittelt. Körpersprachliches Ausdrucksverhalten besteht aus einer Kombination von Einzelsignalen und weist daher das Phänomen der Gleichzeitigkeit und der Widersprüchlichkeit auf. Eine Kanaldiskrepanz impliziert unterschiedliche, widersprüchliche Signale auf verschiedenen Ausdruckskanälen in ein und derselben Person. Die Funktion der Körpersprache diesbezüglich ist die Kontradiktion.[121]

Nach BIRKENBIHL sind Signale der digitalen Inhalts- und der analogen Beziehungsebene kongruent oder inkongruent, wobei kongruentes Verhalten überzeugt. Inkongruenz, d.h. Diskrepanz zwischen den Signalen beider Ebenen, weist keine Überzeugungskraft auf. Unsicherheit führt beispielsweise zu Inkongruenz und wird daher oft fehlinterpretiert.[122]

In Hinblick auf mein Vorhaben, Selbstverwirklichungsprozesse erwachsener Menschen mit geistiger Behinderung über bildende Kunst anhand ihrer körpersprachlichen Äußerun-

---

[118] vgl. ²1998, S. 1

[119] vgl. WATZLAWICK, BEAVIN u. JACKSON, ⁹1996, S. 50ff.: ARGYLE, ⁷1996, S. 133ff.; MOLCHO, 1999a, S. 11 u. 42

[120] vgl. ARGYLE, ⁷1996, S. 341ff.; KAISER, 1998, S. 13ff.; CERWINKA u. SCHRANZ, 1999, S. 30; MOLCHO, 1999a, S. 28

[121] vgl. ARGYLE, ⁷1996, S. 57; BONNAFONT, 1993, S. 165ff.; KAISER, 1998, S. 41; MOLCHO, 1999a, S. 27ff.

[122] vgl. ¹⁴1999, S. 24f.

4. Theorie der Körpersprache 47

gen aufzuzeigen, sind Erkenntnisse interethnischer Studien bezüglich körpersprachlicher Universalien[123] relevant.

> Bestimmte Aspekte der Körpersprache sind allen Kulturen gemeinsam, sei es, weil sie angeboren sind, oder weil die das Ergebnis von universalen Menschheitserfahrungen sind.[124]

Menschen besitzen zum Beispiel eine elementare, angeborene, auf Verständigung angelegte Mimik. Auch taube und/oder blinde Kinder lachen, weinen oder zeigen einen Ausdruck von Ärger durch Ziehen senkrechter Zornesfalten.[125] Universalien körpersprachlichen Ausdrucksverhaltens, d.h. Gefühlsäußerungen bzw. Gefühlszustände wie Ekel, Wut, Angst, Schmerz, Müdigkeit, Glück oder Bekunden zwischenmenschlicher Einstellungen wie Verteidigungsgesten, sind Bestandteil des körpersprachlichen Repertoires aller Menschen.[126]

Analog zu universellen Ausdrucksformen können universelle Wirkungen wie das Kindchen-Schema beschrieben werden.[127] In Anlehnung an KAISER sind gewisse kulturelle Überformungen körpersprachlicher Universalien zu beobachten. Diese

> ... führen jedoch zu keiner grundsätzlichen Änderung des körpersprachlichen Ausdrucksverhaltens. Vielmehr zeigen sich solche kulturellen Variationen des Ausdrucksverhaltens darin, wie stark diese Emotionen in welchem Rahmen gezeigt werden dürfen bzw. welche Ereignisse überhaupt emotionale Reaktionen auslösen.[128]

Bei BONNAFONT findet sich allerdings eine Relativierung der Annahme körpersprachlicher Universalien:

> Es gibt kein absolutes und allgemeinverbindliches Entsprechungssystem zwischen Gefühlen einerseits und Gesten und Mimik andererseits. Es gibt aber auch keine speziellen und völlig originellen Ausdrucksformen in irgendeiner ethnischen Gruppe.[129]

Als Grundreaktionen jeglichen körpersprachlichen Ausdrucksverhaltens geht MOLCHO von offenen und geschlossenen Körperbewegungen aus. Offene Bewegungen stellen Reaktionen auf positive Reize dar. Offenheit zeigt sich in nach oben gewendeten Handflä-

---

[123] vgl. EKMAN, FRIESEN von u. ELLSWORTH, 1974, S. 126ff.; EKMAN u. FRIESEN von, 1975, S. 23ff.; LEONHARD, 1976, S. 48ff.; MAISONNEUVE u. GEUE, 1995, S. 128; ARGYLE, [7]1996, S. 96; LAUSTER, [21]1997, S. 15; HARTMANN, [2]1998, S. VII; PFAU, [2]1998, S. 5f.; KAISER, 1998, S. 19; MOLCHO, 1999a, S. 30ff.; CERWINKA u. SCHRANZ, 1999, S. 9

[124] ARGYLE, [7]1996, S. 96

[125] vgl. GIBSON u. SEGALOWITZ, 1986, S. 215ff.; ARGYLE, [7]1996, S. 77; LAUSTER, [21]1997, S. 12

[126] vgl. ARGYLE, [7]1996, S. 96; LAUSTER, [21]1997, S. 12; SCHUSTER, [3]1997, S. 96; KAISER, 1998, S. 19; CERWINKA u. SCHRANZ, 1999, S. 25

[127] vgl. LAUSTER, [21]1997, S. 23ff.; KAISER, 1998, S. 19f.; MOLCHO, 1999a, S. 176

[128] 1998, S. 19

[129] 1993, S. 18

chen, in einem offen dargebotenen Brustkorb, in freier Atmung. Das Einnehmen der vollen Körperbreite signalisiert Angstfreiheit. Eine positive Körpersprache geht einher mit offenen, freien, entspannten, lockeren, fließenden Körperbewegungen, welche den Körper breiter erscheinen lassen. Als Zeichen des Wohlbefindens ist die Bewegung durch harmonischen Rhythmus gekennzeichnet.

Geschlossene Bewegungen implizieren Verhärtung, Steifheit, Unbeweglichkeit, Erstarrung. Infolgedessen kann ein Zusammenziehen von Haut und Muskulatur sowie eine Reduzierung von Bewegungsfähigkeit beobachtet werden. Die Arme schützen die Körpermitte. Weitere Indikatoren sind ein eingezogener Kopf, ein Anziehen der Knie an den Körper, zum Körper gewendete Handflächen, angewinkelte Arme. Dieses Schutz- und Abwehrverhalten zieht den Körper zur Erde, d.h. nach unten.[130]

> Angst, Müdigkeit und Depression bewirken, dass wir uns in uns selbst verkriechen und eine embrionale (sic!) Schutzhaltung aufbauen.[131]

Die Wahrnehmung körpersprachlichen Ausdrucksverhaltens geschieht oftmals über mehrere Kanäle (Multichannel Process)[132]. Zum Verständnis dieser Komplexität sollen im Folgenden einzelne Kanäle körpersprachlichen Ausdrucksverhaltens im Rahmen der Wissenschaftsdisziplin Kinestik[133] gesondert dargelegt werden.[134]

4.1.1 Visueller Kanal

Die Gesamtheit des optisch wahrnehmbaren körpersprachlichen Ausdrucksverhaltens erfährt eine Subsumtion über den visuellen Kanal (Visual Channel).[135] Optisch wahrgenommen werden kann vor allem Mimik, Gestik und Körperhaltung. Für die Forschungsfragestellung nach Wahrnehmungs- und Beobachtungsmöglichkeiten von Selbstverwirklichungsprozessen erwachsener Menschen mit geistiger Behinderung über bildende Kunst ist der visuelle Kanal, zum Teil in Kombination mit anderen Wahrnehmungskanälen, grundlegend.

---

[130] vgl. 1999a, S. 14ff.

[131] ebd., S. 15

[132] vgl. FEYEREISEN, 1986, S. 77

[133] vgl. BIRKENBIHL, [14]1999, S. 29

[134] Im Rahmen der vorliegenden Arbeit wird auf eine gesonderte Darstellung des taktilen, vegetativen, olfaktorischen, gustatorischen und thermalen Kanals sowie auf die Proxemik verzichtet (vgl. hierzu LAUSTER, [21]1997, S. 42; ARGYLE, [7]1996, S. 267ff.; BIRKENBIHL, [14]1999, S. 132ff.; BONNAFONT, 1993, S. 231ff. ; KAISER, 1998, S. 80ff.; LERSCH, [7]1971, S. 116ff.; MAISONNEUVE u. GEUE, 1995, S. 8; MOLCHO, 1999a, S. 146ff.; PIDERIT, 1989, S. 69ff.).

[135] vgl. EKMAN u. FRIESEN von, 1975, S. 17; KAISER, 1998, S. 48

4. Theorie der Körpersprache

4.1.1.1 Mimik

In Hinsicht auf den Ausdruck nonverbaler Signale wird das Gesicht als wichtigster Körperbereich angenommen, da es über die meisten Sinnesorgane verfügt. Ca. 20 verschiedene Muskeln erlauben ein großes mimisches Repertoire und somit den Ausdruck von Emotionen. Darüber hinaus ist das Gesicht der Teil des Körpers, der am meisten den Blicken anderer ausgesetzt und damit am Verwundbarsten ist.[136] Somit resümieren EKMAN und von FRIESEN:

> ... (T)he face is the key for understanding people's emotional expression ...[137]

Das Studium des Gesichtsausdrucks kann in die Bereiche Physiognomik als Lehre von den Eigenarten dauernder, statischer körperlicher Erscheinungen als Zeichen seelischer Komponente[138] und Mimik unterteilt werden. Der Terminus Mimik beschreibt alle im Gesicht beobachtbarer Erscheinungen. Innere Unruhe drückt sich beispielsweise am ehesten im Gesicht aus. Jedoch sind persönliche Eigenschaften des Gesichts auch das Ergebnis individueller Selbstdarstellung.[139] Ein Gesichtsausdruck zeichnet sich durch das Hervorbringen mehrdeutiger Signale aus.

> The face is not just a multisignal system (rapid, slow, static) but also a multimessage system.[140]

Diese spezifische Komplexität und Reichhaltigkeit mimischen Ausdrucksverhaltens beschreiben EKMAN, von FRIESEN und ELLSWORTH folgendermaßen:

> Das Gesicht ist ... der Ort für sensorische Inputs, für die Nahrungsaufnahme und für den kommunikativen Output. Es ist Sitz der Rezeptoren für Schmecken, Riechen, Sehen und Hören, der Aufnahmeorgane von Nahrung, Wasser und Sauerstoff und Sitz des Sprachorgans. Das Gesicht ist auch wegen seiner Rolle am Beginn der Entwicklung beherrschend; in der Eltern-Kind-Kommunikation kommt es noch vor der Sprache.[141]

Der Bereich des Gesichts besteht aus dem Stirnbereich, einschließlich Augenbrauen, dem Mittelgesicht bzw. dem Gesichtssinn, d.h. Augen-, Nasen-, Wangenbereich und Oberlippe, sowie der Mund- und Kinnpartie, einschließlich Unterlippe. Möglich ist ein un-

---

[136] vgl. EKMAN, FRIESEN von u. ELLSWORTH, 1974, S. 12ff.; KURTZ u. PRESTERA, 1979, S. 114ff.; BONNAFONT, 1993, S. 231; ARGYLE, [7]1996, S. 201; KAISER, 1998, S. 54; CERWINKA u. SCHRANZ, 1999, S. 11

[137] 1975, S. 7

[138] vgl. LERSCH, [7]1971, S. 22; LEONHARD, 1976, S. 251ff.; SCHÜLE, 1976, S. 9f.; PIDERIT, 1989, S. 111ff.; PFAU, [2]1998, S. 3f.; BIRKENBIHL, [14]1999, S. 91f.

[139] vgl. ARGYLE, [7]1996, S. 202; BIRKENBIHL, [14]1999, S. 89ff.

[140] EKMAN u. FRIESEN von, 1975, S. 11

[141] 1974, S. 12

abhängiges Agieren als auch eine Konfiguration des ganzen Gesichts wie bei grundlegenden emotionalen Zuständen.[142]

Im Stirnbereich zeigen sich mimische Ausdrucksmöglichkeiten senkrechter und waagerechter Stirnfalten. Hierbei verändern Bewegungen der Augenbrauen das Erscheinungsbild der Stirn. Emotionale Zustände wie Angst, Skepsis, Verwunderung, Verneinung ebenso wie Glück, Neugierde, Überraschung oder Unwissenheit finden ihren Ausdruck in gefurchter Stirn. Das Heben der Augenbrauen bekundet Interesse und impliziert eine Ausweitung der Ringmuskeln. Ursprünglich bewirkte das Heben der Augenbrauen eine Erweiterung des Gesichtsfeldes und so eine Verbesserung der Sehtüchtigkeit. Gesenkte Augenbrauen treten bei starken Emotionen wie Lachen und Weinen auf.[143]

Aufgrund der unmittelbaren Verbindung zwischen Auge und Zentralnervensystem stellt die Augensprache einen bedeutenden Bestandteil körpersprachlichen Ausdrucksverhaltens dar, welches Interaktionsabläufe beeinflusst.[144]

> Trotz Beherrschung und Selbstkontrolle erfahren andere Personen durch die Augensprache eines Menschen sehr wohl, ob etwas erfreut, ängstigt oder erschreckt. Grund der Direktverbindung zum Gehirn ist der verräterische Blick ausnahmslos schneller als die träge Selbstkontrolle.[145]

Augen sind Rezeptoren nonverbaler Signale anderer. Mehr als 80% aller Stimuli werden über die Augen aufgenommen.[146]

Bezüglich der Augensprache als wichtigstes Kommunikationsmittel ist die Pupillengröße entscheidend.[147] Die Wahrnehmung der Pupillengröße geschieht eher unbewusst; sie gilt als Indiz für Gefühle eines Menschen. Eine Erweiterung der Pupille als unbewusste Muskeltätigkeit erfolgt als Reaktion auf den Anblick von geschätzten, als anziehend empfundenen Personen und Gegenständen. Umgekehrt wirken Menschen mit erweiterten Pupillen anziehend auf andere Menschen. Vergrößerte Pupillen signalisieren eine offene Haltung. Durch Zusammenziehen der Pupillen manifestiert sich ein Verschließen vor zu viel Licht und Emotionen.[148] Bewegungen der Augen beinhalten Bewegungen mehrerer

---

[142] vgl. ARGYLE, [7]1996, S. 203; BIRKENBIHL, [14]1999, S. 92f.

[143] vgl. LERSCH, [7]1971, S. 82ff.; LEONHARD, 1976, S. 70ff.; PIDERIT, 1989, S. 52ff.: KAISER, 1998, S. 56; BIRKENBIHL, [14]1999, S. 94; MOLCHO, 1999a, S. 183

[144] vgl. LERSCH, [7]1971, S. 40ff.; LEONHARD, 1976, S. 120ff.; KURTZ u. PRESTERA, 1979, S. 124ff.; PIDERIT, 1989, S. 28ff.; BONNAFONT, 1993, S. 235; KAISER, 1998, S. 54

[145] KAISER, 1998, S. 51

[146] vgl. MAIR, 1986, S. 124ff.; ARGYLE, [7]1996, S. 217; KAISER, 1998, S. 48; BIRKENBIHL, [14]1999, S. 100; MOLCHO, 1999a, S. 180; CERWINKA u. SCHRANZ, 1999, S. 11;

[147] vgl. ARGYLE, [7]1996, S. 221ff., BONNAFONT, 1993, S. 237; BIRKENBIHL, [14]1999, S. 106f.; CERWINKA u. SCHRANZ, 1999, S. 12

[148] vgl. LERSCH, [7]1971, S. 43f.; KAISER, 1998, S. 53; CERWINKA u. SCHRANZ, 1999, S. 11

4. Theorie der Körpersprache

Muskeln in einem Verbund. Augenlidbewegungen gehen sowohl mit Augenbrauenbewegungen als auch mit Bewegungen der Mundmuskulatur einher. Ein Verdecken der Augen durch Zukneifen, Niederschlagen oder Schützen mit Handflächen bzw. Handrücken signalisiert ein Verbergen von Gefühlen, Konzentration oder Abschirmung vor visuellen Reizen.[149]

Augen implizieren Blicksignale, d.h. Blickrichtungen und Blickbewegungen, durch unsichtbare Aktivitäten des Muskelgeflechtes als Kommunikation interpersonaler Einstellungen.[150] Hierbei kann ein Zusammenspiel von Mimik und Blick festgehalten werden.

> So geht mit einem Blick, der Erstaunen oder Furcht ausdrückt, das Anheben des Oberlids einher, freundliche und traurige Blicke werden durch angehobene Wangen und eine gefaltete Stirn begleitet.[151]

Entscheidend für die Länge eines Blickkontaktes sind Sympathie und Antipathie sowie Täuschungsabsicht. Lob und Zustimmung erhöhen die Länge des Blickkontaktes. Ein langer, starrer Blick beinhaltet Warnung und Bedrohung und korrespondiert mit entsprechender Mimik. Dieser drohende Blick ist charakterisiert durch Zusammenziehen der Augenpartien, Hochziehen einer oder beider Augenbrauen und Nach-unten-Ziehen der Oberlider.[152]

Auch die Nase weist Möglichkeiten körpersprachlichen Ausdrucksverhaltens auf. Naserümpfen gilt als Zeichen des Missfallens. Bewegliche Nasenflügel signalisieren leichte Erregbarkeit.[153]

Weiterhin ausdrucksstark sind Bewegungen des Mundes in Form von Gefühls-, Denk- oder Willensmienen.[154] Emotionen können durch einen verpressten oder offen stehenden Mund signalisiert werden. Ein Senken der Mundwinkel ist Ausdruck von Traurigkeit und Missmut. Ein vorgeschobener Kiefer dagegen zeigt Aggressivität.[155] Wichtigstes körpersprachliches Ausdrucksverhalten des Mundes stellt das Lachen dar. Dem Phänomen des Lachens wird ein Anti-Disstress-Faktor durch Lösen aufgestauter Spannungen zugeschrieben. Im Gegensatz zu einem eingefrorenen, maskenhaften, unsymmetrischen La-

---

[149] vgl. LERSCH, [7]1971, S. 41ff.; KAISER, 1998, S. 51ff.; BIRKENBIHL, [14]1999, S. 108

[150] vgl. LERSCH, [7]1971, S. 37 u. 63ff.; ARGYLE, [7]1996, S. 225; KAISER, 1998, S. 55

[151] KAISER, 1998, S. 55

[152] vgl. KAISER, 1998, S. 52f.; MOLCHO, 1999a, S. 182; CERWINKA u. SCHRANZ, 1999, S. 13

[153] vgl. LERSCH, [7]1971, S. 116ff.; LEONHARD, 1976, S. 116ff.; PIDERIT, 1989, S. 90ff.: MOLCHO, 1999a, S. 188; CERWINKA u. SCHRANZ, 1999, S. 13f.

[154] vgl. LERSCH, [7]1971, S. 101ff.; LEONHARD, 1976, S. 81; KURTZ u. PRESTERA, 1979, S. 119ff.; PIDERIT, 1989, S. 69ff.

[155] vgl. LERSCH, [7]1971, S. 102ff.; KURTZ u. PRESTERA, 1979, S. 118

chen, ist echtes Lachen durch ein Zusammenspiel von Mund und Augen charakterisiert. Die Lippen bleiben dabei meist geschlossen, spiegeln Freundlichkeit und Sympathie. Das Siegerlächeln im Sinne einer Drohung impliziert das Zeigen der Zähne. Auch Angst wird durch ein Nach-hinten-Ziehen der Mundwinkel, Schmalerwerden der Lippen und Sichtbarwerden der Zähne signalisiert.[156] Der Mund ermöglicht ferner das Hervorbringen von Phonen im Sinne verschiedener Ausdruckslaute.[157]

Nach Auffassung von PFAU stellt das Gesicht eine äußere Substanz dar. Demgegenüber vereint das Antlitz als Teil des Selbst alle emotionalen, affektiven und geistigen Ausdruckserscheinungen.[158]

4.1.1.2 Gestik

Hände und Arme stellen offensichtliche Instrumente nonverbaler Kommunikation dar. Die Sprache der Hände ist dabei unmittelbarer als Worte.[159] MOLCHO gibt diesbezüglich folgende Erklärung an:

> Die Sensibilität der menschlichen Hand ist auch daran abzulesen, daß sich auf der Fingerkuppe des Erwachsenen etwa 4000 Informationsträger befinden. Von der Großhirnrinde des Menschen ist ein Drittel für die Hände da.[160]

Je stärker Emotionen hervorgerufen werden, desto akzentuierter erfolgt ein gestischer Ausdruck. Da gestisches und vokales Handeln sich oftmals als aufeinander bezogen gestalten, signalisieren (unbewusste) Bewegungen der Hände den Grad der Aufregung des bzw. der Sprechenden.[161]

Darüber hinaus kann Gestik nonverbales Ausdrucksverhalten einer Drohung darstellen. Hierbei ist die Hand zur Faust geballt, der Zeigefinger angehoben und der Ellenbogen nach vorne gerichtet.[162]

Eine Vielzahl von Gesten sind Selbstberührungsgesten (Self-Adaptator, Self-touching Gestures) des Gesichts als Möglichkeit des Trostes, der Beruhigung und der Problembewältigung. Zu nennen sind diesbezüglich Kieferstütze, Kinnstütze, Haarberührung, Wan-

---

[156] vgl. LERSCH, [7]1971, S. 130ff.; KAISER, 1998, S. 57f; BIRKENBIHL, [14]1999, S. 184f.; MOLCHO, 1999a, S. 25ff.; CERWINKA u. SCHRANZ, 1999, S. 14f.: TITZE, 2002, S. 34

[157] vgl. LERSCH, [7]1971, S. 217ff; LEONHARD, 1976, S. 217ff.; BIRKENBIHL, [14]1999, S. 185ff:

[158] vgl. [2]1998, S. 4

[159] vgl. LEONHARD, 1976, S. 161ff.; ARGYLE, [7]1996, S. 237ff.; MOLCHO, 1999a, S. 192; CERWINKA u. SCHRANZ, 1999, S. 16

[160] 1999a, S. 193

[161] vgl. ARGYLE, [7]1996, S. 244ff.; BIRKENBIHL, [14]1999, S. 122

[162] vgl. CERWINKA u. SCHRANZ, 1999, S. 18

4. Theorie der Körpersprache 53

genstütze, Mundberührung und Schläfenstütze. Emotionales Äquivalent dafür ist oftmals Schamgefühl. Ferner kann Selbstberührung als nonverbale Begleiterscheinung von Selbstgesprächen entstehen.[163] KINSBOURNE erklärt die Bedeutung von Selbstberührungsgesten aus neuropsychologischer Sicht wie folgt:

> Self-touching gestures may serve the purpose of moderating excessive activation in the brain ... They are particularly notable when people are anxious, embarrassed, nonplussed. For example, the universally understood gesture of scratching one's head while one puzzles over a difficult question. I interpret as serving the function of holding in check the surge of arousal that occurs when one looks for a solution to a problem.[164]

So genannte Rechtshänder benutzen sprachbegleitend bevorzugt Gesten der rechten Hand, Linkshänder Gesten der linken Hand.[165]

In der Literatur findet sich eine Vielzahl an Kategorien zur Differenzierung von Gestik. Gesten sind beispielsweise nach KAISER funktional in mechanische Gesten, sprachbezogene Gesten, Manipulationsgesten und fachliche Gesten zu unterscheiden. Mechanische Gesten im Sinne von Verlegenheitsgesten erfolgen ohne Intention einer Informationsübermittlung, bieten allerdings Aufschluss über die zu Grunde liegende körperliche Verfassung und Stimmung. Physische Reaktionen auf Stress suchen sich beispielsweise einen Ausdruck durch Jucken der Haut, Reiben der Nase oder Zupfen am Ohrläppchen. Mechanische Gesten in Form von Abwehrgesten sind grundlegend bei der Verteidigung vor Gefahren. Sprachbezogene Gesten illustrieren verbale Sprache, wodurch es zu einer Erhöhung von Aufmerksamkeit kommt. Manipulationsgesten signalisieren selbstbezogene, auf andere Personen oder Objekte bezogene Bewegungen und weisen eine Verknüpfung mit dem emotionalen Status einer Person auf. Spezialgesten als fachliche Gesten sind Ausdruck eindeutiger Informationen im Rahmen einer professionellen Tätigkeit.[166]

NESPOULOUS und LECOURS unterscheiden hingegen drei grundlegende Kategorien von Gesten: willkürliche Gesten (Arbitrary Gestures), nachahmende Gesten (Mimetic Gestures) sowie hinweisende Gesten (Deictic Gestures).[167]

PFAU unterscheidet zwischen Gesten mit teleologischem Sinn und unwillkürlichen Gebärden.[168]

---

[163] vgl. KENDON, 1986, S. 25; NESPOULOUS u. LECOURS, 1986, S. 52; KINSBOURNE, 1986, S. 66; FEYEREISEN, 1986, S. 78; ARGYLE, ^{7}1996, S. 248f.; KAISER, 1998, S. 70
[164] 1986, S. 66
[165] vgl. FEYEREISEN, 1986, S. 78
[166] vgl. 1998, S. 59ff.
[167] vgl. 1986, S. 56ff.
[168] vgl. ²1998, S. 7

4.1.1.3 Körperhaltung

Körperhaltung wie auch Gestik implizieren raumgreifende Körperbewegungen.[169] Die Körperhaltung ist durch die drei Haupthaltungen Stehen, Sitzen bzw. Hocken oder Knien und Liegen charakterisiert. Arm- und Beinhaltungen mit entsprechenden Beugewinkeln des Körpers ermöglichen jedoch unzählige Variationen.[170]

Die Körperhaltung signalisiert zwei Dimensionen, d.h. eine äußere und eine innere Haltung. Körperhaltungen werden daher als unmittelbare physiologische Auswirkungen von Gefühlszuständen aufgefasst. Veränderungen der äußeren körpersprachlichen Haltung spiegeln plötzliche Veränderungen in der inneren emotionalen Haltung bzw. inneren Stellungnahme und umgekehrt. Die Körperhaltung ist Ausdruck interpersoneller Einstellungen und begleitet einen Sprechvorgang. Vor allem die Elemente Spannung/Entspannung sind an einer spezifischen Körperhaltung ablesbar.[171] Eine aufrechte, gerade Haltung von Kopf und Nacken zeigt Zuverlässigkeit. Ein Versteifen des Nackenbereiches signalisiert Misstrauen und das Erwarten einer Gefahr.[172]

Wichtig für das aufrechte Stehen sind die Füße. Der Fuß verbindet vertikale Energiemeridiane, so dass in der Fußreflexzone Informationen aus dem gesamten Körper empfangen werden. Das Bewegungsrepertoire der Füße ist geringer als das der Hände und findet daher weniger Beachtung. Erste Anzeichen von Unsicherheit sind beispielsweise in einer Bewegung der Füße ablesbar. Die Art und Weise des Bodenkontakts der Füße signalisiert den Umgang mit der Realität. So gesehen spiegelt eine Starrheit des Fußes psychische Starrheit. Eine Biegsamkeit des Fußes begünstigt den Energiefluss. Ein entspanntes Stehen zeichnet sich durch Bodenkontakt der Füße sowie lockere Knie- und Fußgelenke aus.[173]

Auch die Schultern ermöglichen körpersprachliches Ausdrucksverhalten. In Anlehnung an KURTZ und PRESTERA bedeutet ein Hoch- und Nach-vorne-Ziehen der Schultern einen inneren Rückzug. Auslöser hierfür sind psychische Komponente wie Angst, Gefühl einer drohenden Strafe oder Mangel an Selbstbehauptung. Ein Zurückziehen der Schul-

---

[169] vgl. KENDON, 1986, S. 38

[170] vgl. ARGYLE, ^{7}1996, S. 255; BIRKENBIHL, ^{14}1999, S. 75ff.

[171] vgl. LERSCH, ^{7}1971, S. 12; ARGYLE, ^{7}1996, S. 258ff.; KAISER, 1998, S. 65ff.; BIRKENBIHL, ^{14}1999, S. 72ff.; MOLCHO, 1999a, S. 23

[172] vgl. MOLCHO, 1999a, S. 171f.

[173] vgl. KURTZ u. PRESTERA, 1979, S. 66ff.; BONNAFONT, 1993, S. 24; ARGYLE, ^{7}1996, S. 250; MOLCHO, 1999a, S. 149

4. Theorie der Körpersprache

tern mit gleichzeitigem Vorziehen des Kopfes symbolisiert ein Zurückhalten von Wut, Angst und den Impuls des Zuschlagens.[174]

Veränderungen in der Körperhaltung stellen laut ARGYLE eine Verlängerung von Gesten dar, bestehen aber aus größeren und langsameren körperlichen Bewegungen. Körperhaltung ist somit zwischen Gestik und Proxemik angelegt.[175] Hierbei begrenzt und definiert die Körperhaltung

> ... einen Interaktionsabschnitt, der länger ist als bei einer Geste und kürzer als bei einer räumlichen Stellung.[176]

Da der Rumpf eine grobe Gesamthaltung mit Bewegungsgestik ermöglicht, beschreibt LEONHARD fünf verschiedene komplexe Rumpfgesten im Sinne eines Zusammenspiels spezifischer Haltungen einzelner Körperteile.

Bei der Rumpfgeste der Angriffsbereitschaft ist der Körper dem Gegenüber seitlich zugekehrt, dabei gleichzeitig entgegengeneigt. Die zugekehrte Schulter ist gesenkt, wobei sich die Augen dem Gegner, der Gegnerin zuwenden. Im Falle von Feindseligkeit und Bereitschaft zum Zuschlagen bleibt die Zuwendung des Gesichts aus. Dafür erfolgt ein seitlicher Blick.

Die Rumpfgeste der Verteidigung kann durch ein seitliches Zuwenden mit Hochziehen der Schultern und Wegneigen vom Gegenüber beschrieben werden. Die Augen blicken über die eigene Schulter zum Gegenüber. Das Ausmaß der Kopfdrehung bzw. der Grad des seitlich gerichteten Blicks wird durch den Grad der zu Grunde liegenden Feindseligkeit bestimmt. Eine Verteidigungsbereitschaft kann Fluchtbereitschaft und Verlegenheitsbewegungen beinhalten.

Ein Zusammenziehen des Körpers, verbunden mit einem Nach-vorne-Senken des Kopfes und des Oberkörpers, dem Einknicken der Kniegelenke und dem leichten Zittern dieser, ist körpersprachlicher Ausdruck der Rumpfgeste der Unterwerfung. Diese ist häufig mit einem Gefühl der Angst verknüpft.

Die Rumpfgeste der Ungeduld ist eine Ausdrucksform der Beine. Ein Beugen der Knie geschieht bei gleichzeitigem Anheben der Fersen vom Boden. Daraufhin erfolgt eine Kniestreckung und ein Senken der Fersen. Das Ausmaß der Kniebeugung signalisiert die Intensität des psychischen Inhalts. Wiederholungen dieser Körperbewegung zeigen ein Fortbestehen des psychischen Zustandes. Ableitungen dieser Rumpfgestik sind das

---

[174] vgl. 1979, S. 111
[175] vgl. ^{7}1996, S. 264
[176] ebd.

Stampfen mit dem Fuß auf einen Untergrund in stehender Haltung und das Schlagen mit der Faust auf einen Tisch in sitzender Haltung.

Achselzucken als Heben und Senken der Schultern stellt eine Rumpfgeste des Nichtwissens dar. Die Betonung liegt in der Aufwärtsbewegung. Die Rückkehr in Ruhestellung ist an der Abwärtsbewegung erkennbar. Ein Verharren dieser Gestik oder ein Unterbrechen des Ablaufes ist Ausdruck von Unsicherheit.[177]

4.1.2 Auditiv-akustischer Kanal

Der auditiv-akustische Kanal (Auditory Channel)[178] umfasst alle für das Ohr wahrnehmbare körpersprachliche Äußerungen. Die Stimme gilt hierbei als das am wenigsten bewusst steuerbare, d.h. kontrollierbare Organ.

Wahrnehmbar ist die Klangfarbe stimmlicher Laute und Lautfolgen, die aus einem Grundton sowie einer Vielzahl von Unter- und Obertönen bestehen. Emotionale Erregung in Form von Ärger, Angst, Glück oder Vergnügen erzeugt hohe stimmliche Frequenzen, welche angestrengt und gepresst wirken. In Bezug auf spezifisch weibliches stimmliches Ausdrucksverhalten ist eine, oft als hysterisch etikettierte, Sprechanstrengung mit knapper Atemtechnik gekoppelt. Maßgeblich für die Intensität hoher Frequenzen ist die jeweilige Stimmstärke. Eine Kombination von Stimmklang und Stimmstärke kann lautes Sprechen entweder energisch-aggressiv oder auch aggressiv-kämpferisch erscheinen lassen. Das Sprechtempo signalisiert den Ausdruck von Stimmungen. Emotionen wie Glück, Vergnügen, Aktivität, Stärke, aber auch Furcht oder Verärgerung finden ihren körpersprachlichen Ausdruck in einem höheren Sprechtempo. Des Weiteren kommt es im Zuge einer häufigen Wiederholung von Sachverhalten zu einer Erhöhung der relativen Sprechgeschwindigkeit. Deutlichkeit und Klarheit einer Aussage korrespondieren mit emotionaler Sicherheit und dem Wegfall negativer Gefühle. Der Intonationsverlauf, d.h. die Sprachmelodie, ist durch das Heben und Senken der Stimme wahrnehmbar. Veränderungen in der Sprachmelodie erzeugen Veränderungen auf der Inhalts- und Beziehungsebene. Die Sprachmelodie gilt daher als vokaler Illustrator. Der Sprachrhythmus weist kaum Informationswert auf und wird nicht wahrgenommen, so lange dieser kongruent zu eigenen Erwartungen verläuft.

Eine bewusste Aufnahme geschieht allerdings bei unerwartetem, abweichendem Sprachrhythmus.[179]

---

[177] vgl. 1976, S. 192ff.
[178] vgl. EKMAN u. FRIESEN von, 1975, S. 17
[179] vgl. KAISER, 1998, S. 72ff.; BIRKENBIHL, [14]1999, S. 167ff.

4. Theorie der Körpersprache 57

Nonverbale Kommunikation während des Redens erfolgt in Anlehnung an ARGYLE vokal-auditiv als auch kinetisch durch Gestik, Mimik und Körperbewegung.[180]

4.2 Wahrnehmung und Beobachtung körpersprachlichen Ausdrucksverhaltens

Aufgrund der heutigen Fokussierung auf das gesprochene Wort ist die Wahrnehmung körpersprachlicher Signale in den Hintergrund gerückt. Trotzdem kommt, beispielsweise in körperorientierten Therapien, der unbewussten Wahrnehmung und Beobachtung körpersprachlichen Ausdrucksverhaltens in der beruflichen Tätigkeit verschiedener Bereiche der Medizin, Psychologie und Pädagogik im Kontext Diagnostik und Anamnese (Analogieschluss) entscheidende Bedeutung zu[181] und soll zunächst am Beispiel des Krankseins veranschaulicht werden.

In Hinsicht auf Krankheit gilt:

> People have an emotional reaction to their illness or the threat of illness which may be crucial in its outcome.[182]

Unter Befund oder Krankheitszeichen sind quantifizierte und strukturell veränderte Verletzungen und Störungen des Endokrinums, des Herz-Kreislauf-Systems und der Lunge zu fassen.[183]

> Gleichzeitig spiegeln sich in den Mienen, Gesten und Gebärden *Befindlichkeiten* wider, die Hinweise auf das »Wie« des Krankseins geben: Ausdruckssomatologie ist immer auch Ausdruckspsychologie ...[184]

Daher ist hier die Wahrnehmung und Beobachtung körpersprachlichen Ausdrucksverhaltens grundlegend. PFAU konstatiert in diesem Zusammenhang:

> Medizinische Kompetenz verdrängt nicht selten ärztliches Verhalten: Anamnese, klinische Untersuchung und Schulung der Wahrnehmung verlieren - so scheint es - an Bedeutung. Die Wichtigkeit des Befundes läßt die Bedeutungshaftigkeit des Befindens in den Hintergrund treten. Dadurch allerdings kommt es zu Störungen und Irritationen der Arzt-Patient-Beziehung, weil Begegnung zweier Subjekte nur noch bedingt stattfindet.[185]

---

[180] vgl. ⁷1996, S. 147ff.

[181] vgl. LERSCH, ⁷1971, S. 7; EKMAN u. FRIESEN von, 1975, S. 3f.; KURTZ u. PRESTERA, 1979, S. 23; BONNAFONT, 1993, S. 186ff.; MAISONNEUVE u. GEUE, 1995, S. 9; PFAU, ²1998, S. 2; BIRKENBIHL, ¹⁴1999, S. 21;

[182] EKMAN u. FRIESEN von, 1975, S. 3

[183] vgl. PFAU, ²1998, S. 6

[184] ebd.

[185] ebd.; S. X

MAISONNEUVE und GEUE weisen in diesem Zusammenhang auf den körpersprachlichen Dialog zwischen Arzt/Ärztin und Patient/Patientin als lebendigen Prozess hin. Das Beobachten nonverbaler Signale von Patienten/Patientinnen im Warte- und Sprechzimmer ermöglicht das Aufnehmen von Primärsignalen vor verbalem Kommunikationsbeginn.[186] Bezüglich des Heilberufes formulieren die Autoren deshalb folgendes Maxim:

> Der Anspruch, andere zu heilen, setzt voraus, deren Körpersprache lesen und übersetzen zu können.[187]

In Bezug auf Krankheit liefert die Haut als größtes und wichtigstes Organ grundlegende Hinweise. Ungewöhnliche Veränderungen der Hautfarbe signalisieren zu Grunde liegende physiologische Veränderungen.[188] Auch Besonderheiten des Gesichts sind nach LAUSTER diagnostisch aufschlussreich, beispielsweise in Hinblick auf Allergien, Diabetes, Lebererkrankungen, Kreislaufstörungen, Schock oder Vergiftungen. Rote Flecken am Hals deuten auf Situationen mit positiver Erwartung und bringen inneres Aufgewühltsein und innere Anspannung zum Ausdruck.[189]

Hinsichtlich einer psychologischen bzw. charakterologischen Deutung von Körperbautypen (leptosomer, pyknischer, athletischer, dysplastischer Typ) ist allerdings Vorsicht geboten, da diese lediglich Teilinformationen liefern. Erforderlich ist hier das Wahrnehmen weiterer körpersprachlicher Signale.[190]

Infolge von Gehirnverletzungen und hieraus resultierenden Erkrankungen wie Aphasie (Aphasia) und Apraxie (Apraxia) sind Auswirkungen auf körpersprachliche Ausdruckserscheinungen wie Mimik und Gestik, beispielsweise in Form von Ausfällen (Neclect), zu beobachten.[191]

Auch im Arbeitsalltag von Pädagogen und Pädagoginnen werden Störungen und Irritationen, bezogen auf körpersprachliche Signale von Schülern und Schülerinnen, beschrieben:

> Es hat den Anschein, Lehrer und Lehrerinnen hätten ein aufmerksames Auge für die unangemessene oder abweisende Körpersprache ihrer Schüler. Vielleicht hängt das beherrschende Bild ... damit

---

[186] vgl. 1995, S. 7ff.

[187] ebd., S. 9

[188] vgl. BIRKENBIHL, [14]1999, S. 132

[189] vgl. [21]1997, S. 85

[190] vgl. ARGYLE, [7]1996, S. 315ff.; LAUSTER, [21]1997, S. 72ff.

[191] vgl. KINSBOURNE, 1986, S. 70ff.; FEYEREISEN 1986, S. 85ff.; LECOURS, NESPOULOUS u. DESAULNIERS, 1986, S. 231ff.; ROY, 1986, S. 243ff.; BOROD et al.; 1986, S. 271ff.; LABOUREL, 1986, S. 295ff.

4. Theorie der Körpersprache 59

zusammen, daß es in der menschlichen Natur liegt, negative Abweichungen in den verschiedensten Lebensbereichen sowohl sensibler wahrzunehmen als sich ihrer auch deutlicher zu erinnern.[192]

Eine bewusste Wahrnehmung und Beobachtung von Körpersprache erfolgt demnach erst bei Abweichung von vorgegebenen Regeln.[193]

In sozialen Bereichen tätige Menschen benötigen fundierte Informationen über körpersprachliche Ausdrucksweisen. Neben dem Erwerb von theoretischem Wissen beinhaltet dieser Lernprozess auch das Bewusstwerden persönlicher, individueller Körpersprache. So gilt für die Berufsgruppe von Pädagogen und Pädagoginnen:

> Das wichtigste Werkzeug eines Lehrers ist er selbst. Somit kommt seiner Körpersprache eine besondere Rolle zu. Sie ist vielfach Mittel zum Zweck, muß also instrumentalisiert werden.[194]

Allgemein formuliert findet sich bei BIRKENBIHL folgende Regel:

> **Jemand, der sich seiner eigenen körpersprachlichen Signale nicht bewußt werden kann, wird die Signale anderer nie exakt registrieren können.**[195]

Rückbesinnung auf Körpersprache als Primärsprache verhilft laut MOLCHO zu Selbstfindungsprozessen.[196]

Für Mitarbeiter und Mitarbeiterinnen, die im weitesten Sinne therapeutisch arbeiten, ist der Bezug zu dem Medium bildende Kunst, d.h. der Zusammenhang von Körpersprache und bildender Kunst bedeutend, denn schon im antiken Ursprung galt der Therapeut, die Therapeutin gleichzeitig als Künstler, Künstlerin.[197]

Voraussetzung für adäquate Wahrnehmung und Beobachtung körpersprachlichen Ausdrucksverhaltens in künstlerisch-kreativer Tätigkeit oder anderen Kontexten ist die Stärkung eigener Intuition[198], Wahrnehmungsfähigkeit sowie das Vertrauen in diese. Die Fähigkeit zur Empathie gründet sich auf die Bereitschaft und Offenheit, dem anderen zu begegnen, auf innere Ruhe und Toleranz.[199] Wahrnehmung körpersprachlicher Signa-

---

[192] KAISER, 1998, S. 164

[193] vgl. ebd., S. 27

[194] ebd., S. 184

[195] ¹⁴1999, S. 51

[196] vgl. 1999a, S. 7

[197] vgl. PETERSEN, 1992, S. 286ff.; SCHUSTER, ³1997, S. 28; PFAU, ²1998, S. X

[198] vgl. PFAU, ²1998, S. 1; MAISONNEUVE u. GEUE, 1995, S. 7; CERWINKA u. SCHRANZ, 1999, S. 9

[199] vgl. LEONHARD, 1976, S. 36f.; BONNAFONT, 1993, S. 10; ARGYLE, ⁷1996, S. 26; PFAU, ²1998, S. Xff.; BIRKENBIHL, ¹⁴1999, S. 51; CERWINKA u. SCHRANZ, 1999, S. 20

le/Universalien im Sinne von Enkodierung bzw. Dekodierung[200] beinhaltet ein Mitschwingen bzw. eine Mitstimmung,

> ... die man Isopathie als eine spezifische Form von Sympathie nennen könnte.[201]

Isopathisches Mitschwingen als unmittelbares sinnliches Erleben impliziert beispielsweise Mitleiden als eine mögliche Form des Verstehens.

> Ein trauriges Gesicht wird auch deshalb als traurig empfunden, weil es einen kleinen Anstoß gibt, das eigene Gesicht in dieselbe Muskelstellung der Traurigkeit zu versetzen. Durch dieses Miterleben entsteht auch in dem Beobachter eine Spur von Traurigkeit und der fremde Gesichtsausdruck wird verstanden.[202]

Wahrnehmung körpersprachlichen Ausdrucksverhaltens birgt Möglichkeiten von Fehleinschätzungen, die es gilt, sich ins Bewusstsein zu rufen.

Uneindeutigkeit zahlreicher Elemente der Körpersprache[203] bedingen Fehlinterpretationen. Das Einbeziehen des aktuellen Kontextes, d.h. Situation, Umgebung und Intention[204], dient der Vermeidung eines Missverstehens analoger Signale. Wegen der Korrelation digitaler und analoger Ausdrucksweisen ist hinsichtlich der Deutung körperlicher Ausdruckserscheinungen die gleichzeitige Wahrnehmung und Beschreibung von Signalen der Inhalts- sowie der Beziehungsebene erforderlich.[205]

Des Weiteren ist die Wahrnehmung körpersprachlichen Ausdrucksverhaltens abhängig von der subjektiven Gestimmtheit wie Sympathie/Antipathie und der spezifischen Situation und kann durch Erwartungen des Perzipienten, der Perzipientin Beeinflussung erfahren (Pygmalion-Effekt).[206] LAUSTER nennt zusammenfassend die Faktoren Halo-Effekt, Vorurteile, individuelle Beurteilungstendenz, projektive Täuschung und Ähnlichkeitstäuschung als Täuschungsmöglichkeiten und Irrtümer in der Beurteilung anderer Menschen.[207]

---

[200] vgl. ARGYLE, ⁷1996, S. 132

[201] HARTMANN, ²1998, S. VII

[202] LAUSTER, ²¹1997, S. 42

[203] vgl. BONNAFONT, 1993, S. 40; MOLCHO, 1999a, S. 11

[204] vgl. MOLCHO, 1999a, S. 23 u. 29

[205] vgl. BIRKENBIHL, ¹⁴1999, S. 63; MOLCHO, 1999a, S. 27f.

[206] vgl. PFAU, ²1998, S. 5; KAISER, 1998, S. 174ff.; BIRKENBIHL, ¹⁴1999, S. 25f. u. 231; MOLCHO, 1999a, S. 11

[207] vgl. ²¹1997, S. 92ff.

4.3 Körpersprache und bildende Kunst

Körpersprache, insbesondere Mimik, kann in der bildenden Kunst wahrgenommen werden. In der frühen Literatur zum Thema Körpersprache wird allem voran ein Zusammenhang von Physiognomik und Malerei, hauptsächlich der kunstgeschichtlich bedeutenden Portraitmalerei, beschrieben. Besonders das menschliche Antlitz übte seit jeher große Faszination aus. Deshalb stellten Künstler und Künstlerinnen, sozusagen als bleibende Spuren der Mimik, physiognomische Ausdrücke wie Falten der mittleren Stirn bzw. Stirnfalten als Ausdruck von Aufmerksamkeit, Blickwendungen der Augen, Lachen oder Emotionen wie Freude, Entzücken, Leid und Schmerz dar. Eine detailgetreue Wiedergabe echter Mienen war aufgrund zu schneller Wechsel der Gesichtszüge jedoch nicht in Kunst zu fassen. Darüber hinaus wurden charakteristische Züge im Kunstwerk oftmals geschönt, um dem Auftraggeber, der Auftraggeberin zu schmeicheln.[208]

Laut SCHUSTER finden sich auch Merkmale des Kindchen-Schemas in der Malerei, beispielsweise in Werken von Picasso.[209]

Kunstwerke stellen nach LERSCH primäres Ausdrucksgeschehen dar. Der Akt des künstlerischen Schaffens gilt dabei als unmittelbares und eigentliches Ausdrucksgeschehen, welches sinnliche Repräsentanz des Lebensgefühls sowie dessen sinnliche Verwirklichung beinhaltet. Der prozessuale Charakter künstlerischen Ausdrucksgeschehens zeigt sich in der sekundären bleibenden Ausdrucksspur in der Nachfolge des künstlerischen Ausdrucksgeschehens und lädt den Betrachter bzw. die Betrachterin zu innerlichem Nacherleben ein.[210] Bildende Kunst ist somit Ausdrucksmittel verschiedenartiger subjektiver Gefühle und enthält abstrakte Mitteilungen jenseits von Sprache, welche subjektiv wichtig und bedeutungsvoll sind[211],

> ... die aber nicht überzeugend wirken, wenn man sie in Worte faßt - es sei denn, sie werden poetisch ausgedrückt.[212]

PFAU interpretiert Mienen, Gesten und Körperhaltung in der Malerei. „Der Sturm" von Felix Nussbaum lässt körpersprachliches Ausdrucksgeschehen der Emotionen Angst, Verzweiflung, Ratlosigkeit, Hilflosigkeit, Einsamkeit, tiefe Trauer erkennen. Melancholie in Form einer Kopfstützgebärde ist in „Melancholie I" von Edvard Munch zu sehen. Das

---

[208] vgl. EKMAN, FRIESEN von u. ELLSWORTH, 1974, S. 12; LEONHARD, 1976, S. 280ff; PIDERIT, 1989, S. 114ff.; SCHUSTER, 1990, S. 28f.

[209] vgl. ³1997, S. 95

[210] vgl. ⁷1971, S. 20f.

[211] vgl. ARGYLE, ⁷1996, S. 364f.

[212] ebd., S. 365

vom selben Maler stammende „Selbstbildnis im Garten" zeigt einen Verlust von Vitalität und Spannkraft durch hängende Schultern. Die in sich gekehrte Haltung vermittelt Einsamkeit, Traurigkeit, Verlorenheit. Auch Pablo Picassos „Der Kuß des Todes" thematisiert Traurigkeit in Form einer nach vorne gebeugten Haltung und einer zum Kopf geführten Hand. Die vertikale Strichführung verstärkt hierbei das Erlebnis des Niedergedrücktseins und der Schwermütigkeit.[213]

Möglich ist ein Dekodieren einzelner Aspekte von Kunstwerken. Gefühlsmäßige Reaktionen auf Farben werden beispielsweise durch die Kombination von Farbe, Sattheit und Helligkeit bestimmt. So kann Glück durch die Kombination von Blau, Sattheit und Helligkeit, Wärme durch Rot, Sattheit und dunkler Färbung signalisiert werden. Des Weiteren kommt es zu körpersprachlichen Reaktionen während der Betrachtung menschlicher Gestalten in der Kunst durch ein Einfühlen in die mittels Mimik, Gestik oder Körperhaltung dargestellten Gefühle. Hinsichtlich Skulpturen und Keramiken lädt die spezifische Oberflächengestaltung den Betrachter, die Betrachterin neben visuellen auch zu taktilen Selbsterfahrungen ein. Die moderne Kunst verfolgt daher die Absicht, auf diese Weise erfahrbar zu werden. Bezüglich der darstellenden Kunst gilt, dass das Absurde Theater die Aufmerksamkeit auf das Versagen sprachlicher Signale für die Mitteilung bedeutsamer Gegebenheiten und somit auf dessen Entwertung lenkt.[214]

Körpersprache ist nicht nur in der bildenden Kunst zu finden, sondern lässt sich auch am Künstler, an der Künstlerin während des gestalterischen Vorganges und als Folgeerscheinung beobachten.

Gesichtsverzerrungen und Grimassen sind im Rahmen kreativer Tätigkeiten wie Schreiben, Klavierspielen, Meißeln, Zeichnen oder Malen um so intensiver wahrzunehmen, je aufmerksamer und angestrengter sich ein Mensch dieser widmet.[215]

---

[213] vgl. ²1998, S. 1ff.
[214] vgl. ARGYLE, ⁷1996, S. 364f.
[215] PIDERIT, 1989, S. 153

4. Theorie der Körpersprache

LEONHARD beschreibt die sogenannte Malerlippe als Manifestation besonders häufiger Denkabläufe:

> Maler blicken bei ihrer Arbeit unzählige Male auf das entstehende Werk, ebensooft schieben sie die Lippen vor. Es ist nicht verwunderlich, wenn sie diese Stellung schließlich in Andeutung behalten, so daß die »*Malerlippen*« entstehen, die im Sinne des Prüfens dauernd leicht vorgeschoben sind.[216]

---

[216] 1976, S. 253

5. Explikation des Begriffes Selbstverwirklichung

5.1 Aussagen erwachsener Menschen mit geistiger Behinderung zum Explikandum „Selbstverwirklichung"

Die Beantwortung der aufgeworfenen Forschungsfragestellung nach Selbstverwirklichungsprozessen erwachsener Menschen mit geistiger Behinderung über bildende Kunst erfordert eine Explikation des Parameters Selbstverwirklichung. An dieser Stelle werden daher zunächst die Aussagen meiner Interviewpartner und Interviewpartnerinnen über den Begriff Selbstverwirklichung dargelegt.

5.1.1 Kategorie V: Definitionsansätze

Drei Interviewpartner und Interviewpartnerinnen brachten Selbstverwirklichung in den Zusammenhang mit dem Wort Selbstbewusstsein:

> **A.** [217]: Kennst du das Wort Selbstverwirklichung?
>
> **Angelika:** Selbstbewusst?

oder

> **A.:** Doris, kennst du das Wort Selbstverwirklichung?
>
> **Doris:** Nee.
>
> **A.:** Kennst du nicht?
>
> **Doris:** Mit dem hatte ich noch nie was zu tun. Selbstbewusster?
>
> **A.:** Hm. Geht das mit der Kunst auch?
>
> **Doris:** Hm. *(nickt mit dem Kopf)*[218]
>
> **A.:** Und wie geht das dann?
>
> **Doris:** Einfach loslegen und einfach das machen, was man lieber hat (...)

Doris beschrieb Selbstverwirklichung also als ein spontanes Umsetzen einer Lieblingstätigkeit (Malen) aus einem inneren Bedürfnis heraus.

---

[217] Aus Datenschutzgründen erfolgte eine Anonymisierung der an den Diskussionen und Interviews beteiligten Personen. Die Autorin wurde durchgehend mit dem Buchstaben A gekennzeichnet. Die im Redefluss genannten Vor- und/oder Nachnamen von Mitarbeitern und Mitarbeiterinnen, Vor-, Nach- und/oder Spitz- bzw. Rufnamen von erwachsenen Menschen mit geistiger Behinderung oder anderen Personen, Institutionsbezeichnungen sowie sonstigen ausgesprochenen Namen wurden in gleicher Verfahrensweise in den Transkripten mittels eines Buchstabencodes verschlüsselt. Die Erzähler und Erzählerinnen im Rahmen der autobiografisch-narrativen Interviews äußerten übereinstimmend den Vorschlag nach Veröffentlichung ihrer Vor- bzw. Spitznamen. Eine Anonymisierung ist durch Weglassen des Nachnamens gewährleistet.

[218] Kursiver Text in Klammern kennzeichnet Kommentierungen der Autorin.

oder

A.: Und du hast gesagt, du kennst das Wort Selbstverwirklichung?

Olaf: Ja.

A.: Kannst du mir sagen, was das für dich bedeutet? Selbstverwirklichung?

Olaf: Ja, ich möchte so meine Selbstbewusstsein, ich sag ja, diese Mitteilungen, ja, es ist eine Botschaft. Und diese Botschaft, die in der Malerei drinne steckt, ja, die Botschaft, die in der Malerei drinne steckt, sagt ja, drückt auch meine Fröhlichkeit aus. Drückt das aus, man muss ja auch mal was zum Ausdruck bringen, ja, Sachen zum Ausdruck bringen. Muss man unbedingt immer nur Worte haben? Nee, muss man nicht immer nur Worte haben. Guck mal, wenn man vielseitig ist, wenn er seine Viel...[219], das steckt doch auch in der Malerei auch drin, die Vielseitigkeit steckt doch auch in der Malerei. Guck mal, ja, das ist meine Ausdrucksform. Ich drücke meine Vielseitigkeit aus in meiner Malerei (...)[220]

Doris und Olaf bezogen Selbstverwirklichung im Sinne von Selbstbewusstsein auf den Bereich bildende Kunst. Trotzdem können aus den Beschreibungen individueller Selbstverwirklichung allgemeine Aussagen zum Begriff Selbstverwirklichung abgeleitet werden.

Für Olaf bedeutete Selbstverwirklichung gleichzeitig Selbstausdruck. Auch Brigitte beschrieb Selbstverwirklichung als Ausdruck ihrer Seele und ihrer Gefühle:

A.: Kannst du die Selbstverwirklichung näher beschreiben? Wie das für dich ist?

Brigitte: Ob ich mich dann verwirklichen kann? Ja, kann ich so mit mein, mit meiner Seele kann ich. Wenn ich mich traurig fühle, wenn es mir ganz beschissen geht (...)

Michael sah Selbstverwirklichung als einen Zuwachs an Wissen:

A.: Michael, kennst du das Wort Selbstverwirklichung?

Michael: Eigentlich wenig.

A.: Wenig? Hast du vielleicht schon mal gehört?

Michael: Ja, wenn man wieder etwas weiß, was man vorher nicht gewusst hat. Das weiß ich, das nennt sich so (...) Und das, was man nicht wusste, was einem hinterher wieder einfällt.

---

[219] Der Hinweis ... kennzeichnet in den erstellten Transkriptionen ein Stocken im Redefluss bzw. Überschneidungen einzelner Redebeiträge.

[220] Der Hinweis (...) verdeutlicht Textauslassungen transkribierter Aussagen durch die Autorin.

5. Explikation des Begriffes Selbstverwirklichung

Werden alle aufgeführten Aussagen meiner Interviewpartner und Interviewpartnerinnen mit geistiger Behinderung zusammenfassend betrachtet, können folgende Thesen aufgestellt werden:

- Erwachsene Menschen mit geistiger Behinderung können sich selbstverwirklichen.
- Selbstverwirklichung kann ohne Worte zum Ausdruck gebracht werden.
- Selbstverwirklichung wird im Zusammenhang mit Selbstbewusstsein gesehen.
- Selbstverwirklichung bedeutet Selbstausdruck (bedeutet Ausdruck der Seele und der Gefühle wie Fröhlichkeit und Traurigkeit).
- Selbstverwirklichung bedeutet spontanes Umsetzen einer Lieblingstätigkeit aus einem inneren Bedürfnis heraus (bedeutet einfach loszulegen und das zu machen, was man lieber hat).
- Selbstverwirklichung bedeutet einen Zuwachs an Wissen und Weiterentwicklung (bedeutet, etwas zu wissen, was vorher nicht gewusst wurde).

Hervorhebung 5.1: Ergebnisse der strukturierenden Inhaltsanalyse der autobiografisch-narrativen Interviews mit erwachsenen Menschen mit geistiger Behinderung in Bezug auf Definitionsansätze

5.1.2 Kategorie VI: Bereiche möglicher Selbstverwirklichung

Da im Rahmen der Samplebildung die Parameter „Kunst als Hobby", „Kunst als Arbeit und Beschäftigung", „Kunst als Therapie" sowie „Kunst als Beruf" erfasst wurden, gaben alle interviewten erwachsenen Menschen mit geistiger Behinderung übereinstimmend bildende Kunst als Bereich möglicher Selbstverwirklichung an. Selbstverwirklichungsprozesse über bildende Kunst sind also sowohl im privaten als auch im beruflichen Bereich möglich. Selbstverwirklichungsprozesse beschränken sich jedoch nicht ausschließlich auf den einen Bereich der bildenden Kunst, sondern können von geistig behinderten Erwachsenen auch in anderen Bereichen erlebt werden. Meine Interviewpartner und Interviewpartnerinnen beschrieben verschiedene andere Tätigkeitsfelder, die sie bevorzugen und in denen meiner Ansicht nach Selbstverwirklichungsimpulse als Ergänzung zu dem Bereich der bildenden Kunst umgesetzt werden können. Daher werden diese zusätzlichen Bereiche möglicher Selbstverwirklichung im Folgenden dargelegt.

Für Michael war, abgesehen von dem Medium bildende Kunst, der Bereich der darstellenden Kunst wichtig:

> **Michael:** (...) Da hab ich Karneval auch was aufgeführt als Zauberer.

Darüber hinaus berichtet er mir während des Interviews begeistert von seinen Koch- und Backaktivitäten:

> **Michael:** (...) Ja, und allen hat es gut geschmeckt, was wir da gemacht haben. Und Waffeln haben wir gebacken und, und wo wir so 'n Fest da gehabt haben, haben Rezepte von uns genommen. Und Karneval haben die das verkauft und dann, ja, viel Geld verdient.

Wichtig für Michael waren die Verkaufserlöse sowie die positive Bestätigung, woraus er u.a. einen Zuwachs an Selbstbewusstsein (Stolz) entwickeln konnte.

Auch Tanz wurde als ein weiterer Bereich möglicher Selbstverwirklichung angesprochen:

> **Kuddel:** (...) So gerne wir, wir mögen immer so gerne den Schneewalzer und Tiroler Hochzeitsmarsch (...) Haben gehottet. *(lacht)* Das war richtig schön, das, ne? (...)

Die Bereiche darstellende Kunst und Tanz geben erwachsenen Menschen mit geistiger Behinderung Möglichkeiten zum Selbstausdruck und zur Selbstdarstellung[221].

Neben dem Bereich Tanz erachtete Kuddel auch den musikalischen Bereich für wichtig:

> **Kuddel:** (...) Da hab ich H. K. *(Vor- und Nachname eines bekannten Schlagersängers)* an. Hab ich mal gekriegt (...)

Für Olaf hatte der Bereich Schreiben, abgesehen von bildender Kunst, einen hohen Stellenwert:

> **Olaf:** (...) Das hab ich dann, wie du ja gehört hast von B. *(Vorname einer Künstlerin)*, das habe ich in, in einer Betroffenenzeitung, eine, darüber eine Dokumentation geschrieben. Es war die C. *(Name der Zeitung)*. Und in dieser C. hab ich dann meine Betroffenheit und, mein Ziel zum Ausdruck gebracht (...)

Selbstausdruck erwachsener Menschen mit geistiger Behinderung ist somit auch über das Medium Schreiben möglich. Bei der Inhaltsanalyse der Transkriptionen der durchgeführten autobiografisch-narrativen Interviews konnte festgestellt werden, dass erwachsene Menschen mit geistiger Behinderung gängige Medien wie Presse oder Hörfunk für sich nutzen und mit diesen Medien adäquat umgehen können. So auch Kuddel:

> **Kuddel:** (...) Ja, das macht irgendwie, damals, hab ich am W. *(Name einer Rundfunkanstalt)* gearbeitet, und denn hat B. F. *(Vor- und Nachname eines bekannten Radio- und Fernsehmoderators)* gesagt, Kuddel, deine Fünfziger werden dir zur Ehrung gemacht. Du kommst mal ganz groß, wenn das neue Jahrzehnt, wir haben ja jetzt das neue Jahrzehnt (...)

---

[221] siehe hierzu auch Anhang I

5. Explikation des Begriffes Selbstverwirklichung

Eine andere Art möglicher Selbstverwirklichung lag im Bereich des sozialen Engagements:

> **Kuddel:** (...) Ja, Mensch, vor allen Dingen ist es ja so, ich war ja zehn Jahre, war ich ja Pressesprecher *(eines Betroffenenprojektes)* (...)

Olaf nannte im Interview darüber hinaus die Politik als einen Bereich seiner individuellen Selbstverwirklichungsimpulse:

> **Olaf:** (...) Bin ich ja wirklich politisch engagiert. Und ich mache Politik. Und in der Politik, komme ich, komme ich auch mit Politiker zusammen, mit Politiker zusammen, mit denen ich mich auch so zusammenarbeite und, und dadurch bekomme ich dann auch wieder neue Motive. Ja, Motive soll man ja von überall herholen (...)

Auffällig ist, dass sich ausschließlich die erwachsenen Männer mit geistiger Behinderung über weitere in Frage kommende Bereiche möglicher Selbstverwirklichungsprozesse in den Interviews äußerten, während die erwachsenen Frauen mit geistiger Behinderung ihre Aussagen auf den Bereich der bildenden Kunst beschränkten. Meiner Meinung nach hätten auch sie über weitere Hobbys oder weitere Bereiche berichten können, zumal meine Interviewpartnerinnen nicht schwerer behindert waren und ihnen als Künstlerinnen der Umgang mit einer Öffentlichkeit und den sich daraus ergebenden Interviewsituationen im Kontext von Kunstausstellungen vertraut war. Möglicherweise agieren Frauen mit geistiger Behinderung aufgrund bestimmter Sozialisationserfahrungen bescheidener.

Wird dieses Kapitel abschließend betrachtet, können folgende, der Hervorhebung 5.2 zu entnehmende, Thesen formuliert werden:

- Erwachsene Menschen mit geistiger Behinderung verwirklichen sich in privaten und beruflichen Bereichen.

- Erwachsene Menschen mit geistiger Behinderung sind politisch und sozial engagiert und interessieren sich neben bildender Kunst für eine Vielzahl kreativer Bereiche.

- Bereiche möglicher Selbstverwirklichungsprozesse erwachsener Menschen mit geistiger Behinderung sind der Bereich der bildenden und darstellenden Kunst, der musisch-tänzerische Bereich, der Bereich der Medien sowie der Bereich politischen und sozialen Engagements.

Hervorhebung 5.2: Ergebnisse der strukturierenden Inhaltsanalyse der autobiografisch-narrativen Interviews mit erwachsenen Menschen mit geistiger Behinderung in Bezug auf Bereiche möglicher Selbstverwirklichung

5.1.3 Zusammenfassung

Die zusammenfassende Inhaltsanalyse ergibt eine durchweg positive Resonanz der erwachsenen Menschen mit geistiger Behinderung auf das Forschungsvorhaben der Autorin.

Mittels der strukturierenden Inhaltsanalyse wurde die Frage „Was bedeutet Selbstverwirklichung für erwachsene Menschen mit geistiger Behinderung?" beantwortet. Einerseits ist das Phänomen „Selbstverwirklichung" für erwachsene Menschen schwierig zu beschreiben bzw. zu definieren. Der Begriff kann nicht als für Menschen mit Behinderungen allgemein bekannt und verständlich vorausgesetzt werden. Der Terminus Selbstverwirklichung bzw. adäquate Erläuterungen oder Umschreibungen müssten demnach in der Kommunikation mit erwachsenen Menschen mit geistiger Behinderung öfters Verwendung finden, damit dessen Bedeutungsstrukturen verstehbar werden. Hier zeigt sich die Relevanz der angedachten Begriffsexplikation. Andererseits formulierten meine Interviewpartner und Interviewpartnerinnen jedoch wichtige Gedanken bezüglich des Explikandums.

Die strukturierende Inhaltsanalyse belegt die Möglichkeit von Selbstverwirklichungsprozessen erwachsener Menschen mit geistiger Behinderung. Diese Erkenntnis erachte ich als grundlegend hinsichtlich meiner Forschungsfragestellung. Da Selbstverwirklichungsprozesse geistig behinderter Erwachsener laut ihrer eigenen Aussagen möglich sind, kann in einem weiteren Schritt der Begriff Selbstverwirklichung genauer analysiert und darauf aufbauend überlegt werden, inwieweit dieses Phänomen im Rahmen künstlerisch-kreativer Betätigung von Mitarbeitern und Mitarbeiterinnen wahrnehmbar und beobachtbar ist.

5.2 Aussagen von Fachleuten zum Explikandum „Selbstverwirklichung"

Die Durchsicht der erstellten Transkripte der durchgeführten Gruppendiskussionen im Rahmen der strukturierenden Inhaltsanalyse ergab zur Vorbereitung auf die angestrebte Begriffsexplikation die Bildung von sechs zentralen Kategorien, unter denen die Subsumierung für das Forschungsvorhaben relevanter Aussagen möglich ist. Auf die einzelnen Kategorien wird nachfolgend detaillierter Bezug genommen.

5.2.1 Kategorie I: Einstellungen zum Begriff Selbstverwirklichung

Der Parameter Selbstverwirklichung im Kontext Gruppendiskussion wurde kritisch hinterfragt. Diskutanten und Diskutantinnen sowohl aus (heil)pädagogischen als auch aus künstlerischen und kunsttherapeutischen Arbeitsfeldern äußerten im Gespräch ihre Bedenken hinsichtlich der aktuellen Verwendung dieses Terminus bzw. seiner Aussagemöglichkeiten.

5. Explikation des Begriffes Selbstverwirklichung 71

Signifikant war das Herstellen eines Bezuges zu der historischen Entwicklung dieser Begrifflichkeit seitens der Diskussionsteilnehmer und Diskussionsteilnehmerinnen:

> **Frau L.**: Weil dieses Verwirklichen, das ist so 'n bisschen das aus dieser Diskussion der siebziger Jahre. Ich um jeden Preis. Oder dass man so 'n bisschen das Gefühl hat, so, der andere verwirklicht sich und wenn das auf Kosten von anderen geht, aber ich verwirkliche mich selbst (...)

oder

> **Frau N.**: Aber der ist halt so besetzt, der Begriff, der ist bestimmt auch so von esoterischen Richtungen, also oder was man so langläufig so drunter versteht. Also fast so 'n bisschen als ob's jetzt drum geht, irgendwie Highlife zu machen oder so was (...)

oder

> **Frau W.**: (...) Selbstverwirklichung ist doch eigentlich ein Begriff aus den siebziger, achtziger Jahren, so, ist doch so richtig? Aus, nach der Flower-Power und weiß nicht was, Drogen, also ja, also als so überhaupt diese große Individualisierungsphase. Dieser Wahn bis hin zur Übersteigerung der Individualität (...)

Dieser Ansatz von Frau W. wurde etwas später während des Diskussionsverlaufes von Frau Y. erneut thematisiert und von der Diskussionsgruppe weitergeführt:

> **Frau Y.**: Was wirklich so, dass dieser Begriff Selbstverwirklichung so aus den siebziger Jahren kommt, wo dann die Ehefrau aus ihrer bürgerlichen ...
>
> **Frau W.**: Einfach, der Mann wäscht auch mal ab.
>
> **Frau Y.**: Und sagt, ich hab mich endlich selbstverwirklicht. *(allgemeines Lachen)*
>
> **Frau X.**: Das sollte man wirklich noch mal kritisch hinterfragen.
>
> **Frau W.**: Und eigentlich bezog sich ja auch sehr auf Partnerbeziehungen, also Partnerschaften, Mann und Frau, oder überhaupt auf Geschlechterverhältnisse, waren sehr gemeint. Und natürlich auch bestimmte Arbeit, ne? Das waren so diese beiden Standpunkte, die damals angegangen wurden. Ist ja auch mit Recht. Und primär und so. Und daraus sind ja auch die ganzen Kurse entstanden von Yoga bis Lebensschule letztendlich. Wie lebe ich richtig und intensiv.
>
> **Frau Y.**: Ich hatte neulich einen ganz tollen Comic. Also alles voll mit Töpfersachen. Und dann, jetzt hab ich mich, glaub ich, genug selbstverwirklicht. *(allgemeines Lachen)* Ich mag wieder was anderes machen. *(lacht)*

Das Wissen um die historischen Komponenten beeinflusste die Verwendung dieses Begriffes im persönlichen Bereich:

> **Frau L.**: Er ist nicht ganz ohne, also ja, es verbinden sich so manche Assoziationen, die vielleicht auch so 'n bisschen negativ gefärbt sind (...) Ja also, sein Ego leben oder so. *(allgemeines Lachen)* Ich würde den auch jetzt so nicht benutzen, dass ich mich irgendwie selbstverwirkliche, würde ich so nicht sagen. Das ist wahrscheinlich, weil da diese Altfärbungen da sind.

5. Explikation des Begriffes Selbstverwirklichung

Im Bewusstsein der Diskutanten und Diskutantinnen erwies sich der Terminus Selbstverwirklichung als ein von den Medien thematisiertes Modewort, welches aufgrund dessen kritisch reflektiert wurde, was folgende zwei Ankerbeispiele verdeutlichen:

> **Frau H.:** Ich habe Probleme mit dem Wort Selbstverwirklichung, wird mir immer klarer. Weil das so 'n abstraktes Ding ist und auch so 'n Mode, Modewort für jedermann im Moment. Frauen verwirklichen sich selber, Männer, alleinerziehende Väter, weiß der Geier was. Jeder meint, sich selbst zu verwirklichen. Es ist ein absolutes inhaltsleeres Modewort für mich (...)

oder

> **Frau Beh.:** (...) Wir haben heute ja so 'ne Geisteshaltung. Selbstverwirklichung ist ja was ganz Modernes. Das ist ja absolut. Man kann's nicht mehr hören (...)

Die kritische Haltung einer Vielzahl von an den Gruppendiskussionen beteiligten Fachleuten gegenüber dem Begriff Selbstverwirklichung kann meines Erachtens nicht auf ein spezifisches Alter von Diskutanten bzw. Diskutantinnen zurückgeführt werden, denn nicht nur die historischen Anfänge von Selbstverwirklichungsbestrebungen, sondern auch die heutige Verwendung des Begriffes als Mode- bzw. Schlagwort beeinflussen die Einstellung befragter Fachleute.

Die strukturierende Inhaltsanalyse aller durchgeführten Gruppendiskussionen ergab die Verwendung von Adjektiven im Zusammenhang mit Versuchen, den Begriff Selbstverwirklichung zu beschreiben.

Übereinstimmend manifestierten sich hierin die bereits angesprochenen kritischen Reflexionen der Diskutanten und Diskutantinnen. Folgende zwölf Adjektive wurden genannt:

- schwierig (Vierfachnennung)
- groß (Dreifachnennung)
- besetzt (Dreifachnennung)
- weit (Zweifachnennung)
- vage (Einfachnennung)
- strapaziert (Einfachnennung)
- abstrakt (Einfachnennung)
- inhaltsleer (Einfachnennung)
- problematisch (Einfachnennung)
- beladen (Einfachnennung)
- komisch (Einfachnennung)
- überirdisch (Einfachnennung)

5. Explikation des Begriffes Selbstverwirklichung

Trotz der dargelegten kritischen Äußerungen aller an den Gruppendiskussionen beteiligten Personen wurde dem Selbstverwirklichungsaspekt im persönlichen Handeln Berechtigung zugesprochen:

> **Frau W.:** (...) Aber ich hatte, ich hab ihn halt so aufgenommen, als sehr positiv besetzten Begriff, der jetzt aber eigentlich, ja, kritisch zu befragen ist. Ja, der seine Berechtigung nach wie vor hat, würd ich sagen, in jedem Fall. Nur die, die Begriffswahl, dies ist etwas problematisch, grad, wenn so was so 'ne Geschichte hat, dann, inwieweit ist es jetzt noch anwendbar? Deswegen muss man das sehr differenzieren (...)

Die Tatsache, dass ungeachtet definitorischer Schwierigkeiten der Begriff Selbstverwirklichung im alltäglichen und wissenschaftlichen Sprachgebrauch Verwendung findet, wurde folgendermaßen begründet:

> **Frau W.:** (...) Also, es ist ein Kulturgut sozusagen. Kultureller Begriff eigentlich oder soziokultureller Begriff, könnte man sogar sagen. Denn der kommt ja auch aus der Ecke Soziales, Kunst und so weiter, eigentlich. Also, die Leute, die sich schon immer mehr für diese Dinge interessiert haben und eher weniger für, ja, Sachprobleme, wie auch immer man das jetzt wieder eingrenzen will.
> *(lacht)*

Zusammenfassend kann festgehalten werden:

- Der Begriff Selbstverwirklichung beinhaltet eine bestimmte historische Entwicklung.
- Die historische Entwicklung beeinflusst die aktuelle Verwendung des Begriffs Selbstverwirklichung.
- Der Begriff Selbstverwirklichung ist ein Modewort der Medien in der heutigen Zeit.
- Aufgrund der historischen Komponenten und der Thematisierung als Modewort muss der Begriff Selbstverwirklichung kritisch hinterfragt werden.
- Selbstverwirklichung ist trotzdem ein positiv besetzter Begriff.
- Das Wort Selbstverwirklichung hat auch heute seine Berechtigung.
- Selbstverwirklichung ist ein soziokultureller Begriff.

Hervorhebung 5.3: Ergebnisse der strukturierenden Inhaltsanalyse der Gruppendiskussionen mit Fachleuten in Bezug auf Einstellungen zum Begriff Selbstverwirklichung

5.2.2 Kategorie II: Aussagen über den Begriff Selbst

Innerhalb zwei durchgeführter Gruppendiskussionen erfolgte als Grundlage für ein Gespräch über Selbstverwirklichung eine Thematisierung des Begriffes Selbst durch die beteiligten Kollegen und Kolleginnen. Dies geschah entweder ausführlich und über einen längeren Diskussionszeitrahmen oder kurz im Sinne einer zusammenfassenden Aussage. Die nachfolgend aufgeführten Diskussionssequenzen spiegeln exemplarisch die bestehenden definitorischen Schwierigkeiten bei der Sinnerfassung des Parameters Selbst trotz Verwendung im persönlichen und beruflichen Alltag:

> **Frau N.:** Na ja, dass das Selbst sich entwickeln kann. Also würde ich auch drunter verstehen. Also im Sinne von Persönlichkeitsentwicklung. Dass, dass man dazulernen kann und irgendwie immer mehr zum Eigenen kommend. Also, so in diesem Sinne würde ich das jetzt auch in diesem Zusammenhang jetzt so verstehen.
>
> **Frau L.:** Ja, was aber, ja, es steckt aber tatsächlich drin, Selbst. Selbstverwirklichung. Das Selbst ist wirklich. Und da, also das, ich weiß nicht, wie das jetzt diskutiert wird. Das Selbst, ne?
>
> **Frau N.:** Das Selbst ist also 'n Begriff, irgendwie auch bei Jung oder so, hat das doch irgendwie auch benutzt.

oder

> **Frau Beh.:** Ja, das ist ja auch, was ist denn das Selbst? Das Selbst, du meine Güte. Da gibt's manche Autoren, die schreiben etwas von einem Selbst und meinen alle was anderes. Und das dann zu verwirklichen. Und sagen wir mal, ungeachtet dieser ganzen philosophischen Geschichten, in die ich auch gar nicht einsteigen kann und will, ist das, was wir gerade so 'n bisschen umrissen haben, ich denke, das ist 'n ganz zentraler Punkt. Selbst. Sich selbst verwirklichen.

Insgesamt gesehen ergibt sich hieraus:

- Der Parameter Selbst wird den Fachbereichen Psychologie und Philosophie zugeordnet.
- Das Selbst ist schwierig zu beschreiben und zu definieren.

Hervorhebung 5.4: Ergebnisse der strukturierenden Inhaltsanalyse der Gruppendiskussionen mit Fachleuten in Bezug auf Aussagen über den Begriff Selbst

5.2.3 Kategorie III: Begrenzungen der Selbstverwirklichung

Zu Beginn der Diskussionen um Bedeutungsstrukturen des Selbstverwirklichungsbegriffes erfolgte signifikanterweise die Thematisierung von Begrenzungen individueller Selbstverwirklichung, was folgende drei Aussagen exemplarisch belegen:

> **Herr G.:** Weil Selbstverwirklichung für mich sowieso also 'n Begriff ist, der immer wieder an geistige Ecken stößt. Also, ich meine auch für jemanden, der wie ich relativ frei von Rahmenbedingungen scheinbar lebt. Nun ist es ja nicht so, dass da nicht andere Kontrollmechanismen ständig wirken würden, die einen halt in seine Schranken weisen. Dann Rahmenbedingungen vor mir habe privater Art, die einen dann letztlich bremsen auch. Bei, das zu tun, was wir zunächst einmal gern tun möchten.

oder

> **Frau I.:** (...) Ich denke mal, wir sind ja alle in, in, in Gebundenheit, in 'nem gesellschaftlichen Regelsystem und man kann sich eigentlich nur, man kann nur begrenzt tun und lassen, was man will (...) Wenn ich immer Dinge tun muss, die, die frustrierend sind oder mich begrenzen, einschränken, meine Entwicklung meiner Persönlichkeit, dann, dann ist das eben auch keine Selbstverwirklichung mehr. Dann muss ich das verwirklichen, was andere wollen, ne?

oder

> **Herr J.:** Also, ich kann nicht jeden Wunsch, weil ich mich selbstverwirklichen will, kann ich mir den halt nicht erfüllen, weil das dann auf Kosten von jemand anders geht (...) Selbstverwirklichung hat immer auch was mit dem Anderen zu tun (...) Sonst ist es Egoismus. Da muss man immer gucken, dass es nicht Egoismus ist.

Im Verständnis der Diskussionsteilnehmer und Diskussionsteilnehmerinnen stand das Phänomen „Selbstverwirklichung" in der Polarität zwischen Egoismus bzw. Individualität einerseits und den Rahmenbedingungen eines gesellschaftlichen Regelsystems mit den damit verbundenen Kontrollmechanismen und Begrenzungen andererseits:

> **Frau W.:** (...) Und ich zweifle diesen Begriff auch ehrlich gesagt, also, wenn ich mich jetzt richtig damit beschäftigen sollte, was ich auch noch nie getan habe, würd ich den wahrscheinlich auch anzweifeln, weil, man müsste das ganz schön eingrenzen. Denn Menschen sind ja auch soziale Wesen. Und ganz viele Grundmuster finden sich, finden sich bei jedem wieder. Also Verhaltensmuster oder, oder Bedürfnismuster oder so, die finden sich wieder. Vielleicht auch wieder in Abwandlungen, aber doch sind bei jedem vorhanden, mehr oder weniger stark. Und das muss man schon mal abziehen. Und was dann noch übrig bleibt, dies, der individuelle Bereich, da würde das dann ja erst mit der Selbstverwirklichung greifen.

Abschließend kann Folgendes gesagt werden:

> - Selbstverwirklichung ist im individuellen Bereich möglich.
> - Selbstverwirklichung bedeutet das Finden einer Balance zwischen Individualität/Egoismus und Rahmenbedingungen eines gesellschaftlichen Regelsystems mit Kontrollmechanismen und Begrenzungen.

Hervorhebung 5.5: Ergebnisse der strukturierenden Inhaltsanalyse der Gruppendiskussionen mit Fachleuten in Bezug auf Begrenzungen der Selbstverwirklichung

5.2.4 Kategorie IV: Assoziationen zum Begriff Selbstverwirklichung

Im Vorfeld eines Definitionsversuches des Begriffes Selbstverwirklichung äußerten die Diskutanten und Diskutantinnen verschiedene Assoziationen zu den Termini Selbst und Selbstverwirklichung. Darauf aufbauend wurden im weiteren Diskussionsverlauf Definitionen formuliert, die unter die Kategorie V subsumiert werden.

Der Begriff Selbstverwirklichung wurde von den an den Gruppendiskussionen beteiligten Personen dem Bereich der Geisteswissenschaften zugeordnet. Eine darüber hinausgehende Zuordnung zu einem bestimmten Fachbereich innerhalb der Geisteswissenschaften war nicht möglich. Im Verständnis der Diskutanten und Diskutantinnen stellt Selbstverwirklichung einen Begriff aus den Bereichen Philosophie, Psychologie und Pädagogik dar, was folgende Diskussionssequenz verdeutlicht:

> **Frau L.:** Ja, ich weiß gar nicht, Selbstverwirklichung, ob das jetzt 'n philosophischer oder ob das 'n psychologischer Begriff ist. Selbstverwirklichung, da werden für mich irgendwie ganz viele Dimensionen angesprochen.
>
> **Frau N.:** Ja, vielleicht steckt da auch so was wie etwa Persönlichkeitsentwicklung mit drin. Und das ist ja dann schon eher so 'n psychologischer oder pädagogischer Begriff. Also auf jeden Fall ganz wichtig dabei.

Besonders die philosophische Komponente wurde durch das Herstellen eines Bezuges zu Martin Buber betont:

> **Frau D.:** (...) Martin Buber hat ja gesagt, der Mensch wird erst am Du zum Ich. Jetzt bezogen auf Menschen, weißt du? *(wendet sich an Frau A.)* Zum Ich heißt, ich mit mir. Da kann ich mich als Menschen nicht im vollsten Sinne erleben mit allen Möglichkeiten, mich nicht verwirklichen. Ich brauche die Konfrontation mit Menschen natürlich und mit Dingen. Ich muss Bezug aufnehmen zu Menschen, zu meiner Umwelt. Ich muss Bezug aufnehmen können.

5. Explikation des Begriffes Selbstverwirklichung

Als Grundlage für eine angestrebte Begriffsdefinition erfolgte eine Analyse des Terminus. Dazu Frau D.:

> **Frau D.:** Was verstehen wir denn unter Selbstverwirklichung? Habe ich überlegt für mich selber. Eigentlich ist man schon mal wirklich, man ist ja existent. Insofern ist man ja schon wirklich. Aber selbstverwirklichen? Steckt ja eine Aktivität drin, ein Handeln. Es ist ja auch ein Verb. Sich verwirklichen.

Neben den Versuchen, den Begriff Selbstverwirklichung zum Zweck der Sinnerschließung in einzelne Bestandteile zu zerlegen, wurden folgende Fragen aufgeworfen:

→ **Ist Selbstverwirklichung etwas Großes oder etwas Kleines?**
→ **Ist Selbst und Selbstverwirklichung etwas Statisches oder etwas Flexibles/Bewegliches?**
→ **Ist Selbstverwirklichung ein Endprodukt/Endresultat oder ein Prozess? Oder ist es nur punktuell möglich?**

Nachfolgend wird nun eine längere Diskussionspassage wiedergegeben, in der sich drei Diskutantinnen intensiv mit den oben aufgeführten Fragen auseinander setzten:

> **Frau M.:** Ja, aber warum muss das dann was Großes sein? Selbst? Also Selbst kann ja auch was Kleines sein. *(allgemeines Lachen)* Ein Teil von mir, also irgend ein Teil von mir kann ja wirklich werden. Oder ist das, muss das dann, ich vollkommen am Ende meines Lebens? Ja.
>
> **Frau L.:** Selbstverwirklichung. Also, da, da, ich assoziiere das halt. Zum Beispiel Selbstbewusstsein stärken. Da würd ich das Bewusstsein von einem Selbst, da sehe ich mehr 'ne Entwicklung und 'n Prozess. Aber Verwirklichung? Praktisch, ist das praktisch ...
>
> **Frau M.:** 'N Endprodukt oder wie heißt das? (...) Nee, aber andererseits bist du selbst ja immer im Prozess. Aber es gibt ja nicht, irgendwann bist du fertig und selbstverwirklicht oder so. Sondern du veränderst dich ja immer. Und es kann ja auch sein, ja, dass deine Verwirklichung heute anders ist als übermorgen oder also ...
>
> **Frau N.:** Ich glaub auch, dass es immer nur so was schrittweise sein kann, wie man eben sich entwickelt, also, dass das nie fertig ist, sondern halt, dass man sein Leben lang jeder irgendwie sich eben weiterentwickelt und dass, ja, und immer eben mehr zu seinem Selbst kommen kann (...)
>
> **Frau L.:** So. Und ich würd sagen, ich hab mich vielleicht etwas verwirklicht. Also, in diesem Verwirklicht steckt für mich drin, dass jemand alles ausgeschöpft hat.
>
> **Frau M.:** Ja? Wobei, das find ich irgendwie unrealistisch. Also, weil, ich denk also, ich habe auch die Vorstellung, dass im Menschen einfach viele Möglichkeiten stecken und er aus den Möglichkeiten was macht. Aber er hat einfach verschiedene Möglichkeiten, was er daraus machen kann und nicht nur die eine Lösung, was er dann ist, sondern ...
>
> **Frau L.:** Aber in dem Wort Verwirklichung steckt das aber drin.
>
> **Frau M.:** Ja, aber es ist für mich ja auch ein Wechselspiel mit der Welt, auf die er trifft, mit anderen Menschen. Er, ein Mensch, der in Europa lebt, verwirklicht sich anders als einer, der in Afrika ...

Frau L.: Ich glaube, wir reden aneinander vorbei. Weil, weil, ich bin dann so 'n bisschen vielleicht an den Worten, dass ich das Wort ernst nehme. Also, wir sind uns bestimmt einig, dass das 'n Prozess ist, und dass es was ganz Unterschiedliches bedeuten kann (...)

Frau M.: Es ist halt was, was fest Umrissenes, was Statisches. Und Selbst, ja das widerspricht dem halt, finde ich. Weil Selbst einfach was Bewegliches ist. Und deshalb kann es nie statisch sein oder ...

Frau L.: Ja, dann müsste man ein anderes Wort haben.

Frau M.: ... vollendet sein.

Frau L.: Ich bleibe dabei, dass in diesem Wort verwirklicht, ein Plan muss auch nicht statisch sein oder ein, ein Vorhaben kann 'n ganzen Prozess ... Aber dieses, es ist wirklich geworden, es ist in die Wirklichkeit gekommen.

Frau N.: Nee, aber da steckt ja auch irgendwie das Werden mit drin in dem Wort Selbstverwirklichung. Also dass es noch am Werden sein kann, also dass es nicht unbedingt mit dem fertig ...

Frau L.: Wo steckt das denn?

Frau N.: Selbstver...

Frau L.: Nur in dem Wort?

Frau N.: Ja, in dem chung. Man könnte ja auch sagen, wirklich werden. So könnte man das ja auch sagen, dass, dass die Endung chung das Werden bedeutet, wirklich werden. Und dass ist es, selbstverwirklicht werden. Ja, wirklich werden also.

Frau M.: Verwirklichung, wirklich werden. In dem Werden, das ist ja wieder was Bewegliches.

Frau L.: Hast du dir das jetzt ausgedacht? *(allgemeines Lachen)* (...)

Für Frau Y. und Frau W. stellte Selbstverwirklichung einen flexiblen Prozess dar:

Frau Y.: (...) Also, da steigen dann sicherlich die Bedürfnisse. Und die Ziele werden höher. Also, Selbstverwirklichung ist ja nicht irgendwann abgeschlossen so nach dem Motto, jetzt hab ich's geschafft, jetzt bin ich selbstverwirklicht.

Frau W.: Hm. Nichts Statisches. Genau.

Auch Herr G. war dieser Meinung:

Herr G.: Wobei es eben kein absolutes Maximum ist. Ich denke, Selbstverwirklichung ist immer eine Linie, die sich ins Unendliche bewegt. Und man wird das Maximum nie erreichen können (...)

Der nun folgende Dialog verdeutlicht das Phänomen „Selbstverwirklichung" im Spannungsverhältnis zwischen den Polen Prozess und Endprodukt/Endresultat:

Frau T.: Für mich ist das, auf der einen Seite ist es so 'n, 'n Endresultat, also einfach mehr so 'n Gefühl. Und zwar, sich auszudrücken und in dem Moment, wo man sich ausdrückt, sich frei zu fühlen von allen möglichen Sachen und nicht drüber nachzudenken mehr, was man macht, sondern, was man tut, und man ist total drin. Und, und fühlt sich selbst frei dabei, egal was man tut in dem Moment. Das ist das Endprodukt. Aber ich würd auch, oder das ist das Schönste da dran, der

5. Explikation des Begriffes Selbstverwirklichung 79

> schönste Moment da dran. Aber auch alles, was da hinführt, würde ich als Weg zur Selbstverwirklichung verstehen. Hm, gut.
>
> **Frau V.:** (...) Aber auch das würd ich, ich find, Selbstverwirklichung ist irgendwie so gleich so so 'n Begriff, da ist schon alles passiert. Das ist 'n Endprodukt da drin, das ist kein Prozess, sondern es ist schon, sobald man dieses Wort ausspricht, ist es schon vorbei. *(lacht)* Ja.

Abgesehen von der Auffassung von Selbstverwirklichung als Prozess oder Endprodukt/Endresultat bedeutete das Phänomen für Frau U. etwas Punktuelles:

> **Frau U.:** Nicht 'n Prozess, ist auch immer was ganz Punktuelles. Also irgendwie was mal da ist und was mal nicht da ist. Ja. So.

Zu einem späteren Diskussionsverlauf erläuterte Frau U. ihre Ansicht folgendermaßen:

> **Frau U.:** Da Einwände? Dass ich sowieso nur glaube, dass das irgendwie immer nur punktuell sein kann und auch ähnlich in so 'nem geschützten Rahmen und dass, also ich meine, Selbstverwirklichung ist, wäre, wenn ich mein ganzes Selbst in die Wirklichkeit setze und alles permanent da sein müsste, was in mir ist. Und dass, vielleicht wenn ich sterbe ... *(allgemeines Lachen)* Nee, nee, aber ich meine, wenn ich jetzt wollte, mit Kunst oder sonst irgendwie was, oder bei mir, ich bin, ich weiß es nicht, ich hab immer das Gefühl, ich bin, ich kann dann eine Seite zeigen oder aber ich meine, da ist ja trotzdem sonst immer noch auch viel mehr da.

Frau T. antwortete darauf:

> **Frau T.:** Man kann ja 'n Teil sein, der sich verwirklicht (...) Ja, aber ein Teil tut es doch vielleicht schon immer.

Die selbstverständliche Annahme der Autorin von Selbstverwirklichung als Prozess wurde also nicht von allen Diskutanten und Diskutantinnen geteilt.

Bezüglich des Bestrebens nach Selbstverwirklichung sind bestimmte Voraussetzungen notwendig:

> **Frau D.:** (...) Das heißt, ich brauch erst mal ein Maß an Lebensfreude, möchte ich fast sagen, und Lebenswillen. Den Wunsch zu haben, aktiv zu werden, mich zu verwirklichen. Um überhaupt diesen Wunsch zu haben. Diesen Lebenswillen, den bekomme ich meiner Meinung nach nicht aus dem Mir heraus, sondern also aus meinem erlebten Zusammenhang mit den Menschen und Dingen um mich herum, hauptsächlich der Mensch. Das schafft mir den Mut und den Lebenswillen und den Gestaltungswillen und den Willen zur Verwirklichung. Und das läuft ja nicht bewusst ab, selbstverständlich nicht. Aber wenn ich drüber nachdenke, komme ich drauf. Nur wenn ich mich angenommen fühle in dieser Welt selbst, je nach Typ unterschiedlich. Ich meine, der eine braucht mehr Kontakt, der andere braucht weniger Kontakt und so (...) Also, wenn ich einen Bezug zu meiner Umwelt habe, über Menschen, über Dinge. Erst dann bin ich in der Lage, auch in mich hineinzuhorchen und zu gucken, ja, bin ich, wie soll ich sagen, einen gewissen Lebens..., Lebensmut haben (...) Denn es ist halt eine Voraussetzung, dass ich nicht autonom in diese Welt gestellt bin, sondern dass ich Teil dieser Welt bin, dass ich das so erleben kann. Und das hängt davon ab, wie ich die Umwelt halt erlebe, wie die Umwelt mit mir umgeht, wie ich mit der umgehe, ja, immer in Bezug zu dem Anderen (...) Dann kann ich Schritte hin zur Selbstverwirklichung gehen, dann habe

ich den Mut, Dinge aktiv anzugehen. Dann kann ich eben auch kreativ werden, wenn ich entlastet bin von meiner eigentlich erst mal Einsamkeit als Mensch. Wenn ich Autonomie erst mal habe. Wenn ich mich da in einem Zusammenhang erlebe, der eben nicht reflektiert sein muss. Dann kann ich agieren, ja, agieren, dann kann ich aktiv werden, dann kann ich von mir absehen, dann kann ich Dinge wahrnehmen, mich reinnehmen lassen in so 'n Prozess. Wobei ich aber auch immer wieder aktiv sein muss also, ne, es ist ganz wichtig (...)

Diese Ausführungen unterstreichen nochmals die wechselseitigen Gegebenheiten von individuellen Bestrebungen und der Umwelt. Die Gegebenheiten von Rahmenbedingungen ermöglichen Mut, Lebensfreude, Lebenswillen und Wunsch zur Aktivität, zur Autonomie und zur Selbstverwirklichung. Rahmenbedingungen stellen so gesehen nicht nur Begrenzungen individueller Selbstverwirklichung dar, sondern auch Freiräume:

> **Frau W.:** Denn Selbstverwirklichung als Selbstzweck ist, macht auch keinen Sinn (...)

Die unter dieser Kategorie beschriebenen Aussagen können folgendermaßen zusammengefasst werden:

- Der Begriff Selbstverwirklichung wird den Fachbereichen Psychologie, Philosophie und Pädagogik zugeordnet.

- Selbstverwirklichung braucht bestimmte Voraussetzungen wie Lebensfreude, Lebenswillen, Mut und Gestaltungswillen.

- Selbstverwirklichung ist kein Selbstzweck, sondern steht in Beziehung zur Umwelt.

- Individuelle Bestrebungen und Bedingungen der Umwelt stellen wechselseitige Gegebenheiten dar.

- Rahmenbedingungen sind nicht nur Begrenzungen individueller Selbstverwirklichung, sondern bieten auch Freiräume zur Selbstverwirklichung.

- Die aufgeworfenen Fragen sind nicht eindeutig zu klären. Selbstverwirklichung kann sowohl etwas Großes als auch etwas Kleines bedeuten. Selbst und Selbstverwirklichung kann statisch oder flexibel/beweglich sein. Selbstverwirklichung ist ein nie endender Prozess, der jedoch nur punktuell möglich ist. Selbstverwirklichung wird daher in einem Spannungsverhältnis zwischen Prozess und Endprodukt/Endresultat gesehen.

Hervorhebung 5.6: Ergebnisse der strukturierenden Inhaltsanalyse der Gruppendiskussionen mit Fachleuten in Bezug auf Assoziationen zum Begriff Selbstverwirklichung

5.2.5 Kategorie V: Definitionsansätze

Aus den laufenden Diskussionen ergab sich der Wunsch der Diskutanten und Diskutantinnen nach einer Begriffsdefinition des Phänomens „Selbstverwirklichung":

> **Frau I.:** Das ist mir vorhin auch eingefallen, noch mal überhaupt zu dem Thema Selbstverwirklichung, dass, also, wenn ich jetzt an meine Selbstverwirklichung denke, ich bin ja in einem gesellschaftlichen Regelsystem und kann nicht, also, obwohl, man müsste vielleicht die Begrifflichkeit noch mal klären. Was heißt eigentlich Selbstverwirklichung?

Das Gelingen einer Begriffsdefinition wurde allerdings angezweifelt, was nachfolgend aufgeführtes Ankerbeispiel unterstreicht:

> **Frau Y.:** Vielleicht kommt auch raus, man kann's gar nicht definieren. *(lacht)*

Im Rahmen der durchgeführten Gruppendiskussionen war es den beteiligten Kollegen und Kolleginnen nicht möglich, eine allgemeingültige Definition des Phänomens „Selbstverwirklichung" zu formulieren:

> **Frau W.:** Und auch schon über den Begriff Selbstverwirklichung etwas Allgemeingültiges zu sagen geht gar nicht.

Diskutanten und Diskutantinnen brachten Selbstverwirklichung zwar in den Zusammenhang einer geläufigen, alltagssprachlichen, durch gesellschaftliche Entwicklungen geprägten Definition, wie beispielsweise Herr G.:

> **Herr G.:** Wenn ich das als Selbstverwirklichung für mich definiere. Das tun zu können, was ich gern möchte.

Gleichzeitig jedoch wurde diese Ansatz einer kritischen Reflexion unterzogen und somit verworfen:

> **Frau I.:** Wenn ich davon ausgehe, also, es wird ja oft so definiert oder betrachtet, einer kann tun und lassen, was er will irgendwo. Und das ist ja ein unrealistischer Zustand (...)

Die Aussage „Das tun, was man gerne möchte" weist Ähnlichkeiten auf mit dem Ausspruch von Doris „Einfach loslegen und einfach das machen, was man lieber hat".

Im Verlauf der Diskussionen zeigte sich, dass ein lediglich allgemeingültiger Definitionsversuch nicht als ausreichend angesehen wurde:

> **Frau X.:** Also, ich glaub ja, man muss es individuell und allgemein diskutieren (...)

Im Verlauf einer Klärung individueller Selbstverwirklichung wurde die Suche nach adäquaten Synonymen deutlich. Der Wunsch, den Terminus Selbstverwirklichung durch etwas anderes zu ersetzen, impliziert die Unzufriedenheit mit dem Aussagegehalt des zur Diskussion stehenden Terminus.

Als Synonyme wurden die Begriffe Selbstentfaltung, Selbstwerdung, Selbstbewusstsein, Selbstentwicklung und Selbstfindung vorgeschlagen:

> **Frau W.:** Genau. Aber ob es nicht ganz anders ist, dass man erst dann sich entfalten, ich finde entfalten viel schöner zum Beispiel als, aber das ist ja auch 'n seltsamer Begriff (...)

oder

> **Frau L.:** Ja, erst war 's heute morgen Selbstbewusstsein, aber das geht zu sehr in das Bewusste (...) Ich würde irgendwie immer jedem sagen, dass ich mich eben auch, dass ich dazulernen will, mich entwickeln will (...) Ha, ich habe einen Begriff. Selbstwerdung. Ich möchte nämlich mich selbst werden. Ich habe mal so 'n Film gesehen, wo eine Frau sagte, zu einer anderen sagte, ob sie nicht manchmal das Gefühl hätte, so zu brennen, sich selbst zu werden.

oder

> **Frau M.:** Ich hab, an diesem Wort Selbstentwicklung finde ich auch ganz schön, dass halt diese Wirklichkeit drinsteckt und dass so diesen Kontakt zur Welt betont sozusagen. Also dass ich in Kontakt mit der Wirklichkeit trete, ja? Sozusagen, dass ich, dass ich was auslebe, dass ich was, ja, oder dass ich, was in mir steckt, irgendwie nach außen trage. So.

oder

> **Herr G.:** (...) Deswegen auch für mich so Selbstfindung, steckt da so 'n bisschen drin.

Wie bereits meine Interviewpartner und Interviewpartnerinnen mit geistiger Behinderung brachte auch Frau L. das Wort Selbstbewusstsein in den Zusammenhang ihrer individuellen persönlichen Selbstverwirklichung, verwarf diesen Gedanken jedoch im weiteren Verlauf der Diskussion, um ihn später erneut aufzugreifen.

Befragt nach ihren individuellen Ansichten und Bedeutungsinhalten von Selbstverwirklichung äußerten sich die Diskussionsteilnehmer und Diskussionsteilnehmerinnen präzise. Exemplarisch wird an dieser Stelle eine Auswahl an Positionen wiedergegeben:

> **Frau Beh.:** (...) Also, für mich ist Selbstverwirklichung, wenn zwei Dinge zusammenfallen. Ich mich gehen lasse, aber mit meinem, auch mit meinem ganzen Dasein so dabei bin, bei der Sache bin. Also, wenn Leidenschaft und Sich-Gehenlassen und noch ein bisschen Kopfigkeit, also Kopfigkeit nicht, aber dass ich weiß, was ich meine und das auch umsetzen kann, woll?

oder

> **Frau Z.:** Das ist ja, ich bin einfach in dem Moment autonom. Ich bin, ich mach was für mich aus mir ganz allein (...) Also, weil, das ist 'n ganz starkes Gefühl. Weil alles auf den Punkt gebracht ist. Und das wird Selbstverwirklichung sein.

oder

5. Explikation des Begriffes Selbstverwirklichung

> **Frau E.:** Aber ich glaube, dass jeder auch ein Stück in sich hineinfühlen lernen kann, was die eigentliche wirkliche innere Lust oder Aktivität, die man nach außen bringen will, also dass das ein Prozess ist, nach Innen zu schauen, und sich dann aus dem inneren Bedürfnis heraus was aussucht und das gestaltet. Weiß nicht, durch malerische oder durch andere Prozesse. Aber was das, dieses Nach-innen-Gucken, wäre für mich Selbstverwirklichung.

oder

> **Frau I.:** Also ich kann auch, ich, ich seh das auch so. Ich kann mit dem Begriff Selbstverwirklichung nicht so viel anfangen, ne? Hm, ich würd 's auch so wie Q. *(Vorname von Frau H.)* so übersetzen, sich selbst leben. Ja also, ich lebe mich so, wie ich 's leben, wie 's mir gut tut. In 'nem bestimmten Rahmen, mit bestimmten Menschen, mit bestimmten Mitteln (...)

oder

> **Frau K.:** Puh. Wenn ich mich selbstverwirkliche, versuche ich doch eigentlich auch dieses Gefühl zu haben, so gut wie möglich zu leben. Das ist ein Punkt mit dabei. Mich wohl zu fühlen, auch mich weiterzuentwickeln.

Im Rahmen individueller Selbstverwirklichungsbestrebungen kann auch der menschliche Körper als Ausdrucksmedium genutzt werden. Dazu Frau U.:

> **Frau U.:** Ja, also für mich ist Selbstverwirklichung, 'n Raum zu haben, in dem ich also das ausleben kann, was da ist. Und nicht, was in irgend 'ner Form so erwartet wird so, sondern, ja, dass ich 'ne Möglichkeit habe, mich auszudrücken, sei 's mit irgendwelchen Mitteln, mit meinem Körper oder sonst was, ohne irgendwohin zu müssen.

Im Verlauf der Gruppendiskussionen wurde eine Fülle von Gedanken und Ansichten zum Thema Selbstverwirklichung geäußert. Innerhalb der Kategorie V werden daher zusammenfassend acht Bedeutungsinhalte unterschieden, unter denen die Aussagen aufgezählt werden:

1. Selbstverwirklichung ist
- Handeln,
- Aktivität,
- Selbstausdruck,
- inneres Bedürfnis,
- Arbeit in mir selbst,
- Arbeit in Beziehung mit lieben Menschen,
- Wachstum,
- kein Selbstzweck,
- ein hoher Anspruch,
- innere Lust,
- Lebenssinn.

2. Selbstverwirklichung beginnt mit

- Interesse,
- Ausprobieren von Talenten,
- Finden einer Ausdrucksform,
- Finden, was bereichert und glücklich macht,
- Finden eines Ausdrucksmittels oder Mediums.

3. Zur Selbstverwirklichung braucht es

- einen privaten Rahmen,
- einen geschützten Raum,
- einen Raum zum Ausleben,
- Bestätigung,
- positive Kritik,
- keinen Erwartungsdruck,
- viel Zeit.

4. Charakteristiken von Selbstverwirklichung sind

- Sich-Wohlfühlen, (Vierfachnennung)
- Ausdruck von Gefühlen jeglicher Art wie Freude, Glückseligkeit, Trauer, Aggressionen, (Vierfachnennung)
- Freude an der Sache,
- Entspannung,
- Sich-Einbringen,
- Sich-Öffnen,
- Sich-selbst-frei-Fühlen,
- Weit-Werden,
- Eintauchen,
- totales Drinsein,
- Zusammenfall von Leidenschaft und Sich-Gehenlassen,
- Dabeisein mit Leidenschaft und dem Körper.

5. Selbstverwirklichung heißt

- Echtheit mit sich selbst,
- Umsetzen von Vorlieben, Fähigkeiten und Fertigkeiten,
- etwas nach außen bringen,
- aus sich heraus Dinge tun wollen,
- aus sich heraus etwas für sich tun wollen,
- Nach-innen-Gucken,
- alles auf den Punkt bringen,

5. Explikation des Begriffes Selbstverwirklichung

- tun, was mit einem selber zu tun hat,
- sich selbst leben wie es einem gut tut,
- Leben so gut wie möglich,
- tun, was man gerne möchte.

6. Selbstverwirklichung geschieht
- über den Körper,
- nicht bewusst,
- ohne darüber nachzudenken,
- ohne irgendwo hinzumüssen,
- aus der Normalität herausgenommen.

7. Selbstverwirklichung
- bereichert,
- macht glücklich,
- macht ein besonderes Gefühl.

8. Durch Selbstverwirklichung wird
- Autonomie,   (Zweifachnennung)
- Stärkung des Selbstbewusstseins,   (Zweifachnennung)
- Akzeptanz,
- Weiterentwicklung,
- Dazulernen,
- Besser-Gehen,
- Selbstwerdung,
- Selbstentfaltung,
- Selbstentwicklung,
- Selbstfindung,
- Ausdauer,
- Anspannung,
- Erschöpfung

erreicht.

Ein erster Vergleich der Definitionsansätze zum Explikandum „Selbstverwirklichung" von erwachsenen Menschen mit geistiger Behinderung und Fachleuten zeigt signifikante Übereinstimmungen:

Selbstverwirklichung wird im Zusammenhang mit Selbstbewusstsein gesehen, bedeutet Ausdruck von Gefühlen, bedeutet Weiterentwicklung und kann mit der Formulierung „Das tun, was man gerne möchte bzw. lieber hat" umschrieben werden.

Zum Abschluss dieses Kapitels werden nochmals alle grundlegenden Ergebnisse in Thesen gefasst:

- Der Begriff Selbstverwirklichung ist nicht allgemeingültig zu definieren.
- Individuelle Selbstverwirklichung ist dagegen einfach zu beschreiben.

Hervorhebung 5.7: Ergebnisse der strukturierenden Inhaltsanalyse der Gruppendiskussionen mit Fachleuten in Bezug auf Definitionsansätze

5.2.6 Kategorie VI: Bereiche möglicher Selbstverwirklichung

Prinzipiell ist Selbstverwirklichung nicht auf bestimmte Bereiche beschränkt:

> **Frau R.:** Das geht mit allem, was einen interessiert. Mit Malerei oder was auch immer, was eben, denk ich mal, so 'n bisschen aus der Normalität herausgenommen wird und eben ein besonderes Gefühl auch macht (...)

Individuelle Selbstverwirklichung ist demnach in unterschiedlichen Bereichen möglich. Explizit genannt wurden diesbezüglich Selbstverwirklichungsmöglichkeiten in den kreativen Bereichen:

- Malerei,
- Musik,
- Rhythmus,
- Bewegung,
- Tanz,
- Theater,
- Zirkus,
- Meditation,
- Sprache,
- Gartenarbeit,
- Tischlerarbeit.

Folgende Ankerbeispiele erachte ich in diesem Zusammenhang als interessant:

> **Frau R.:** Ja, das muss ja eigentlich auch noch nicht mal was Künstlerisches sein, dass man sich über, weiß ich nicht, Gartenarbeit oder als Tischler kann man sich ja auch selbstverwirklichen mit ganz anderen Dingen. Einfach das finden, was einen selbst dann bereichert und glücklich macht.

oder

> **Frau Beh.:** (...) Und es kann auch sein, dass ich meinen Garten umgrabe. Zen-Buddhisten üben das auf die Art, woll? Und, und wenn ich das wirklich so schaffe, dann Dabeisein mit der ganzen

5. Explikation des Begriffes Selbstverwirklichung

Leidenschaft, der Körper, und da wirklich nur noch der Garten ist in dem Moment, und die Erde riecht. Und das ist das für mich Selbstverwirklichung (...)

Selbstverwirklichung wurde in einem privaten Rahmen und einem geschützten Raum gesehen. Im Rahmen einer beruflichen Tätigkeit kann Selbstverwirklichung demgegenüber nicht als Ziel angenommen werden, was folgende Aussage verdeutlicht:

Frau V.: Selbstverwirklichung ist für mich, wenn ich inner Realität stehe und was tue, was mit mir selber zu tun hat. Sei 's im Leben, sei 's in der Familie, sei 's in der Arbeit. Nur ist das nicht mein Ziel in der Arbeit. Das heißt, ich brauch Abstand zu meiner eigenen Wirklichkeit, um eine Form der Kunst zu nehmen, die ich dann in die Wirklichkeit umsetze. Selbstverwirklichung ist für mich was Privates, was ich im geschützten Raum auch gern tue. Aber was ich nicht unter Arbeit verstehe. Es ist vielleicht eine Arbeit in mir selber oder in Beziehung mit lieben Menschen, mit denen ich mich auseinandersetzen möchte. Nur ja, für mich ist das 'n ganz privater Raum. Selbstverwirklichung.

Sowohl für die Interviewpartner und Interviewpartnerinnen mit geistiger Behinderung als auch die Diskutanten und Diskutantinnen ist Selbstverwirklichung in privaten Bereichen und einer Vielzahl kreativer Bereiche möglich. Während für pädagogische, therapeutische oder künstlerische Mitarbeiter und Mitarbeiterinnen individuelle Selbstverwirklichung über eine berufliche Tätigkeit nicht vorstellbar ist, können sich erwachsene Menschen mit geistiger Behinderung auch über ihren Beruf, beispielsweise als Künstler oder Künstlerin, verwirklichen.

Die für diese Kategorie relevanten Aussagen der beteiligten Diskutanten und Diskutantinnen können abschließend wie folgt festgehalten werden:

- Selbstverwirklichung ist in allen kreativen Bereichen möglich.
- Selbstverwirklichung ist in privaten Bereichen möglich.
- In beruflichen Bereichen ist Selbstverwirklichung dagegen nicht möglich.

Hervorhebung 5.8: Ergebnisse der strukturierenden Inhaltsanalyse der Gruppendiskussionen mit Fachleuten in Bezug auf Bereiche möglicher Selbstverwirklichung

5.2.7 Zusammenfassung

Die Auswertung des Erhebungskontextes zeigt eine positive Bewertung der durchgeführten Gruppendiskussionen sowie des Forschungsvorhabens der Autorin durch die beteiligten Diskutanten und Diskutantinnen.

Durch Versuche einer begrifflichen Erfassung des Phänomens „Selbstverwirklichung" wurden verschiedene Fragen aufgeworfen, deren Beantwortung den Teilnehmern und

Teilnehmerinnen im Rahmen der Diskussionsrunden nicht möglich war. Dies bestätigt die Aktualität der angestrebten Begriffsexplikation.

Die Aussagen befragter Fachleute im Hinblick auf das Phänomen „Selbstverwirklichung" waren zwar detaillierter als die der interviewten erwachsenen Menschen mit geistiger Behinderung, dennoch lassen sich Gemeinsamkeiten feststellen. Diese werden zu einem späteren Zeitpunkt im Kontext der Begriffsexplikation dargelegt.

Das Vorhaben der Begriffsexplikation zum Explikandum „Selbstverwirklichung" bedingt zunächst die Inhaltsanalyse der schriftlichen Befragungen als dritte Teilerhebung innerhalb des konzipierten multimethodischen Forschungsdesigns.

5.3 Aussagen von Studierenden zum Explikandum „Selbstverwirklichung"

Auch die schriftlichen Aussagen der Studierenden in den abgegebenen Antwortpapieren konnten hinsichtlich der Begriffsexplikation unter sechs gebildete Kategorien subsumiert werden. Im Folgenden werden diese sechs Kategorien dargelegt.

5.3.1 Kategorie I: Einstellungen zum Begriff Selbstverwirklichung

Der Parameter Selbstverwirklichung wurde weder negativ noch positiv bewertet, sondern als geläufiger Terminus verwendet und beschrieben. Dieses selbstverständliche Verwenden des Begriffes Selbstverwirklichung im alltäglichen Sprachgebrauch von Studierenden bestätigt die aus der Erhebungsmethodik Gruppendiskussion gewonnene Erkenntnis von Selbstverwirklichung als soziokulturellen Begriff.

- Selbstverwirklichung ist ein soziokultureller Begriff.

Hervorhebung 5.9: Ergebnis der strukturierenden Inhaltsanalyse der schriftlichen Befragungen in Bezug auf Einstellungen zum Begriff Selbstverwirklichung

5.3.2 Kategorie II: Aussagen über den Begriff Selbst

Bei der Beantwortung der Frage „Was bedeutet für Sie/für euch persönlich der Begriff Selbstverwirklichung?" aus dem von der Autorin erstellten Fragebogen arbeiteten die Studierenden mit dem Begriff Selbst, was folgende Ankerbeispiele belegen:

Nr. 7[222]: (...) Herausfinden, was einem wichtig ist - wer man selbst ist (...)

---

[222] Die Textausschnitte der angegebenen schriftlichen Antworten der Studierenden werden im Folgenden unter einer Nummer entsprechend des zugrundeliegenden Ordnungssystems der Autorin zitiert. Hierbei wird die Textgrundlage nicht verändert.

5. Explikation des Begriffes Selbstverwirklichung

oder

Nr. 10: Auseinandersetzung mit sich selbst (...)

oder

Nr. 19: Ich nehme mich und mein Selbst wahr, halte es für wertvoll und denke, dass ich es in die Realität, die Wirklichkeit bringen kann.

Der Begriff Selbst stellt demnach einen geläufigen selbstverständlichen umgangssprachlichen Alltagsbegriff dar. Eine Begriffserklärung und kritische Reflexion erschien den Studierenden nicht erforderlich.

Lediglich in einem Fall wurde der Terminus Selbst kritisch hinterfragt:

Nr. 43: In dem Wort Selbstverwirklichung steckt das Wort Selbst. Jemand, der sich selbst verwirklicht, muß sich seiner selbst bewußt sein (...)

In dieser schriftlichen Antwort wurde eine wichtige Frage aufgeworfen:

→ **Ist das Selbst des Menschen stabil oder instabil?**

Der Schreiber oder die Schreiberin entschied sich für ein instabiles Selbst:

Nr. 43: (...) Geht man aber davon aus, dass das „Selbst" ohnehin nicht stabil ist, dann kann sich jeder Mensch über die bildende Kunst verwirklichen, denn die künstlerischen Äußerungen sind eine „Momentaufnahme" des Selbst, auch wenn es instabil ist.

In ähnlicher Form beschäftigten sich die an den Gruppendiskussionen beteiligten Personen mit dieser Problematik:

→ **Ist Selbst und Selbstverwirklichung etwas Statisches oder etwas Flexibles/ Bewegliches?**

Der Parameter Selbst wurde nicht, wie während der durchgeführten Gruppendiskussionen, einem oder mehreren Fachbereichen zugeordnet.

Zusammenfassend kann gesagt werden:

- Der Begriff Selbst ist ein alltagssprachlicher Begriff.
- Das Selbst ist instabil.

Hervorhebung 5.10: Ergebnisse der strukturierenden Inhaltsanalyse der schriftlichen Befragungen mit Studierenden in Bezug auf Aussagen über den Begriff Selbst

5.3.3 Kategorie III: Begrenzungen der Selbstverwirklichung

In den schriftlichen Reflexionen wurde wie auch in den Gruppendiskussionen Selbstverwirklichung im Zusammenhang mit bestehenden Rahmenbedingungen gesehen:

> **Nr. 39:** (...) Vielleicht ist Selbstverwirklichung im Rahmen von Einschränkungen nicht möglich? Vielleicht ist Selbstverwirklichung aber auch nur durch eine Integration aller Rahmenbedingungen möglich, d.h. kann dann erst gelingen und auch glücklich machen? Ich weiß es nicht.

Hier drängt sich die Frage auf, ob Begrenzungen hemmende oder fördernde Faktoren beinhalten. Bezogen auf gegebene gesellschaftliche Rahmenbedingungen bedeutet Selbstverwirklichung:

> **Nr. 3:** Mich ein Stück weit (ganz halte ich für nicht möglich) frei machen zu können von gesellschaftlichen Normen.

oder

> **Nr. 18:** (...) Ich drücke einfach aus, was tief in meinem Inneren schlummert. Dabei reiße ich individuelle u. gesellschaftliche Barrieren nieder (...)

oder

> **Nr. 25:** (...) Mein Leben so gestalten, daß ich persönlich damit glücklich bin, egal ob andere Menschen, die Gesellschaft allgemein eine andere Erwartung an mich stellt.

oder

> **Nr. 36:** Über evtl. Grenzen steigen.

Einerseits verdeutlichen diese aufgeführten Ankerbeispiele die Intention von Studierenden, sich von Rahmenbedingungen und gesellschaftlichen Normen zu Gunsten individueller Selbstverwirklichung zu lösen. Andererseits beinhaltet Selbstverwirklichung auch Rücksichtnahme gegenüber Mitmenschen:

> **Nr. 40:** (...) Selbstverwirklichung hieße für mich nicht, über die Selbstverwirklichung und das Leben anderer Menschen hinweg zu leben, mir alles herauszunehmen. Es bedeutet einfach, immer einen Weg zu finden, sich und seine Gefühlslage etc. auszudrücken. Wenn ich wütend bin und dann auf die Tasten des Klaviers haue, behindere oder schränke ich niemanden ein, mit meiner Selbstverwirklichung. Das finde ich einen wichtigen Aspekt, wenn auch nicht immer realisierbar. »Leben und Leben lassen«

Abgesehen von Erfahrungen äußerer Begrenzungen wurden im Rahmen von Selbstverwirklichung individuelle Grenzen entdeckt:

> **Nr. 14:** (...) Man lernt eigene Grenzen und Belastbarkeiten kennen (...)

oder

5. Explikation des Begriffes Selbstverwirklichung

> **Nr. 45:** Selbstverwirklichung bedeutet für mich, sich Träume zu erfüllen, die innerhalb der (z.B. finanziellen) Möglichkeiten für den einzelnen selber liegen, z.B. der Besuch bestimmter Reiseziele oder auch Materielles (...)

Im Verständnis der befragten Studierenden bedeutete Selbstverwirklichung das Finden einer Balance zwischen individuellen Bestrebungen und den Begrenzungen der gesellschaftlichen Umwelt:

> **Nr. 43:** (...) Selbstverwirklichung bedeutet im Einklang mit allen Facetten der Persönlichkeit und den Grenzen, die sich aus dem Leben ergeben, zu leben (...)

oder

> **Nr. 51:** (...) Ich bin der Meinung, dieses Ziel ist erreicht, wenn ich mit mir und meiner Umwelt in Harmonie leben kann.

Abschließend können folgende Thesen aufgestellt werden:

- Selbstverwirklichung kann nur im Einklang mit der individuellen Persönlichkeit und den Begrenzungen der Rahmenbedingungen der gesellschaftlichen Umwelt gelingen.
- Die persönliche Selbstverwirklichung darf Mitmenschen nicht begrenzen.

Hervorhebung 5.11: Ergebnisse der strukturierenden Inhaltsanalyse der schriftlichen Befragungen in Bezug auf Begrenzungen der Selbstverwirklichung

5.3.4 Kategorie IV: Assoziationen zum Begriff Selbstverwirklichung

Im Gegensatz zu den Diskutanten und Diskutantinnen ordneten die Studierenden im Rahmen der schriftlichen Befragung den Begriff Selbstverwirklichung keinem wissenschaftlichen Fachbereich zu.

Die innerhalb der Gruppendiskussionen aufgeworfenen Fragen nach der Wesensart von Selbstverwirklichung, also Prozess, Endprodukt/Endresultat oder etwas Punktuelles wurde seitens der Studierenden nicht angesprochen. Bei einer Vielzahl von schriftlichen Antworten erfolgte eine Definition ohne die Zuschreibung einer bestimmten Wesensart. Darüber hinaus wurde Selbstverwirklichung als Prozess und als Weg beschrieben. Nachfolgend aufgeführte Ankerbeispiele belegen die Annahme von Selbstverwirklichung als Prozess:

> **Nr. 18:** (...) In diesem Prozess werde ich frei und fühle mich glücklich (...)

oder

> **Nr. 34:** (...) Gleichzeitig ist es ein sich über die Jahre hin veränderndes Persönlichkeitsbild, nie endgültig abgeschlossen.

Im Verständnis der befragten Studenten und Studentinnen konnte Selbstverwirklichung auch als Weg aufgefasst werden:

> **Nr. 28:** (...) Den Weg zur Selbstverwirklichung kann ich allerdings (so wie alle anderen Menschen, egal ob „behindert" oder nicht) nicht ohne das Er- und Ausleben auch der als negativ beurteilten Anteile in mir begehen (...)

Am Ende des Weges wurde folgende Erwartung geäußert:

> **Nr. 28:** (...) Am Ende des Weges sehe ich aber nicht mein persönliches Wohlergehen, sondern eher einen Zustand von „Weisheit und Wissen" und zwar in einer Art „Göttlichen Liebe", der letztendlich auch allen Wesen, allem Sein zu Gute kommt.

Insgesamt betrachtet kann daher festgehalten werden:

- Selbstverwirklichung ist ein Prozess und kann als Weg aufgefasst werden.

Hervorhebung 5.12: Ergebnis der strukturierenden Inhaltsanalyse der schriftlichen Befragungen in Bezug auf Assoziationen zum Begriff Selbstverwirklichung

5.3.5 Kategorie V: Definitionsansätze

In den Definitionen des Phänomens „Selbstverwirklichung" der Studierenden spiegelte sich die allgemeingültige Ansicht, die auch in den Gruppendiskussionen geäußert wurde:

> **Nr. 46:** Das zu tun, was ich möchte, wann ich möchte (...)

Die von den Studierenden gegebenen allgemeingültigen Definitionen wurden im Weiteren nicht kritisch hinterfragt.

Abgesehen von diesen allgemeingültigen Definitionen formulierten die Studierenden unterschiedliche konkretere Definitionen ihrer individuellen Selbstverwirklichung. Nachfolgend werden diesbezüglich verschiedene Ankerbeispiele aufgeführt:

> **Nr. 4:** Für mich bedeutet Selbstverwirklichung: Frei zu sein für neue Eindrücke, weiter zu lernen und neue Sachen auszuprobieren, Anerkennung der Tätigkeiten im beruflichen aber auch persönlichen Bereich, Freude an Tätigkeiten zu haben, unangenehme weitgehend auszublenden, nach meinem Gefühl leben zu können, Liebe geben und nehmen können.

oder

> **Nr. 13:** Für mich bedeutet Selbstverwirklichung das Finden der „Inneren Mitte" und die damit einhergehende Zufriedenheit. Sicherheit in dem, was man möchte, leben möchte, und eine Balance von Herausforderung und Sicherheit im Leben.

oder

5. Explikation des Begriffes Selbstverwirklichung

Nr. 20: Selbstverwirklichung bedeutet für mich, in mir zu ruhen, mich so anzunehmen wie ich bin, meine Fähigkeiten auszuprobieren, mich weiterzuentwickeln und meine Potentiale auszuschöpfen.

Die geäußerte Vielzahl von Reflexionen zur Frage nach der persönlichen Bedeutung von Selbstverwirklichung wird, wie bereits im Kontext Gruppendiskussion, in die unten aufgeführten acht Bedeutungsinhalte unterteilt:

1. Selbstverwirklichung ist
- Schlüssel zum glücklichen Leben,
- Zeit des Rückzuges,
- Weiterlernen,
- Ergreifen von Chancen,
- sinnvolles Leben und Lieben,
- inneres Bedürfnis,
- Entdeckungsreise,
- endloses Tun und Wirken,
- Selbstausdruck,
- Nachgehen von Interessen und Begabungen,
- Wahrnehmen von Gefühlen,
- Konkretisierung eigener Wünsche und Vorstellungen,
- Entfaltung kreativer Potentiale,
- Persönlichkeitsmerkmal,
- Harmonie mit der Umwelt,
- Zustand von Weisheit und Wissen als Ziel im Sinne göttlicher Liebe,
- kein hochgestecktes Ziel,
- körperlich-geistiger Ausgleich.

2. Selbstverwirklichung beginnt mit
- Ausprobieren neuer Sachen,
- Freisein für neue Eindrücke,
- Freude an Tätigkeiten,
- Herausfinden wahrer Bedürfnisse, Stärken und Wünsche,
- Auseinandersetzung mit sich selbst (Gefühle, Träume),
- Herausfinden, Entdecken, Fördern von
  Fähigkeiten und Begabungen   (Dreifachnennung)
- Gefühle für eigene Bedürfnisse,
- Entwickeln von Bedürfnissen und Fähigkeiten,
- Entdecken verborgener Talente,   (Fünffachnennung)
- Zutrauen, Ausprobieren von Fähigkeiten,
- Mut zu sich selbst, den Interessen und Zielen,

- Entdeckung ungeahnter Kräfte und Energien,
- Erfüllen und Ausleben eigener Bedürfnisse,
- Erschließen kreativer und schöpferischer Neigungen,
- eigenständigem Individuum,
- Praktizieren wilder Gedanken und Ideen,
- In-sich-Hineinhorchen,
- sich etwas zutrauen.

3. Zur Selbstverwirklichung braucht es

- Kleidung,
- materielle Grundversorgung,
- finanzielle Unterstützung, (Zweifachnennung)
- finanzielle Unabhängigkeit, (Zweifachnennung)
- Sicherheit, (Zweifachnennung)
- Zeit für mich, (Dreifachnennung)
- Akzeptanz,
- Freiheit,
- Kraft,
- Existenzerhaltung,
- Ideale,
- Intuition.

4. Charakteristiken von Selbstverwirklichung sind

- Sich-gesund-Fühlen,
- Sich-leistungsfähig-Fühlen,
- Sich-ausgeglichen-Fühlen,
- Ruhen in sich,
- Ausdruck von Gefühlen jeglicher Art wie Wut, Liebe, (Dreifachnennung)
- Gefühl, das zu tun, was angemessen ist,
- Vereinbarkeit mit Idealen und Grundsätzen,
- Urselbstvertrauen.

5. Selbstverwirklichung heißt

- das Beste aus dem Leben machen, (Dreifachnennung)
- Ausleben von Wünschen und Neigungen,
- Befreien von inneren unbewussten Zwängen,
- Selbstbestimmung,
- etwas tun, was einem persönlich Freude bereitet,
- etwas tun, was Spaß macht, (Vierfachnennung)

5. Explikation des Begriffes Selbstverwirklichung

- sich auszudrücken,
- Leben nach Gefühl,
- Liebe geben und nehmen,
- Ausblenden unangenehmer Tätigkeiten,
- sich selbstkritisch gegenüberstehen,
- etwas Positives aus seinem Leben machen,
- auf sich selber hören,
- über sich selbst hinauswachsen,
- das tun, was man denkt und was gut für einen selber ist, (Zweifachnennung)
- herausfinden, was einem wichtig ist und wer man selbst ist, (Dreifachnennung)
- die Person sein, die man wirklich ist, (Zweifachnennung)
- zu sich selbst finden, (Vierfachnennung)
- zu seiner Identität finden,
- Ziele setzen,
- Auseinandersetzung mit sich selbst,
- Kennen lernen eigener Grenzen und Belastbarkeiten,
- Finden der inneren Mitte,
- Balance von Herausforderung und Sicherheit im Leben,
- so sein können, wie man sein möchte,
- sich selber achten und geachtet werden,
- In-sich-Hineinhören,
- Inneres nach außen tragen, (Dreifachnennung)
- Ausdruck, was tief im Inneren schlummert,
- Wahrnehmen des eigenen Selbst, (Dreifachnennung)
- sich so annehmen, wie man ist,
- Ausschöpfen eigener Potentiale, (Dreifachnennung)
- Handeln im Einklang mit sich selbst,
- Erfüllen von Wünschen und Träumen, (Dreifachnennung)
- Ich-selbst-Werden,
- bei sich und seinen Gefühlen sein,
- so leben, dass man glücklich ist,
- sich selbst sehen und erkennen,
- Ausleben produktiver Ressourcen,
- sich selber näher/besser kennen lernen, (Vierfachnennung)
- Nutzen innerer Ressourcen,
- etwas Eigenständiges und Besonderes werden,
- Äußerung der eigenen Meinung,

- Vertreten des eigenen Standpunktes,
- Lösen von der Meinung anderer,
- Einreißen individueller und gesellschaftlicher Barrieren,
- Praktizieren wilder Gedanken und Ideen,
- Einswerden mit der inneren und äußeren Welt,
- Persönlichkeit achten und ausleben,
- Weg finden,
- Herausheben eigener Persönlichkeit,
- ich bin wie ich bin,
- Ausdruck von Empfindungen,
- optimales Einsetzen eigener Fähigkeiten und Stärken,
- Ausdruck durch Medium,
- Selbsterfahrung,
- Selbstwahrnehmung und Fremdwahrnehmung,
- so leben, wie ich wirklich möchte,
- Selbstausdruck,
- Kreativsein in allen Lebenslagen ohne Einschränkung durch andere Objekte/Subjekte,
- etwas tun, wobei es einem gut geht,
- Umsetzen von Interessen, Bedürfnissen und Neigungen,
- Erfüllen von Bedürfnissen und Wünschen,
- Sich-gut-Fühlen,
- mit sich und anderen im Reinen zu sein,
- das tun, was ich möchte und wann ich möchte,
- sich nicht einengenden Normen zu unterwerfen,
- Umsetzen von Fantasie in Realität, (Dreifachnennung)
- Kreativität in Alltäglichkeit bringen,
- Pflege emotionaler und kreativer Fähigkeiten,
- Er- und Ausleben negativ beurteilter, abgelehnter, unangenehmer, konformer und widersprüchlicher Anteile,
- nicht nur funktionieren,
- sinnvoll leben und lieben,
- Pflege emotionaler und kreativer Fähigkeiten.

6. Selbstverwirklichung geschieht

- als Ausgleich zum Alltag, (Zweifachnennung)
- über Grenzen hinweg, (Zweifachnennung)
- aus Erfüllung von Träumen, (Zweifachnennung)

5. Explikation des Begriffes Selbstverwirklichung

- als Ritual,
- durch Identifizierung mit Bild,
- auf ungewöhnlichen Wegen.

7. Selbstverwirklichung

- macht frei, (Dreifachnennung)
- macht glücklich, (Sechsfachnennung)
- macht Spaß, (Vierfachnennung)
- macht ein gutes Gefühl,
- endet nie,
- ist nie endgültig abgeschlossen.

8. Durch Selbstverwirklichung wird

- Selbstbewusstsein,
- Selbstentfaltung,
- Ich-Entdeckung,
- Selbstvertrauen,
- innere Balance,
- Selbstwertgefühl,
- Finden von Identität (Ich),
- Zufriedenheit,
- glückliches Leben,
- Lebendigkeit,
- Anerkennung,
- innere Bestätigung,
- Zufriedenheit mit sich und der Umwelt, (Neunfachnennung)
- Zukunftsziel, (Dreifachnennung)
- Mut, (Dreifachnennung)
- Energie,
- Weiterentwicklung,
- Entfaltung und Ausprägung des eigenen Ichs,
- Erkennen des Lebenssinns,
- Erkennen eigener Grenzen und Belastbarkeiten,
- persönliches Wohlergehen,
- Finden von Wirklichkeit,
- Ausgeglichenheit,
- Glück, (Dreifachnennung)
- Zutrauen,
- Akzeptanz,

- Freiheit,
- Ruhe,
- Selbsterkenntnis,
- Entdecken und Entwickeln von Persönlichkeit, (Dreifachnennung)
- Interesse an Gesellschaft und politischer Situation,
- Finden von Aufgaben im Leben und in der Gesellschaft,
- Einswerden mit mir und der inneren und äußeren Welt,
- Zustand von Weisheit und Wissen,
- Entdeckung ungeahnter Kräfte und Energien

erreicht.

Da das Sample der Studierenden durch eine größere Teilnehmerzahl gekennzeichnet war als das Sample der Diskutanten und Diskutantinnen, konnte unter den acht Bedeutungsinhalten im Rahmen der strukturierenden Inhaltsanalyse der schriftlichen Befragung ein größeres Antwortspektrum subsumiert werden.

Ein erster Vergleich der Bedeutungsinhalte der Kategorie V ergibt eine Vielzahl von Gemeinsamkeiten in den Antworten der Studierenden und der Diskutanten und Diskutantinnen. Darüber hinaus sind signifikante Unterschiede zu erkennen. Gemeinsamkeiten und Unterschiede werden nachfolgend dargelegt.

Die allgemeingültige Definition von Selbstverwirklichung „Ich tue das, was ich möchte" wurde von beiden Erhebungsgruppen angesprochen. Im Fall der Gruppendiskussionen wurde diese umgangssprachliche Sinnstruktur kritisch beleuchtet und in der Diskussion verworfen. Im Kontext der schriftlichen Befragungen wurde diese Sichtweise keiner kritischen Betrachtung unterzogen, jedoch während der Niederschrift der Definitionen von individueller Selbstverwirklichung relativiert, beispielsweise durch den Zusatz „niemanden einschränken".

Diskutanten und Diskutantinnen sowie Studenten und Studentinnen hatten konkrete Vorstellungen bezüglich ihrer je individuellen Selbstverwirklichung und konnten diese beschreiben.

Der Wunsch der Diskussionsteilnehmer und Diskussionsteilnehmerinnen, das Wort Selbstverwirklichung durch einen anderen Terminus zu ersetzen, wurde von den Studierenden nicht geteilt. Das Wort Selbstverwirklichung wurde als adäquat akzeptiert.

Signifikant war die Thematisierung der materiellen und finanziellen Grundversorgung als Voraussetzung für mögliche Selbstverwirklichungsimpulse durch Studierende. Dieser Aspekt wurde im Rahmen der Gruppendiskussionen nicht aufgeworfen. Es kann diesbezüglich vermutet werden, dass die Sicherung der Existenz für Studierende ein wichtigeres

5. Explikation des Begriffes Selbstverwirklichung 99

Grundbedürfnis darstellt als für bereits berufstätige Personen mit einem geregelten Einkommen.

Auch ein erster Vergleich zwischen den gegebenen Definitionsansätzen der Studierenden und denen der erwachsenen Menschen mit geistiger Behinderung weist übereinstimmende Ergebnisse auf. Selbstverwirklichung wird in beiden Erhebungen mit Weiterentwicklung, Selbstausdruck bzw. Ausdruck der Gefühle sowie mit dem Vorhaben „Ich tue das, was ich möchte" in Verbindung gebracht. Auch ein Zusammenhang mit dem Phänomen „Selbstbewusstsein" wurde durch die Studierenden thematisiert.

Folgende Thesen geben die Ansichten der befragten Studierenden wieder:

- Die allgemeine Definition von Selbstverwirklichung heißt „Ich tue das, was ich möchte und was mir gut tut, und ich tue es, wann ich möchte".
- Individuelle Selbstverwirklichung ist einfach zu beschreiben.

Hervorhebung 5.13: Ergebnisse der strukturierenden Inhaltsanalyse der schriftlichen Befragungen in Bezug auf Definitionsansätze

5.3.6 Kategorie VI: Bereiche möglicher Selbstverwirklichung

Übereinstimmend sahen Studierende Möglichkeiten von Selbstverwirklichung im kreativen Bereich, denn

> Nr. 28: (...) Kreativität existiert in jedem Menschen, und das Ausleben kreativer Anteile macht immer auch glücklich.

Der kreative Bereich wird folgendermaßen charakterisiert:

- Kunst (Malen, Farben),   (Achtfachnennung)
- Töpfern,   (Zweifachnennung)
- Werken,
- Skulpturenbau,
- Musik (Musizieren, Singen),   (Sechsfachnennung)
- Tanz,   (Vierfachnennung)
- Bewegung,
- Träume,
- innere Bilder,
- Entspannungsübungen,
- Meditation,
- Fantasiereisen,
- Gebet,

- bewusste Wahrnehmung,
- Sprache,
- Schreiben und
- Naturerleben.

Des Weiteren wurde Selbstverwirklichung im privaten Rahmen gesehen:

- Freizeit, (Zweifachnennung)
- Reisen, (Zweifachnennung)
- Hobbys,
- Beschäftigung mit Hund,
- Anerkennung im persönlichen Bereich,
- private Zufriedenheit,
- privates Glück,
- Familie, (Zweifachnennung)
- Partnerschaft.

Für die Studenten und Studentinnen war auch der Bereich von Ausbildung/Studium bzw. Beruf hinsichtlich möglicher Selbstverwirklichung bedeutend:

- Anerkennung der Tätigkeiten im beruflichen Bereich,
- größtmögliche Zufriedenheit im Beruf, (Zweifachnennung)
- sinnvolles Arbeiten,
- Studium,
- Job,
- Umsetzen von Ideen im Beruf,
- eine Aufgabe haben,
- Spaß an der Arbeit,
- berufliches Glück und
- festen Platz in der Gesellschaft.

Im Gegensatz zu bereits berufstätigen Kollegen und Kolleginnen der Gruppendiskussionen, für die Selbstverwirklichung im Berufsleben nicht erstrebenswert, sondern im privaten und kreativen Bereich vorgesehen war, sahen die befragten Studierenden, die erst am Anfang ihrer beruflichen Tätigkeit standen, Möglichkeiten der Selbstverwirklichung im beruflichen Bereich. Möglicherweise ändert sich das Streben nach Selbstverwirklichung im Verlauf der Berufstätigkeit. Eventuell können beispielsweise Erfahrungen von beruflicher Routine, beruflicher Belastung und Burnout Selbstverwirklichungsbestrebungen in den privaten und kreativen Bereich verlagern.

5. Explikation des Begriffes Selbstverwirklichung

Zusammenfassend kann festgehalten werden:

> • Selbstverwirklichung ist in kreativen, privaten und beruflichen Bereichen möglich.

Hervorhebung 5.14: Ergebnis der strukturierenden Inhaltsanalyse der schriftlichen Befragungen in Bezug auf Bereiche möglicher Selbstverwirklichung

5.3.7 Zusammenfassung

Auch die Durchführung der schriftlichen Befragungen sowie das Forschungsthema der Autorin wurden übereinstimmend als positiv bewertet.

Aus den Antworten der Studierenden geht hervor, dass Selbstverwirklichungsprozesse auf ganz unterschiedliche Weise zu beschreiben sind. Die allgemein bekannte Definition „Ich tue das, was ich möchte" wurde seitens der Studierenden, abgesehen von dem Hinweis der Rücksichtnahme auf andere, nicht kritisch hinterfragt.

Somit ist auch hier die Aktualität einer Begriffsexplikation ersichtlich.

Im Weiteren wird die Umsetzung der Strategie der Begriffsexplikation im Rahmen des multimethodischen Forschungsdesigns dargelegt.

5.4 Das Explikandum

Alle in den Antworten von erwachsenen Menschen mit geistiger Behinderung, Fachleuten und Studierenden auf die Frage der Autorin nach Beschreibung oder Definition des Phänomens „Selbstverwirklichung" gefundenen Bedeutungselemente oder Wortklassen wurden detailliert und umfassend unter den gebildeten Kategorien I bis VI aufgeführt.

Im Anschluss an diese erste Systematisierung wurden die Kategorien I bis IV und VI hinsichtlich des weiteren Explikationsvorhabens aufgrund von Vagheit, Mehrdeutigkeit oder als für die Explikation nicht unmittelbar von Bedeutung verworfen. Trotzdem erachte ich diese herausgefilterten Kategorien insofern als interessant, als dass sie eine Vielzahl von Informationen zum Begriffsumfeld liefern. Grundlegende Aussagen dieser verworfenen Kategorien finden sich darüber hinaus auch in der verbleibenden Kategorie V, so beispielsweise Aussagen aus der Kategorie IV oder VI. Auch die aufgeworfenen Fragen nach Selbstverwirklichung als etwas Kleines oder Großes, als Prozess oder Endprodukt/Endresultat wurden für eine weitere Begriffsexplikation als nicht fruchtbar erachtet. Des Weiteren wurden Formulierungen wie „Das tun, was man will" als nicht erkenntnisbringend verworfen. Die Entscheidung der Autorin, die Explikation auf die Kategorie V zu beziehen, wird durch die Tatsache gestützt, dass Aussagen der Interviewpartner und Interviewpartnerinnen mit geistiger Behinderung ausschließlich unter die Kategorien V und VI zu subsumieren waren, die Kategorie VI aufgrund fehlender unmittelbarer Bedeutung in Hinblick auf das Explikationsvorhaben jedoch verworfen wurde.

Als zentrales Kriterium der Explikation gilt die Möglichkeit der Verwendung des Explikates in der Kommunikation mit Fachleuten aus sozialwissenschaftlichen oder künstlerischen Bereichen, mit Menschen aus einer breiten Öffentlichkeit sowie mit erwachsenen Menschen mit geistiger Behinderung. Gesucht ist also ein umfassendes, eindeutiges und in differenten Kommunikationsstrukturen verständliches und nutzbares Explikat.

Aus diesem Begründungszusammenhang heraus erklärt sich die Entscheidung der Autorin, Bedeutungselemente bzw. Wortklassen aus der Kategorie V aufzuführen, die in mindestens zwei der drei durchgeführten Datenerhebungen herausgearbeitet werden konnten. Diese können zunächst in sechs Bedeutungselemente oder Wortklassen zusammengefasst werden:

5. Explikation des Begriffes Selbstverwirklichung

	Erhebungsinstrument	
autobiografisch-narratives Interview	Gruppendiskussion	schriftliche Befragung
Selbstausdruck, Ausdruck von Gefühlen	Selbstausdruck, Ausdruck von Gefühlen	Selbstausdruck, Ausdruck von Gefühlen
Selbstbewusstsein	Selbstbewusstsein, Autonomie	Selbstbewusstsein, Selbstbestimmung, Selbstwertgefühl, Selbstvertrauen, Zutrauen, Selbstwahrnehmung
Weiterentwicklung, Zuwachs an Wissen	Weiterentwicklung, Dazulernen, Auseinandersetzung mit sich selbst, Selbstwerdung, Selbstentwicklung, Selbstentfaltung, Selbstfindung	Weiterentwicklung, Weiterlernen, Auseinandersetzung mit sich selbst, Arbeit in sich, Selbstfindung, Selbsterfahrung, Selbstwahrnehmung, Ich-Entdeckung, Selbsterkenntnis
spontanes Umsetzen, inneres Bedürfnis	inneres Bedürfnis, innere Lust, Nach-innen-Gucken	inneres Bedürfnis, eigenes Bedürfnis, Nach-innen-Gucken, In-sich-Hineinhören, aus sich heraus
Lieblingstätigkeit	Ausprobieren von Talenten	Entdeckung von Talenten, Nachgehen von Interessen und Begabungen, Erschließung kreativer, schöpferischer Neigungen
	macht glücklich, macht besonderes Gefühl, bereichert, macht Freude, macht frei, entspannt	macht glücklich, macht gutes Gefühl, macht Spaß, macht frei, macht lebendig, macht zufrieden, macht Mut, macht ausgeglichen

Tabelle 5.1: Übersicht über die sechs herausgearbeiteten Bedeutungselemente und Wortklassen zum Explikandum „Selbstverwirklichung"

5.5 Das Explikat

In Hinsicht auf die angestrebte Begriffsexplikation werden die in Tabelle 5.1 dargelegten sechs Bedeutungselemente und Wortklassen nochmals auf den wesentlichen Kern reduziert.

Erhebungsinstrument		
autobiografisch-narratives Interview	Gruppendiskussion	schriftliche Befragung
Selbstausdruck	Selbstausdruck	Selbstausdruck
Selbstbewusstsein	Selbstbewusstsein	Selbstbewusstsein
Weiterentwicklung	Weiterentwicklung	Weiterentwicklung
inneres Bedürfnis	inneres Bedürfnis	inneres Bedürfnis
lustbetont	lustbetont	lustbetont

Selbstverwirklichung ist Selbstausdruck aus einem inneren Bedürfnis heraus und führt zu lustbetonter Weiterentwicklung und Entwicklung von Selbstbewusstsein.

Tabelle 5.2: Übersicht über die fünf zentralen Bedeutungselemente zum Explikandum „Selbstverwirklichung" und Darlegung des Explikates

Das Explikat zum Explikandum „Selbstverwirklichung" ist kein neuer Ausdruck, kann also durch kein anderes Wort ersetzt werden, sondern stellt eine Umschreibung dar. Meiner Ansicht nach genügt es nicht, einzelne Bedeutungselemente als Explikat anzugeben, wie zum Beispiel „Selbstverwirklichung ist Selbstausdruck" oder „Selbstverwirklichung ist Weiterentwicklung" etc. Diese Aussagen zeichnen sich zwar durch einen Wahrheitsgehalt aus, sind jedoch nicht umfassend genug. Aus diesem Grund erachte ich eine Kombination aller fünf gefundenen Bedeutungselemente als adäquat und fruchtbar. Eine Substituierbarkeit von Explikat und Explikandum ist dabei gewährleistet. Ebenfalls ist das Explikat dem Explikandum ähnlich und einfach.

Indem das herausgearbeitete Explikat zentrale Aussagen aus allen drei durchgeführten Datenerhebungen beinhaltet und daher in der alltäglichen und fachlichen Kommunikation sowie in der Kommunikation mit erwachsenen Menschen mit geistiger Behinderung anwendbar ist, genügt dies dem aufgestellten Kriterium der Autorin mehr als der herkömmliche Begriff Selbstverwirklichung.

Die Annahme nach Notwendigkeit einer Begriffsumschreibung konnte im Rahmen der Begriffsexplikation der Autorin bestätigt werden.

5.6 Zusammenfassung und Zuordnung zu nachfolgender Problemstellung

Im Kontext der Forschungsintention der Autorin erscheint die vorgeschlagene Explikation aufgrund der Subsumtion grundlegender Aussagen aus den drei Datenerhebungen sinnvoll. Das Explikat ist somit in der Kommunikation mit differenten Zielgruppen einsetzbar und klärt bestehende definitorische Unklarheiten. Meines Erachtens ist das Explikat trotz des Umfanges auch in kommunikativen Situationen mit erwachsenen Menschen mit geistiger Behinderung einsetzbar. Bei Verständnisproblemen, bedingt durch die Satzlänge, wird davon ausgegangen, dass jedoch Schlüsselwörter wie beispielsweise „Selbstbewusstsein" verstanden werden und es dadurch einer Vielzahl von erwachsenen geistig behinderten Menschen möglich ist zu kommunizieren.

Dieses Explikat wird im Weiteren als Grundlage zur Beantwortung der zentralen Fragestellung „Sind Selbstverwirklichungsprozesse erwachsener Menschen mit geistiger Behinderung über bildende Kunst wahrnehmbar und beobachtbar?" angenommen.

Erweist sich das gefundene Explikat als fruchtbar, müssen meines Erachtens Bedeutungselemente aus dem Explikat wie „Selbstausdruck", „inneres Bedürfnis", „lustbetont", „Weiterentwicklung" oder „Selbstbewusstsein" wahrnehmbar und beobachtbar sein und sich in zentralen Aussagen von erwachsenen Menschen mit geistiger Behinderung, Fachleuten und Studierenden wiederfinden.

In dem sich anschließenden Kapitel 6 werden diesbezügliche Aussagen aus den durchgeführten autobiografisch-narrativen Interviews mit erwachsenen Menschen mit geistiger Behinderung sowie aus den durchgeführten Gruppendiskussionen mit Fachleuten dargelegt. Da die Erkenntnisse aus den durchgeführten schriftlichen Befragungen mit Studierenden des Fachbereiches Sozialwesen die Ergebnisse aus den Gruppendiskussionen bestätigen, wird auf die Darstellung der Aussagen aus den schriftlichen Befragungen an dieser Stelle verzichtet. Nachzulesen sind diese jedoch im Anhang II.

6. Selbstverwirklichungsprozesse erwachsener Menschen mit geistiger Behinderung über bildende Kunst?

6.1 Autobiografisch-narrative Interviews mit erwachsenen Menschen mit geistiger Behinderung

Bezogen auf die formulierte Forschungsfragestellung erfolgt an dieser Stelle die strukturierende Inhaltsanalyse von Haupt- und Nebenerzähllinien der durchgeführten autobiografisch-narrativen Interviews. Dargelegt werden Aussagen meiner Interviewpartner und Interviewpartnerinnen mit geistiger Behinderung über ihre individuellen künstlerischen Entwicklungen, über den Stellenwert ihrer Kunst in der Öffentlichkeit, über verschiedene Bedingungsfaktoren, die meines Erachtens für mögliche Prozesse ihrer Selbstverwirklichung über bildende Kunst als bedeutend anzusehen sind, sowie zentrale Aussagen über Selbstverwirklichungsprozesse und deren Erkennungsmöglichkeiten für Mitarbeiter und Mitarbeiterinnen behindertenpädagogischer Einrichtungen.

6.1.1 Biografische Aspekte der künstlerischen Entwicklung

Das Erzählen über die individuelle Biografie beinhaltete Erinnerungen an zurückliegende Erlebnisse. Diese ausgesprochenen Erinnerungen ermöglichen ein Nachvollziehen von Anfängen und Verläufen der künstlerischen Entwicklung geistig behinderter Menschen.

6.1.1.1 Anfänge der künstlerischen Entwicklung

Die individuellen Stegreiferzählungen spiegeln interessante Anfänge der künstlerischen Entwicklung meiner Interviewpartner und Interviewpartnerinnen während des Kindes- und Jugendalters:

> **Olaf:** Das ist ganz einfach. Das beginnt eigentlich schon, bei mir eigentlich schon, als ich zur Schule gegangen bin, hab ich schon Kunst gemacht. Das begann damit, dass ich früher immer gezeichnet habe. Ja, es waren Skizzen über Menschen und na ja, ich hab mich dann mal so irgendwann so spezialisiert da drauf, dass ich Lehrer abgezeichnet habe. Aber das mochten die nicht an Anfang sehr gerne. Mochten sie nicht so ganz gerne. Und das musste ich dann heimlich tun. Das hab ich damit gemacht, dass ich, das hab ich so heimlich getan als ein Lehrer auf irgendwas reagiert hat. Und das hab ich dann mal zum Anlass genommen, ihn mal abzuzeichnen und zu skizzieren. Und es gab zum Beispiel einige Lehrer in der Schule, die wussten von meiner Begabung, wussten einige das. Und, und so hat sich dann, man beschreibt ja dann mit, mit der Zeit, ne, beschreibt man ja auch Wege, beschreibt man damit. Und mein Weg wurde auch so dann ganz konkret in die Richtung gehend, Kunst zu machen. Und damit auch mich damit so mitzuteilen (...)

Auch Doris beschrieb rückblickend die Anfänge ihrer künstlerischen Tätigkeit während eines Aufenthaltes in einem Psychiatrischen Krankenhaus als junges Mädchen:

> **Doris:** In Haus drei, in der alten, die abgerissen worden ist. Bei der Frau B. *(Nachname).* Die kennste aber nit. Ist so 'ne alte Dame, die lebt aber nimmer. Ist schon gestorben. Die war lieb. Die ging an Krücken, hatte mitte Beine irgendetwas. Und bei der hab ich das Malen angefangen zu lernen. Große Bilder, mittlere, kleinere, Aquarelle, alle. Also der Tisch sah aus, auf Deutsch, wie 'ne Sau. *(lacht)* Voller Farbe. Da hab ich gekleckert. Ich hab das Bild groß gerissen, geschnitten. Damals gab 's noch keine Aquarellbilder. Da gab 's Tapete. Da drauf hab ich als Erstes gemalt. Schöne Bilder entworfen. Aber die existieren alle nimmer. Die sind alle weggekommen. Wer die weggemacht hat, weiß kein Mensch. Deswegen fang ich hier wieder neu an.

Ihre Erzählung lässt auf die zu früherer Zeit allgemein vorherrschende Ansicht von der Wert- und Bedeutungslosigkeit künstlerischer Aussagen behinderter Menschen und auf die damals gängige Praxis der achtlosen Entsorgung von Patienten- bzw. Patientinnenbildern in psychiatrischen Einrichtungen schließen. Gleichwohl betonte Doris den damals praktizierten liebevollen Umgang des Personals der psychiatrischen Einrichtung mit Patienten und Patientinnen.

Brigitte erläuterte die Anfänge ihres Kunstinteresses mit folgenden Worten:

> **Brigitte:** Puh, ich selber? Ich hab mit 'ner, mit K. *(Vorname)*, mit K. hab ich, ich hab früher, hab früher in L. *(Name eines Stadtteils)* gelebt, da hat mich auch schon Kunst interessiert. Da hatten wir noch kein Atelier. Mit eine Kunst, die K. hat Kunst studiert, und da bin ich drangekommen. Und die K. hat mir Kunst beigebracht (...)

Kuddel erhielt die Motivation zum künstlerischen Gestalten während seines Aufenthaltes in einem Pflegeheim:

> **Kuddel:** Das, ich hab damals, ich hab verwirklicht, ich hab im R. *(Name des Pflegeheims)*, und als, B. B. *(Vor- und Nachname eines Künstlers)* hat mich dort motiviert, Kunst zu machen (...)

Bei Olaf und Brigitte war das Interesse an dem Medium Kunst bereits vor der weiteren künstlerischen Förderung vorhanden. Der Auslöser für die künstlerische Beschäftigung von Doris war in ihrem jahrelangen Psychiatrieaufenthalt zu sehen. Die drei aufgeführten Ankerbeispiele zeigen, dass Menschen mit geistiger Behinderung besonders im Kindes- und Jugendalter auf die Unterstützung von Pädagogen bzw. Pädagoginnen, Therapeuten bzw. Therapeutinnen oder anderen Berufsgruppen wie Pflegepersonal, freischaffenden Künstlern und Künstlerinnen etc. angewiesen sind, vor allem, wenn, wie im Fallbeispiel von Doris, das häusliche, elterliche Umfeld nicht präsent ist.

Ob Kuddel bereits vor seinem Aufenthalt in einem Pflegeheim künstlerisch tätig war, ist mir nicht bekannt.

Festgehalten werden kann, dass bildende Kunst auch im Prozess des Älterwerdens einen zentralen Stellenwert innehat und so entscheidend zu Lebensfreude und Lebenswillen beitragen kann.

Zur Entwicklung von Interesse an dem Medium bildende Kunst braucht es entsprechende Anreize aus dem Lebensumfeld und Motivation durch Bezugspersonen. Des Weiteren erachte ich die Schaffung von Freiräumen zum kreativen gestalterischen Ausprobieren sowie die Förderung von Begabungen oder eines lustvollen Umgangs mit gestalterischen Materialien als wichtig. Meiner Ansicht nach sind diese Überlegungen richtungsweisend für die Arbeit in Frühförderstellen, Sonderschulen, psychiatrischen Einrichtungen, Wohn- und Pflegeheimen, Tagesförderstätten und Werkstätten.

6.1.1.2 Inneres Bedürfnis und Motivation

Bezüglich der bereits thematisierten Motivation zu künstlerischen Ausdrucksweisen kann zwischen einer Motivation von außen, d.h. aus dem sozialen Umfeld unter persönlicher Ansprache, Begleitung und Förderung durch Bezugspersonen, und einer inneren Motivation der erwachsenen Menschen mit geistiger Behinderung differenziert werden. Innere Motivation bedeutet inneres Bedürfnis. Die künstlerisch-kreative Umsetzung eines inneren Bedürfnisses erwachsener Künstler und Künstlerinnen mit geistiger Behinderung erfährt durch äußere Motivation seitens der Betreuungspersonen Unterstützung.

Das nachfolgend aufgeführte Beispiel von Kuddel impliziert die zentrale Bedeutung von Motivation durch andere für den künstlerischen Prozess erwachsener Menschen mit geistiger Behinderung:

> **Kuddel:** (...) Deswegen, und U. *(Vorname des Atelierleiters)* motiviert mich auch das, Bilder zu malen, Plastiken zu machen, ne? (...)

Während des autobiografisch-narrativen Interviews mit Kuddel erhielt dieser einen kurzen Besuch von dem Leiter des Kunstateliers. In einer kurzen Gesprächssequenz zu dritt lobte der Atelierleiter das Talent von Kuddel sowie seine aktuellen Malereien. Daraufhin begann Kuddel zu lachen, strahlte mich an und brachte seinen Stolz und seine Freude nach Verabschiedung des Besuchers wie folgt zum Ausdruck:

> **Kuddel:** Oh, oh. *(lacht)* Komplimente. Hast das ja mitgekriegt, ne? *(lacht)* Oh, oh, oh, er motiviert wieder. Ja, Mensch (...).

Das Ankerbeispiel von Kuddel zeigt eindeutig, wie wichtig positive Bestätigung wie beispielsweise Lob durch andere ist und dass sich dies positiv auf die aktuelle Befindlichkeit des Künstlers oder der Künstlerin mit geistiger Behinderung auswirkt.

Neben der äußeren Motivation ist ferner die innere Motivation, d.h. die Motivation aus der individuellen Persönlichkeit heraus, grundlegend. Welche innere Motivation hält also den Wunsch nach künstlerischer Betätigung aufrecht bzw. steht hinter der zentralen Bedeutung von bildender Kunst im Leben erwachsener Menschen mit geistiger Behinderung?

Für Brigitte stand der Spaß im Vordergrund:

> **Brigitte:** (...) Und mir macht das 'ne ganze Menge Spaß (...)

Kuddel gab die Suche nach Abwechslung als seine innere Motivation an:

> **Kuddel:** (...) Immer mal was Neues ausprobieren (...)

Auch für Anita war der Faktor Abwechslung im Alltag sowie der Impuls zu ästhetischer Erwachsenenbildung und eigener Weiterentwicklung grundlegend:

> **Anita:** Ist doch mal was anderes. Da lernt man 'n bisschen dazu.

Für Olaf waren die Ausdrucksmöglichkeiten seiner Gefühle Motivation für die Entstehung von Bildern:

> **Olaf:** (...) Ah, meine Verletzung hab ich dann auch in meiner Malerei ausgedrückt damit, wenn ich verletzt war. Und das haben dann einige auch dann gesagt, zeig doch mal deine Betroffenheit, ne? Ja, zeig doch mal deine Betroffenheit. Und ja, und in diese, in diese Betroffenheit sind dann daraus, sind dann so viele Bilder entstanden (...)

Die innere Motivation bzw. das innere Bedürfnis zur künstlerisch-kreativen Tätigkeit erwachsener Menschen mit geistiger Behinderung ist individuell verschieden und vielfältig.

6.1.1.3 Bedeutung von bildender Kunst im Erwachsenenalter

Der Bereich der bildenden Kunst hat für meine Interviewpartner und Interviewpartnerinnen im Rahmen individueller Alltagsbewältigung einen zentralen Stellenwert, was nachfolgend angegebene Ankerbeispiele belegen:

> **Michael:** Ah, eine sehr, sehr große Bedeutung (...)

oder

> **Brigitte:** Also, Kunst hat für mich 'ne ganze Menge zu bedeuten. Oh, wo fange ich denn da an, ist gar nicht so einfach (...) Aber für mich bedeutet viel, viel Kunst (...)

oder

> **A.:** Kannst du mir sagen, was dir deine Kunst bedeutet?
> **Doris:** Ablenkung. Vergnügen. Und bisschen Sinne sammeln (...) Da sammel ich, wie sagt man, Kontakte mit Farben. Und bisschen Abwechslung (...) Vergnügen und Besinnlichkeit (...) *(lacht)* Kunst ist Zufriedenheit und Geborgenheit (...) Freude und Vergnügen (...)

Im Verständnis der erwachsenen Menschen mit geistiger Behinderung ist eine künstlerische Betätigung gleichzusetzen mit Arbeit:

> **Doris:** Ja, Kunst ist Arbeit für mich. Da leg ich los wie 'n Wiedehopf. Wie 'n Stinktier. Einfach los. Peng, peng, peng, peng, peng, peng, peng. *(macht dazu Armbewegungen, lacht)* (...)

6. Selbstverwirklichungsprozesse ... über bildende Kunst?

Diese Arbeit bedeutet gleichzeitig auch Arbeit mit sich selbst und beinhaltet durchaus Anspannung und Erschöpfung:

> **Brigitte:** (...) Da musste ich hart drum kämpfen.

oder

> **Kuddel:** Ich studier noch Kunst (...)

oder

> **Olaf:** (...) Kunst zu verwirklichen, bedeutet für mich, das ist ein Teil meines Lebens. Ja, es ist wirklich ein Teil meines Lebens. Ich hatte ja früher schon mit Kunst zu tun gehabt. Damit hab ich ein Weg beschritten, dafür hab ich gekämpft, auch gegen Menschen, auch gegen Menschen, die, die meine Kunst nicht ausstehen konnten. Musste mir aber auch sämtliche Kritik anhören, Kritik anhören, das ist doch keine Kunst, das ist Schmiererei. Die haben wirklich, einige Menschen haben doch wirklich keine Ahnung. Die haben wirklich, nun wirklich keine Ahnung. Kein Mensch setzt sich doch damit auseinander. Ich setze mich damit auseinander (...) Wie du ja gehört hast, du hast ja jetzt gehört, als ich gehört habe, Olaf, in gewisser Weise bist du ja auch feige. Das musste ich hören. Na ja, aber daraus hab ich jetzt gelernt.

Künstlerische Betätigung erwachsener Menschen mit geistiger Behinderung ist leidenschaftliche Arbeit. Die Auseinandersetzung mit Kritik anderer ermöglicht die Entwicklung von Selbstbewusstsein sowie die Weiterentwicklung der Gesamtpersönlichkeit.

6.1.1.4 Tätigkeit als Künstler/Künstlerin versus Tätigkeit in einer Werkstatt für Behinderte

Geistig behinderte Erwachsene mit einer Identität als Künstler oder Künstlerin berichteten von negativen Erfahrungen in Werkstätten für Behinderte.[223] Dort fühlten sie sich nicht in ihrer Persönlichkeit angenommen und akzeptiert, fanden keinen Gefallen an bestehenden Arbeits- und Beschäftigungsmöglichkeiten und entschieden sich zu einem Austritt aus der Werkstatt zu Gunsten einer Existenz als Künstler oder Künstlerin. Stellvertretend für alle ihre Künstlerkollegen und Künstlerkolleginnen formulierte Brigitte:

> **Brigitte:** (...) Die alle hier arbeiten, die haben mal inner Werkstatt gearbeitet. Die haben sich alle da nicht glücklich gefühlt (...) Ich hab inner Werkstatt gearbeitet, da hat's mir überhaupt keinen Spaß gemacht. Da warste irgendwie nicht glücklich als Mensch. Da wurdest du als Tier behandelt, aber nicht als Mensch. Und hier wirst du als Künstler, als Mensch anerkannt (...)

---

[223] Die Durchsicht von Fachliteratur zeigt, dass erwachsene Menschen mit Behinderungen auch in anderen Kontexten Kritik an der Institution Werkstatt für Behinderte, d.h. an Arbeitsbedingungen, Arbeitsangeboten oder der durch Mitarbeiter und Mitarbeiterinnen geprägten Atmosphäre, äußern. (vgl. GÖBEL, 2000a, S. 26ff.; DERS., 2000b, S. 114ff.; DERS., 2000c, S. 132ff.; HERMES, 2000, S. 66ff.)

Auch Olaf entschied sich für einen Weggang aus der Werkstatt für Behinderte:

> **Olaf:** (...) Und diese Bedeutung, ich habe dann, bin dann in eine Behindertenwerkstatt gegangen. Ja, es lag aber, ich bin in eine Behindertenwerkstatt gegangen, weil ich, ich war arbeitslos. Und na ja, ich bin ausser Schule gegangen, entlassen worden mit Abschluss. Und ja, und war danach arbeitslos. Aber dass ich schon, aber dass ich in mir doch schon einen Künstler hatte. Ich habe dann auf meine innere Stimme gehört. Auf die innere Stimme, die sagte, du wirst nicht auf ewig in der Behindertenwerkstatt nicht arbeiten. Weil die Arbeit, die was eine Behindertenwerkstatt hat, ist nicht nach dein Geschmack. Die wirst du auch nicht ausstehen können. Und dein wahres Leben ist doch, ist doch deine Malerei, ist doch dein wahres Leben (...)

Das ausgeführte Ankerbeispiel von Olaf verdeutlicht, dass erwachsene Menschen mit geistiger Behinderung auf ihre innere Stimme hören, eigene Bedürfnisse ernst nehmen und diesbezüglich eine adäquate Entscheidung treffen. Aus einem inneren Bedürfnis heraus erfolgt somit eine Weiterentwicklung der Persönlichkeit.

In Michaels Lebenslauf zeigte sich der umgekehrte Weg. Während seiner Zeit in einer Beschäftigungstherapie arbeitete er viel mit dem Medium Kunst. Hieraus erwuchs sein Wunsch nach einem Künstlerberuf. Mit Eintritt in eine Werkstatt für Behinderte verlor der Wunsch nach künstlerischer Betätigung an Bedeutung, obwohl vor Ort ein Kunstraum zur Verfügung stand:

> **Michael:** Also, wenn ich richtig Lust hab auf Kunst, dann kann ich auch richtig schöne Bilder malen. Das hab ich auch früher gemacht. Eigentlich wollte ich 'n Künstler werden. Aber jetzt bin ich hier, jetzt bin ich in D. *(Name einer Werkstatt).* Da tue ich jetzt, jetzt mit Metall arbeiten. Aber nicht sehr her, das ist noch nicht so lange her, da hab ich noch, noch in der BT *(Beschäftigungstherapie)* gearbeitet.
>
> **A.:** Machst du denn jetzt gar keine Kunst mehr, seitdem du da arbeitest?
>
> **Michael:** Och, da gibt's ja 'n Raum, da kann ma auch malen. Oder so was ähnliches. So aus Ton oder so. Hab ich mal nachgefragt. Aber bisher noch nicht gemacht, weil ich was anderes gemacht hab. Aber da, hier in der BT, hab ich mal an Wochenende mal Kunst gemacht (...)

Die Wege hin zu einer Beschäftigung und Arbeit mit dem Medium bildende Kunst verlaufen individuell und teilweise über Umwege, wie beispielsweise über eine kurze berufliche Tätigkeit in einer Werkstatt für Behinderte. Manchmal geschieht auch eine zeitweise Abkehr von der künstlerischen Betätigung, wobei wie im Fallbeispiel von Michael die schönen Erinnerungen an Zeiten der gestalterischen Tätigkeit bleiben.

Etwa ein halbes Jahr nach dem durchgeführten Interview mit Michael berichtete mir die zuständige Bereichsleiterin seiner Wohngruppe bei einem zufälligen Treffen von zunehmenden Verhaltensauffälligkeiten von Michael im Feierabend und an Wochenenden. Die Unzufriedenheit von Michael, ohne die Möglichkeit zu künstlerischer Entfaltung, äußerte sich in aggressiven Ausbrüchen gegen Mobiliar, Mitbewohner und Mitbewohnerinnen sowie Mitarbeiter und Mitarbeiterinnen. Verstärkt wurde diese Verhaltensproblematik durch das plötzliche Ende seiner Gesprächstherapie bei einer Diplom-Psychologin. Michael forderte schließlich über seinen gesetzlichen Betreuer das Angebot zu künstlerischem Gestalten in seinem Feierabend. Die Einrichtung ermöglichte ihm seinen aus eigenen Impulsen formulierten Wunsch. Die ihm angebotenen künstlerischen Möglichkeiten konnte Michael jedoch zu einem Großteil nicht wahrnehmen, da er sich nach Rückkehr aus der Werkstatt für Behinderte immer zu müde fühlte. Darüber hinaus äußerte er plötzlich Bedenken, seine künstlerischen Fähigkeiten bereits verlernt zu haben. Nach zahlreichen Ermutigungen und dem Angebot, seine Termine selbstbestimmt planen zu können, näherte sich Michael dem Medium bildende Kunst erneut vorsichtig an.

Interessanterweise trennte Michael zwischen Arbeitsplatz, der ja auch einen Kunstraum aufwies, und dem Ort, an dem er seinen Hobbys nachgehen wollte. Sein Wunsch nach künstlerischem Ausdruck führte nicht wie bei Brigitte und Olaf zu einem Austritt aus der Werkstatt.

6.1.2 Bildende Kunst erwachsener Menschen mit geistiger Behinderung in der Öffentlichkeit

Alle meine Interviewpartner und Interviewpartnerinnen, unabhängig davon, ob bildende Kunst als Beruf, als Hobby, als Arbeit und Beschäftigung oder als Therapie praktiziert wurde, verfügten über Erfahrungen in der Öffentlichkeit durch Beteiligung an Kunstausstellungen, so dass diese Erlebnisse und Meinungen im Rahmen der individuellen Stegreiferzählungen thematisiert wurden.

6.1.2.1 Künstler-/Künstlerinnendasein

Das Künstler/Künstlerinnendasein erwachsener Menschen mit geistiger Behinderung setzt bestimmte Entwicklungs- oder Lernprozesse voraus. Olaf hatte bereits von Anfang an das Ziel, als professioneller Künstler tätig zu werden und beschrieb seine künstlerische Entwicklung wie folgt:

> **Olaf:** (...) Ja, ich habe immer da ein Ziel gesetzt. Dieses Ziel, Kunst zu machen, in die Öffentlichkeit zu treten damit, mich auszudrücken. Auszudrücken, was mich bewegt und was mich, was mich inspiriert. Und, und mit, damit ist dann eine Laufbahn entstanden. Ja, daraus ist eine Laufbahn entstanden. Ich habe dann was wahr gemacht, dass ich mein Beruf, mein Hobby zum Beruf gemacht habe (...)

Brigitte thematisierte in ihrer Stegreiferzählung einen Lernprozess, der zu einer Weiterentwicklung ihrer Persönlichkeit führte:

> **Brigitte:** (...) Als ich damit anfing, hab ich zuerst auch die Kunst nicht verstanden. aber mit der Zeit lernt man das (...)

Der Beruf als Künstler bzw. Künstlerin bietet erwachsenen Menschen mit geistiger Behinderung Möglichkeiten zur Selbstverwirklichung bzw. Verwirklichung kreativer Ideen und Pläne. Olaf formulierte diesbezüglich folgenden Anspruch:

> **Olaf:** (...) Dafür lebe ich, ich lebe für meine Kunst. Und ich lebe dafür, dass ich meine Ideen, die ich merke, in mein Kopf habe, ich habe viele Ideen, und die möchte ich verwirklichen. Das, ich bin so kreativ. Und, und das, solange ich das kann, teile ich mich immer mit (...)

Deutlich wird hier der Zusammenhang von Kunst und Kreativität.

Das Bewusstsein eines Künstler-/Künstlerinnendaseins impliziert einen gewissen gesunden Ehrgeiz sich selbst und Künstlerkollegen und Künstlerkolleginnen gegenüber. Dieser wurde jedoch in den Stegreiferzählungen mit Humor vorgetragen und beinhaltete keine Verbissenheit. Olaf fasste sein ehrgeiziges Streben in den Ausspruch:

> **Olaf:** (...) Ich will meine Malerei so gut machen, so gut machen, wie das in mein Ermessen steht (...)

Auch Doris sprach im Interview von ihrem Ehrgeiz und äußerte sich selbstkritisch hinsichtlich ihres künstlerischen Ausdrucks von Emotionalität und Lebendigsein:

> **Doris:** (...) Aber ich muss noch mehr bringen. Abwechslung. Noch mehr Temperament. *(lacht)*
>
> **A.:** Temperament ins Bild?
>
> **Doris:** Oh, das krieg ich schon hin. Nur keine Angst (...)

Diesen Ausspruch brachte Doris entschieden und mit Selbstbewusstsein hervor. Darüber hinaus bezog sie ihren Anspruch auch auf die gesamte Malgruppe:

> **Doris:** So. Ja. Ich hätte gerne einen Wunsch, dass diese Malgruppe noch 'n bisschen fleißiger wird (...) Fleißiger. Und das mir viel leisten können. Noch 'n paar mehr Bilder oder irgendetwas. Ja (...) Dass sie immer fröhlich sind und, und drauflos legen. *(kurze Gesprächspause)* Und dass wir gute Stimmung haben (...) Dass jeder mit anpäckt, und dass was entsteht. Dass ma noch mehr Werbung kriegen (...) Vielleicht kommt mal der eine oder andere, will mitmalen (...) Ja, mal angucken kommen, dass se mal sehen, was wa leisten (...) Dass ma noch mehr fleißiger werden. Und dass jeder zupacken kann. Und wenn einer Geschick hat, der kann sich bei uns melden, den nehmen wa gerne in unsere Runde auf.

Nach Aussage von Doris herrscht in ihrer Malgruppe eine entspannte und fröhliche Atmosphäre. Deutlich erkennbar waren ihre Autonomie sowie ihre sozialen Kompetenzen, denn im Rahmen ihrer Erzählung nutzte Doris die Gelegenheit, auf ihre Malgruppe aufmerksam zu machen und gleichzeitig neue Künstler oder Künstlerinnen zu suchen. Eine Aufgabe von Künstlern und Künstlerinnen mit geistiger Behinderung besteht also in der Motivation von Kollegen und Kolleginnen zu künstlerischer Ausdrucksweise.

Eine weitere Aufgabe ist in der künstlerisch-kreativen Auseinandersetzung und Bearbeitung bestimmter individueller und innerpsychischer Thematiken zu sehen:

> Olaf: Kunst ist ja so wie, wie du ja gehört hast, so wie ein Arzt, ne? Ein Künstler ist auch ein Arzt, ein Psychologe, ne? Ist 'n Künstler, ne? Wenn einer Chirurg jemand den Bauch aufschneidet, schneidet er ein Thema an. Der Künstler schneidet ein Thema an, was mit seiner Psyche zu tun hat. Womit er sich auseinandergesetzt hat und womit er sich, aber auch, womit er, mit welchen Schwierigkeiten er zu tun hat und womit er sich auseinandersetzt. Und das ist Anatomie. Anatomie ist auch Wissenschaft.

Mit dem Künstler-/Künstlerinnendasein eng verbunden ist der Wunsch nach Anerkennung in der Öffentlichkeit. Ihren Wunsch nach vermehrter Anerkennung als Künstlerin brachte Brigitte bereits zu Beginn des autobiografisch-narrativen Interviews zum Ausdruck:

> Brigitte: (...) Und ich würde mir wünschen, dass man als Künstler mehr anerkannt wird. Ich finde das noch zu wenig. Weißt du, wie ich das meine? Dass, dass hier in Deutschland noch zu wenig getan wird für die Künstler. Dass wir so am Abseitsrand stehen. *(lacht)* Ja (...)

Gegen Ende des Interviews griff sie diesen Gedankengang erneut auf:

> Brigitte: (...) Ich meine, hier als Künstler wird man noch zu wenig anerkannt. Könnte besser sein. Könnte besser sein. Ich hab zuerst gedacht, die spinnen. Viele können auch keine Kunst verstehen, die lachen auch da drüber, weil sie Kunst nicht verstehen (...)

Nach Brigittes sozialkritischen Äußerungen stehen geistig behinderte Künstler und Künstlerinnen oftmals am Rande der Gesellschaft. Ihre Kunst wird nicht genügend anerkannt oder sie wird verkannt und deshalb belächelt. Dieses abwertende Verhalten der Öffentlichkeit hat negative Auswirkungen auf Möglichkeiten der Selbstverwirklichung erwachsener Menschen mit geistiger Behinderung über bildende Kunst. Allerdings bemerkte Olaf ein beginnendes Umdenken bei Ausstellungsbesuchern und -besucherinnen:

> Olaf: (...) Na ja, die Kundschaft, ja die Kundschaft geht doch da jetzt mehr und mehr, mehr darauf ein.

6.1.2.2 Zur Bedeutung von Kunstausstellungen und Verkäufen künstlerischer Werke

Im Rahmen der individuellen Stegreiferzählungen sprachen viele meiner Interviewpartner und Interviewpartnerinnen aus eigenem Impuls über ihre Beteiligung an Kunstausstellungen. Diese haben positive Wirkung auf das Selbstwertgefühl der erwachsenen Menschen mit geistiger Behinderung und meiner Meinung nach auch auf mögliche Selbstverwirklichungsprozesse über bildende Kunst:

> Olaf: Ja, daraus ist dann meine allererste, ja, und daraus ist dann meine allererste, meine allererste Ausstellung daraus entstanden. Und das ging dann ja auch damit weiter, dass ich, es gab es dann auch einige Wettbewerbe, wo ich dran teilgenommen habe in, in Kunst (...)

Während der Eröffnungsfeier einer Kunstausstellung, die von einer Betreuerin auf Video dokumentiert wurde, zeigte Michael Eigeninitiative, Selbstbewusstsein und Sprachfähigkeit, als er aus einer Situation heraus dem anwesenden Publikum seine Bilder erklärte. Diese Situation beschrieb Michael wie folgt:

> **Michael:** (...) Das wurde auch veröffentlicht. Und die anderen Bilder. Hab ich erzählt, was ich da erklärt hab. Ja, habe ich das richtig erklärt. Und wurde dabei aufgenommen (...) Ja. *(lacht)* Aber ich hatte es auch nicht zuerst gemerkt, dass die mich aufgenommen haben. Und da wurde ich dann richtig, richtig berühmt. *(lacht)* Und jeder hat dann gefragt, wer hat das gemalt? Da hab ich das gezeigt. Da unten war immer so 'ne Schrift drauf. Stand Michael C. *(Nachname)* und auch die anderen drauf. Das, der das gemacht hat.

Die Beteiligung an Kunstausstellungen fördert somit soziale und sprachliche Kompetenzen sowie selbstbewusste Äußerungen erwachsener Menschen mit geistiger Behinderung.

Positive Resonanz der Besucher und Besucherinnen von Kunstausstellungen ermutigt erwachsene Künstler und Künstlerinnen mit geistiger Behinderung zu weiteren Projektplanungen. Brigitte plante beispielsweise bereits eine Ausstellung für das kommende Jahr:

> **Brigitte:** (...) Ich hab früher auch im M. *(Name eines Stadtteiles)* selbst eine Ausstellung gemacht (...) Selbst mal 'ne Ausstellung gemacht. Find ich ganz toll. Und jetzt will ich mit N. *(Vorname eines Künstlerkollegen mit geistiger Behinderung)* nächstes Jahr, mit N., noch 'ne Ausstellung machen. Mal sehen, vielleicht klappt's.

Auch Kuddel berichtete mir von seiner aktuellen künstlerischen Projektplanung:

> **Kuddel:** (...) Dass da 'nen Raum hergerichtet wird, wo ich meine Plastiken alle mal ausstellen kann. Und das da denn auch, wenn wir denn, wenn wir schon Zeitung, denn kriegen wir ja genug Geld. Das wird dann so gedeichselt. Eindeutig (...)

Verkäufe künstlerischer Werke haben positive Wirkung auf das Selbstwertgefühl von Künstlern und Künstlerinnen mit geistiger Behinderung. Während des autobiografisch-narrativen Interviews schwärmte Kuddel von dem Verkauf eines seiner Bilder:

> **Kuddel:** Und ich hab ein riesengroßes Bild gemalt, das ist an die X. *(Name eines Geldinstitutes)* nach G. *(Name einer Stadt)* verkauft worden. Und ein Riesenformat, vier Meter hoch, drei Meter breit.

Gelungene Verkäufe werden gerne erinnert und erzählt. Deutlich wurde jedoch auch, dass künstlerische Werke von Menschen mit geistiger Behinderung manchmal unter dem vom Künstler oder von der Künstlerin festgelegten Verkaufspreis erworben werden:

> **Angelika:** (...) Und die Frau D. *(Nachname)*, diese Lehrerin, hat von mir zwei Bilder abgekauft. Wenn es sehr teuer ist, nimmt sie es nicht. Zweihundert Mark hat es gekostet. Ich hab sechzig Mark bekommen (...)

Trotz der Aussicht des Geldverdienens geht es erwachsenen Menschen mit geistiger Behinderung nicht ausschließlich um den Verkauf von künstlerischen Werken. Auch die Qualität von Kunstausstellungen wird als wichtig erachtet:

> **Kuddel:** (...) Ich möchte Bestimmtes behalten. Weil, wir sind ja Galeristen. Dass da immer mal was Neues hängt (...)

Die grundlegende Bedeutung von Kunstausstellungen für geistig behinderte Erwachsene und das Publikum fasste Michael in folgende Worte:

> **Michael:** Ich denke, die sind sehr wichtig. Weil es auch was Schönes ist, und die anderen Freude haben, es Freude bringt (...)

6.1.2.3 Kommunikation mit dem Publikum

Wie bereits angeklungen, stellt die Kommunikation und der Austausch mit dem Publikum für erwachsene Menschen mit geistiger Behinderung einen wichtigen Faktor dar:

> **Olaf:** Ja, ja, durch das Publikum bekomme ich Ideen, auch ein bisschen Reichtum, auch Ideenreichtum. Vielfältigkeit und, bekommt man auch durch Publikum. Es ist doch wichtig für alle Künstler, dass man Publikum hat. Ist doch eine wichtige Faktor.

Künstler bzw. Künstlerinnen mit geistiger Behinderung und Besucher bzw. Besucherinnen ihrer Kunstausstellungen können sich durch kommunikativen Austausch gegenseitig bereichern. Diesen Prozess erläuterte mir Olaf wie folgt:

> **Olaf:** (...) Aus meiner Betroffenheit sind so viele Bilder entstanden. Was auch andere Menschen, so andere Leute so anspricht (...) Und die Menschen sind dann auch, die das sehen, die sind davon angetan. Stellen dann Fragen, stellen Fragen. Diese Fragen, diese Fragen drücke ich dann auch in meiner Malerei wieder aus (...) Guck mal, mit der Malerei kann man auch sprechen. Ja, und so ist es doch. Ich spreche ja mit viele Menschen. Verarbeite es mit mein Kopf. Und es kommt dann, so wie es beim Fernsehen wieder geht, das kommt dann in der Malerei auch wieder (...)

Auch Angelika thematisierte diesen Aspekt:

> **Angelika:** Wie es für mich ist? Wenn jemand meine Bilder anguckt, ist es für mich so als würden sie, als würden die Bilder den jemanden, den Menschen gefallen. Sozusagen, es hilft ihnen, es spricht sie freundlich an (...) Dann finde ich es schön, wenn es jemand gekauft hat. Man denkt, man ist alleine und so. Und dann denkt man, ach, das Bild wird ihm gefallen, er hat seine Freude daran. Er findet es schön.

Das Medium bildende Kunst hilft erwachsenen Menschen mit geistiger Behinderung bei der Verarbeitung von Emotionen. Die entstandenen künstlerischen Werke erwachsener Menschen mit geistiger Behinderung können wiederum dem Publikum Freude vermitteln und somit hilfreich sein.

Während Angelika über Kunst Menschen freundlich ansprechen möchte, beinhaltet für Olaf Kommunikation mit dem Publikum auch Provokation. Seine Absicht der Herausforderung durch die Kunst beschrieb er mit den Worten:

> **Olaf:** (...) Und, und das, das zeigt, dass, es ist ja, meine Malerei soll ja ein Spiegel sein. Ein Spiegel sein, was in, dass, dass es widerspiegelt auch in andere Menschen, die sich damit auseinandersetzen. Ich versuche sie herauszufordern, sich damit auseinander zu setzen. Guck mal, Menschen sind doch immer so oberflächlich. Und wer, wer, wer geht denn überhaupt in die Tiefe? Es gibt auch Menschen, die tun das auch nicht. Die sind faul, die sind doch wirklich faul (...) Ich fordere die Menschen raus, provoziere die mal. Dann kommen die, dann stoßen die da drauf, dann setzen die sich damit auseinander, wenn man provoziert. Ja, ich, ja, ich mach ganz gerne mit einer Kunst, provoziere die Menschen ganz gerne, mal darüber nachzudenken, in die Tiefe gehen, mitfühlen, mit der Malerei mitfühlen. Man kann in die Tiefe gehen. Jeder Mensch ist dazu in der Lage. Aber die Motivation, das zu tun, bringen die meisten nicht auf und wollen das auch nicht. Wenn sie das nicht wollen, kann man sie ruhig mal dazu zwingen (...)

Dieser Ausschnitt seiner Stegreiferzählung verdeutlicht den hohen Anspruch an sich selbst und an sein Publikum. Eine tiefgehende Auseinandersetzung mit malerischen Werken von Menschen mit geistiger Behinderung ermöglicht ein Hineinfühlen in diese Kunst und ein Nachdenken. Auf diesem Weg kann meiner Ansicht nach auch ein Umdenken und Akzeptieren und Wertschätzen künstlerischer Ausdrucksweisen erwachsener Menschen mit geistiger Behinderung erreicht werden. Der im vorangestellten Kapitel dargelegte Kauf von Bildern unter dem von der Künstlerin Angelika festgesetzten Verkaufspreis sollte sich nicht als akzeptierte Vorgehensweise durchsetzen.

Aus Angelikas Schilderung geht hervor, dass bisher die Resonanz auf Kunstausstellungen von erwachsenen Menschen mit geistiger Behinderung für die betreffenden Künstler und Künstlerinnen nicht zufriedenstellend ist:

> **Angelika:** Es wäre schön, wenn sich mehrere Menschen finden würden und sich meine Bilder anschauen würden. Es wäre schön, wenn sich jemand meine Bilder anschauen würde (...)

Meiner Meinung nach können Institutionen, in denen erwachsene Menschen mit geistiger Behinderung leben, Rahmenbedingungen für mögliche Selbstverwirklichungsprozesse über bildende Kunst schaffen, indem sie die Gelegenheit zu Kunstausstellungen bieten, bei denen geistig behinderte Künstler und Künstlerinnen, Mitarbeiter und Mitarbeiterinnen der Einrichtungen sowie Ausstellungsbesucher und -besucherinnen gemeinsam ins Gespräch kommen und auf diesem kommunikativen Weg sich gegenseitig inspirieren und bereichern.

6.1.3 Selbstverwirklichungsprozesse über bildende Kunst?

In den transkribierten Aussagen finden sich verschiedene Indikatoren, die mögliche Selbstverwirklichungsprozesse erwachsener Menschen mit geistiger Behinderung hemmen oder auch fördern und unterstützen können.

Bestehender Konkurrenzdruck blockiert Selbstverwirklichungsimpulse. Durch freie Auswahl an Farbe, Material, Motiv und künstlerischer Technik werden demgegenüber Selbstverwirklichungsprozesse und somit lustbetonte Ausdrucksmöglichkeiten gefördert.

6.1.3.1 Konkurrenz unter Künstlern/Künstlerinnen mit geistiger Behinderung

Die Konkurrenz unter einzelnen Künstlern und Künstlerinnen wurde als belastend empfunden:

> **Kuddel:** (...) Und das, wenn Sie das würden mitverwenden, dass ich 'n schweres Los hab und so (...) Und, und hier kommt, die meisten Leute, die meisten Leute, die kommen immer, immer, immer zu mir, und ja, und das sind denn ein paar Quäler, die gönnen mir das halt eben nicht (...) Ich bin nicht willens, mir die Drohungen weiter anzuhören. S. *(Vorname eines Künstlerkollegen mit geistiger Behinderung)*, der droht (...)

Olaf unterschied zwischen Kunstliebhabern, Kunstzerstörern und Kunstneidern und ging in seiner Erzählung von einer Kunstgerechtigkeit aus:

> **Olaf:** Na ja, aber, aber ich habe auch, man, guck mal, wo aber auch, wo Kunstliebhaber gibt's, gibt's auch Kunstzerstörer und Kunstneider, gibt's ja, ne? Das erlebt man, man selbst hier in der Galerie, sieht man das, dass es auch einige Kunstzerstörer auch gibt's. Auch unter den Künstlern, sehe ich auch. Ja, ja, das ist Konkurrenz. Guck mal, man merkt das, ich stelle doch einiges fest. Wenn zum Beispiel, wenn man zum Beispiel, ich habe eine C. *(Vorname einer Künstlerin mit geistiger Behinderung)*, und diese C. hat mal festgestellt, ihr Kunstwerk, ja, ist mal von ein anderer Kollege zerstört worden. Ja, ihr Kunstwerk. Und da war sie sauer. Ist ja dann auch berechtigt (...) Ja, man soll doch die Berechtigung nicht nehmen, nicht die Berechtigung nehmen, zu zerstören. Ja, das ist doch gemein. Guck mal, wie, wie, guck mal, die meisten Menschen, es gibt's doch einige Künstler, die übertreibt doch ganz schön. Ja, ja, die übertreiben. Die setzen sich über andre Köpfe hinweg und zerstören irgendwas, wenn das nicht nach ihrer Nase geht. Dann ist dann ein andres da, ein andres da, irgendwas zu zerstören. Ja, das ist doch sehr heftig, ne? Und das ist doch diese miese Art. Ich weiß es ja, zum Beispiel, in meiner Geschichte, was mit meiner Kunst zu tun hat, diese Erfahrung hab ich auch mal gemacht. Kenn ich auch. Ich habe ja auch mit andere Künstler mal zusammengearbeitet in der Schulzeit (...) Und, aber da gab 's auch mal dann Konkurrenz. Man musste dann aber auch mal feststellen, sie haben meine Kunst zerstört (...) Ja, es waren Kunstzerstörer. Sie haben auf mich mal eingedroschen. Aber es gibt 's eine Art Kunstgerechtigkeit, ja, es gibt 's so eine Art Kunstgerechtigkeit. Du musst doch auch, man soll auch ab und zu zu der Kunst stehen. Und das Stehen heißt aber auch, damit, dass man auch was riskieren muss. Riskieren muss, dass man auch, wenn jemand irgendwas zerstört, dass man ihn das auch ins Gesicht sagt. Auch wenn man ein blaues Auge davon bekommt. Das hab ich dann auch mal getan. Ja, die Lehrer haben dann doch irgendwann mal gesagt, Olaf, jetzt stehst du dazu. *(kurze Gesprächspause)* Ja, man

muss mal was riskieren (...) Guck mal, es gibt 's wirklich viele Menschen, die zerstören was. Und man darf nicht so feige sein (...) Na ja, ich bin ja jetzt auch mal damit zum Ausdruck, das darf man mit mir nicht machen. Mit mir darf man das auch nicht machen (...)

Konkurrenz kann also bereits den schulischen Alltag geistig behinderter Menschen bestimmen und somit einen belastenden Faktor darstellen. Daher drängt sich meines Erachtens die Frage auf, wie dieses Konkurrenzverhalten, das in aggressiven Handlungen zum Ausdruck kommt, im Vorfeld durch entsprechendes Verhalten von Kunst- oder Sonderpädagogen und -pädagoginnen vermieden werden könnte. Kuddel und Olaf bewiesen unter Konkurrenzdruck Mut und Durchsetzungsvermögen. Damit durch das Medium Kunst Selbstverwirklichungsprozesse möglich werden können, braucht es jedoch eine konkurrenzfreie Atmosphäre:

> **Michael:** (...) Wenn ich geärgert werde, dann habe ich meistens keine Lust mehr. Dann hör ich auf (...)

Den bestehenden Konkurrenzdruck thematisierten ausschließlich die männlichen geistig behinderten Menschen, während die weiblichen dieses Thema nicht zur Sprache brachten.

6.1.3.2 Lieblingsfarben und Farbsymbolik

Im Kontext der Stegreiferzählungen sprachen meine Interviewpartner und Interviewpartnerinnen gerne über ihre Lieblingsfarben:

> **Michael:** Oh, das wären helle Farben, so Orange oder Blau oder Schwarz, das wär schon mal 'ne Farbe Rot. Das wären meine Lieblingsfarben schon mal, weil diese dann leuchten. Ja.

oder

> **Doris:** Immer nur Rot und Grün und Gelb und Blau. Das sind meine Lieblingsfarben (...)

Die erwachsenen Menschen mit geistiger Behinderung äußerten sich ferner über die Farbsymbolik wie beispielsweise Doris:

> **Doris:** Haben Bedeutungen, ja. Es gibt verschiedene Farben. Ausdruck und gute Laune und was noch? Vergnügen, Ruhe, Geborgenheit (...)

6.1.3.3 Materialwahl und künstlerische Technik

Die Wahl des Materials zum künstlerischen Gestalten erfolgt individuell nach Vorlieben des Künstlers bzw. der Künstlerin mit geistiger Behinderung. Aus den autobiografisch-narrativen Interviews geht hervor, dass erwachsene Menschen mit geistiger Behinderung verschiedenste Materialien verwenden:

> **Anita:** Alle Grundfarben und dann Filzstift, Buntstift oder aus Ton mal was machen (...)

oder

6. Selbstverwirklichungsprozesse ... über bildende Kunst? 121

> **Angelika:** (...) Und, und letztes Jahr von, von Sommer bis Oktober, da hab ich aus Aquarell ein großes Bilder gemalt (...)

oder

> **Kuddel:** (...) Hier sind nur Collagen, hier sind nur Collagen. *(deutet mit der Hand in die entsprechende Richtung)* Und Pappe.

Künstler und Künstlerinnen mit geistiger Behinderung gestalten ihre Werke unter Verwendung verschiedenster künstlerischer Techniken. Michael war deshalb die Wahl der adäquaten Technik sehr wichtig:

> **Michael:** Ja, kann man sagen. Es muss eine bestimmte Technik gemacht werden (...)

Auch Kuddel sprach über die Beherrschung verschiedener künstlerischer Techniken. Auf dieses spezielle Können war er sehr stolz:

> **Kuddel:** (...) Vorher hab ich so Radierungen gemacht. Da bin ich jetzt Altmeister drin. Aber ich will demnächst Siebdruck mit einbringen. Und denn neu und das mal sehen, wie ich das vollbringen kann. Dass ich da auch so Sachen machen kann, dass ich da halt eben Plastiken und so diese Poster herrichten kann.

Das Beherrschen bestimmter künstlerischer Techniken trägt zur Entwicklung von Selbstbewusstsein bei.

6.1.3.4 Motivwahl und Motivsymbolik

Künstlerische Werke erwachsener Menschen mit geistiger Behinderung zeichnen sich durch individuelle Motivwahl aus. Für Angelika und Brigitte standen Tierbilder im Mittelpunkt des künstlerischen Schaffens:

> **Angelika:** (...) Soll ich's mal herholen, das Hasenbild? *(holt das Bild und erklärt es)* (...) Davor hab ich andere Katzenbilder gemalt.

oder

> **Brigitte:** (...) Da hab ich viele Themen mit Tieren gemalt (...) Ich male Tiere. Ab und zu bunte Sachen (...) Manchmal male ich auch nach Formen. Schlangen. Manchmal Tiere. Ich hab zu Hause Bilder mit Tiere. Die könnte ich mal mitbringen (...)

Im Zusammenhang mit der Motivwahl steht oft auch die Titelgebung künstlerischer Werke. Eine Titelgebung kann meiner Ansicht nach Selbstverwirklichungsimpulse widerspiegeln, was das Ankerbeispiel von Angelika verdeutlicht:

> **Angelika:** (...) Das war ein Steinbock. Das Bild soll heißen: Hier steh ich oder hier bin ich (...)

Entsprechend der Verwendung eines weiten Kunstbegriffes beschäftigte sich Kuddel im Rahmen der bildenden Kunst u.a. mit Verpackungskunst, Holz- und Skulpturarbeiten, Plastiken und Malerei an der Staffelei:

> **Kuddel:** (...) Ich hab jetzt, jetzt diese Kamera eingepackt. *(zeigt auf das Modell)* Alles solche Kuriositäten, ne? Die pack ich ein in einen Jutesack. Richtig so anmalen tue ich später, wenn sie mal ausgestellt wird (...) Auch dieses Kunstwerk. *(deutet mit der Hand drauf)* Das hab ich auch, das ist 'n Schrein in doppelter Ausführung. Aus Holz. Da ist auch Holz. Und das ist der Bahnhof. *(weist mit dem Finger drauf)* Der Bahnhof von, von der Expo (...) Und ich sag immer, das sind Schinken. Einfach Schinken. *(lacht)* Weil das Riesenformate sind (...) Hast schon mein Bild gesehen? Das da? *(zeigt auf die Staffelei)* Ich hab ein, zwei davon. Heißt die Badende (...) Die Plastiken, da hab ich jetzt, die will ich verändern. Da hab ich, da will ich nämlich so Flügel mit Krallen noch machen. Und denn soll so die, da so ähnlich wie, wie nennt sich, Urtiere, Dinosaurier. Ich hab sie auf Pappen. Und jetzt fliegende Dinosaurier. So wie die Gondeln. *(zeigt in die Richtung)* So soll das gemacht werden (...) Ein Teil ist ja nun schon, die Filmkamera. Das ist 'n toller Hit. *(lacht)* Ich wollte das immer mal machen (...) Ich hab neulich, ich hab 'n Fernsehturm neulich innen Jutesack gepackt. War 'ne Nummer zu hoch. *(lacht)* Ne? Und, und die Antennen, die ging bis an die Decke (...)

Kuddel setzte sich also mit einer Vielzahl von Motiven auseinander, kam jedoch immer wieder auf Bilder und Skulpturen mit religiösen Motiven zu sprechen:

> **Kuddel:** (...) Das sind richtige Engel. *(zeigt mit dem Kopf in die Richtung)* (...) Und zwar hab ich die Zehn Gebote und andere, ja. Die sollen jetzt hier demnächst aufgestellt werden (...)

Neben der Motivwahl zeichnen sich künstlerische Äußerungen geistig behinderter Erwachsener auch durch Motivsymbolik aus. Olaf beschäftigte sich u.a. ausführlich mit griechischer Mythologie, was ihn zu Pappmachéarbeiten inspirierte:

> **Olaf:** Ja, ich habe mich ja mit der griechischen Mythologie mal beschäftigt. Und Pegasus ist doch ein Symbol, ein, der Pegasus ist doch ein Symbol, ein Symbol für die Künstler. Guck mal, die Maler aus Griechenland, die waren vom Pegasus angetan. Wenn die nicht wussten, was die malen sollten, ist dieses Pferd aufgetaucht, aus 'm Himmel kam das Pferd, das geflügelte Pferd, das, das ist mit Donner gekommen, mit Donner ist das Pferd gekommen. Früher war das ja so, dass, waren die Menschen doch alle auch abergläubig. Heute ist das doch auch noch so. Sind doch die Menschen doch noch abergläubig? Ja, der Aberglaube hat doch noch keine Ende. Ja, ich bau jetzt demnächst den Pegasus (...) Ja, aus Pappmaché. Ja, guck mal, wenn ich mich schon mit Griechenland, mich schon auseinandersetze und auch mal meinen Beitrag zu leisten möchte, der mit Griechenland zu tun hat, gehört der Pegasus auch dazu. Ja, dazu gehört der Pegasus doch mit dazu.

6. Selbstverwirklichungsprozesse ... über bildende Kunst?

6.1.3.5 Ausdrucksmöglichkeiten über bildende Kunst

Das Medium bildende Kunst ermöglicht erwachsenen Menschen mit geistiger Behinderung den Ausdruck von Gefühlen und Gedanken und damit ihren Selbstausdruck und Authentizität:

> **Olaf:** Guck mal, ich nehme es ja auch in meiner Malerei auch so das zum Anlass, dass ich, wenn ich nicht gut drauf bin oder wenn ich gut drauf bin, dass ich da mich auch da auch mitteile damit. Das sieht man, ob man, meine Gefühle sieht man auch in der Malerei, sieht man auch meine Gefühle, kann man sehen (...) Zum Beispiel, ich kann es schon damit zusammenfassen, ich kann zum Beispiel meine Psyche, meine Psyche, meine Psyche, oftmals kann ich nicht, es gibt 's mal Momente, wo, wo ich nicht immer so klar auch ausdrücken kann. Und, es gibt 's auch eine Ausdrucksform, eine Ausdrucksform, wenn ich keine Worte finde, hab ich aber trotzdem eine Möglichkeit, mich trotzdem auszudrücken. Und dazu ist die Malerei auch. Damit ausdrücken, ne? Drückst du dich doch mit andere Sachen, drückst du dich doch auch aus.

oder

> **Brigitte:** (...) Kunst bedeutet viele Gefühle, wie ich mich fühle, wie meine Seele ist. Alles, alles, was es zu bedeuten hat. Mit Gefühle, kann man mit Farbe ausdrücken. Wenn man traurig ist (...) Mit Farbe kann man auch Traurigkeit ausdrücken. Alles Mögliche. Die Seele kann man damit ausdrücken. Sich selber (...) Das mache ich jetzt auch hobbymäßig. Manchmal, wenn ich Lust dazu hab oder wenn ich nicht, keine Lust mehr hab, dann male ich so meine Gedanken raus. Verrückt? Ich find 's gar nicht verrückt (...) Meine Gefühle kann ich damit ausdrücken. Meine Gedanken. Alles Mögliche (...) Gefühle spielt in der Kunst mit. Wie ich mich fühle. Wie meine Traurigkeit ist, wenn 's mir ganz beschissen geht (...)

oder

> **Doris:** Auch wenn 's mir schlecht geht. Also wenn 's mir gut geht, viel leisten, und wenn 's mir schlecht geht, einfach in die Farben reinhauen.

Selbstausdruck in der bildenden Kunst bedeutet nonverbaler Ausdruck über Farbe. In den autobiografisch-narrativen Interviews wurden die Gefühle Wut, Zorn, Schmerz, Traurigkeit, Verletzlichkeit, Betroffenheit, Beleidigtsein und Fröhlichkeit genannt. Es hat den Anschein, als wenn erwachsene Menschen mit geistiger Behinderung in ihrer je individuellen Biografie viel mit negativen Gefühlen konfrontiert werden. Diese können über das Medium bildende Kunst zum Ausdruck gebracht werden und so entlastend wirken. Eine Entlastung oder Gefühlsbesserung erfolgt jedoch nicht immer unmittelbar während des Schaffensprozesses oder nach Abschluss der künstlerischen Tätigkeit, sondern braucht Zeit:

> **Anita:** Auch wenn 's mir nit gut ist.
>
> **A.:** Würd 's dir danach dann besser gehen?

> **Anita:** Das werd ich 'n anderen Tag sehen. Seh ich dann 'n anderen Tag, wie 's ist. Ob 's besser ist oder schlechter.

Der Ausdruck von Gefühlen hat nach Ansicht von Olaf positive Wirkung auf gestalterische Werke und auf die Entwicklung einer authentischen Bildsprache:

> **Olaf:** (...) Man muss auch mal zu Kritik stehen. Auch wenn das weh tut. Man kann leben mit Schmerzen, man kann damit leben. Was man alles lernen muss, was man alles aushalten muss im Leben. Das kann man auch ausdrücken in Gefühle, kann man auch ausdrücken in der Malerei, Gefühle. Und das macht das Bild interessant. Wenn man seine Gefühle zum Ausdruck bringt (...)

6.1.3.6 Wirkungsweisen von bildender Kunst

In den durchgeführten Interviews beschrieben erwachsene Menschen mit geistiger Behinderung verschiedene lustbetonte bzw. positive Wirkungsweisen des künstlerisch-kreativen Gestaltens:

> **Angelika:** (...) Zum Beispiel, wenn man malt, da hat man Spaß dran. Und man fühlt sich eben wohl. Man fühlt sich gut.

oder

> **Kuddel:** Ja, natürlich (...) Das beruhigt. Das beruhigt, ne? Das beruhigt. Ja das beruhigt, ne? (...)

oder

> **Doris:** Ja, dann hab ich wieder neuen Mut. Kann weitermalen. *(lacht)* (...)

oder

> **Michael:** Ja, dann bin ich froh, dass ich das gemacht hab. Bin ich richtig glücklich.

Zusammengefasst wurden folgende Wirkungsweisen bildender Kunst thematisiert: Wohlfühlen/Gutfühlen, Spaß, Glück/Frohsinn, Beruhigung und Mut/ Durchhaltevermögen. Die zitierten Aussagen meiner Interviewpartner und Interviewpartnerinnen beweisen die zentrale Bedeutung von (heil)pädagogischen und (kunst)therapeutischen Angeboten aus dem Bereich der bildenden Kunst für geistig behinderte Menschen jeden Alters in Hinsicht auf ihr psycho-physisches Wohlbefinden und insbesondere auf ihre Lebensqualität. Darüber hinaus stellen diese positiven Wirkungsweisen meiner Meinung nach eine grundlegende Voraussetzung für mögliche Selbstverwirklichungsprozesse erwachsener Menschen mit geistiger Behinderung über bildende Kunst dar. Selbstverwirklichungsprozesse sind lustbetont und führen zu einer Stärkung des Selbstbewusstseins (Mut, Durchhaltevermögen).

6.1.3.7 Aussagen zur individuellen Selbstverwirklichung über bildende Kunst

Selbstverwirklichungsprozesse erwachsener Menschen mit geistiger Behinderung über bildende Kunst sind möglich. Die Aussage wurde entweder klar und bestimmt oder aber auch vorsichtig geäußert:

> **A.:** Ja, ob du dich in deiner Malerei, in deiner Kunst selbstverwirklichen kannst?
> **Brigitte:** Ja. Kann ich.

oder

> **A.:** (...) Glaubst du denn, dass du dich über Kunst selbstverwirklichen kannst?
> **Anita:** Kann man ja mal probieren.

Olaf erläuterte mir seine Gedanken bezüglich seiner individuellen Selbstverwirklichungsprozesse über gestalterische Tätigkeiten mit folgenden Worten:

> **Olaf:** (...) Wenn ich 'ne Krise hab, ja, es muss ja nicht, andere Menschen, guck mal, man hat doch mal Tage, ja, jeder Mensch hat doch mal seine Tage, seine Tage, wo, man muss ja nicht beleidigt worden sein von andere Menschen, muss man nicht beleidigt worden sein. Aber trotzdem kann man eine Krise trotzdem haben, trotzdem. Ja, das gibt 's doch, eine solche Krise kann man doch haben. Guck mal, man hat doch ein Unterbewusstsein. Und in diese Unterbewusstsein, und in diese Unterbewusstsein, das ist die Psyche. Die Psyche sagt doch, Olaf, du kannst dich doch auch mal selber nicht ausstehen. Kommt doch mal vor, dass man darüber nachdenkt, kommt doch mal vor. Und dieser Unterbewusstsein, der kommt dann an die Oberfläche. Und, und das ist dann auch ein gutes Motiv, das dann nicht durch Worte das zum Ausdruck bringt. Man hat doch, man soll sich ja immer und immer wieder sich mitteilen. Und das beste Mittel, sich mitteilen zu können, ja, mitteilen zu können, ist die Malerei. Die Möglichkeit hat man. Man hat das immer anzuwenden. Die Möglichkeit hat man ja auch, dass man das anwendet. Und dafür ist die Malerei auch da dafür. So sich mitteilen, auf diese Art und Weise. Guck mal, man soll ja doch alle Möglichkeiten ausschöpfen, wie man sich mitteilt. Mitteilungen sind dann ja eigentlich dafür da, ein Ausdruck wahrzunehmen, ein Ausdruck wahrzunehmen. Dafür ist doch die Malerei. Braucht man doch nicht immer nur Worte haben. Muss man nicht. Ja, guck mal meine Richtung, was mit der Kunst zu tun hat, geht doch in alle Richtungen. Ich geh in meine Psyche hinein, auch hinein. Komme mit andere Welten zusammen, mit andere Welten zusammen, mit fremde Welten, ja, mit fremde Welten zusammen. Man soll doch auch mitteilen, wenn man sich selbst fremd ist, wenn man sich selbst fremd ist, soll man das auch, damit mitteilen, auch in der Malerei. Wenn man sich selbst fremd ist. Und damit zeigt man dann auch, wenn man zeigt, man ist selbst fremd, und denn, und mit der Mitteilung, dass man das in der Malerei wiedergibt, ist man sich selbst nicht mehr so fremd.

Als inneres Bedürfnis und innere Motivation künstlerischer Ausdrucksweisen gab Olaf als Beispiel Krisen an. Aus Krisen heraus erfolgt eine Weiterentwicklung, im Sinne des Sich-nicht-mehr-so-Fremdseins, und Stabilisierung der Persönlichkeit.

6.1.3.8 Möglichkeiten der Erkennung von Selbstverwirklichungsprozessen erwachsener Menschen mit geistiger Behinderung über bildende Kunst

Aufbauend auf der Erkenntnis, dass laut Aussagen meiner Interviewpartner und Interviewpartnerinnen mit geistiger Behinderung Selbstverwirklichungsprozesse über bildende Kunst möglich sind, wird nun der Frage nachgegangen, inwieweit diese Selbstverwirklichungsimpulse wahrnehmbar und beobachtbar sind. Erwachsene Menschen mit geistiger Behinderung sind sich der Veränderungen bewusst, die eine künstlerisch-kreative Tätigkeit im Sinne der bildenden Kunst bewirken kann. Veränderungen werden auf verschiedenen Ebenen gespürt.

Ein zentraler Indikator besteht in der spezifischen Farbwahl bzw. in einer Farbänderung. Nachfolgend aufgeführte Interviewsequenz belegt dies:

> **A.:** Was nimmst du denn für Farben, wenn 's dir schlecht geht?
>
> **Doris:** Rot, Grün, Gelb, Blau, Lila, Gold (...)
>
> **A.:** (...) Wie ist es denn, wenn du Wut hast?
>
> **Doris:** Oh, da hau ich rein. *(lacht)* Da hau ich rein mit Farbe. Da hau ich rein mit Farbe. Bunt, kunterbunt, alles durcheinander gewürfelt, rein. Kann ich auch machen. Wenn ich loslege, da hält mich nix (...) Also ich kenn in Farben keine Grenzen (...)
>
> **A.:** Ich hab noch eine Frage, mir ist noch was eingefallen. Woran sehe ich, dass dir Kunst Spaß macht? Woran kann ich das sehen?
>
> **Doris:** In die Farbenzusammenhauerei.
>
> **A.:** Und ansonsten? Woran sehe ich das bei dir selber?
>
> **Doris:** Oh, dass ich gute Laune mal hab. Und es ging mir mal nit so gut, aber dass ich trotzdem voll reinhaue.
>
> **A.:** Hm. Also man kann das sehen, wenn 's dir gut geht.
>
> **Doris:** Ja. In de Farben (...)

Auch Olaf thematisierte den Aspekt Farbwahl und Farbveränderung als Ausdruck individueller Befindlichkeit und zunehmender psychischer Gesundung:

> **A.:** Woran kann man das sehen? Kannst du das beschreiben?
>
> **Olaf:** Ja, wenn ich, ja, ich kann ja zum Beispiel, man wechselt doch oft mal die Farbe. Wenn ich nicht gut drauf bin, verändert sich die Farbe auch. Ich geh dann mehr auf das Dunkle dann mehr zu. Und wenn man fröhlich ist, ist das Bild dann auch heller. Ja, und wenn ich zornig bin, geh ich auch auf Grau, auf Schwarz. Wenn ich zornig bin. Und ja, so hab ich so früher auch mich mal immer ausgedrückt. Ja, wenn, ja, wenn jemand mich verletzt hat.

Zwischen Emotionen und einer entsprechenden farblichen Gestaltung im Sinne eines Selbstausdrucks besteht demnach ein signifikanter Zusammenhang. Als ein weiterer Indikator zur Wahrnehmung und Beobachtung von Selbstverwirklichungsprozessen erwachsener Menschen mit geistiger Behinderung kann also eine Änderung in der Gefühlslage angenommen werden. Selbstverwirklichungsimpulse über bildende Kunst können darüber hinaus in bestimmten Körperbewegungen und Gestiken zum Ausdruck gebracht werden. „Farbenzusammenhauerei" impliziert entsprechende Körperbewegungen wie beispielsweise einhergehende heftigere Armbewegungen und Pinselhandhabungen.

Selbstverwirklichung im Verständnis des Explikates ist auch an fertigen Produkten und Werken ersichtlich. Diese sind für den Aufbau von Selbstbewusstsein grundlegend:

> **A.:** Könnte man als Außenstehender erkennen, dass es dir Spaß macht? Kann man das sehen?
>
> **Kuddel:** Ja, ja, ja.
>
> **A.:** Und woran sieht man das zum Beispiel?
>
> **Kuddel:** Ich, mal sehen, und U. *(Vorname des Atelierleiters)* will, dass wir eine Zeitung draus machen. Das wird, demnächst wird ein Buch *(Ausstellungskatalog)* rausgebracht (...)

6.1.4 Zusammenfassung

Die strukturierende Inhaltsanalyse der Transkripte der durchgeführten autobiografisch-narrativen Interviews bestätigt die aus dem heilpädagogischen Arbeitsalltag der Autorin erwachsene Fragestellung bzw. Hypothese. Laut Aussagen meiner Interviewpartner und Interviewpartnerinnen sind Selbstverwirklichungsprozesse erwachsener Menschen mit geistiger Behinderung über bildende Kunst möglich. Selbstverwirklichungsprozesse erwachsener Menschen mit geistiger Behinderung über bildende Kunst können darüber hinaus wahrgenommen und beobachtet werden. Erwachsene Menschen mit geistiger Behinderung sind der Ansicht, dass bestimmte Veränderungen im Rahmen ihrer künstlerischen Schaffensprozesse sichtbar und aus diesem Grund auch für außenstehende Personen erkenn- und verstehbar werden.

Die Auswertung der erstellten Transkripte zeigt, dass das erarbeitete Explikat zum Phänomen „Selbstverwirklichung" auch für den Bereich der bildenden Kunst mit erwachsenen Menschen mit geistiger Behinderung Gültigkeit aufweist. Das erarbeitete Explikat wurde aus dieser Intention heraus durch Ankerbeispiele illustriert. Da Selbstverwirklichungsprozesse erwachsener Menschen mit geistiger Behinderung über bildende Kunst wahrnehmbar und beobachtbar sind, können demnach alle Elemente des Explikates wie „Selbstausdruck", „inneres Bedürfnis", „lustbetont", „Weiterentwicklung" und „Selbstbewusstsein" wahrgenommen und beobachtet werden.

Selbstverwirklichungsprozesse schlagen sich in verschiedenen Handlungen nieder. Die Umsetzung von Selbstverwirklichungsimpulsen erwachsener Menschen mit geistiger Behinderung in Form von Farbwahl /Farbveränderung ist gut zu erkennen. Auch Weiterentwicklungstendenzen wie Entwicklung kommunikativer Kompetenzen durch das Sprechen über Kunst im Rahmen von Kunstausstellungen oder Interviews sind wahrnehmbar. Die Tatsache, dass in den Stegreiferzählungen der erwachsenen Menschen mit geistiger Behinderung viel gelacht wurde, verdeutlicht meiner Meinung nach das lustbetonte Element einer künstlerischen Betätigung. Woran sind jedoch emotionale Begleiterscheinungen wie gute Laune oder Selbstbewusstsein genauer zu beobachten?

Meiner Ansicht nach sind entscheidende Hinweise in den autobiografisch-narrativen Interviews zu finden. Demnach gehen Selbstverwirklichungsprozesse erwachsener Menschen mit geistiger Behinderung im Kontext Kunst mit bestimmten Körperbewegungen einher. Indikatoren für den Ausdruck von Emotionen und Befindlichkeiten laufen also über Körpersprache.

Da Selbstverwirklichungsprozesse erwachsener Menschen mit geistiger Behinderung über bildende Kunst wahrnehmbar und beobachtbar sind, können somit auch körpersprachliche Äußerungen im Rahmen künstlerisch-kreativen Tätigseins wahrgenommen und beobachtet werden. Meines Erachtens ist hierbei die Sensibilisierung von Mitarbeitern und Mitarbeiterinnen behindertenpädagogischer Einrichtungen für Signale, die geistig behinderte Erwachsene aussenden, grundlegend. Hierin sehe ich die Chance für Pädagogen und Pädagoginnen, Therapeuten und Therapeutinnen, Künstler und Künstlerinnen sowie andere Berufsgruppen, die mit geistig behinderten Menschen leben, arbeiten oder eine Begegnung suchen, Selbstverwirklichungsprozesse im gestalterischen Tun zu erkennen und somit entsprechend zu fördern und dafür nötige Rahmenbedingungen zu schaffen. Die Beobachtung körpersprachlicher Äußerungen ist auch für die Schwerstmehrfachbehindertenpädagogik bedeutend.

Aus diesem Begründungszusammenhang heraus gehe ich nun auf die Meinungen der Diskutanten und Diskutantinnen hinsichtlich der formulierten Ausgangsfragestellung näher ein.

6.2 Gruppendiskussionen mit Fachleuten

Die Datenanalyse der erstellten Transkriptionen aller durchgeführten Gruppendiskussionen bestätigt wichtige Aussagen der Erzähler und Erzählerinnen mit geistiger Behinderung bezüglich erforderlicher Rahmenbedingungen sowie der Parameter Emotionalität, Lebendigsein, Vertiefung, Anspannung, Erschöpfung, Autonomie, Authentizität, soziale Kompetenz, Selbstbewusstsein, psychische Gesundung, Bild- und Körpersprache. Abgesehen davon können diese durch Aussagen von Diskutanten und Diskutantinnen ergänzt werden.

Aufgrund des veränderten Blickwinkels hinsichtlich der Forschungsfragestellung der Autorin sind im Rahmen der strukturierenden Inhaltsanalyse der Gruppendiskussionen darüber hinaus Akzentverschiebungen bzw. differente Akzentsetzungen innerhalb der zu diskutierenden Thematik festzustellen. Die strukturierende Inhaltsanalyse berücksichtigt zusätzlich die Schnittstellen „geistige und seelische Behinderung", „bildende und darstellende Kunst" sowie „integrativer Aspekt".

6.2.1 Biografische Aspekte erwachsener Menschen mit geistiger Behinderung

Selbstverwirklichungsprozesse erwachsener Menschen mit geistiger Behinderung im Allgemeinen sowie über das Medium bildende Kunst sind geprägt durch die je individuellen biografischen Verläufe. Ein erstes behutsames Vertrautmachen mit künstlerischem Tun durch die Assistenz von Mitarbeitern und Mitarbeiterinnen über einen längeren Zeitraum ermöglicht Menschen mit geistiger Behinderung die Entwicklung eines Bewusstseins für ihr Künstler- oder Künstlerinnendasein.

6.2.1.1 Kindheit und Jugend

Diskutanten und Diskutantinnen berichteten im Rahmen der durchgeführten Gruppendiskussionen von eingeschränkten Möglichkeiten der Frühförderung, eingeschränkten Schulbesuchen und von früheren Heimaufenthalten der ihnen anvertrauten erwachsenen Menschen mit geistiger Behinderung. Aufgrund dieser genannten Faktoren ist ein Heranführen geistig behinderter Menschen an das Medium Kunst im Kindes- und Jugendalter oftmals nicht möglich gewesen und wurde ihnen daraufhin von Fachleuten im Erwachsenenalter angeboten:

> **Frau D.:** (...) Viele unserer Leute haben wenig Angebote bekommen im Lauf ihres Lebens, besonders die in den Heimen groß geworden sind, an natürlichen Lebens- und Lernangeboten. Das wissen wir ja durch die Hospitalisierung und so, ja? (...) Diese Urerfahrung muss man auch viel mehr bieten.

oder

> **Herr J.:** Und da hat man ja das Problem, dass die, wir haben ja relativ alte Leute, die nie in der Praktischbildbarenschule waren. Die nach dem Krieg irgendwann geboren worden sind oder im Krieg und versteckt oder sonst irgendwas, in der Psychiatrie dann waren und die das nie gelernt haben. Die, die behinderten Kinder von heute, die lernen das in der Schule, die wissen ja das schon, was sie gerne möchten oder nicht. Aber hier muss man das immer austüfteln.

Ein erstes Vertrautmachen, eine erste Annäherung erwachsener Menschen mit geistiger Behinderung an das Medium Kunst erfordert seitens des Mitarbeiters, der Mitarbeiterin Sensibilität. Da viele Menschen mit Behinderungen im Lauf ihres Lebens negative Erfahrungen mit bestimmten Materialien sammeln mussten, können sich diese Widerstände auf künstlerische Materialien wie beispielsweise Fingerfarbe übertragen und ein Abwehrverhalten hervorrufen:

> **Frau C.:** (...) Wahrscheinlich sind unsere Bewohner da schon oder haben Bewohnerinnen da schon negative Erfahrungen in dem Bereich gemacht, schätze ich. Dass sie was machen mussten oder was anfassen mussten, was sie eigentlich nicht wollten. Und das muss man ganz behutsam machen.

oder

> **Frau Q.:** (...) Oder Fingerfarbe zum Beispiel ist auch was, wenn, wo ich schon meine Erfahrungen gesammelt habe. Dass also Fingerfarbe was ist, was nicht jeder geistig Behinderte benutzt (...) Hat auch was von schmutzig.

oder

> **Frau P.:** Vielleicht auch Angst vor dem Nassen, Glitschigen.

6.2.1.2 Künstler-/Künstlerinnendasein

Erwachsene Künstler und Künstlerinnen mit geistiger Behinderung leben ihr Anderssein und streben nicht nach Konformität:

> **Herr Eh.:** (...) Die Menschen mit Behinderungen sind nicht so konform. Die haben ihr Leben lang gemerkt, dass sie anders sind als die meisten. Und dieses Anderssein zwingt sie nicht dazu, immer wieder nach Konformität zu streben. Ich bin so, wie ich bin. Und das ist schon für viele eine Lebensweisheit. Und das ist 'ne gute Ausgangsposition für Kunst.

Erwachsene Menschen mit geistiger Behinderung entwickeln ein Bewusstsein für ihr Künstler-/Künstlerinnendasein. Diese Identitätsentwicklung im Sinne einer Weiterentwicklung der Gesamtpersönlichkeit vollzieht sich schrittweise. Wichtig hierbei sind Verkäufe ihrer künstlerischen Werke als positive Bestätigung ihres Künstler-/Künstlerinnendaseins.

> **Frau S.:** (...) Aber I. *(Vorname einer Künstlerin mit geistiger Behinderung)* hat zum Beispiel mal ein Bild verkauft und da sagte sie zu mir, jetzt weiß ich, dass ich Künstlerin bin. Das war ganz wichtig dann (...)

oder

> **Frau R.:** (...) Es gibt ja auch relativ viele unserer behinderten Künstler, die sich selbst immer als Künstler titulieren. Ich bin Maler, ich bin Künstler. Und die auch fremden Menschen gegenüber ganz offen auf sie zugehen und sich so vorstellen (...) Und dann merken sie auch, das ist irgendwie was Besonders. Sie stehen in der Zeitung, das ist was Besonderes. Und natürlich nehmen sie das wahr. Und wenn sich ein Behinderter da hinstellt und sagt, ich bin Maler, also dann hat er irgendwie was begriffen, denke ich. Ja und das hat, find ich, nichts mit geistiger Kapazität zu tun, sondern wie man das selber empfindet. Also ich glaub zum Beispiel, die J. *(Vorname einer Künstlerin mit geistiger Behinderung)*, die hat ja eher, ja, 'ne Lernschwäche hat, die musste eben wirklich ein

6. Selbstverwirklichungsprozesse ... über bildende Kunst?

Bild verkaufen, um so diesen Begriff für sich irgendwie so zu finden. Und ich glaub, die hat trotzdem ihre Schwierigkeiten damit, sich da wirklich so, so richtig reinzufühlen.

Ein entwickeltes Künstler-/Künstlerinnendasein zeigt sich nicht ausschließlich im Kontext kreativer gestalterischer Tätigkeiten, ist also nicht nur im Lebensausschnitt „bildende Kunst" präsent, sondern wird von Menschen mit geistiger Behinderung auch außerhalb des künstlerischen Freiraums intensiv und selbstbewusst gelebt.

> **Frau R.:** Weil, B. *(Spitzname eines Künstlers mit geistiger Behinderung)* ist es wirklich sehr, finde ich, ganz, ganz deutlich, dass also, dass er zwar hierher kommt und hier malt, aber irgendwie Künstler und irgendwie Sachen im Kopf und irgendwie was, das hat er immer. Das weiß man auch, wenn er im Bus sitzt und wenn er zu Hause ist und irgendwie, das ist alles für ihn so, ja.
>
> **Frau S.:** Er lebt ganz deutlich in seiner eigenen Welt.
>
> **Frau R.:** Und überall, wo er ist, spricht er die Leute an und erzählt irgendwelche wirren Geschichten, für die natürlich, also.
>
> **Frau S.:** Obwohl das Faszinierende ist ja, dass er auch immer ganz aktuelle Themen aufgreift. Also, oft sind diese Geschichten ja auch eingebunden in aktuelle, wie der Dom oder ja, Millennium, das neue Jahrtausend. Oder manchmal auch so christliche Sachen. Jetzt hat er den Engel Gabriel. Zu Weihnachten kommt der dann immer hervor. Oder als es im Kino Star Wars gab, also er hat dann immer so ganz aktuelle Dinge. Er schafft es halt, seine Verrücktheit so gut zu integrieren, dass es auch doch irgendwie jeder versteht, auf seine Art.
>
> **Frau R.:** Ja und er hat auch so ganz, ganz besondere Wertschöpfungen. Ja, der ist wirklich immer, eigentlich immer in seinen Geschichten drin. Und das hört halt nicht auf, also, wenn er hier rein, also, wenn er hier rausgeht. Also, das ist immer bei ihm.

Die Identität erwachsener Menschen mit geistiger Behinderung als Künstler, als Künstlerinnen übt auf Mitarbeiter und Mitarbeiterinnen Faszination aus und erweckt den Impuls, etwas von dieser besonderen Lebenseinstellung in die eigene Persönlichkeit integrieren zu können:

> **Frau S.:** (...) Und wenn ich, und was hier ja auch interessant ist, also, als ich hier neu herkam, fand ich das gerade so faszinierend, dass die auch als Persönlichkeit, als, dass man das nicht nur in den Bildern sieht, sondern auch in ihrer Art, also, zu sein. Und in der Persönlichkeit so an extreme, also so extreme, wie, na, extreme Verhaltensweisen haben, die ich total faszinierend fand. Und wie E. *(Vorname eines Künstlers mit geistiger Behinderung)*, der ja ganz zappelig ist, und also, aber dabei eben auch so eine interessante Persönlichkeit darstellt. Das ist irgendwie ganz, fand ich, verrückt. Und das sieht man in der Kunst auch irgendwie (...) Ja, das finde ich schon sehr faszinierend. Das ist auch für mich 'n Stück irgendwie, dass ich mir da was abgucken kann (...)

6.2.2 Bedeutung von bildender Kunst für erwachsene Menschen mit geistiger Behinderung

Das Medium bildende Kunst hat in den Lebenswirklichkeiten erwachsener Menschen mit geistiger Behinderung einen zentralen Stellenwert inne. Nach Meinung der Diskutanten und Diskutantinnen stellt bildende Kunst in Abgrenzung zu einer Berufstätigkeit in der Werkstatt für Behinderte einen Freiraum dar. Darüber hinaus bedeutet künstlerisch-kreatives Tätigsein Arbeit, welche vielfältige Kommunikation ermöglicht. In diesem Sinne ist bildende Kunst in eins Kommunikation.

6.2.2.1 Bildende Kunst als Freiraum

Bildende Kunst in Form vielfältiger Gruppen- und Einzelangebote für Menschen mit geistiger Behinderung stellt einen wichtigen Freiraum[224] dar bzw. wird als Befreiung erlebt:

> **Frau M.:** Ja, also ich glaub auch gerade, dass die Kunst halt so 'n Raum bietet und so 'ne Freiheit bietet. Vielleicht eben gerade für Menschen, die sonst nicht so viel Möglichkeiten haben, um sich auszudrücken oder sich selbst irgendwie 'n Raum zu suchen in der Gesellschaft oder zu gestalten auch (...)

Freiräume entstehen für erwachsene Menschen mit geistiger Behinderung dadurch, dass Gespräche über Krankheit oder Behinderung zu Gunsten von Gesprächen über bildende Kunst zurückgestellt werden und an Wichtigkeit verlieren:

> **Frau S.:** (...) Wo das hier nicht, wir reden hier auch selten über Krankheiten. Eigentlich gar nicht, also mit den Behinderten. Da geht 's dann nicht um Krankheiten, sondern um die Kunst, um die Bilder. Und das finde ich auch gerade so befreiend für viele Behinderte vielleicht. Weil sie sonst auch viel damit konfrontiert werden oder immer damit konfrontiert sind. Und hier so 'n Freiraum eigentlich.

Nicht die Behinderung steht im Mittelpunkt einer professionellen Beziehung, sondern die künstlerische Tätigkeit bzw. der Künstler oder die Künstlerin als Mensch.

Individuelle Eigenheiten erfahren im künstlerisch-kreativen Freiraum seitens von Mitarbeitern und Mitarbeiterinnen keine Korrektur oder Reglementierung, sondern können hier akzeptiert und angenommen werden. Dazu nochmals Frau S.:

> **Frau S.:** (...) Diese starke Persönlichkeit, die eben hier auch in Ordnung ist (...)

---

[224] In entsprechender Fachliteratur wurde meines Wissens bisher lediglich der Bereich der Musik und Rhythmik als Freiraum für Menschen mit geistiger Behinderung explizit angenommen. (vgl. PEROVIC-KNIESEL, 1997)

Bildende Kunst als Freiraum erlaubt Menschen mit geistiger Behinderung ein künstlerisches Agieren ohne Anpassung an die gesellschaftlich gelebte Normalität:

> Frau R.: (...) Und es geht halt hier nicht drum, die Leute in irgendeine Normalität reinzukriegen oder sozusagen, sei man nicht so extrem oder ich weiß nicht was (...)

Künstlerische Freiräume bieten Entscheidungsfreiheit und Autonomie:

> Frau R.: (...) Aber ansonsten irgendwie das, was die gerne machen wollen, das sollen sie eigentlich machen. Das geht darum, sie zu fragen, was willst du heute machen? Und in der Regel isses eigentlich auch so, dass sie dann sagen, nee, das will ich jetzt nicht, ich will heute nicht so.
>
> Frau S.: Ja, die wissen auch, was sie wollen. Also, die kennen das eben. Also, entscheiden das selber und können das auch selber entscheiden. Das ist eben das Tolle, diese Eigenständigkeit und Entscheidungsfreiheit, die sie auch haben (...)

Bildende Kunst als Feiraum bedeutet einen besonderen Raum, der geistig behinderten Menschen Freiheit ermöglicht und somit der Angst vor dem Versagen entgegenwirkt:

> Herr Eh.: (...) Dass die Leute hier, wenn sie hier sind, erfahren, dass man was von ihnen erwartet. Also Freiheit. Mach mal. Und dass sie nicht denunziert werden (...) Kunst hat immer was damit zu tun, einen Raum zu finden, in dem keine Angst ist (...)

Ist erwachsenen Menschen mit geistiger Behinderung die Möglichkeit gegeben, individuelle Freiräume für sich zu entdecken, kann die Erfahrung einer totalen Freiheit zunächst eine Überforderung darstellen, denn die für sie typischen Lebensbereiche Wohngruppe und Werkstatt für Behinderte mit den dazugehörigen spezifischen Regeln lassen diese Art von Freiheit oftmals nicht zu. Wichtig ist daher die Assistenz und behutsame Begleitung durch Mitarbeiter und Mitarbeiterinnen, beispielsweise durch das Aufzeigen verschiedener gestalterischer Techniken als Grundlage selbstbestimmter künstlerischer Handlungen:

> Frau L.: (...) Oder höchstens vielleicht bei einzelnen, die, die, wo ich merke, da geht gar nichts ohne Vermittlung. Das kommt dann auf den einzelnen an. Wenn er also einfach gelähmt ist von dieser Freiheit. Freiheit, ist auch ein wichtiges Wort, finde ich. Ja, weil ohne, ohne Vermittlung von Technik ist 's ja wie 'ne totale Freiheit, was ich jetzt machen könnte.

6.2.2.2 Künstlerischer Freiraum versus Lebensbereich Wohngruppe und Lebensbereich Werkstatt für Behinderte

Die bereits thematisierten Lebensbereiche Wohngruppe und Werkstatt für Behinderte bieten im Gegensatz zu dem Bereich der bildenden Kunst erwachsenen Menschen mit geistiger Behinderung wenig Möglichkeiten von Freiheit und Freiraum.

Im Kontext Wohngruppe beschrieben die Diskutanten und Diskutantinnen den begrenzten Freiraum wie folgt:

> Frau S.: (...) Was ja in dem Bereich oder vielleicht auch in ihrer Kindheit bestimmt nicht so, so oft, also wie, wie wenn man immer in einer Behindertenwohngruppe lebt oder, da muss ja mit vie-

len Menschen Kompromisse eingegangen werden, immer wieder. Und dann gibt es vielleicht von außen Bestimmungen, dann wird gegessen, dann ist der Dienst oder der Küchendienst oder was weiß ich. Und es ist bestimmt nicht so einfach sicherlich, die Freiheit, in manchen Dingen zu entscheiden.

oder

Herr Eh.: (...) Die Denunziation ist, glaub ich, etwas, was immer wieder vorkommt in solchen Anstalten der Behindertenhilfe. Dass man den Leuten auch sagt, du kannst das doch nicht. Lass das, ja? Jetzt bleib mal sitzen, ich schmier dir schon das Butterbrot und so weiter. Und so was käm hier nicht vor (...)

Der Unterschied zwischen einer Tätigkeit in einer Werkstatt für Behinderte und einer künstlerisch-kreativen Tätigkeit wurde von Frau Beh. zusammengefasst:

Frau Beh.: (...) Der hat gesagt, die Leute können Schrauben zählen und damit Geld verdienen. Das machen die, das würden die in jeder Werkstatt so machen. Stattdessen kriegen die hier Kreiden und Papier. Und die sollen genau malen. Die, die es können (...)

Wie bereits für den Lebensbereich Wohngruppe aufgezeigt, ist auch der Lebensbereich Werkstatt für Behinderte durch bestimmte Regeln und Grenzen gekennzeichnet:

Frau R.: (...) Es gibt so bestimmte Grenzen, die irgendwie 'ne Werkstatt hat (...)

Darüber hinaus bekommen dort tätige Menschen mit Behinderungen nach Vermutungen von Frau R. keine positive Bestätigung, erfahren sich daher nicht als besondere, wertgeschätzte Persönlichkeit:

Frau R.: (...) Also ich glaube nicht, dass man als Behinderter in irgend 'ner Einrichtung, wo man, ich weiß jetzt nicht, was man jeweils machen kann bei denen, Tüten kleben oder ist ja auch egal, also, dass man da irgendwie so das Gefühl bekommt, ich bin jetzt was Besonderes, ich hab hier irgendwie, ich mach eine besondere Arbeit, und die wird auch geschätzt. Also, dass man auch immer noch von seinen Kollegen und von den Mitarbeitern wirklich auch so 'n positives Feedback bekommt. Das glaub ich irgendwie nicht (...)

Für erwachsene Künstler und Künstlerinnen mit geistiger Behinderung ist es demnach schwierig, in Institutionen wie Werkstätten individuelle Freiräume zu entdecken. Aufgrund von fremdbestimmten Arbeitssituationen suchen Menschen mit geistiger Behinderung mit Vorlieben für eine Betätigung im Bereich der bildenden Kunst künstlerisch-kreative Freiräume außerhalb dieser Institutionen:

Frau R.: Sie können auch einfach, und ich, ja, ich glaube, dass zum Beispiel, also fast alle kommen aus irgendwelchen Werkstätten zu uns. Und ja, zum Teil eben dann doch frustriert, weil, ja, das ist eben auch 'ne fremdbestimmte Arbeit. Und für die ist es, glaub ich, oft noch negativer besetzt als für den Normalbürger. Der dann irgendwie sagt, ja, ich muss ja irgendwie Geld verdienen oder so (...)

6. Selbstverwirklichungsprozesse ... über bildende Kunst?

Oftmals müssen erwachsene Menschen mit geistiger Behinderung darum kämpfen, ihren Arbeitsplatz zu Gunsten einer freien künstlerischen Tätigkeit wechseln zu können:

> **Herr Eh.:** (...) Wer mit Kunst etwas machen will, muss Urlaub nehmen (...) Oder manche lassen sich zwei Stunden von der Arbeit befreien (...) Was manche alles anstellen, damit sie nicht mehr arbeiten müssen, sondern Kunst machen dürfen (...)

Die Entscheidung zu einem Verlassen der Werkstatt für Behinderte als Arbeitsort zu Gunsten einer Tätigkeit als Künstler bzw. Künstlerin wurde auch in den autobiografisch-narrativen Interviews mit erwachsenen Menschen mit geistiger Behinderung zur Sprache gebracht.

Künstlerisch-kreative Ausdrucksformen erwachsener Menschen mit geistiger Behinderung im Sinne von bildender Kunst als Freiraum erfahren nur insofern seitens von Mitarbeitern und Mitarbeiterinnen Begrenzungen oder intervenierendes Handeln, als dass sie Künstlern und Künstlerinnen ihre Freiheiten und Freiräume zu wahren helfen oder dass sie ihnen bei der Gestaltung neuer künstlerischer Freiräume Unterstützung bieten:

> **Frau R.:** (...) Also wenn er anfängt, irgendwie wieder alles zuzubauen und so, da gibt 's irgendwo die Grenze, wo man sagt, nee, das muss einfach wieder alles weg, damit er einfach wieder von vorne anfangen kann. Und dazu sind wir eben auch einfach da. So, also so, irgendwie die Leute echt irgendwie künstlerisch zu unterstützen, handwerklich. Und vielleicht zu sagen, heute geht das nicht oder heute müssen wir da arbeiten oder heute müssen wir mal aufräumen oder so (...)

6.2.2.3 Bildende Kunst als Arbeit

Erwachsene Menschen mit geistiger Behinderung empfinden nach eigenen Angaben ihr künstlerisch-kreatives Schaffen als Arbeit, unabhängig davon, ob Kunst als Beruf, als Hobby, als Therapie oder als Beschäftigung praktiziert wird. Diese Ansicht war auch in den Aussagen von Fachleuten präsent:

> **Frau C.:** (...) Hat das, wie gesagt, als sehr ernsthafte, wichtige Arbeit empfunden. Arbeit, die aber trotzdem Spaß macht.

Menschen mit geistiger Behinderung trennen bewusst zwischen künstlerischer Betätigung und ihrem Privatleben bzw. ihrer Freizeit:

> **Frau R.:** (...) Der G. G. *(Vor- und Nachname eines Künstlers mit geistiger Behinderung)*, der malt ja so ganz tolle religiöse Bilder. Der ist ein ganz toller Maler. Und der, das finde ich immer so interessant, weil er sagt auch manchmal, ja, morgen ... Einmal war er so hier, weil er mit H. *(Vorname eines Projektleiters)* ja in der Kirche was gemalt hat auf der Plattform, und dann kam er, sagte er, ich bin heute so hier, aber morgen komme ich dann dienstlich. *(lacht)* Also er kommt jeden Mittwoch und Freitag und malt auch ganz intensiv. Jahrelang.
>
> **Frau S.:** Ich selbst kenne ihn ja noch gar nicht so lange. Ja, und das fand ich auch so interessant, denn dieses dienstlich ist dann seine Arbeit. Und wenn er nach Hause geht, dann macht er das

nicht. Und auch wenn er Urlaub hat, malt er nicht. Aber hier ist er dann wirklich da, um zu malen. Ich komm dann dienstlich.

Nach Meinung der an den Gruppendiskussionen beteiligten Personen wird künstlerisch-kreative Betätigung erwachsener Menschen mit geistiger Behinderung im Sinne von Arbeit oftmals von fachfremden Kollegen und Kolleginnen unterschätzt oder abgewertet. Nachfolgend aufgeführte Ankerbeispiele belegen dies:

> **Frau B.:** (...) Also, es wird sehr oft unterschätzt, dass es eigentlich innere tiefe Arbeit ist, mit sich selbst in Einklang zu kommen (...)

oder

> **Frau Z.:** Also sagen wir mal so, das ist ja auch immer wieder das Verwunderliche, dass viele nicht kapieren. Das ist ja auch wirklich Arbeit. *(lacht)* Also nur weil 's Spaß macht, ist es ja trotzdem Arbeit. Das erleb ich auch immer wieder, dass Patienten, Patientinnen sagen im Atelier, ich bin richtig erschöpft. Jetzt hab ich zwei Stunden gemalt, und ich bin richtig quer. Ich bin müde. Hab ich gesagt, dann machen Sie das mal auf Station deutlich. Weil, das geht in die Köpfe nicht rein von Laien, die selber nie gemalt haben, dass man danach leer ist. Man ist ausgepowert. Und insofern ist es wirklich Arbeit im alten Gebrauch. Man ist danach leer, müde, kaputt, ausgelaugt. Vor allem unglücklich, weil 'ne kreative Arbeit ... Ja, das ist, das ist ja auch wieder dieser alte, würd ich sagen, deutsche Ansatz, Arbeit muss weh tun, dann ist es Arbeit. Wenn Arbeit Spaß macht, ist es keine Arbeit.

> **Frau Beh.:** Wenn man das draußen lässt, Bilder malen macht Spaß und ist schwere Arbeit.

6.2.2.4 Bildende Kunst als Kommunikation

Das Medium bildende Kunst ermöglicht Menschen mit geistiger Behinderung, auch nicht sprechenden Menschen, Formen der Kommunikation und des Selbstausdrucks:

> **Frau L.:** (...) Und es wird sichtbar. Und die anderen können plötzlich was von mir sehen, wenn sie sehen können. Also, wenn sie dafür empfindsam sind. Insofern hat das sehr viel mit dem Selbst zu tun.

oder

> **Frau C.:** (...) Wenn sonst die Kommunikation vielleicht verbal gestört ist oder nicht, in Anführungsstrichen, normalen Mustern abläuft, dass eben Kunst auch 'ne Form, ja, von, von Kommunikation sein kann (...)

So gesehen führen die vielfältigen kommunikativen Möglichkeiten dieses kreativen Mediums erwachsene Menschen mit geistiger Behinderung aus ihrer Einsamkeit und Isolation heraus, vorausgesetzt ihr Gegenüber verfügt über Sensibilität, diese kreativen Äußerungen aufzunehmen und zu verstehen.

6. Selbstverwirklichungsprozesse ... über bildende Kunst?

Bildende Kunst ermöglicht eine Kommunikation von Künstlern und Künstlerinnen mit geistiger Behinderung mit ihren unmittelbaren Bezugspersonen:

> **Frau Y.:** Und es ist so für ihn auch 'n Kommunikationsmittel, um mit uns zu kommunizieren.

Darüber hinaus wird über das Medium Kunst eine Kommunikation zwischen erwachsenen künstlerisch tätigen Menschen mit geistiger Behinderung und auch zwischen anwesenden Mitarbeitern bzw. Mitarbeiterinnen angeregt:

> **Frau C.:** (...) Und hier in der Stunde, in der Gruppe, entsteht ja schon unter uns, den Mitarbeitern und den Bewohnern oder alleine unter Mitarbeitern oder nur unter den Bewohnern, entsteht ja auch vielfältige Kommunikation.

Diese Kommunikation stellt einen wechselseitigen Austausch dar, in dem sich die Künstler und Künstlerinnen sowie die Mitarbeiter und Mitarbeiterinnen gegenseitig wahrnehmen und erleben können:

> **Frau W.:** (...) Also, wir nehmen unsere Teilnehmer auch über diese Auseinandersetzung, über ihre Bilder, nehmen wir sie deutlicher wahr. Und sie nehmen ganz sicher auch manches deutlicher wahr in ihrer Umgebung und an den Personen, mit denen sie zu tun haben.

Im Rahmen einer wechselseitigen Kommunikation können künstlerische Äußerungen erwachsener Menschen mit geistiger Behinderung im Kommunikationspartner, in der Kommunikationspartnerin als unmittelbare Betreuungspersonen starke Emotionen auslösen. Nachfolgend aufgeführtes Ankerbeispiel belegt dies:

> **Frau K.:** (...) Also, da ist es mir eiskalt den Rücken runtergelaufen, als ich das mir angeguckt habe, gebe ich ehrlich zu (...) Denn das vergesse ich nicht wieder (...) Das ist mir so nahe gegangen, das kann ich gar keinem sagen.

Neben der Kommunikation mit Bezugspersonen bietet bildende Kunst auch die Möglichkeit einer Kommunikation mit einer breiten Öffentlichkeit, zum Beispiel mit Besuchern oder Besucherinnen von Kunstausstellungen. Die Betrachtung künstlerischer Werke erwachsener Menschen mit geistiger Behinderung löst oftmals Gefühle in dem Betrachter, in der Betrachterin aus:

> **Frau B.:** (...) Und auch für den Betrachter. Ist auch wieder eine Kommunikation. Es kann ihn ja ansprechen und sagen, ja, so ging 's mir vielleicht auch mal. Oder das Bild hat es, was in mir, richtet etwas an in mir oder auch nicht. Aber auch das ist 'ne Kommunikation mit dem Betrachter, der sich 's anschaut.

Eine Kommunikation mittels bildender Kunst ist für erwachsene Menschen mit geistiger Behinderung auch über die Medien möglich:

> **Frau S.:** (...) Dass die Z. *(Name eines Künstlerprojektes)* eingeladen werden, dass es Zeitungsartikel gibt und auch Filme. Es drei Filme gibt über die Z., die im Fernsehen gezeigt wurden. Das gibt natürlich ein enormes Selbstbewusstsein.

6.2.3 Bildende Kunst erwachsener Menschen mit geistiger Behinderung in der Öffentlichkeit

Nachfolgende Kapitel beschäftigen sich mit der Präsentation künstlerischer Werke erwachsener Menschen mit geistiger Behinderung in der Öffentlichkeit sowie den Reaktionen dieser Öffentlichkeit.

6.2.3.1 Abwertung und Anerkennung

Künstlerische Äußerungen von Menschen mit geistiger Behinderung wie auch von Menschen mit Körperbehinderung oder älter werdenden Menschen erfahren einerseits durch Reaktionen der Öffentlichkeit nicht immer eine entsprechende Würdigung. Die sich hieraus ergebende Abwertung kann Folgen für ein künstlerisches, therapeutisches, (heil)pädagogisches oder auch pflegerisches Verhalten professioneller Helfer und Helferinnen nach sich ziehen, in dem beispielsweise kreative Materialien vorenthalten werden und der künstlerischen Ausdrucksform der Sinn oder die Berechtigung abgesprochen wird:

> **Frau O.:** (...) Es müsste eigentlich mehr ausgeweitet werden. Nicht nur auf geistig Behinderte, sondern auf körperbehinderte oder auf alte Menschen. Denn gerade die leben ja auch, vor allem alte Menschen, sehr abgeschottet. Denn es wäre ja auch 'ne Möglichkeit, 'n Blatt Papier und 'n paar Stifte sind ja auch nicht so teuer. Aber es wird nicht gemacht. Das sind ja nur Kritzeleien und die haben keinen Sinn und das muss nicht sein. Dass das auch mal für ältere Menschen weiterverbreitet wird (...)

oder

> **Herr Ef.:** Ja, das sind noch festgesetzte alte Strukturen (...) Man sagt, das ist ein Behinderter, der macht ja sowieso nichts Vernünftiges, dem können wir ruhig 'n Karton geben. Wird sowieso hinterher weggeschmissen. So nach diesem Motto. Aber das sind Theorien, die mal vorgeherrscht haben. Völlig schlimm so was. Völlig verkehrt.

oder

> **Herr Eh.:** (...) Die Leute früher waren es gewohnt, wenn sie zeichnen durften, dass sie dann alte Plakate kriegten, um auf Rückseiten zu malen. Oder Schuhkartons werden zerschnitten, ja? Oder Einwickelpapier (...)

Andererseits erleichtert die kunstgeschichtliche Entwicklung die Beschäftigung, das Annehmen sowie letztendlich die Anerkennung bildender Kunst von erwachsenen Menschen mit geistiger Behinderung:

> **Herr J.:** (...) Also, ich finde schon mal, Selbstverwirklichung bei Behinderten oder in der Kunst, das ist ja jetzt an der Schwelle zum einundzwanzigsten Jahrhundert der Vorteil, dass wir schon so viele Epochen durchlaufen haben. Ich denke jetzt mal, achtzehnhundertfünfzig hätte jeder gesagt, das ist Behindertenkunst, Krickelkrack oder so. Und manchmal sehe ich Bilder, die finde ich einfach stark (...) Und da glaubste einfach nicht, dass das ...

6. Selbstverwirklichungsprozesse ... über bildende Kunst? 139

Frau K.: Dass da Sachen entstehen ...

Herr J.: ... die das gemacht haben. Weil halt Kubismus, abstrakte Kunst und so, das ist halt schon durch. Und dann, manchmal denkst du, oh, das sieht ja irgendwie aus wie 'n Kandinsky oder irgendwie wie 'n Picasso oder, ne? (...) Also, das finde ich schon mal gut, dass die Kunst jetzt auch so 'n bisschen gewürdigt wird.

Insgesamt wurde von den Mitarbeitern und Mitarbeiterinnen, die künstlerisch mit erwachsenen Menschen mit geistiger Behinderung tätig sind, ein nach wie vor zu geringes Interesse der Öffentlichkeit an Werken von Künstlern und Künstlerinnen mit geistiger Behinderung bilanziert. Daher ist es ihr Anliegen, diese künstlerischen Ausdrucksformen der Öffentlichkeit, beispielsweise in Form von Kunstausstellungen, näher zu bringen:

Frau W.: (...) Denn das ist ja unser Anliegen, dass, dass wir sagen, es ist berechtigt, überall und zu jeder Zeit und für jeden, sich künstlerisch zu betätigen. Aber was ja weniger oder wofür noch kein Sensorium ist in der Öffentlichkeit vielfach, für die, die künstlerische Qualität dann dieser Arbeiten. Das ist ja so unser Anliegen, also speziell für das Künstlerische in diesen Arbeiten oder das mögliche Künstlerische in diesen Arbeiten aufmerksam zu machen. Und nicht nur dafür, dass das den Teilnehmern Freude macht und dass es ganz wichtig ist für ihre Persönlichkeitsentwicklung. Und darüber hinaus eben, dass es auch berechtigt ist, solche Sachen dann der Öffentlichkeit zu präsentieren. Und die ganze Diskussion, Kunstdiskussion, die ja bis hin zu dem Begriff Kunst dann wieder reicht, was ist das eigentlich, wenn man dann mit so etwas an die Öffentlichkeit tritt (...)

Künstlerischer Selbstausdruck erwachsener Menschen mit geistiger Behinderung zeichnet sich durch künstlerische Qualität aus. Ausstellungen mit Exponaten von Künstlern und Künstlerinnen mit geistiger Behinderung in der Öffentlichkeit finden somit ihre Berechtigung. Eine Kunstdiskussion sollte sich dahingehend ändern, dass künstlerische Werke erwachsener Menschen mit geistiger Behinderung entsprechende Anerkennung erfahren.

6.2.3.2 Zur Bedeutung von Kunstausstellungen und Verkäufen künstlerischer Werke

In den Diskussionsgruppen wurden Kunstausstellungen mit Werken von Menschen mit geistiger Behinderung angesprochen. Das Fachwissen der beteiligten Diskutanten und Diskutantinnen hinsichtlich der Bedeutung von Ausstellungen für Künstler und Künstlerinnen mit geistiger Behinderung stimmt mit den Ansichten der Interviewpartner und Interviewpartnerinnen überein.

Voraussetzung für die Durchführung von Kunstausstellungen ist das Einverständnis der betreffenden Künstler und Künstlerinnen bzw. im Kontext Heim oder Wohngruppe die Einverständniserklärung der gesetzlichen Betreuer:

> **Frau C.:** (...) Es gab ja schon mal eine Ausstellung, da waren die Bewohner ja alle eigentlich dafür und begeistert, stolz drauf, dass dann so was ausgestellt wurde. Bei anderen Bewohnern, notfalls musste man da den oder die Betreuer fragen, ob das geht. Oder eben, wenn man das Gefühl hat, man kann ja einfach das Gefühl haben, ist das jetzt ein Stück von jedem einzelnen, und was möchte er vielleicht nicht weggeben. Und dass man das dann einfach lässt. Ansonsten ist das, warum sollte es nicht ausgestellt werden? Was spricht dagegen? Nur, weil die Künstler behindert sind? Also? Ich finde, es spricht nichts dagegen. Nur eben fragen, also Einverständniserklärung dann auch haben.

Nicht für jeden erwachsenen Menschen mit geistiger Behinderung ist allerdings die Beteiligung an Kunstausstellungen sinnvoll:

> **Frau X.:** (...) D. D. *(Vor- und Nachname eines Atelierbesuchers mit geistiger Behinderung)*, ja auch hochbegabt, aber Angst auszustellen. Also, er mag das natürlich auch, aber er möchte nicht zu berühmt werden. Weil, das ist für ihn schon außerhalb seiner Vorstellung. Hat er also zum Beispiel Angst, als er mal in der Zeitung war, das jemand ihn für hochmütig halten könnte.

Solche geäußerten Ängste sollten von den Betreuern, den Betreuerinnen ernst genommen und respektiert werden.

Die Organisation von Kunstausstellungen obliegt nicht selbstverständlich und immer Mitarbeitern und Mitarbeiterinnen, sondern kann autonom und selbstbestimmt von den betreffenden Künstlern und Künstlerinnen mit geistiger Behinderung übernommen werden:

> **Herr Eh.:** (...) Und ja, jetzt will ich einfach mal, dass die gesamte Verantwortung auf die Künstler kommt. Was stell ich aus? Wo hänge ich das hin? Wen lade ich ein? Wer soll die Rede halten? (...)

Der Freiraum einer eigenverantwortlichen Gestaltung von Kunstausstellungen bietet erwachsenen Menschen mit geistiger Behinderung vielfältige Möglichkeiten zur persönlichen Weiterentwicklung und zur Entwicklung von Selbstbewusstsein.

Die Präsentation künstlerischer Werke in einem öffentlichen Raum kann nach Ansicht von Fachleuten Selbstverwirklichungsprozesse der betreffenden Künstler und Künstlerinnen unterstützen. Nachfolgend aufgeführte Diskussionssequenz belegt dies:

> **Frau A.:** Gehört denn so eine Ausstellung eventuell auch zu so einem Prozess der Selbstverwirklichung?
>
> **Frau B.:** Als Finale.
>
> **Frau C.:** So als großer Abschluss könnte es schon. Ja, ist ja bei anderen Künstlern auch so, durchaus so, dass 'ne Ausstellung dann eben wichtiger, größerer Abschluss von einer Arbeits- und Schaffensperiode ist (...)

6. Selbstverwirklichungsprozesse ... über bildende Kunst?

Neben der Präsentation tragen auch Verkäufe künstlerischer Werke zum Aufbau von Selbstbewusstsein bei:

> **Herr Eh.:** (...) Und dass einige Künstler hier dadurch zumindest im Rahmen der Anstalt wohlhabend sind. Also bei einem Monatsentgelt von hundertfünfundzwanzig Mark ist jemand, der für fünfhundert Mark im Monat Bilder verkauft, ein sehr reicher Mensch (...)

oder

> **Frau S.:** (...) Das gibt eben auch ein ganz großes Selbstbewusstsein. Diese Anerkennung von außen. Dass eben auch Bilder gekauft werden (...)

Dem finanziellen Aspekt kommt u.a. eine große Bedeutung zu. Auch Lob durch andere Personen wird als wichtiger Faktor für Selbstverwirklichungsimpulse erwachsener Menschen mit geistiger Behinderung angenommen. In diesem Zusammenhang gehen die beteiligten Fachleute an den Gruppendiskussionen jedoch von möglichen Gefährdungen dieser Selbstverwirklichungsprozesse durch ein Zuviel von Bestätigung aus:

> **Frau Beh.:** Ich denk, dass jede Form, und zwar egal in welcher Situation, die Form von äußerem Blick, von äußeren Augen auch genau diesen Selbstverwirklichungsprozess auch wieder behindern kann (...) Dass man weiß, ich mach das jetzt, also, ich hab da jetzt Lob für gekriegt. *(lacht)* Und da macht man da ganz viel von und es wird leer. Und es macht auch keinen Spaß mehr (...)

Kunstausstellungen oder Verkäufe künstlerischer Werke ermöglichen nach Ansicht von Fachleuten erwachsenen Menschen mit geistiger Behinderung Selbstverwirklichungstendenzen, sind allerdings auch als Auslöser möglichen Konkurrenzverhaltens einzuschätzen:

> **Frau Z.:** Also, da hatte ich auch nach der ersten Ausstellung im Atelier Schwierigkeiten, das wieder aus den Köpfen rauszukriegen. Ich mach auch nicht gern Ausstellungen. Auch dieser Vergleich, also ich weiß, dass es fürs Haus gut ist und dann auch für die Leute natürlich auf jeden Fall. Aber wenn's zuviel ist, also, sie messen sich daran. Dessen Bild war bei der Ausstellung und dessen nicht und so. Und das ist ungut. Das wieder atmosphärisch hinzukriegen ist ganz schön schwer (...)

oder

> **Frau R.:** Ja, im Endeffekt erleben sie's, glaub ich, genauso wie wir dann eben auch. Wenn einer was kauft, es anerkennt, glauben sie, dass es gut ist, was sie machen. Und das ist total schwer ohne diese Anerkennung irgendwie, auf lange Zeit diesen Selbstwert so zu ... Und es gibt schon eben auch Konkurrenz. Das gibt es auch. Also, das kriegen die schon alle irgendwie mit, ob jetzt, ne, einer was verkauft oder einer viel verkauft. Also, man glaubt es eigentlich gar nicht, aber es ist doch so. Es gibt vielleicht auch paar, einige, die das vielleicht nicht so wahrnehmen. Für die, ja, ist es noch mal anders. Aber ja, es gibt eben auch diese unterschiedlichen Grade von Behinderung, da gibt's auch irgendwie ganz unterschiedliche Wahrnehmungen und so.

6.2.4 Selbstverwirklichungsprozesse erwachsener Menschen mit geistiger Behinderung?

In den transkribierten Diskussionsbeiträgen finden sich zentrale Aussagen zum Phänomen „Selbstverwirklichung" von erwachsenen Menschen mit geistiger Behinderung aus der Sichtweise von Diskutanten und Diskutantinnen.

Selbstverwirklichungsmöglichkeiten erwachsener Menschen mit geistiger Behinderung sind im Folgenden in Bezug auf die Lebensbereiche Werkstatt für Behinderte und Wohngruppe dargestellt. Des Weiteren wird der Aspekt der indirekten Selbstverwirklichung von Menschen mit schwerer geistiger bzw. schwerstmehrfacher Behinderung erläutert. Nach Meinung von Teilnehmern und Teilnehmerinnen der Gruppendiskussionen können Selbstverwirklichungsbestrebungen auch in autoaggressiven Handlungen gesehen werden. Im Kontext Wohngruppe ist es Mitarbeitern und Mitarbeiterinnen möglich, Selbstverwirklichungsimpulse basaler Art von Bewohnern und Bewohnerinnen mit geistiger Behinderung durch Beobachten und Wahrnehmen nonverbaler, körpersprachlicher Äußerungen zu erkennen und somit bei der Umsetzung zu assistieren bzw. dafür adäquate Rahmenbedingungen zu schaffen.

6.2.4.1 Das Phänomen „Selbstverwirklichung"

Selbstverwirklichung ist ein innerer Bereich, der erwachsenen Menschen mit geistiger Behinderung aufgrund ihrer Behinderung und des hieraus sich ergebenden Angewiesenseins auf Assistenz oftmals abgesprochen wird:

> **Frau W.:** (...) Ja, und das ist ja gerade das, was Menschen mit Behinderung meistens ja nicht zugesprochen wird, dass sie so, ich sag mal, so 'n inneren Bereich haben, der dann zum Ausdruck kommen kann. Durch diese Hilfsbedürftigkeit oft sind sie ja doch sehr viel stärker auch dann da drauf angewiesen, dass andere ihnen alles immer vorsagen und vorgeben müssen.

Der Begriff Selbstverwirklichung im Kontext geistige Behinderung kann gegen den Begriff Fremdbestimmung abgegrenzt werden:

> **Frau X.:** Ja, man könnte es ja abgrenzen gegen den Begriff der Fremdbestimmung. Also, wenn ich den dazu nehme und den Begriff Selbstverwirklichung dem gegenüberstelle, dann wird ja auch schon ein bisschen deutlich, was dann im künstlerischen Bereich möglich wäre, im Gegensatz zum Beispiel zur Arbeit in Werkstätten. Dass also Selbstverwirklichung eben über das hinausgeht, dass man etwas von außen Vorgesetztes erfüllt und bei der Selbstverwirklichung sehr viel stärker die Eigeninitiative, die eigenen Ideen, die eigenen Wünsche und Ausdrucksweisen zum Zuge kommen.

6. Selbstverwirklichungsprozesse ... über bildende Kunst?

Das Phänomen „Selbstverwirklichung" erwachsener Menschen mit geistiger Behinderung impliziert Individualität sowie ein Sich-Abgrenzen, Sich-Unterscheiden von anderen im Sinne einer zunehmenden Erlangung von Authentizität:

> **Frau X.:** Aber Individualität, das gehört doch dazu, zu dem Begriff Selbstverwirklichung.
>
> **Frau Y.:** Und sich von anderen abgrenzen, sich unterscheiden.

Eine Thematisierung von Selbstverwirklichungsimpulsen setzt nach Meinung der Diskutanten und Diskutantinnen eine Differenzierung nach dem Grad der Behinderung voraus, was folgendes Ankerbeispiel belegt:

> **Herr J.:** Also, mir fällt zu Selbstverwirklichung erst mal ein, dass man das differenzieren muss. Einmal nach den Behinderten..., nach der Behindertenschwere, also nach dem Behindertengrad und natürlich dann nach dem, nach der bewusst vollzogenen Selbstverwirklichung (...)

Eine weitere Differenzierung sah Herr J. in dem Grad der bewusst vollzogenen Selbstverwirklichungsmöglichkeiten. Hinsichtlich einer schweren geistigen Behinderung bzw. einer schwerstmehrfachen Behinderung ging Herr J. von einer indirekten Fähigkeit zur Selbstverwirklichung aus:

> **Herr J.:** Ja, und das ist nämlich das, ja, das würde ich eigentlich als indirekte Selbstverwirklichung bezeichnen. Weil unsere Leute, da muss man ganz viel interpretieren. Also du musst sie gut kennen (...) Ja, weil, das ist ja für die Bewohner eigentlich 'ne indirekte Selbstverwirklichung. Sie können sich nicht direkt selbstverwirklichen, also in vielen Bereichen nicht. Zum Beispiel der C. C. *(Vor- und Nachname eines Bewohners mit schwerstmehrfacher Behinderung)* hat mich immer zum Gartentor geführt. Weil, er kann halt nicht sagen, dass er gerne mal mit 'm Bus mit mir mal irgendwo gerne mal 'ne Runde drehen will, weil er das gerne macht (...)

Bezogen auf seine Erfahrungen in der Arbeit mit erwachsenen Menschen mit Schwerstmehrfachbehinderung im Wohngruppenalltag formulierte Herr J. nachfolgend aufgeführte Erkenntnis:

> **Herr J.:** Und du musst mal sehen, also ich denke mal so, ich würd mal sagen, siebzig Prozent aller Selbstverwirklichung läuft nur über, über Hilfe. *(wendet sich an Frau A.)* (...) Also nur über, über die Betreuer oder über die Mitarbeiter.

Deutlich wird hier die immense Verantwortung von Mitarbeitern und Mitarbeiterinnen in ihrer Assistenz geistig behinderten Menschen gegenüber:

> **Herr J.:** Also, da muss irgendwie ein Wunsch kommen, dass irgendjemand von den Mitarbeitern das interpretieren kann und, und das dann verwirklichen kann.

Selbstverwirklichungsimpulse erwachsener Menschen mit geistiger Behinderung werden von Diskutanten und Diskutantinnen also im Zusammenhang mit dem Schweregrad einer Behinderung gesehen.

Während schwerstmehrfachbehinderte Menschen Selbstverwirklichungsbestrebungen auf nonverbaler Ebene zum Ausdruck bringen, können Menschen mit leichteren Behinderungen ihre Wünsche über Kommunikation und Sprache äußern:

> **Frau K.:** Das kann aber in 'ner anderen Gruppe schon wieder ganz anders aussehen. Unser F. *(Vorname eines Bewohners mit geistiger Behinderung)* zum Beispiel, der hier der Fitteste ist, der sagt, also, ich möchte jetzt zum Y. *(Name einer Gaststätte)* gehen.

oder

> **Herr J.:** Weil, wenn jemand, wie im U. *(Name einer Wohngruppe)* zum Beispiel schreit, ich will, ich will das und das, dann hörstes natürlich.

6.2.4.2 Selbstverwirklichungsprozesse als autoaggressive Handlungen

Bezogen auf die Schwerstmehrfachbehindertenpädagogik können in autoaggressivem bzw. selbstverletzendem Handeln erwachsener Menschen mit Behinderungen nach Aussagen der Diskutanten und Diskutantinnen individuelle Selbstverwirklichungsimpulse gesehen werden:

> **Herr G.:** (...) Für einen ist es halt wichtig, sich da irgendwo in einem Grenzbereich selbst zu verwirklichen oder so, weil, weil er sich dann, nur dann, finden kann eine Zeit lang (...)

oder

> **Frau I.:** (...) Das, das ist 'ne leidenschaftliche Diskussion, ne? Muss sie sich spüren, braucht sie Schmerz, braucht sie Grenzen, Körperwahrnehmung und so weiter, ne? Ist das jetzt richtig. Nur, ich denke, wenn man sich sehr stark verletzt dabei, ist es dann, glaub ich, schon sinnvoll, zu gucken, wie kann ich, wie kann ich das umlenken. Also, wir haben das ja bei dem C. X. *(Vor- und Nachname eines Bewohners mit geistiger Behinderung)* mit seiner, mit seinem Autismus auch. Dass der Logopäde rausgefunden hat, habt ihr ja mitgekriegt in dem, diesem Vortrag, dass er, wenn er keine Schachtel zur Verfügung hat, eher sich in die Hand beißt, ne? *(wendet sich an die Diskussionsgruppe)* Und, und die Hand ja entsprechend aussieht und so. Wenn man ihm etwas gibt, wo er sich festhalten und spüren kann, vielleicht das gleiche Ergebnis für ihn da ist. Ohne dass er sich über seine Selbstaggression spürt (...)

Selbstverwirklichungsbestrebungen erwachsener Menschen mit geistiger Behinderung in Form autoaggressiver oder selbstverletzender Handlungen bringen Mitarbeiter und Mitarbeiterinnen an Grenzen ihres professionellen Handelns:

> **Herr G.:** (...) Und dann muss ich wieder aufpassen, dass er sich eben nicht über 'ne gefährliche Kante bewegt vielleicht oder sich selber Schaden zufügt. Wobei das auch wieder relativ ist, weil, auch da muss man vielleicht lernen, einzugestehen, dass es auch richtig ist, er so 'ne schmerzhafte Erfahrung machen muss. So jetzt seelisch als auch körperlich dann halt (...) Aber wie gesagt, nur für eine gewisse Zeit, wobei man aufpassen muss, dass er sich nicht umbringt. Aber auch da ist die

> Frage, ja, ob jemand das Recht hat, jemand anders davon abzuhalten, sich umzubringen, auch. Deswegen, das ist jetzt eine philosophische ...
>
> **Frau I.:** Ja, ja.
>
> **Frau H.:** Nee, aber auch eine alltägliche, ne? (...) Zum Beispiel Frau F. *(Nachname einer Bewohnerin mit geistiger Behinderung).* Kann ich 's denn als Mitarbeiterin tolerieren, wenn sie vor mir sitzt und reißt sich den Hals auf, weil ihr danach ist? Gott, es ist ihr danach. Muss ich ihr die Handschuh anziehen und sie disziplinieren?
>
> **Frau I.:** Gut, aber der, der nächste Schritt wäre eben, jetzt wirklich zu sagen, wie kann ich der Frau F. etwas anbieten, dass sie diese Muster nicht mehr braucht. Was kann ich ihr anbieten? Es muss etwas sein, was ihr gut tut, also, was sie auch wirklich möchte.
>
> **Frau H.:** Aber dann haben wir doch im Kopf, es ist 'ne Sache, die ihr nicht gut tut.
>
> **Frau I:** Das ist die Frage (...)

Autoaggressive Verhaltensweisen von Menschen mit geistiger und schwerstmehrfacher Behinderung stellen sinnvolle Handlungen[225] in einer individuellen Lebenswelt dar, die es seitens der Bezugs- und Betreuungspersonen wahrzunehmen und zu erkennen gilt.

Werden autoaggressive bzw. selbstverletzende Handlungen erwachsener Menschen mit geistiger Behinderung im Lebensbereich Wohngruppe, im Lebensbereich Tagesförderstätte etc. als Selbstverwirklichungsbestrebungen verstanden, drängt sich meiner Auffassung nach die Überlegung auf, inwieweit Angebote aus dem Bereich der bildenden Kunst neue adäquate Anreize bieten können, um durch ein Abreagieren oder Ausagieren von Emotionen wie Wut, Verzweiflung oder seelischem Schmerz über künstlerische Prozesse auch neue Ausdrucksmöglichkeiten von individueller Selbstverwirklichung zu schaffen.

6.2.4.3 Selbstverwirklichungsprozesse in der Wohngruppe: Chancen und Grenzen

Im Kontext Lebenswelt Wohngruppe beobachteten die Diskutanten und Diskutantinnen verschiedene individuelle Selbstverwirklichungsbestrebungen erwachsener Menschen mit geistiger Behinderung. Nachfolgend aufgeführte Ankerbeispiele verdeutlichen dies:

> **Frau K.:** (...) Oder wenn 's ihr Mokka ist, oder, oder halt, dass sie gerne Kleider anzieht, dass sie so was auch umsetzen kann (...) Heute ist, ich war die ganze Woche nicht da und T. *(Vorname einer Bewohnerin mit geistiger Behinderung)* 's Haare sind gewachsen. T. ist die ganze Zeit hinter mir hergewetzt, hat sich gezogen. Die wollte mir das irgendwie zum Ausdruck bringen. Jetzt hab ich ihr die Haare geschnitten, sie ist friedlicher. Sie ist auch wieder die ganze Zeit, aber sie ist friedlicher hinter mir hergelaufen. Ich denke, das, das ist, war 'ne andere Art, weil, sie kann 's mir ja nicht sagen, aber das ist auch 'ne Form. Sie wollte das eben.

---

[225] „Solche (für die Betroffenen nicht ohne weiteres verzichtbaren) Verhaltensweisen, die oft in ritualisierter Form auftreten, haben Sinn und Bedeutung ..." (WOLF, 2001, S. 7)

oder

Herr G.: Und ja, ich denke, das kann man schon noch auch bei schwerer Behinderten erkennen, also in dem Moment, wo zum Beispiel E. E. *(Vor- und Nachname einer Bewohnerin mit geistiger Behinderung)*, die uns jetzt sehr viel Probleme bereitet, Möglichkeiten hat, zum Beispiel ausschreitend zu gehen, weil jetzt gerade 'n Mitarbeiter, Zivi oder sonst wer Zeit hat, mit ihr ausschreitend zu gehen. Dann geht 's ihr 'n Moment lang gut. Dann ist sie mit sich stimmig. Das ist das, was ihr halt jetzt gerade gut tut (...) Manche zeigen das auch. Sie, sie fordern 's dann auch ein. Also, gerade auch die E. E., die nimmt einen dann bei der Hand, führt einen gezielt zum Fahrstuhl, weil sie weiß, da geht 's halt raus. Und wenn das auch nicht geht, dann versucht sie sogar selber, dahin zu drängen. Was sie früher nie getan hätte. Und versucht selber, den Weg zu gehen, den sie gehen möchte (...)

oder

Frau P.: L. *(Vorname einer Bewohnerin mit geistiger Behinderung)*, finde ich, selbstverwirklicht sich in der Gruppe, indem sie in die Gruppe kommt und die Gruppe wahrnimmt (...) Da hat sie, also sie genießt das irgendwie, wenn Menschen neben ihr sitzen (...) Also, da fühlt se sich irgendwie bestätigt als unsere kleine L. irgendwie, finde ich (...) Oder wenn se abends kommt und schmusen will.

Im Kontext Wohngruppe bedeutet Selbstverwirklichung also das Umsetzen bestimmter Vorlieben.

Individuelle Selbstverwirklichungsimpulse erwachsener Menschen mit geistiger Behinderung im Lebensbereich Wohngruppe in Bezug auf Nahrungsaufnahme, Kleidungsstücke, Körperpflege, Spaziergänge sowie Körperkontakt und Gemeinschaftsgefühl können demnach von betroffenen Menschen durch Gestik und Mimik zum Ausdruck gebracht werden und dadurch von Mitarbeitern und Mitarbeiterinnen beobachtet, wahrgenommen und auf diesem Wege verstanden werden. Gerade diese basalen Selbstverwirklichungsbestrebungen erachte ich als grundlegend in Hinsicht auf die Lebensqualität erwachsener Menschen mit geistiger oder auch schwerstmehrfacher Behinderung.

Assistenz bei der Umsetzung individueller Selbstverwirklichungsimpulse von Bewohnern und Bewohnerinnen mit geistiger Behinderung innerhalb von Wohngruppensituationen kann auch ein Einschreiten in diesen Prozess bedeuten, wenn ein Mitarbeiter, eine Mitarbeiterin ein Verändern der Selbstverwirklichung Richtung Stereotypie wahrnimmt:

Herr J.: (...) Also, wenn die B. *(Vorname einer Bewohnerin mit geistiger Behinderung)*, liegt gerne im Bett und hört Musik, ne? Kann man sagen, das lasse ich zu, das ist halt Selbstverwirklichung. Aber ab 'nem bestimmten Punkt ist es halt Sich-Abkapseln und Stereotypwerden, sich nur noch in seiner, ihrer Welt bewegen. Und dann muss ich halt, müsste ich ja dann einschreiten. Dann müsste ich halt für mich den Entschluss fassen, da hole ich sie jetzt mal raus. Und dann, und deswegen hat die Selbstverwirklichung natürlich auch die Grenze halt. Also, hat 'ne Grenze und, und das ist natürlich von dem Grad der Behinderung abhängig (...)

6. Selbstverwirklichungsprozesse ... über bildende Kunst?

Wie soeben dargelegt, ermöglicht die Lebenssituation Wohngruppe die Umsetzung von Selbstverwirklichungsprozessen. Darüber hinaus stoßen Selbstverwirklichungsimpulse erwachsener Menschen mit geistiger Behinderung innerhalb einer Wohngruppe bzw. eines Wohnheimes jedoch täglich auf Begrenzungen seitens der sich im Dienst befindenden Mitarbeiter und Mitarbeiterinnen, seitens der Institution und seitens der oftmals umständlichen institutsinternen Kommunikation sowie der verwaltungstechnischen Dienstwege:

> **Frau H.:** Wenn Selbstverwirklichung Selbstverwirklichung unserer Bewohner heißt, dann stößt sie regelmäßig jeden Tag an Grenzen. Jeden Tag. Die setzen wir als Mitarbeiter, die setzt die Institution. Selbstverwirklichung heißt, wenn ich 's wirklich, wenn wir 's wirklich richtig ernst nehmen würden, dann hätten wir jeden Tag Zoff. Das würde bedeuten, dass Menschen essen würden, wann, wie, wo sie wollen. Das schränken wir regelmäßig ein. Wir schränken permanent Zigarettenkonsum ein. Wir setzen Regeln, wann, wer, wohin fährt, wann, wohin er nicht fährt, mit wem er hinfährt. Dann müssen sich fünf Leute zusammensetzen, ob das okay ist. Also, wir schränken das im Prinzip jeden Tag jedem Bewohner, seine Selbstverwirklichung massiv ein. Ich denke, es ist immer 'ne Gradwanderung, in der wir uns alle befinden. Also, Regeln sind okay, müssen sein. Aber manchmal sind se übertrieben, oder sie werden nicht mehr diskutiert. Werden zum Selbstläufer. Warum müssen alle zur selben Zeit essen? Und warum müssen mal einige innen Diätwahn verfallen und den Bewohnern keine, keine Butter mehr auf 's Brot machen?

oder

> **Herr G.:** Also, ich beziehe Selbstverwirklichung mal auf die Wohngruppe, die ich betreue. Die meiste Zeit, da kann ich halt sagen, dass gemäß der Rahmenbedingungen, ja, 'ne relative Selbstverwirklichung möglich ist. Aber es gibt halt immer wieder Grenzen einfach. Die Grenzen werden durch uns Mitarbeiter teilweise gesetzt, teilweise durch die strukturellen Rahmenbedingungen der Einrichtung. Dass ich jetzt nicht sagen kann, dass sich unsere Bewohner grenzenlos selbstverwirklichen könnten.

Begrenzung möglicher Selbstverwirklichungsprozesse sind durch die Kombination der Gegebenheiten „indirekte Selbstverwirklichung" sowie „Zeitfaktor" unumgänglich. Dazu nochmals Herr G.:

> **Herr G.:** Selbst wenn wir Mitarbeiter das wollen und auch fördern wollten, hätten wir nicht das, ja, die Möglichkeiten, sprich die Zeit, das mit ihnen umzusetzen, weil sie immer auf unsere Hilfe angewiesen sein würden, höchstwahrscheinlich, bei verschiedenen Dingen. Das hängt stark an institutionellen Schranken einfach.

Die Entwicklung von Selbstbewusstsein hilft Bewohnern und Bewohnerinnen mit geistiger Behinderung im Rahmen ihrer individuellen Selbstverwirklichungsbestrebungen, Grenzen zu überschreiten, neue Wege für sich zu suchen und zu entdecken und ein Stück mehr Unabhängigkeit und damit auch Autonomie und Emanzipation aufzubauen:

> **Frau S.:** Und wenn dann andere, denen ist das egal, wie Z. *(Vorname eines Künstlers mit geistiger Behinderung)*, der kennt keine Grenze, das ist, und also, der nimmt auch Sachen mit, packt die ein,

also, oder hat kein Geld, aber geht trotzdem einkaufen und solche ... Und was dann auch total witzig ist (...)

oder

Herr G.: (...) Bei dem der N. N. *(Vor- und Nachname eines Bewohners mit geistiger Behinderung)* zum Beispiel eine Nacht wegbleibt und 's gar nicht schlimm findet und trotzdem wiederkommt. Das zeigt halt, dass er mehr Selbstbewusstsein hat (...) Sondern, man kann das sicherlich dann auch ein Stück weit bestätigen und ihn damit auch bestätigen in den Dingen, die er für sich selbst gefunden hat (...)

6.2.4.4 Interpretation von Selbstverwirklichungsimpulsen

Wie bereits angesprochen, sind erwachsene Menschen mit geistiger Behinderung oftmals auf Assistenz bei der Umsetzung ihrer Selbstverwirklichungsimpulse angewiesen. Grundlage einer assistierenden Beziehung ist die Bereitschaft des Mitarbeiters, der Mitarbeiterin, sich auf einen Menschen mit geistiger Behinderung einzulassen, dessen Kontaktanbahnungen und Wunschäußerungen zuzulassen, sich Zeit zu nehmen. Eine Assistenz beinhaltet das Beobachten, Wahrnehmen, Erkennen und Verstehen nonverbaler, d.h. körpersprachlicher Impulse wie Mimik und Gestik. Hierzu ist eine Interpretation körpersprachlicher Signale notwendig:

Herr J.: (...) Dann musst du ganz viel interpretieren. Und dann musste anhand von Gestik, Mimik oder nonverbalen Reaktionen teilweise dann erkennen können, was sie eigentlich sich wünschen und, und versuchen, ihnen dann das auch zu geben.

Frau K.: Ich denke auch, das ist unheimlich differenziert, und das hängt auch unheimlich von dir ab, wie du in, wie du eigentlich mit den Leuten umgehen kannst, wie du die Leute kennst. 'N Fremder kann Verschiedenes gar nicht umsetzen und kann ihnen gar nicht behilflich sein (...)

Herr J.: (...) Also, erst mal muss ich das zulassen. Also, ich muss erst mal Zeit haben und dann mit ihm mitgehen. Dann muss ich das ja richtig interpretieren. Und dann muss ich, wenn, dann auch die Möglichkeit für ihn schaffen, dass er das auch so bekommt.

Eine Interpretation körpersprachlicher Impulse im Kontext Wohngruppe/Wohnheim setzt ein Vertrautsein mit den zu betreuenden Menschen voraus.

6. Selbstverwirklichungsprozesse ... über bildende Kunst?

Trotzdem kann nicht jeder körpersprachlicher Impuls möglicher Selbstverwirklichungsbestrebungen von Mitarbeitern und Mitarbeiterinnen im Sinne des Bewohners, der Bewohnerin mit geistiger Behinderung wahrgenommen und verstanden werden:

> **Herr J.**: Und das ist halt bei Schwerbehinderten teilweise schwierig. Weil, ich denke, manchmal interpretieren wir auch falsch oder wir übersehen auch vieles (...) Weil, wenn die Frau U. *(Nachname einer Bewohnerin mit geistiger Behinderung)* irgendwas versucht und keiner reagiert, und sie haut sich andauernd an 'n Kopf, dann weiß natürlich keiner mehr, warum ist sie jetzt eigentlich unglücklich. Oder K. K. *(Vor- und Nachname einer Bewohnerin mit geistiger und körperlicher Behinderung)* jetzt. Also Spastiker, relativ intelligent, absolut kein Sprachvermögen. Wünscht sich irgendwas, keiner kriegt 's mit, fängt furchtbar an zu Weinen und rastet aus. Keiner weiß, was los ist. Man musste ihr 'ne Reserve *(Reservemedikation)* geben, weil, weil, sie kann sich einfach nicht verwirklichen. Und du kannst es, kannst es irgendwie nicht richtig interpretieren, was sie eigentlich will.

Um nonverbale Reaktionen besser zu verstehen, entwickelte Herr J. ein Interpretationssystem:

> **Herr J.**: (...) Deswegen reflektieren wir ja immer für die Leute. Und, und deswegen muss man sich so 'n System entwickeln. Also, wenn zum Beispiel jetzt eine K. K. anfängt zu weinen, hat das ja 'n Grund. Also, dann wollte, dann will sie irgendwas oder sie hat irgendwas. Aber sie kann sich halt nicht mitteilen. Also musste einfach so 'ne Liste durch ... Also, ich gucke dann erst mal, hat sie ihre Periode oder, oder war ein Ausflug, und sie ist nicht mitgekommen, war irgendwas Besonders und Frau K. war halt nicht dran? (...) Und das ist halt diese indirekte Selbstverwirklichung. Da musste manchmal die Liste abhaken und irgendwann kommste da drauf.

Abgesehen von Interpretationsversuchen der Mitarbeiter und Mitarbeiterinnen werden nonverbale, körpersprachliche Signale auch oftmals von Mitbewohnern und Mitbewohnerinnen wahrgenommen und verstanden und auf diesem Wege dem Betreuungspersonal übersetzt:

> **Herr J.**: Dann ist es auch oft so, wenn du, wenn du, also so, keine homogenen Gruppen hast, vom Behinderungsgrad so (...) Also, wenn du jetzt Mittel- und Leichtbehinderte mit Schwerbehinderten gemischt hast, dann habe ich schon oft erlebt, dass die Leichtbehinderten das für die Schwerbehinderten interpretieren (...) Oder der, der, ich kannte mal 'nen Rollifahrer, der hat dann immer mit einem so 'n Zeichen, wenn er 'n Spaziergang machen will. Und dann hat der das ihm immer gezeigt, und da hat der immer gesagt, du, M. *(Vorname von Herrn J.)*, ich gehe jetzt mal mit dem spazieren, der hat gerade Lust, und ich auch. Und dann war 'n se weg und dann kamen se dann wieder.

Wenn Selbstverwirklichungsimpulse basaler Art über körpersprachliche Äußerungen wahrnehmbar und beobachtbar sind, stellt sich im Weiteren die Frage, ob Selbstverwirklichungsprozesse auch über das Medium bildende Kunst erkennbar sind.

6.2.5 Selbstverwirklichungsprozesse erwachsener Menschen mit geistiger Behinderung über bildende Kunst?

In den nachfolgenden Kapiteln werden Aussagen und Sichtweisen von den an der Datenerhebung beteiligten Fachleuten in Hinblick auf mögliche Selbstverwirklichungsprozesse erwachsener Menschen mit geistiger Behinderung über bildende Kunst dargelegt.

Die Aktualität und Notwendigkeit dieser, von der Autorin formulierten, Fragestellung zeigt sich in dem Ausspruch einer Diskutantin:

> **Frau Q.:** (...) Gibt dem geistig Behinderten 'n Blatt Papier und er ist friedlich (...) Und das kann eine Bedienstete mit dreißig geistig Behinderten inner Gruppe. Ein Blatt Papier hat man und 'n Stift hat man auch.

Diese soeben zitierte, meiner Meinung nach, verkürzte Darstellung möglicher Selbstverwirklichung erwachsener Menschen mit geistiger Behinderung über das Medium bildende Kunst verdeutlicht den Klärungsbedarf der aufgeworfenen Forschungsfragestellung sowie die erforderliche Sensibilisierung von Fachpersonal.

Die strukturierende Inhaltsanalyse der erstellten Transkripte ergibt eine durchaus kritische Sichtweise der Diskutanten und Diskutantinnen hinsichtlich des Phänomens „Selbstverwirklichungsprozesse erwachsener Künstler und Künstlerinnen mit geistiger Behinderung" im Rahmen ihres kreativen Tätigseins.

Jedoch lassen sich aus den Transkripten zehn Elemente herleiten, die diese Selbstverwirklichungsprozesse beschreiben und charakterisieren. So sind Selbstverwirklichungsprozesse durch eine je individuelle Farb-, Material- und Motivwahl sowie durch spezifische Ausgestaltung mittels unterschiedlicher künstlerischer Techniken gekennzeichnet. Diesbezüglich bietet das Medium Kunst erwachsenen Menschen mit geistiger Behinderung durch seine positiven Wirkungsweisen vielfältige Ausdrucksmöglichkeiten. Selbstverwirklichungsprozesse stellen ein inneres Bedürfnis zu individueller Bildsprache und künstlerischem Selbstausdruck dar. Ferner weisen sie sich durch einen lustbetonten Umgang mit Material und Motiv aus und ermöglichen Weiterentwicklung und Entwicklung von Selbstbewusstsein.

Das von der Autorin erarbeitete Explikat ist so gesehen auf den Bereich der bildenden Kunst übertragbar, alle Elemente finden sich in Aussagen der Diskutanten und Diskutantinnen wieder.

Die aufgeworfene Fragestellung nach Möglichkeiten von Selbstverwirklichungsprozessen über bildende Kunst für erwachsene Menschen mit geistiger Behinderung konnte im Rahmen der durchgeführten Gruppendiskussionen nicht in einem Konsens beantwortet werden. Die Analyse der erstellten Transkripte zeigt, dass die Diskutanten und Diskutantinnen, die im Vorfeld den Begriff Selbstverwirklichung anzweifelten, auch möglichen

6. Selbstverwirklichungsprozesse ... über bildende Kunst? 151

Selbstverwirklichungsprozessen erwachsener Menschen mit geistiger Behinderung über das Medium bildende Kunst kritisch bzw. ablehnend gegenüberstanden:

> **Herr G.:** (...) Es ist natürlich die Frage, ob sie sich deshalb mehr selbstverwirklicht. Das wage ich jetzt zu bezweifeln. Ich meine, sie, sie hat da halt eine Möglichkeit mehr, sich auszudrücken, vielleicht, oder ein Stück weit eben, ja, sich Luft zu machen vielleicht auch, die sie sonst nicht hätte. Ist halt die Frage, ob das eben 'n Stück weit mehr Selbstverwirklichung auch bedeutet für sie.

oder

> **Frau H.:** Also, O. *(Vorname einer Bewohnerin mit geistiger Behinderung)* verwirklicht sich nicht selbst, sondern sie tritt in bestimmten Situationen in Kontakt mit dir *(wendet sich an Frau A.)* oder mit mir oder durch 'n Medium Kunst oder sei 's was anderes. Aber das würde ich nie als Selbstverwirklichung ... Das hieß für sie, elementar sich auszudrücken und wir nehmen Prozesse wahr, dass sie da was tut, sie malt was, sie singt oder sie lacht. Das sind Prozesse. Aber nicht Prozesse von Selbstverwirklichung, sondern, ich weiß nicht, von Echtsein oder von Lebendigsein, aber nicht Sich-selbst-Verwirklichen. Habe ich Probleme mit.

In diesem Zusammenhang wurde die kritische Frage aufgeworfen, ob erwachsene Menschen mit geistiger Behinderung ihr künstlerisch-kreatives Schaffen selbst als einen Selbstverwirklichungsprozess definieren würden:

> **Frau X.:** Wär ja auch zu fragen, ob sich ein Künstler so definieren würde.
>
> **Frau W.:** Ja, genau.
>
> **Frau X.:** Jetzt, nicht? Einer, der so wie Picasso von sich so gesprochen hätte, dass er sich über seine Kunst verwirklicht oder ...
>
> **Frau W.:** Der würde vielleicht gesagt haben, meine Kunst bin ich. Dann ist das irgendwie auch ausgeklammert.
>
> **Frau X.:** Oder nur. *(lacht)* Das wäre, das wär natürlich interessant, das mal aus Selbstäußerungen von Künstlern herauszufischen.

oder

> **Frau W.:** (...) Natürlich sind sie sehr sie selbst, wenn sie das hier machen (...) Aber sie würden nie sagen, ich geh jetzt ins Atelier und verwirkliche mich (...)

Gleichzeitig wurde die Möglichkeit, dass Selbstäußerungen von Künstlern und Künstlerinnen mit geistiger Behinderung hierüber Aufschluss geben könnten, als interessant empfunden. Signifikanterweise scheinen diese Mitarbeiter und Mitarbeiterinnen Menschen mit geistiger Behinderung nie nach ihren Ansichten bezüglich möglicher Selbstverwirklichungsprozesse über das Medium Kunst befragt zu haben. Als ein Grund wurde Folgendes angegeben:

> **Frau Y.:** Die kennen das Wort ja nicht. *(lacht)*

Ansonsten wurde in einer Gruppendiskussion davon ausgegangen, dass erwachsene Künstler und Künstlerinnen mit geistiger Behinderung das Wort ohne das Verstehen einer näheren Bedeutung wiederholen:

> **Frau W.:** (...) Aber das ist natürlich nur in Wiederholung von, von was Gehörtem.

Diese Ansichten stehen in Opposition zu den an anderer Stelle geäußerten Aufgaben einer Bezugs- oder Betreuungsperson nach dem Stellen von Fragen. Die von der Autorin durchgeführten autobiografisch-narrativen Interviews mit erwachsenen Künstlern und Künstlerinnen mit geistiger Behinderung zeigen eindeutig, dass das Phänomen „Selbstverwirklichung" im Bewusstsein vorhanden ist und somit, wie beispielsweise bei Olaf, in sprachlichen sowie künstlerischen Selbstäußerungen zu finden ist.

Darüber hinaus wurde in einer durchgeführten Gruppendiskussion Selbstverwirklichung erwachsener Menschen mit geistiger Behinderung über das Medium bildende Kunst ausschließlich in einen psychotherapeutischen Kontext gestellt:

> **Frau V.:** Aber ich glaube, so 'n Maler würde mir wahrscheinlich das Bild um die Ohren hauen, wenn ich sagen würd, aha, haste dich jetzt selbstverwirklicht da drinne, ja? Bist du das oder ist das, was ist das? Es gibt da so viele Möglichkeiten, dem anderen noch mal aufzuweisen, das, was du da gemalt hast, dein Schatten, oder wo befindest du dich da oder so. Also, das sind therapeutische Formen. Und da weiß ich auch nicht, hat das was, ist das Selbstverwirklichung? Oder ist es jetzt, sind wir eher, denke ich, in den Dingen von jemanden therapeutisch zu begleiten zu, mit dem Hintergrund, dass der, derjenige, der malt, seine, seine Wirklichkeit findet oder seine Vergangenheit bearbeitet oder sein jetziges Chaos lüftet oder lichtet oder so (...)

In einer anderen Gruppendiskussion wurde ein kunsttherapeutischer Ansatz in Bezug auf die Arbeit mit Menschen mit schwerstmehrfacher Behinderung hergestellt:

> **Frau R.:** (...) Also, bei Schwerstbehinderten finde ich es ganz, ganz schwierig. Also, da hätte ich eher das Gefühl, dass man das irgendwie schon eher aus einem kunsttherapeutischen Ansatz sieht. Weil man die Leute eben, ja, ihnen die Möglichkeit geben, noch sich auch frei vielleicht auszudrücken.

Die im Verlauf dreier Gruppendiskussionen zu beobachtende Unsicherheit hinsichtlich einer Berechtigung bzw. eines Sinns des Begriffes Selbstverwirklichung in der Arbeit mit Menschen mit Behinderungen ist meines Erachtens ein Grund, warum das Ermöglichen von individueller Selbstverwirklichung in der (heil)pädagogischen oder künstlerischen Arbeit mit erwachsenen Menschen mit geistiger Behinderung nicht explizit als ein Ziel formuliert wird, sondern, wenn überhaupt, im therapeutischen Bereich zu finden ist. Im Verlauf einiger Gruppendiskussionen wurde beteiligten Fachleuten bewusst, dass Selbstverwirklichungsprozesse, wenn auch nicht als pädagogisches oder künstlerisches Ziel angenommen, so doch trotzdem zu erleben, d.h. wahrzunehmen und zu beobachten, ist:

> **Frau X.:** (...) Und dass es auch zu erleben ist, selbst wenn wir das nicht so explizit als Ziel

6. Selbstverwirklichungsprozesse ... über bildende Kunst?

formuliert haben. Denn das haben wir ja eigentlich auch nicht.

Der überwiegende Teil der Diskutanten und Diskutantinnen bestätigte jedoch die These der Autorin nach Gegebenheiten von Selbstverwirklichungsprozessen erwachsener Menschen mit geistiger Behinderung über bildende Kunst trotz einer oftmals kritischen Auseinandersetzung mit den Termini Selbst und Selbstverwirklichung. Kritische Reflexion dieser Begriffe bedeutete also nicht die Ablehnung dieser Möglichkeiten in der Arbeit mit Künstlern oder Künstlerinnen mit geistiger Behinderung. Im Folgenden wird eine Auswahl von Ankerbeispielen wiedergegeben, welche die individuellen Möglichkeiten zu Selbstverwirklichungsprozessen bestätigen:

> **Herr Eh.:** (...) Wahrscheinlich liegt in jedem Menschen die Fähigkeit, sich bildnerisch auszudrücken (...)

oder

> **Frau C.:** (...) Denke, jeder Mensch kann sich durch künstlerische Aktivität, wie auch immer die jetzt gestaltet ist, selbstverwirklichen oder ausdrücken (...) Also, wenn ich gerade an den Bewohner denke, der jetzt nicht mehr in dieser Gruppe ist, bei dem würde ich so im Nachhinein sagen, der hat sich, ja, der hat sich selbstverwirklicht in den Arbeiten, die er hier angefertigt hat, also jetzt auch ganz verschiedene.

oder

> **Frau A.:** Also, würdet ihr sagen, Selbstverwirklichungsprozesse über das Medium Kunst ist bei unserem Klientel möglich?
> **Frau K.:** Ja.
> **Herr J.:** Klar.
> **Frau K.:** Ja.

Selbstverwirklichungsprozesse sind auch im Erstellen sogenannter Kritzelbilder gegeben:

> **Frau Beh.:** (...) Dass jemand die letzten Wahrheiten mit drei Bleistiftstrichen, das geht sehr gut. Und es stimmt einfach. Das Herz stockt vor Freude (...) Und das ist seine Selbstverwirklichung (...) Wenn die Stufe so, ich sag jetzt auch mal, niedrig ist, also wie ganz, ganz kleine Kinder, die also anfangen zu malen. Kreise, die Strichführung zu machen. Ich denk, in dem Moment ist das die gesamte Welterfahrung (...) Ja, genau wie 'n Baby halt strampelt. Das ist wohl die ultimate Selbsterfahrung für so eins (...) Ich denk, das ist mehr Selbsterfahrung, ja, weil es noch ergreifender ist, weil die Welt noch einfacher ist vielleicht. Und dann ist, weil es in diesem Runden, und nur gekritzelt, 'ne undifferenzierte, Freud würde sagen, 'ne ozeanische Welterfahrung, ist, wo es noch keine gegenteilige Richtungen gibt oder keine gegenteilige Meinungen oder, oder noch keine, in dem Moment, keine Ambivalenzen. Sondern wirklich nur das Eine, das sich in diesen Kreisen da ausdrückt. Und ich denke, das ist schon Selbstverwirklichung (...)

oder

> **Frau Q.:** (...) Also, ich denke, wenn, wenn 'ne Bewohnerin, Kreise malt und das mit Ausdauer und ist glücklich dabei und kann mir hinterher irgendwas erzählen, was sie in dem Bild sieht, ist es in ihren Augen 'ne Selbstverwirklichung (...) Ich denke mal, Selbstverwirklichung ist dann auch, wenn ich 'n Erfolg darin sehe, wenn ich was leiste. Und, wenn ich da so 'n geistig Behinderten seh, der, der eigentlich wenig kann, sich nicht anziehen kann, nicht selbständig essen kann, wie auch immer. Und er kann dann 'n Bild zeichnen, wo lauter kleine Kreise drin sind. Vielleicht verschiedene Farben, wie auch immer. Ist das 'n Ding, was fertig ist, also, was ja er geleistet hat, nur er alleine. Und das ist 'n gewisser Stolz. Ich hab was gemalt und das hängt jetzt hier an der Wand und das kann ich in mein Fach legen, das hab ich ganz alleine gemacht. Und das ist 'n gewisser Stolz, was er dann auch zeigt, indem er das sofort an der Wand haben will oder jedem zeigt oder halt sich auch ausdrückt, was es ist, was er da malt (...) Also, es kommt immer ganz auf den Entwicklungsstand von den Behinderten an. Ich denke, jedes Bild, und wenn da nur ein Strich ist, ist für ihn 'ne Selbstverwirklichung.

In den Gruppendiskussionen wurde darauf hingewiesen, dass nicht alle Menschen mit geistiger Behinderung in gleichem Maße eine Vorliebe für das Medium Kunst aufweisen und nicht jede Aktivität im Sinne einer Handhabung von Stiften als ein Selbstverwirklichungsprozess zu sehen ist. Diskutanten und Diskutantinnen berichteten aus ihrer eigenen beruflichen Praxis, dass Menschen mit geistiger Behinderung aus der Intention heraus, die Erwartungshaltung der Betreuungspersonen zu erfüllen und auf diesem Weg eventuell positiven Zuspruch zu bekommen, das Medium Kunst akzeptieren, wobei in diesem Fall das lustvolle Element wegfällt. Diesbezüglich wird an dieser Stelle eine Auswahl charakteristischer Meinungen der Diskutanten und Diskutantinnen dargelegt:

> **Frau W.:** Ja, das ist jetzt ziemlich, also das kann man, glaub ich, nicht so, vielleicht auch nicht so allgemein fragen. Natürlich kann man, wenn da Stifte liegen, kann man da was hinkritzeln oder das kann auch jeder machen, aber das muss nicht gleich Selbstverwirklichung sein. Also, ich glaub, da gibt es, da gibt es ganz viele Möglichkeiten der, der Erlebnisse, von eben gar nicht, bis hin zu einem wirklich eigenen, ich meine, wirklich eigenen Arbeit. Ja, das müsste man schon differenzierter diskutieren. *(lacht)* (...)

oder

> **Herr J.:** Ja, es gibt ja auch zwei Typen. Die einen, die dann irgendwie dann, da gibt man ihnen einen Tipp, fang doch mal mit Rot an oder mal doch mal was und dann entwickelt sich das weiter. Und jemand zum Beispiel, den, der, den ich kreativ nie mal irgendwie rankriegen kann, zum Beispiel Frau Y. *(Nachname einer Bewohnerin mit geistiger Behinderung)*, jetzt X. *(ihr Vorname)*. Der lege ich ein Papier hin und sage, mal doch mal mit Blau. Malt se mit Blau. Und dann guckt se wieder. Und dann sage ich, mal doch mal mit Rot. Dann malt se halt mit Rot. Aber das ist keine Selbstverwirklichung. Sie macht das halt, weil ich das von ihr möchte oder weil sie es halt erwartet halt (...) Und weil sie halt überhaupt nicht sagt, dass sie es eigentlich überhaupt nicht will.

oder

6. Selbstverwirklichungsprozesse ... über bildende Kunst?

> **Frau K.:** Und das empfinde ich dann immer ein, 'n bisschen als unsinnig. Dass sie was machen, weil se denken, sie müssten das machen.

Nach dieser Zusammenstellung allgemein gehaltener Aussagen der Diskutanten und Diskutantinnen werden im Folgenden die zehn Elemente dargelegt, durch die mögliche Selbstverwirklichungsprozesse erwachsener Menschen mit geistiger Behinderung gekennzeichnet sind.

6.2.5.1 Farb- und Materialwahl

Die Aussagen meiner Interviewpartner und Interviewpartnerinnen mit geistiger Behinderung bezüglich ihren Vorlieben für Farben und Materialien wurden von den Diskutanten und Diskutantinnen bestätigt und aus ihrer Sicht beschrieben.

Demnach ist die Farbwahl eine individuelle Entscheidung erwachsener Künstler und Künstlerinnen mit geistiger Behinderung:

> **Herr J.:** Also, ich glaube, Farbauswahl ist auch ganz spezifisch. Dass bestimmte Leute manche Farben mehr lieben als andere.

Selbst wenn Farben nicht benannt werden können, erfolgt trotzdem eine bewusste oder unbewusste Farbdifferenzierung und Farbauswahl:

> **Herr Eh.:** (...) Auch wenn sie die nicht benennen, aber das können sie total. Das ist hundert Prozent gestaltet und zusammengebaut.

Auch die Auswahl bestimmter Materialien erfolgt nach individuellen Vorlieben und Interessen:

> **Frau C.:** Manche Bewohner und Bewohnerinnen haben nun mal Vorlieben für bestimmte Materialien und Abneigungen gegen andere. Da sollten sie selbst entscheiden, was sie machen (...)

Die Materialauswahl ist darüber hinaus abhängig von individuellen Gefühlszuständen und Bedürfnissen erwachsener Menschen mit geistiger Behinderung:

> **Frau Beh.:** (...) Ich finde, dass jeder was anderes braucht. Die einen brauchen also so richtig irgend so 'n Geschmiere jetzt unten in der Ecke. Das stimmt für die. Und das isses für die in dem Moment jedenfalls. In dem Zustand. Der andere braucht 's vielleicht, was weiß ich, dass er nur Wasserfarbe nimmt anstatt Kreiden oder so was. Und, und irgendwie versuche ich, das ist immer subjektiv, versuche ich es, 'n Gespür dafür zu kriegen oder das zu erarbeiten mit diesen Menschen, wo könnte es für den langgehen (...)

Je nach Bedürfnis gestaltet sich die Materialwahl flexibel und variabel. Festgehalten werden kann, dass erwachsene Künstler und Künstlerinnen mit geistiger Behinderung im Bereich der Malerei autonome Entscheidungen hinsichtlich ihrer individuellen Materialwahl treffen:

> **Herr Eh.:** (...) Es entscheidet sich jeder für ein Material und ist dann auch intensiv dran. Und wenn ich fertig bin, kann ich etwas anderes probieren (...) Die haben ja alle ihr Material gefunden. Das sind in höherem Maße natürlich Stifte, Ölkreide, Wachskreide, Bleistifte, Buntstifte aber auch Temperafarben. Und die stehen da alle rum. Die finden so ihr Material (...)

Gleiches gilt für den Bereich der Bildhauerei:

> **Herr Ef.:** Das ist im bildhauerischen Bereich ähnlich. Was für den Maler Farbstifte sind oder Pinsel, das sind im bildhauerischen Bereich eben konkrete Werkzeuge. Wo dann Schwerstbehinderte ganz gerne damit arbeiten und unheimliche Ausdrücke zustande bringen. Die suchen dann ganz konkrete Werkzeuge aus, wo sie auch merken und fühlen, da kann ich mit arbeiten. Und dann hauen die wirklich oder raspeln und feilen auch nur. Mit diesem Werkzeug machen die ganz wunderbare Geschichten (...)

Autonome Entscheidungen in Bezug auf bevorzugte Arbeitsmaterialien werden von erwachsenen Menschen mit geistiger Behinderung über den Weg einer sinnlichen Wahrnehmung (Sehen, Berühren, Erspüren, etc.) getroffen.

6.2.5.2 Motivwahl und Ausgestaltung

So wie die Farb- und Materialwahl erfolgt auch die Motivwahl individuell und aus einem inneren Bedürfnis heraus. Die in diesem Kontext von beteiligten Fachleuten dargelegten Beispiele unterstreichen die Ausführungen der interviewten erwachsenen Menschen mit geistiger Behinderung. Das innere Bedürfnis, welches sich als künstlerischer Selbstausdruck in individuellen Motiven manifestiert, kann hierbei eine bewusste als auch unbewusste Umsetzung erfahren:

> **Frau R.:** (...) Er geht auch zur, jeden Morgen zur Andacht, ja, zur Messe und, also, ist sehr religiös und malt eben auch, das sieht man eben auch in seinen Bildern. Weil er, alle seine Bilder sehen religiös aus (...)

> oder

> **Frau Z.:** (...) Ich hatte mal im Altersheim, auf 'ner geschlossenen Station, habe ich mit einer alten Frau gearbeitet. Und die hat ein ganzes Jahr lang, ich kam wöchentlich ins Altersheim und hab dort im Stationszimmer mit ihr gearbeitet. So vier alte Frauen. Und die eine hat ein Jahr lang Bäume und Häuser gemalt. Immer Bäume und Häuser. Also, das war schon 'ne enorme Serie. Und das Interessante war natürlich auch wieder, das Pflegepersonal, die kamen immer mal rein und haben geguckt. Aber deren Bilder haben die ganz schnell nicht mehr interessiert. Ach ja, Bäume und Häuser. Und die konnten überhaupt nicht verstehen, dass ich wild auf diese Bilder war, weil, die Frau hat sie ja nicht kopiert. Die war immer, das war ihr Leben, die hat total das Wesentliche ge-

6. Selbstverwirklichungsprozesse ... über bildende Kunst? 157

malt damit. Was ihr wichtig war (...) Und das war für mich das Spannende. Wie kann man ein Jahr lang Bäume und Häuser malen und jedes ist anders? (...) Unglaublich. Und sie hat nie ein anderes als Vorlage gehabt (...) Ja, und diese alte Frau hat mal gesagt, da waren ein paar von ihr gehangen und dann sagt sie, die habe ich doch nicht gemalt. Ich bin doch nicht verrückt. Ich mal doch nicht immer Häuser und Bäume. *(lacht)* Bin ich denn verrückt? Und dann habe ich gesagt, ja, aber Frau so und so, doch, das haben Sie gemalt. Nein, ich bin doch nicht verrückt. Habe ich gesagt, aber da steht doch Ihr Name drauf. Meint sie, den hab ich nicht draufgeschrieben. Da musste ich lachen. Habe gesagt, richtig, den hab ich drauf geschrieben. Also, die hat nie ihren Namen drauf geschrieben. *(allgemeines Lachen)* Und so hat ses dann geleugnet.

Künstlerischer Selbstausdruck aus einem inneren Bedürfnis heraus bedeutet auch das Erstellen von Bildserien.

Künstlerischer Selbstausdruck aus einem inneren Bedürfnis heraus entsteht zum einen in einem Freiraum, d.h. Farb-, Material- und Motivwahl erfolgt individuell. Zum anderen kann auch eine Themenvorgabe bzw. eine bewusst vorgegebene Rahmenbedingung seitens der Mitarbeiter/der Mitarbeiterinnen den künstlerischen Selbstausdruck fördern, was folgendes Ankerbeispiel verdeutlicht:

Frau X.: (...) Und wir merken 's ja auch an den Workshops im Unterschied zu den laufenden Kursen, die wir hier haben. Vielleicht nämlich ein Thema vorgegeben ist, dass dann plötzlich die einzelnen über sich hinauswachsen können durch die Vorgabe. Während, wenn sie ganz frei gelassen werden, manche gar nicht so gute Ergebnisse bringen wie wenn gesagt wird, heute arbeiten wir im Zoo oder heute arbeiten wir bei der Feuerwehr. Das hat ja auch immer 'n Rahmen, vorgegebene Rahmenbedingungen, die aber dafür sorgt, dass ein Stück, jetzt sag ich mal, mehr Selbstverwirklichung eintreten kann als wenn diese Rahmenbedingung nicht gegeben war.

Frau W.: Das ist die Frage, ob das nicht 'ne romantische Vorstellung ist, praktisch aus dem Freien, aus dem Freien diese Selbstverwirklichung zu schaffen (...)

Nach Ansicht der Diskutanten und Diskutantinnen besteht eine Korrelation zwischen der künstlerisch-kreativen Ausgestaltung eines Werkes, bzw. der spezifischen Ausdruckssymbolik und dem Behinderungsbild des betreffenden Künstlers/der betreffenden Künstlerin:

Herr J.: Ich meine, bei unseren Leuten, die ja nun mal schwerbehindert sind, da, da ist es halt eher immer die Ausgestaltung, weniger das Motiv. Wenn de jetzt, Leichtbehinderte hast, dann hätteste, die würden immer das gleiche Motiv malen.

oder

Frau R.: (...) Natürlich arbeiten die hier nicht gegenständlich oder ganz selten. Meistens ist es so, dass halt die, je weniger, mehr geistig behindert die Leute sind, desto stärker ist so 'n expressiver Ausdruck da oder dann wird es meistens auch nicht so gegenständlich. Und je mehr die Leute vielleicht einfach nur einfach lernbehindert sind, desto mehr ist halt auch so ein Wunsch da, gegenständlich zu sein und da ...

Frau S.: Oder normal zu sein.

> **Frau R.:** Normal zu sein, möglichst normal zu sein. Normal im zwischenmenschlichen Verhalten oder überhaupt im Verhalten im Alltag.

oder

> **Herr Eh.:** (...) Also, so grundsätzlich kann man sagen, dass die psychisch Kranken etwas literarischer arbeiten, also mehr erzählen in den Bildern, weniger Farbe benutzen. Während die geistig Behinderten barocker sind. Auch die mit Epilepsie. Die malen mehr, brauchen mehr Farbe. Während psychisch Kranke ihre ganzen Geschichten oft mit Filzstift aufmalen, dass man alles sieht, was passiert ist, ja? Bildhaft. Während, das sind zum Beispiel alles Bilder von Menschen, die leicht geistig behindert sind. *(deutet auf Bilder, die an einer Wand lehnen)* Und da sehen sie, das haut voll rein. *(wendet sich an Frau A.)* Die haben keine Angst, ja? (...) Aber generell kann man das so sagen. Und wenn man wirklich bunte, farbige Kompositionen haben will, muss man mehr bei den Leuten mit 'ner leichten geistigen Behinderung nachgucken.

Motivwahl und Ausgestaltung können demnach u.a. als diagnostisches Instrumentarium angesehen werden.

6.2.5.3 Künstlerische Technik

Nach Ansicht der Teilnehmer und Teilnehmerinnen an den Gruppendiskussionen ist das Beherrschen einer künstlerischen Technik keine Voraussetzung für mögliche Selbstverwirklichungsprozesse erwachsener Menschen mit geistiger Behinderung über bildende Kunst und keine Voraussetzung zur Anerkennung ihrer künstlerischen Ausdrucksweisen als Kunst:

> **Frau L.:** Das wäre für mich eher so 'ne Frage, die später kommt. Also, wenn 's 'ne Voraussetzung wäre, da ginge ja bei vielen sogar der Bezug zur Kunst verloren (...) Der erste Pinsel ist ja die Hand. Ich würde nicht sagen, dass, um, um Kontakt, also zum Gestalten Übung nötig ist.

oder

> **Frau M.:** (...) Und, ja, dass wirklich keine Technik gebraucht wird, um Kunst zum, zur Kunst erklärt zu werden (...)

Der für einen Gestaltungsprozess notwendige Einsatz von Körperbewegungen, zum Beispiel Arm- und Handbewegungen, muss demnach nicht auf eine Pinselbewegung übertragen werden, sondern kann unmittelbar über den eigenen Körper erfolgen.

Grundlegend ist der Gestaltungswille im Rahmen individueller Fähig- und Fertigkeiten. Hierauf aufbauend ist dann das schrittweise Erschließen künstlerischer Techniken und künstlerischer Einflussnahme auf die Ausgestaltung eines Werkes möglich:

> **Frau M.:** Aus eigenen Fähigkeiten heraus etwas schaffen. Wenn du halt jetzt ganz wenig Fähigkeiten hast und damit irgendetwas anfängst, das ist genauso gut als wie wenn du viele Fähigkeiten hast.

6. Selbstverwirklichungsprozesse ... über bildende Kunst?

oder

> **Frau N.:** (...) Ich sehe das halt eher als, eben als positive Begleiterscheinung von der Entwicklung. Oder was er halt auch im Laufe der Zeit einfach dazulernen kann, was auch gut ist. Aber was nicht als Anfangspunkt stehen muss sozusagen. Nicht, erst muss ich das können und dann kann ich anfangen, sondern ich mache was und währenddessen lerne ich was. Genau das ist der Unterschied.

Auch ohne das Beherrschen besonderer künstlerischer Techniken ist es erwachsenen Menschen mit geistiger Behinderung möglich, in ihrem künstlerischen Selbstausdruck Wahrheiten zu beschreiben und die Seele eines Motivs auf dem Papier oder auf der Leinwand einzufangen. Die nachfolgend aufgeführte Gesprächspassage verdeutlicht dies:

> **Frau Beh.:** Ich hab 'n Mann, der da ein bisschen unbeholfen eben Tiere mag. Er hat dann einen Schmetterling gemalt und 'n Fisch. Und war ganz unglücklich, weil er 's ja eben nicht kann, wie er meinte. Und die Sachen waren wunderschön. Also, sie waren wunderschön. Und ich hab mich dann zu ihm gesetzt und hab gesagt, ja wissen Sie, es gibt Leute, die haben gelernt, es wirklich so zu malen, 'n Schmetterling wirklich so zu malen, wie, dass ich sehen kann, der und der Schmetterling isses. Nachtpfauenauge. Also sehen kann. Und es ist ganz unverwechselbar. Ich sag aber, Ihr Schmetterling, da ist was von der Seele des Schmetterlings. *(lacht)* Unbezahlbar. Also wirklich so, dass eben die Idee des Schmetterlings ...
>
> **Frau Z.:** Genau, genau.
>
> **Frau Beh.:** Und das hat er verstanden. Das war ein ganz, ganz einfacher Mann.
>
> **Frau Z.:** Ach, und das hat er verstanden?
>
> **Frau Beh.:** Wirklich ganz einfach. Die Idee des Schmetter ...
>
> **Frau Z.:** Oh, wie schön.
>
> **Frau Beh.:** Das hat er verstanden. Fing an zu strahlen, sagte, Sie sind aber lieb. *(lacht)* Fabelhaft, finde ich.

Trotzdem wurde das Aufzeigen künstlerischer Techniken für erwachsene Menschen mit geistiger Behinderung im Rahmen ihrer individuellen Selbstverwirklichungsbestrebungen als wichtige Aufgabe der Mitarbeiter und Mitarbeiterinnen gesehen:

> **Frau Z.:** (...) Also, seh dann was und biet dann an, sag, hier könnten Sie zum Beispiel mal mit anderen Farben mischen, Tusche einsetzen. Und schauen Sie mal. Und dieses Mittearbeiten. Das wird langweilig, das ist ganz schwierig. Schauen Sie mal. Das Bild muss 'ne Raumaufteilung haben. Von verschiedensten Richtungen gehe ich ran. Und weil, nur so kann ich überhaupt Lust erst mal auch wieder fördern oder auch überhaupt Lust machen auf Bilder.

Das Erlernen künstlerischer Techniken motiviert zum Weitermachen. Darüber hinaus kann sich aus der Beherrschung einer bestimmten künstlerischen Technik Selbstbewusstsein entwickeln. Diese Tatsache wurde in den Aussagen der interviewten Menschen mit geistiger Behinderung bestätigt.

In den durchgeführten Gruppendiskussionen wurde allerdings auch darauf hingewiesen, dass nicht alle Künstler und Künstlerinnen mit geistiger Behinderung den Wunsch nach der Beherrschung einer bestimmten künstlerischen Technik verspüren, sich jedoch trotzdem über das Medium Kunst einen Ausdruck schaffen bzw. sich selbstverwirklichen können:

> **Frau Beh.:** (...) Raumaufteilung ist für manche Leute eben, finde ich, genau das Falsche. Die haben keine, sie wollen keine, sie wollen unten hin am letzten Rand was kratzen.

6.2.5.4 Ausdrucksmöglichkeiten über bildende Kunst

Das Medium bildende Kunst bietet erwachsenen Menschen mit geistiger Behinderung die Möglichkeit zu einem kreativen Ausdruck ihrer Gefühle und zu einem Selbstausdruck. Die Diskutanten und Diskutantinnen bestätigen somit die Aussagen meiner Interviewpartner und Interviewpartnerinnen mit geistiger Behinderung. Exemplarisch können nachfolgend aufgeführte Ankerbeispiele wiedergegeben werden:

> **Frau E.:** Mir fällt noch der Aspekt ein, Gefühlszustände ausdrücken (...)
>
> **Frau D.:** Du meinst vielleicht auch, inwieweit die Möglichkeiten, Gefühle auch auszudrücken, beeinflusst werden durch dies bildnerische Tun (...)

oder

> **Frau L.:** (...) Das wär für mich 'n Kriterium, das sehr viel damit zu tun hat, mit seiner Selbstwerdung. Also, weil man eben auch Gefühle ausdrücken kann auf eine ganz einfache Weise (...)

Der kreative Selbstausdruck wurde überwiegend im Sinne eines Ausdruckes negativer Emotionen wie Wut und Aggressionen gesehen. Ferner gaben die an der Datenerhebung beteiligten Fachleute das Ausleben von Energie an:

> **Frau I.:** (...) Die R. *(Vorname einer Bewohnerin mit geistiger Behinderung)* hat ja vor einiger Zeit zu mir gesagt, als sie bei dir im, im Mandala-Malen war *(wendet sich an Frau A.)* ...
>
> **Frau A.:** Ah ja.
>
> **Frau I.:** ... im Mandala-Malen war, habe ich sie gefragt, wie war das gestern für dich und war 's schön und da hat sie gesagt, och, mir geht 's blendend, ich habe meine ganze Wut rausgemalt.

oder

> **Frau P.:** Bei der F. *(Vorname einer Bewohnerin mit geistiger Behinderung)* auch, wenn die malt, denke ich auch, dass die da ihre Aggressionen loswird (...)

oder

> **Herr G.:** (...) Auf der anderen Seite aber auch, wenn er großflächig und ausschweifend einfach malen kann. Das sieht dann 'n bisschen stupide aus auch, aber das macht er immer so gegen Ende

6. Selbstverwirklichungsprozesse ... über bildende Kunst? 161

seines, seines Tagesstättenbesuches. Da kann er 'ne ganze Menge Energie rauslassen. Die Sachen, die dabei rumkommen, die sehen dann auch sehr schön aus, eigentlich. Nun, ich weiß nicht, ob ihn das jetzt, warum fasziniert. Das heißt aber, Tatsache ist, dass er mit Wachsstift auf einem großen Blatt Karton große Striche machen kann halt. Ausschweifend, ne? Oder auch kleine, feste. Aber wirklich Energie ablassen kann auch.

Im Zusammenhang mit dem Selbstausdruck belastender Gefühle steht auch das Bearbeiten und Bewältigen von Problemen:

> Herr G.: (...) Und wenn man sie ein bisschen motiviert, dann macht sie eigentlich ganz schöne Dinge und eben meistens doch thematisch, so dass es Dinge sind, die sie halt beschäftigen, die sie dann eben mit Farbe auf 's Papier bringt ein bisschen (...)

Die Aufarbeitung von Problemen im Rahmen von Selbstverwirklichungsprozessen über bildende Kunst erfolgt nicht nur über die Gestaltung von Motiven, sondern auch über eine spezifische Farbgebung. Hierzu äußerte Frau Q. folgende These:

> Frau Q.: Ich denke auch, mit dunklen Farben, Schwarz, Grau, denke ich, hat das auch irgendwas, das ist meine Meinung, auch immer was mit der Kindheit zu tun (...) Ja, das war, irgendwas, so 'ne Schattenseite über der Kindheit (...) Ja, so sexuelle Dinge oder so was. Also, das ist meine Meinung. Oder Gewalt (...) Unterdrückung (...) Wenn man das so in der Krankengeschichte erlebt, das sind gerade die Bewohner, die halt auch gerade nicht so 'ne gute Kindheit hatten. Halt auch mit den dunklen Farben.

In diesem Kontext stellt sich die Frage, ob eine farbliche Ausgestaltung diagnostischen Charakter aufweist.

6.2.5.5 Wirkungsweisen bildender Kunst

Die Durchsicht der transkribierten Gruppendiskussionen ergibt verschiedene Wirkungsweisen auf die Lebensqualität erwachsener Menschen mit geistiger Behinderung, auf die nun näher eingegangen wird.

Ein künstlerisch- kreativer Prozess erwachsener Menschen mit geistiger Behinderung bewirkt aus Sicht der Fachleute ein unmittelbares Loswerden oder Rauslassen positiver oder negativer Emotionen, also eine direkte Spannungsableitung von Gefühlszuständen:

> Frau B.: (...) Das Raus wird direkt zum Ausdruck gebracht (...) Das ist so 'n Loswerden, so 'n Raus (...)

Künstlerische Materialien wie beispielsweise Leinwand oder Papier bieten Projektionsflächen für Ängste, depressive Stimmungen oder bedrückende Fantasien, so dass von einer kathartischen Wirkung des künstlerischen Selbstausdruckes ausgegangen werden kann:

> Frau X.: Der braucht das aber auch, um seine Fantasien irgendwie loszuwerden. Ja, diese Ängste, die er hat, die kommen natürlich auch daher, dass er voller Fantasien steckt, die angeregt werden, durch, auch viel durch das, was er sieht (...) Dass natürlich sozusagen sein, sein Innerstes da un-

glaublich auch, ja, von allen Seiten bedrängt wird und, und er sich tatsächlich 'n Stück vielleicht frei macht, wenn er so was auf 's Papier setzt (...)

oder

Frau Beh.: (...) Und alle sind gestorben und er saß dann da alleine und ist übrig geblieben und wollte nichts mehr, nicht mehr leben. Die haben den auf der Station einfach zu mir geschickt, weil, die haben gesagt, ach, Hauptsache, er ist hier mal weg. Und dann saß der da, die Schwester ging und sagte, ich kann nicht malen, ich kann nicht malen (...) Ich hatte da immer so wie Seidenmalerei so 'ne, also was, so was Verlaufendes. So ganz kleine Ecken. Nur damit die mal sehen, dass die Farbe sich bewegt oder so. Und sich mit was beschäftigen können. Dann hat er das gesehen und fing an, total wild zu malen. Also, der war nicht schizophren oder so, der war stark depressiv und uralt. Und 'n bisschen durcheinander vielleicht. Und fing dann an, 'nen Vulkan zu malen und dann ganz schwarze Striche drüber und richtig in Rage (...) Und hat dann vier Bilder voll geschmiert (...) So sieht 's in mir aus, hat er gesagt. Und dann ging er da rüber und es ging ihm irgendwie besser (...)

Kreativer Selbstausdruck bedeutet somit auch Befreiung und Änderung des Gefühlszustandes in Richtung Erleichterung oder Bessergehen. Hierbei ermöglicht das Medium bildende Kunst das Herstellen eines inneren Kontaktes, d.h. eines In-Kontakt-Kommens mit dem eigenen kreativen Selbst, sowie eines äußeren Kontaktes, d.h. einer Interaktion mit der Umwelt:

Frau H.: Aber, es ist dann in erster Linie Medium, um in Kontakt zu treten (...) Weil, viele Leute erreichen wir verbal nicht. Und indem man nur einfach da sind, erreichen wir einige auch nicht, sondern du brauchst irgendwie so 'n Zwischending, was 'ne Verbindung herstellt und das kann Kunst oder Tanz auch (...) Auch mit sich selber in Kontakt zu treten, aber auch mit, wieder, um mit der Umwelt in Kontakt zu treten. Wieder so 'n Kontakt zum Außen, nach außen, ist so 'ne Wechselwirkung.

Diese kreative, d.h. malerische, Interaktion mit der Umwelt trägt zur Verringerung aggressiver Ausbrüche bei:

Frau I.: (...) Und die R. *(Vorname einer Bewohnerin mit geistiger Behinderung)* zum Beispiel sagt, ich fühle mich heute gut, weil, ich hab mein, mein Frust gestern rausgemalt. Mein Ärger. Dann ist das für die 'ne ganz hohe Qualität. Weil, sie braucht 's eben nicht anders ausdrücken. In Form von Aggressionen oder von, von Leuteanmachen oder von Rumstänkern und solchen Geschichten (...)

Als weitere zentrale Wirkweise gaben die Diskutanten und Diskutantinnen eine mögliche Bewältigung zwischenmenschlicher Konflikte über einen künstlerisch-kreativen Prozess an, dessen Aufarbeitung über eine malerische Auseinandersetzung durchaus in eine sprachliche übergehen kann:

Herr G.: (...) Wie ich gerade 'n aktuellen Konflikt mit einer Bewohnerin habe und den würde ich vielleicht ganz gerne mit 'n bisschen Farbe ... Mal sehen, ob das klappt. Also, das bietet sich an,

6. Selbstverwirklichungsprozesse ... über bildende Kunst?

dass wir gemeinsam malen und darüber ins Gespräch kommen halt. Das ist mir halt auch sehr wichtig. Weil ich die Bewohnerin schon auch sehr mag und es mir nahe geht, dass wir beide den Konflikt haben (...)

Darüber hinaus kann die positive Wirkung von Kunst durch den Aspekt der Selbstbestätigung erklärt werden, der wiederum zu der Entwicklung von Selbstbewusstsein beitragen kann. Dazu Frau I.:

> **Frau I.:** (...) Oder so kreativ zu werden und dadurch wieder Bestätigung kriegen. Und diese Bestätigung heißt ja auch Aufwertung vom Selbstwertgefühl, das ist einfach klasse. Also, wenn ich, wenn ich mich ständig aufwerte oder sehr oft aufwerte, dann geht 's mir gut und damit verwirkliche ich mich auch irgendwo 'n Stück weit selbst (...) Also, ich denke eben, ganz wichtig ist, ist so dieser Aspekt auch der Bestätigung, der Selbstbestätigung. So, so was Positives erleben oder, oder erleben, bei mir ist was in Bewegung (...)

Allgemein lässt sich feststellen, dass eine positive Zustandsänderung im Sinne einer psychischen Gesundung als unmittelbare oder auch längerfristige Wirkung des Mediums bildende Kunst gleichzeitig als ein Wirkungsfaktor für mögliche Selbstverwirklichungsimpulse erwachsener Menschen mit geistiger Behinderung über dieses kreative Medium anzusehen ist. Dazu abschließend nochmals Frau I.:

> **Frau I.:** (...) Und dass es ihr insgesamt auch besser geht, zeigt ja, dass sie über diese Kreativität, über dieses Angesprochensein, über diese Mittel letztendlich auch in ihrer Persönlichkeitsentwicklung weiterkommt, in ihrer vielleicht auch Selbstverwirklichung.

6.2.5.6 Inneres Bedürfnis

Eine künstlerisch-kreative Tätigkeit im Sinn einer möglichen Selbstverwirklichung erfolgt aus einem inneren Bedürfnis heraus. Die Umsetzung eines inneren Bedürfnisses über künstlerische Materialien ist im Zusammenhang mit den Faktoren „Talent" und „Begabung" zu sehen:

> **Frau K.:** (...) Also ist doch irgendwas in ihr vorgegangen, sonst hätte sie es nicht getan (...)

oder

> **Frau M.:** Dass da einer seine Talente eben ausleben kann.

oder

> **Frau W.:** (...) Begabung bezieht sich ja auf ästhetisches Empfinden, also auch egal, ob man das jetzt so oder so ausdrückt. Man kann ja immer nur sich nach den eigenen Möglichkeiten ausdrücken, die werden hier ja unter anderem durch die geistige Behinderung bestimmt. Deswegen kann ja trotzdem 'n Gespür da sein oder eben 'n Gespür und 'n Bedürfnis, dem auch nachzugehen oder keins oder 'n bisschen Gespür, aber nicht der besondere Wunsch, so 'n Atelier zu besuchen (...) Oder also, wer, das, das ist hier bei uns zum Beispiel mit, das gehört mit in unsere Definition, dass

wir sagen, die Leute, die herkommen, die müssen, nicht die müssen, sondern die haben den Wunsch, künstlerisch tätig zu sein und dem zu folgen oder sie haben eben auch eine Begabung, sie haben ein ästhetisches Empfinden. Und das ist da, das haben wir denen nicht gegeben. Egal was sie geistig oder körperlich oder sonst wie für Einschränkungen haben. Das spielt nicht die Rolle.

Frau Y.: Die haben das Bedürfnis, das umzusetzen.

Frau W.: Ja, genau.

Frau X.: Ist ja auch noch mal unterschiedlich. Sie hat die Begabung und hat den Drang, das zu arbeiten und hat die Erfolge. Und dann haben wir jemand anderen, der hat nur den Drang und die Begabung für ein Motiv. Nämlich Haushaltsgeräte. Der hat aber nicht den Drang jetzt auszustellen. Aber er muss arbeiten und hat diese Begabung an der Stelle (...)

Abgesehen davon wurde der Aspekt Experimentierfreude als ein Bedürfnis erwachsener Menschen mit geistiger Behinderung angenommen:

Frau L.: Ja, oder vielleicht auch so was wie überhaupt Experimentierfreude (...) Wenn da so was entsteht wie 'ne Aufmerksamkeit und ein Wollen oder eine, eine Lust auch.

oder

Herr Ef.: Ja, ist auch so' n Gesichtspunkt zur Selbstverwirklichung. Nicht einfach sagen, geht nicht. Also erst mal probieren (...)

Bezugnehmend auf die innere Motivation erwachsener Menschen mit schwerstmehrfacher Behinderung beschrieben die Diskutanten und Diskutantinnen die Faktoren „Wohlfühlen" sowie „Lust, Spaß an Kreativität". Vorraussetzung hierfür ist allerdings eine atmosphärisch stimmige Umgebung. Im Folgenden wird diesbezüglich eine längere Diskussionssequenz wiedergegeben:

Herr J.: (...) Unsere Leute malen ja eigentlich nur, wenn sie sich wohlfühlen (...) Also, die produzieren also nur irgendwas, wenn se sich halt wohlfühlen und wenn die Umgebung stimmt. Wenn die Umgebung nicht stimmt und sie fühlen sich nicht wohl, würden von selbst, wenn jemand gern malt, würde er dann halt nicht malen.

Frau K.: Dazu gehört auch, dass die Umgebung stimmt, dass ich mich damit auch mit beschäftige. Und nicht jemandem 'n Blatt und 'n Stift hinzutun und sagen, so jetzt mal 'n bisschen was.

Herr J.: Was ich halt auch glaube, ich glaube, unsere Leute malen nur aus, nur aus, aus der Lust am Malen. Aus der Lust an der Kreativität. Und ich glaube nicht, dass sie malen wie Kinder, um, um ihr Leben zu verstehen oder bestimmte Situationen zu durchleben und, und dieses Malen als Medium nehmen für ihr psychisches Wohlbefinden. Das haben ja Kinder oft. Über, über das Malen bestimmte schöne oder schlechte Erlebnisse noch mal verarbeiten. Aber ich glaube, das machen auf jeden Fall unsere nicht, unsere Schwerbehinderten.

Frau K.: Da musste wieder differenzieren.

6. Selbstverwirklichungsprozesse ... über bildende Kunst? 165

> **Herr J.:** Ich rede gerade von den Schwerbehinderten. Unsere sind ja schwerbehindert. Ich glaube, unsere Leute malen nur aus Spaß am Malen. Aus Spaß an der Kreativität halt, ne? Nicht, um irgendetwas aufzuarbeiten (...)

Frau R. bezweifelte die Möglichkeit eines lustvollen Ausdruckes erwachsener Menschen mit schwerstmehrfacher bzw. schwergeistiger Behinderung über das Medium bildende Kunst. Ihren Erfahrungen nach ist dies in eingeschränktem Maße in Form von Gruppenprozessen möglich:

> **Frau R.:** (...) Und das ist irgendwie, ja, ich hab auch das Gefühl, das ist zu abstrakt. Also es ist, das war mein Empfinden. Dass es für die gar kein positives Erlebnis ist, also ihre, sich so auszudrücken. Sondern es ist für sie, für mich war es so, wirkt es so, dass für sie eine Art des Tuns, sie machen da was und, tja. Also da, was ich, das Einzige, wo ich das Gefühl hatte, dass es einen Unterschied gibt, ich habe mit ihnen dann mal so 'n Wandbild oder, also 'ne Wand bemalt. Und das war, das war etwas, da hatte ich das Gefühl, das begreifen jetzt auch die, die schwerst..., schwerstbehindert sind. Dass man da jetzt etwas zusammen macht. Dass das jetzt alle irgendwie machen und dass sie ein Teil von den Vielen dann sind (...) Aber das nehmen sie schon wahr, wenn man mit mehreren da was malt. Und dann kann man sie auch holen. Und dann machen sie nur einen Strich. Aber ich hab das Gefühl, das, das begreifen sie dann, dass sie da auch was Gemeinsames gemacht haben. Das war mein Gefühl. Also, es ist jetzt auch keiner gekommen und hat 's mit gesagt *(lacht)* (...)

Nach Ansicht einiger an der Datenerhebung Gruppendiskussion beteiligten Fachleute muss eine erforderliche Differenzierung in geistige Behinderung und schwerstmehrfache Behinderung vorgenommen werden. Dies widerspricht meiner Meinung nach der Feststellung, dass Selbstverwirklichungsprozesse während der Gestaltung eines sogenannten Kritzelbildes möglich werden können. Mitarbeiter und Mitarbeiterinnen vertreten also in diesem Punkt unterschiedliche Auffassungen. Das Vorhandensein eines inneren Bedürfnisses nach künstlerischem Selbstausdruck sollte jedoch auch erwachsenen Menschen mit Schwerstmehrfachbehinderungen nicht abgesprochen werden. Wichtig wäre ein sensibles Wahrnehmen und Beobachten ihres Verhaltens in Situationen des künstlerisch-kreativen Tätigseins, da eine Kommunikation über einen verbalen Weg oftmals eingeschränkt ist.

Da Selbstverwirklichungsprozesse erwachsener Menschen mit geistiger Behinderung individuell aus einem inneren Bedürfnis heraus entstehen, darf die Beschäftigung mit künstlerischen Materialien seitens der Betreuungspersonen nicht aufoktruiert werden. Entscheidungen gegen eine künstlerisch-kreative Bestätigung, die aus einem inneren Bedürfnis heraus erfolgen, müssen respektiert werden.

6.2.5.7 Individuelle Bildsprache

Erwachsene Menschen mit geistiger Behinderung verfügen über einen je individuellen Malstil, der charakteristisch für ihre Persönlichkeit ist:

> **Frau C.:** Und diese Kritzelbilder, die seh'n ja auch doch immer anders aus, also, oder bei jedem Bewohner ganz anders aus. Ganz schwache Striche, ganz dicke Striche, viele Striche, nur ein Strich.

oder

> **Frau Beh.:** (...) Die haben schon ganz eigene Stilrichtungen gehabt. Also, die man überhaupt nicht hätte verwechseln können. Überhaupt nicht. Und da waren auch ganz viel, teilweise auch geistige Prozesse mit eingeschlossen. Also, der eine hat sehr religiös gemalt (...) Jemand anders hat so mit Buntstift so Städte gemacht und dann so ganz seltsame Menschen da drin (...)

oder

> **Frau R.:** Also, ich könnte mir auch vorstellen, dass die Behinderten das als Selbstverwirklichung erleben, dass sie eigentlich so, also so behindert sein dürfen wie sie eben sind. Dass, dass wir jetzt eben nicht versuchen, ihnen einen Malstil beizubringen, der ja mit ihnen gar nichts zu tun hätte. Sondern eben wirklich nicht sagen, jetzt malen wir Stillleben und jetzt müssen alle zehn sich hinsetzen und das machen und wir machen das so lange, bis ihr alle das könnt. Sondern dass irgendwie ganz stark davon ausgegangen wird, jeder hat seinen eigenen Malstil, den bringt er mit, wenn er hier ankommt und den versucht man irgendwie, tja, eben da 'ne Hilfestellung zu geben. Und ich denke, das ja, das ist diese Freiheit, die man dann irgendwie braucht, um sich selbst zu verwirklichen (...)

Diesem Malverhalten liegt das innere Bedürfnis zu Grunde, unverwechselbare, bleibende Zeichen auf ein Papier zu bringen. Mit Hinweis auf die Entwicklungspsychologie beschrieb Frau D. die Umsetzung dieses Bedürfnisses wie folgt:

> **Frau D.:** Was mir noch zu den Mustern einfällt. Also entwicklungspsychologisch gesehen fällt mir bei den Menschen auf, die an der Stufe angelangt sind, so zwischen der Zwei- und Dreijährigkeit mindestens, dass sie zur Verfügung gestelltes Papier auffordert, wenn ich es mir nicht zu sehr einbilde, aber ich denke da zum Beispiel an I. *(Vorname einen Bewohnerin mit geistiger Behinderung)*, jetzt Zeichen aufs Papier zu setzen (...) Dass der Aufforderungscharakter, das ist ja beim Menschen angelegt rein biologisch, wenn du 's so nehmen willst, Zeichen zu setzen. Ich habe mit der Umwelt und so und irgendwie drängt es das Kind dazu, irgendwelche Zeichen zu setzen. Auf der Fläche, fängt ja an mit dem Urkreis. Und das macht die I. Sie ist auf der Stufe des Urkreises, allerdings so zackenartig, falls die Linienführung es erlaubt. Darüber hinaus kann sie 's nicht. Sie ist also so am Anfang der Zeichenentwicklung des Menschen. Das ist ja nix Künstliches, das kommt ja aus ihr heraus. Aus ihrem Entwicklungszustand, der durch ihre Lebensumstände, auch durch ihre geistigen Möglichkeiten, also dem geistigen Entwicklungsstand, sich einfach Raum verschaffen zu wollen. Da will sie wirklich kreativ werden, ja? Das ist in ihr angelegt schon. Da ist Papier, da ist 'n Stift und jetzt male ich was. Wenn ich nur Papier sehe, dann, da gucke mal und so

6. Selbstverwirklichungsprozesse ... über bildende Kunst?

weiter. Nicht immer und nicht dauernd. Aber der Bezug ist eindeutig da. Sie will ihre Zeichen setzen (...)

Diese Art der Zeichensetzung kann im Verständnis von Menschen mit geistiger Behinderung durchaus die Umsetzung verschiedener Motive beinhalten:

> **Frau P.**: Und wie A. *(Spitzname einer Bewohnerin mit geistiger Behinderung)* in einem Brief an Onkel Z. *(Nachname ihres gesetzlichen Betreuers)* malt, diesen Brief. Mal ist es 'n Haus, mal ist es 'ne Blume. Es sind ja immer die selben Zeichen, die sie malt.

Seinen eigenen Malstil zu finden bedeutet auch immer, seinen individuellen Spuren nachzugehen:

> **Herr Eh.**: (...) Jeder, der kommt, soll sich selbst erkennen und sich selbst ausdrücken und selbst zu seinen Spuren kommen. Also, keine Vorgabe, wir malen jetzt 'n Baum oder 'n Haus oder Tiere (...) Aber sonst, die Entscheidung liegt ganz bei den Menschen. Also, keine Einflussnahme (...) Da bei schwergeistig Behinderten fällt mir so auf, dass die sich Wege bahnen. Dass die Zeichnungen und Skulpturen immer was mit Spuren oder Wegen zu tun haben (...) Wie zum Beispiel, der die Spirale da in den Stein gehauen hat.

Spurensuche mit künstlerischen Materialien gelingt über Selbsterkenntnis und führt zu künstlerischem Selbstausdruck.

Der individuelle Malstil eines Künstlers/einer Künstlerin mit geistiger Behinderung wurde von den Diskutanten und Diskutantinnen auch als Schrift, Seelensprache und Bildsprache beschrieben:

> **Frau N.**: Es ist ja spannend, dass selbst in Kritzelbildern, dass da so viel, also, Gefühle auch drinstecken kann. Wie so 'ne Schrift eben. Was weiß ich, also, ob jemand ganz zart nur kritzelt oder eben ganz impulsiv (...)

oder

> **Frau L.**: (...) Aber das hat mich, da habe ich so gedacht, ja, dass, dass einmal die Seelensprache als Ausdrucksmittel, aber auch, auch, dass da richtige Talente sind.

oder

> **Frau Beh.**: Ich finde mehr, mein Ding ist immer, dass der Künstler, die Künstlerin versuchen sollte, oder dass ich versuchen sollte, mit ihm oder mit ihr gemeinsam eine eigene Sprache zu entwickeln, weil ich glaube, jeder Mensch hat 'ne ganz, ganz, ganz eigene Bildsprache. Gerade die, die nicht malen können, wie's so schön heißt, die im Krankenhaus total unter Medikamenten oder auch ohne Medikamente daherkommen. Noch nie wieder seit der Schule 'n Stift angefasst haben und es auch nicht können. Und die haben 'ne ganz eigene Bildsprache. Unverwechselbar.

6.2.5.8 Künstlerischer Selbstausdruck

Künstlerischer Selbstausdruck ist das Bildhaftwerden eines individuellen Selbstausdruckes:

> **Herr Eh.:** (...) Sondern es geht um Ausdruck, ganz individuellen Ausdruck, der hervorkommt und dann eben bildhaft wird (...)

Der künstlerische Selbstausdruck erwachsener Menschen mit geistiger Behinderung impliziert daher das Entwickeln eigener ästhetischer Vorstellungen:

> **Frau X.:** Dass der da seine eigenen ästhetischen Vorstellungen entwickelt (...)

Nach Auffassung der an der Datenerhebung beteiligten Fachleute bedeutet künstlerischer Selbstausdruck das Vergegenwärtigen von Fantasien und eine Auseinandersetzung mit diesen:

> **Frau Y.:** In seinen Fantasien. In seinen Bildern. Wieder angucken und sich vergegenwärtigen.
>
> **Frau X.:** Sich damit auseinandersetzen.

Ferner zeigen sich im künstlerischen Selbstausdruck Facetten der Persönlichkeit/des Selbst eines Künstlers/einer Künstlerin mit geistiger Behinderung:

> **Frau W.:** Was auch seiner Person, Persönlichkeit entspricht. Der ist also geistig und psychisch behindert. Der hat also auch 'ne Persönlichkeitsstörung so im Bereich so, ja, zwanghaft, ängstlich so. Und das findet sich in den Bildern wieder. Also könnte man sagen, er hat das auch noch mal mit den Mitteln der Kunst oder in den Mitteln, in diesen künstlerischen Ausdruck realisiert oder verwirklicht. Das ist ja noch 'ne andere Art des Verwirklichens. *(lacht)* Also, er ist kein anderer dadurch geworden. Aber es ist deutlicher geworden, dass es so ist wie er ist.

oder

> **Frau L.:** Auch sehen, was, was ich vielleicht sonst mit Wörtern nicht ausdrücken kann. Was ich, manchmal sind es ja auch ganz tiefe Dinge, die man, das Selbst kann ja auch verborgen sein oder verstrickt irgendwie. Das ist ja auch meine, meine Erfahrung, dass man im Bild immer was ausdrückt. Auch unbewusst (...)

Ein künstlerischer Selbstausdruck im Sinne eines Selbstverwirklichungsprozesses über bildende Kunst kann dabei gegenständlich oder ungegenständlich erfolgen:

> **Frau X.:** (...) Da kann man auch sehr schön sehen die unterschiedliche Art der Malweise, nicht? Ob jemand so gegenständlich realistisch das malen kann oder jemand sehr aus der Fläche arbeitet, aber mit genauso einem Feingefühl für Farbe und Linien wie jemand, der jetzt so gegenständlich arbeiten kann (...)
>
> **Frau W.:** Außerdem heißt es doch auch, wer abstrakt arbeitet, hat eine konkrete Vorstellung.
>
> **Frau X.:** Ja, wenn man von der Kunst ausgeht, dann heißt es ja, die konkrete Kunst. Die gegenständliche, abstrakte, absolute oder konkrete Kunst. Und ich glaub, Kandinsky nennt das dann den

6. Selbstverwirklichungsprozesse ... über bildende Kunst? 169

> großen Realismus. Da trifft sich das wieder, ja? Die große Abstraktion und der große Realismus, das fließt dann wieder ineinander.
>
> **Frau W.**: Und weil unsere Leute, was weiß ich, Flächen malen, kann es trotzdem sein, dass sie auch was sich vorstellen, was sie aber eben nur so realisieren können (...)

Als grundlegend erachteten die an der qualitativen Datenerhebung beteiligten Fachleute das Gewinnen von Vertrauen als ersten Schritt Richtung künstlerischem Selbstausdruck und möglichen Selbstverwirklichungsprozessen über bildende Kunst. Dazu kann eine Aussage von Frau M. angeführt werden:

> **Frau M.**: Ja, ich denke eben, wenn man Vertrauen gewinnt, kann man sich dann langsam öffnen auch. Also, vielleicht eben so verschlossene Seiten vielleicht mal so zulassen, die man bisher gar nicht so genutzt hat. Dass dieses Sich-Öffnen, Sich-Einlassen auf sich, auf das Material, so die Wahrnehmung auch mehr öffnen.

Der Aufbau von Vertrauen in die eigenen künstlerischen Fähigkeiten sollte durch adäquates Verhalten der Betreuungspersonen unterstützt werden. Hierzu zählt u.a. die Akzeptanz und Förderung von künstlerischem Selbstausdruck erwachsener Menschen mit geistiger Behinderung, die gegen ein ästhetisches Verständnis von Mitarbeitern oder Mitarbeiterinnen verstoßen:

> **Herr Eh.**: (...) Das gibt 's auch mal, das ist ja das Wichtige, dass wir auch Ausdrucksformen akzeptieren, die wir gar nicht mögen. Wenn wir merken, da steckt was drin und das muss weiterwachsen. Man kann ja nicht alles mögen. Aber man muss Toleranz aufbringen, das zuzulassen (...)

6.2.5.9 Lustbetonter Umgang mit Material und Motiven

Im Sinne des herausgearbeiteten Explikates stellt ein möglicher Selbstverwirklichungsprozess über das Medium Kunst für erwachsene Menschen mit geistiger Behinderung einen lustbetonten Umgang mit Material und Motiven dar:

> **Frau P.**: (...) Malt auch, freut sich dabei, lacht, wenn sie 'n Stift in die Hand bekommt und malt. Hm.

Das lustvolle Element impliziert eine sinnliche, basale Wahrnehmung von kreativen Arbeitsmaterialien, die auf diesem Wege das eigene Erleben bereichern können:

> **Frau N.**: (...) Und, und eben auch das Material, also auch die, allein die sinnliche Wahrnehmung und die Farben sind, allein das ist schon was ganz Wertvolles, was auch so dem, ja, dem Selbstwerden dienen kann, denke ich (...)

Lustbetonter Umgang bedeutet im Weiteren auch einen experimentellen Umgang mit Materialien, wobei vielfach für erwachsene Künstler und Künstlerinnen mit geistiger Behinderung das kreative Tätigsein im Vordergrund steht und nicht der sachgerechte Umgang mit Material:

> **Herr G.:** (...) Aber tatsächlich auch zulassen, bewusst, dass so Sachen wie Farbe scheinbar großzügig verschwendet wird, scheinbar. Ich erleb das auch, also, ich, wenn B. *(Vorname einer Bewohnerin mit geistiger Behinderung)* dann eben die Hälfte der Farben, die Farbe halt leider eintrocknen lässt. Das tut mir Leid, um's teure Material Leid, was B., halt nicht versteht, es zu verschließen. Aber andererseits hat sie mit dem Rest oder mit der anderen Hälfte wirklich was Schönes gemacht für sich.

Ferner kann das lustbetonte Element als das Umsetzen von Fantasien bzw. einer Verbindung von Fantasie und Realität beschrieben werden:

> **Frau W.:** (...) Man, also, als ob man irgendwelche Schalen oder Hüllen abwirft und das wahre Ich hervorkommt. *(lacht)* Gut, gut, das ist natürlich sein wahres Ich. Seine Fantasieorgien, die ihn beherrschen und die er bannen will auf Papier (...)
>
> **Frau Y.:** Weil es so lustbetont ist für ihn, damit umzugehen. Um das geht's, das Lustbetonte. Haben wir hier ja auch, das Lustbetonte. *(deutet auf ein Bild)* (...) Aber hier, ganz lustbetonte Dinge kommen dann natürlich auch. *(deutet auf ein weiteres Bild)*
>
> **Frau W.:** Und zwar in Kombination mit Personen, die er kennt. Also, das sind jetzt nicht nur Fantasiepersonen, sondern da hat er Fotos genommen von Leuten, von seinen Kollegen und Kolleginnen und verbindet das dann mit seinen lustbetonten Fantasien (...)

In diesem Kontext wird das lustbetonte Element jedoch von Frau Y. als Ausdruck eines Triebes und nicht als Form eines Selbstverwirklichungsimpulses gesehen:

> **Frau Y.:** Aber, so was würd ich nicht Selbstverwirklichung nennen, sondern das würd ich, ja, das ist 'n Muss, das ist, es ist wie ein, also, ich sag mal Trieb jetzt, das rauszusetzen (...) Wenn man Obsessionen freisetzt.

6.2.5.10 Weiterentwicklung und Entwicklung von Selbstbewusstsein

Selbstverwirklichungsprozesse erwachsener Menschen mit geistiger Behinderung über bildende Kunst ermöglichen vielfältige Weiterentwicklungstendenzen. Beispielsweise kann durch eine künstlerisch-kreative Betätigung ein lustvoller Zuwachs an Wissen und Können, d.h. ein Lernzuwachs, erreicht werden:

> **Frau M.:** (...) Also, für mich gehört auch zur Selbstverwirklichung, dass ich auch vielleicht Sachen an mir entdecke und entwickle, von denen ich gar nichts weiß. Also, und die ich dann erlebe, also in meinem, meinem Tun (...) Ja, er kann jetzt zum Beispiel seine, wenn er eben mal, weiß ich, feststellen, die Farbe gefällt mir besonders gut oder so was. Oder, ja, oder es macht Spaß, besonders große Bilder zu malen. Und ja, es kann ja für ihn so, so Vorlieben, zum Beispiel entdecken jetzt, was ihm gefällt. Oder feststellen, dass er irgendwas kann, was er vielleicht gar nicht gedacht

… hat. Weiß ich, Wellenlinien malen oder so. Was er halt vorher nie gemacht hat. Dass er das halt erst lernt beim Malen.

oder

Frau L.: (...) Also, dass es, ja, Spaß machen kann, eine Technik zu lernen. Oder irgendwie zu lernen, einen Stift zu halten (...)

oder

Frau D.: (...) Ja, dann einmal halt diese Sachen mit dem Lernzuwachs, durch Übungen, durch wiederholte Angebote, durch Sicherheit, sich dieser Sache, ja, mit größerer Freude noch zuzuwenden. Größere Selbstsicherheit, Steigerung der Selbstsicherheit und so (...)

Weiterentwicklung über bildende Kunst impliziert Selbsterkenntnis und führt zu der Entwicklung von Selbstbewusstsein.

Weiterentwicklung bedeutet nach Meinung von Frau N. auch die Schulung der Wahrnehmungsfähigkeit:

Frau N.: (...) Ja, dass irgendwie immer, wenn man irgendwas gestaltet oder mit, ja mit Farbe arbeitet oder wie auch immer, dass man dann gleich irgendwie immer so 'ne, auch Wahrnehmung schult (...) Also, dass ich einfach bewusster die Farben wahrnehme oder einfach, weiß ich was, die eigenen Hände wahrnehme oder irgendwie, der, der gestaltet das, das ist sicherlich auch was ganz Wichtiges, einfach die Wahrnehmung, dass die, ich, die Wahrnehmung sich erweitern kann (...) Ja, oder die Beweglichkeit erweitern an ganz konkreten Sachen.

Demnach besteht ein Zusammenhang zwischen sensibilisierter Wahrnehmungsfähigkeit und Körpererfahrung bzw. der motorischen Fertigkeiten von Künstlern und Künstlerinnen mit geistiger Behinderung, beispielsweise der Feinmotorik:

Frau N.: (...) Also, hat ja richtig was mit Fingerfertigkeit teilweise zu tun (...)

Des Weiteren wurde im Rahmen der durchgeführten Gruppendiskussionen das Entwickeln von Mut und Durchhaltevermögen im Verständnis einer Weiterentwicklung der Persönlichkeit angesprochen:

Frau Z.: Und 'n verpatztes Bild ist die größte Chance. Also, weil, dann sind se noch mal mutig. Dann sage ich aber auch, so, wenn Sie jetzt meinen, es ist verpatzt, haben Sie alle Chancen der Welt. *(lacht)* Wegschmeißen würden Sie 's sowieso. Jetzt sind Sie doch mal mutig, endlich jetzt. Und dann wird's oft richtig was Tolles.

Weiterentwicklung kann somit auch die Steigerung einer Frustrationstoleranz bedeuten.

Darüber hinaus kann eine Weiterentwicklung auch bedeuten, das eigene künstlerische Scheitern zu ertragen und einen Neuanfang zu wagen:

Herr Eh.: (...) Weil, wenn man künstlerische Arbeit macht, muss das Scheitern mit inbegriffen sein. Das weiß man als Künstler. Und man muss auch ertragen, wenn man scheitert, dass etwas nicht gelingt. Das hat nichts mit Strafe zu tun, das ist prozesshaft. Und wenn jetzt jemand sein Bild zerreißt und schreit, ich find das Mist, ich mach das kaputt, dann würd ich das eher unterstützen als zu sagen, bitte, jetzt versuch doch weiterzumalen (...)

Lustbetonte Weiterentwicklung befähigt erwachsene Menschen mit geistiger Behinderung zu der Entwicklung von Eigeninitiative:

> **Frau L.:** Also, so sich selber praktisch was vornimmt und was du auch sagtest *(wendet sich an Frau M.)*, dass die Eigeninitiative, also bis dahin, dazu, also, wirklich selbständig entwickeln. Das habe ich gesehen und ich brauch das und das und das. Also, vielleicht auch aus Erfahrung mit dem Material, das mache ich jetzt (...)

Eigeninitiative wiederum wird durch Selbsterfahrung erreicht.

Im Zuge eines Selbstverwirklichungsprozesses über das Medium bildende Kunst ist bei erwachsenen Künstlern und Künstlerinnen mit geistiger Behinderung die Entwicklung von Selbstvertrauen und Selbstbewusstsein ersichtlich:

> **Frau R.:** (...) Da heißt, sie wissen also, das ist ja 'ne Art von Selbstbewusstsein, das hier nur irgendwo herkommen kann. Und ich denke, es kann nur daher kommen, dass sie sich selbst verwirklichen. Also, dass es stimmt, was sie da tun. Dass sie halt wissen, was sie da tun und dass sie das auch machen wollen (...)

Der Aufbau von Selbstbewusstsein impliziert demnach die gelungene künstlerische Umsetzung eines inneren Bedürfnisses.

6.2.6 Sind Selbstverwirklichungsprozesse erwachsener Menschen mit geistiger Behinderung über bildende Kunst wahrnehmbar und beobachtbar?

Laut Aussagen der Diskutanten und Diskutantinnen sind Selbstverwirklichungsprozesse erwachsener Menschen mit geistiger Behinderung über bildende Kunst wahrnehmbar und beobachtbar.

Einige der an der Datenerhebung beteiligten Fachleute äußerten sich jedoch kritisch bzw. vorsichtig in Hinsicht auf Wahrnehmungs- und Beobachtungsmöglichkeiten von Selbstverwirklichungsprozessen schwerst- bzw. schwerstmehrfachbehinderter Menschen:

> **Frau C.:** (...) Bei anderen Bewohnern, die schwächer sind, lässt es sich nicht immer so leicht erkennen, wo das anfängt, wo die Selbstverwirklichung anfängt. Weil einfach, ja, die Kommunikation dann eben verbal nicht so ausreichend ist, wie auch immer. Also, da wüsste ich, da könnte ich schwer sagen, dass sie sich nicht selbstverwirklichen. Also, ich möchte das jetzt nicht ausschließen, dass sie sich selbstverwirklichen durch ihre Arbeit. Aber so konkret? (...) Und eigentlich sehe ich bei ihr keine Regung, wenn sie irgendetwas malt oder bastelt. Also, ich sehe keine Veränderung jetzt so in der Mimik. Von den Äußerungen müsste man noch mal näher drauf achten, ob die sich sehr unterscheidet zu sonst, zu der Zeit, in der sie nichts macht. Aber ich glaube, unterscheidet sich nicht so viel. Ich kann da leider, was heißt leider, ich kann da so erst mal keine Anzeichen sehen (...) Ich glaube, sie ist dann gar nicht richtig da, richtig bei der Sache, dass sie wahrscheinlich

6. Selbstverwirklichungsprozesse ... über bildende Kunst?

an etwas ganz anderes denkt oder ganz woanders ist mit ihren Gedanken. Also, sie macht halt nicht diese Bewegungen. Vom Handgeschick her und so geht das alles, aber wenn man ihr das Blatt zum Beispiel oder das Blatt wegnimmt, auf dem sie malt, dann malt sie auf dem Untergrund weiter. Von daher ist sie wahrscheinlich nicht so vertieft in die Arbeit. Andererseits weiß ich nicht, ob's ihr nicht doch etwas bringt (...)

oder

Frau R.: (...) Und daran, drüber 'ne Selbstverwirklichung zu erkennen, das fand ich, fand ich sehr schwierig. Und ich glaube, dass man, wenn man mit Schwerstmehrfachbehinderten arbeiten soll, mit Schwerstbehinderten, dass man versucht, das muss dann so über die Zeit gehen. Die brauchen viel, also, das ist aber auch nicht ein halbes Jahr, das sind eben Jahre, die man da haben muss, um mit denen zu arbeiten. Weil, so habe ich das eben erlebt, sie haben einfach nicht diese Konstante, dass sie länger an irgend 'ner Sache dran sind (...) Das ist, das finde ich eine sehr große Schwierigkeit. Denn man kriegt ja in dem Sinne kein klares Feedback. Also die, die ich da kennen gelernt habe, sind eben, ja, meistens derartig sprachbehindert, dass es ja dann eben nicht geht.

Als Argumente werden also eine erschwerte bzw. nicht mögliche sprachliche Verständigung sowie der zu lange Zeitraum einer dafür notwendigen Betreuung angegeben.

Ist eine verbale Beziehungsaufnahme nicht möglich, ist es wichtig, einen Kontakt über nonverbale Ebenen herzustellen. Das kann beispielsweise über die Wahrnehmung körpersprachlicher Signale erfolgen:

Frau D.: Aber es ist wichtig, doch, so was zu beobachten.

oder

Frau I.: Es ist ja bei geistig Behinderten viel wichtiger, oder noch wichtiger als bei, bei anderen Menschen, die ja doch ein Stück weit verbalisieren können, was sie brauchen oder auch nicht. Unsere Leute können 's halt oft nicht. Und die Schwerstbehinderten, für die, denke ich eben, ist es gerade ein schöner Weg auch (...)

Wahrgenommen bzw. erspürt werden können Veränderungen in der Ausstrahlung und im Verhalten erwachsener Künstler und Künstlerinnen mit geistiger Behinderung:

Frau N.: (...) So richtig, das hat alles was ganz Eigenes ausgestrahlt, also die Person widergespiegelt. Dass, eine ganz arg nette Frau hat dann, ja, so die Wolle so ganz sanft gewickelt, so gespürt, irgendwie so die Oberfläche. So diese verschiedenen Zugangsweisen dazu hat man da sehen können.

oder

Frau K.: Und das merkst du ganz deutlich am Verhalten.

oder

> **Frau B.:** (...) Wenn dies einfach spürbar ist, was immer das für eine Veränderung ist, aber wo man das spüren kann, wo man das einfach sieht, wo eine Person sich, Sprache hat. Ob da irgendwas sich weiterentwickelt hat. Wäre durchaus möglich. Es ist ja ein Selbstverwirklichungsprozess, wenn ich etwas mache und erkenne, das kann ich jetzt doch auch. Oder mehr. Und dass man das noch steigern kann. Dann ist es gelungen (...) Also, das kann dann auch über Jahre sein, der Zeitraum ist da nicht wichtig (...) Den Mut oder so, auch die Erfahrungen machen zu können, mal was anzufassen, was nicht so angenehm ist, weil es auch genau das ist, was man sonst wegstößt (...)

Aus diesem Verständnis von Selbstverwirklichung heraus werden verschiedene Zugangsweisen zu Materialien aus dem künstlerischen Bereich sowie Möglichkeiten der Weiterentwicklung sichtbar.

Hier drängt sich nun die Frage auf, welche Art von Verhaltensveränderungen von Mitarbeitern und Mitarbeiterinnen wahrgenommen werden können. Diesbezüglich können im Rahmen der strukturierenden Inhaltsanalyse der erstellten Transkriptionen vierzehn Elemente herausgearbeitet werden, auf die nachfolgend näher eingegangen wird.

6.2.6.1 Emotionalität

Selbstverwirklichungsprozesse erwachsener Menschen mit geistiger Behinderung können in der zum Ausdruck gebrachten Emotionalität von Mitarbeiter und Mitarbeiterinnen gespürt und erlebt werden. Emotionalität zeigt sich in der Ausstrahlung und in dem Eindruck, den ein Künstler oder eine Künstlerin hinterlässt:

> **Frau B.:** Wenn er so die Ausstrahlung hat, dass es ihm gut geht und so auch körperlich, ja, so im Einklang ist, wenn man das so merkt, Ausbrüche können nicht mehr kommen.

oder

> **Frau P.:** (...) Also, sie macht dann immer für mich einen glücklichen, einen zufriedenen Eindruck.

Eine glückliche, zufriedene Ausstrahlung zeigt sich sowohl psychisch als auch physisch und wird über eine prozesshafte Auseinandersetzung mit dem Medium Kunst erreicht. Beispielsweise stellt das Überwinden von Angst einen Prozess dar:

> **Herr Eh.:** (...) Dass die Angst verloren geht (...)

Als ein weiteres Beispiel wurde von den Diskutanten und Diskutantinnen das Rauslassen von Wut angeführt, welches sich im Verlauf der künstlerischen Auseinandersetzung in ein Glücksgefühl wandelt:

> **Frau I.:** (...) Auch, wenn Wut rausgelassen wird (...)

oder

6. Selbstverwirklichungsprozesse ... über bildende Kunst? 175

> **Herr Eh.:** (...) Selbst wenn jemand einen Stein hat und ihn zum Schluss ganz zerhauen hat, ist das ja ein künstlerischer Prozess. Und wir stellen dann auch die Rudimente aus. Das ist identisch mit heutiger Kunstauffassung (...) Und das lassen wir zu. Und darin liegt das Glücksgefühl (...)

Die im Verlauf einer künstlerisch-kreativen Betätigung entstehenden Glücksgefühle sind von Fachleuten zu spüren und zu sehen:

> **Herr Ef.:** (...) Am Ausdruck, am Fröhlichsein. Ausgelassene Freude. Das alles merkt man plötzlich. Dass es am Anfang nicht so war, dass der Mensch vielleicht noch ruhig und zurückhaltend war (...)

Während eines Selbstverwirklichungsprozesses über bildende Kunst werden also Verhaltensänderungen erlebbar. In diesem Kontext können zusammenfassend die Emotionen Freude, Spaß, Begeisterung, Stolz, Zufriedenheit, Glück und Selbstbestätigung herausgearbeitet werden. Exemplarisch wird dies an den nachfolgend aufgeführten Ankerbeispielen deutlich:

> **Frau B.:** (...) Und am Ende auch sehr viel Freude (...) Auf jeden Fall, wenn sich sicherlich eine Freude und Zufriedenheit zeigt, die in ihm ist (...)

oder

> **Frau C.:** (...) War ganz stolz drauf (...)

oder

> **Frau N.:** (...) Und denen hat das auch total Spaß gemacht (...) Ja, und man hat auch ganz deutlich halt, ja, also, die Begeisterung gespürt (...)

oder

> **Frau P.:** (...) Und da denke ich schon, dass se, also, Freude dran hat und sich irgendwie selbstbestätigt, oder? (...)

6.2.6.2 Lebendigsein

Im Zusammenhang mit dem Selbstausdruck von Emotionalität über das Medium bildende Kunst nannten die Diskustanten und Diskutantinnen den Aspekt des Gelöstseins bzw. des Lebendigseins:

> **Frau I.:** (...) Viele haben ja auch, zeigen ja auch Lösungen auf. Weil sie selber gelöst sind (...) Dass die dann einfach ihre bestimmten verfestigten Verhaltensmuster aufbricht und locker wird und, und gelöster wird und offener und so (...)

oder

> **Frau L.:** (...) Also, ich würde einfach schauen, ob da etwas von der Leben..., also, von der Lebendigkeit, von der Person mehr, mehr sichtbar wird. Und es gibt ja manchmal so Erlebnisse, da, wo man irgendwie sagt als jemand, also als Pädagoge, boh, jetzt sehe ich etwas mehr von dem Menschen. Da kommt plötzlich was zum Vorschein, was sonst vielleicht wieder in sich zusammensackt. Also, irgendwie so kleine Momente, wo was irgendwie lebendiger ist als sonst (...)

oder

> **Frau N.:** (...) Ja, ich glaub sowieso dann, dass das insgesamt so 'n Lebendigwerden sein kann (...)

In einer durchgeführten Gruppendiskussion wurde zwar eine Veränderung in Richtung des Lebendigwerdens beschrieben, eine Verbindung zu Selbstverwirklichungsprozessen erwachsener Menschen mit geistiger Behinderung aufgrund der eigenen kritischen Sichtweise des Phänomens „Selbstverwirklichung" allerdings abgelehnt:

> **Frau H.:** (...) Also, man merkt 's am Ausdruck, wenn jemand lebendig ist, denke ich. Gerade unsere Schwerstbehinderten, das ist ja das Fantastische, dass da gerade noch so viel, so viel machbar ist von, von, von sonst Strukturen, die so starr sind. Und wenn dann jemand lacht, der seit zwei Jahren noch nicht gelacht hat, weil man mit ihm bestimmte Sachen unternommen hat, das ist Lebendigsein und das ist total Klasse und das ist 'n wichtiger Prozess. Aber wie gesagt, ich würd 's nicht als Selbstverwirklichung beschreiben (...) Oder fröhlich sein oder auch weinen. Das ist, das hat ja alle Gefühlsqualitäten.

Werden die aufgeführten Ankerbeispiele insgesamt betrachtet, kann resümiert werden, dass ein Lebendigwerden unterschiedliche Gefühlsqualitäten umfasst und durch eine veränderte Ausstrahlung bzw. durch eine Verhaltensveränderung für Mitarbeiter und Mitarbeiterinnen sichtbar wird.

6.2.6.3 Einssein mit der Kunst

Übereinstimmend wurde als Kriterium für wahrnehmbare Selbstverwirklichungsprozesse erwachsener Künstler und Künstlerinnen mit geistiger Behinderung eine Verschmelzung mit dem künstlerischen Werk angesprochen. Dieses Einssein mit der Kunst umfasst dabei die Gesamtpersönlichkeit:

> **Frau Beh.:** (...) Was ist 'n Kriterium für Selbstverwirklichung? Ich denke, wirkliches Eintauchen.

oder

> **Frau W.:** Das macht sie mit ihrer ganzen Person, ist sie da an der Arbeit.

oder

> **Frau B.:** Wenn er eins wird mit dem Projekt, was immer er macht (...) Wenn es einfach leicht von der Hand geht, kann ich mir auch vorstellen. Also, nicht verkrampft oder noch, das kann ich nicht

6. Selbstverwirklichungsprozesse ... über bildende Kunst?

oder das will ich nicht, sondern einfach mit dem Werk, was immer es auch ist, im Einklang ist (...) Das Einssein mit dem Objekt, was man immer macht (...)

Dieses Einssein wird für Mitarbeiter und Mitarbeiterinnen sichtbar:

> **Frau Z.:** Ich finde, das kann man sehr genau sehen (...) Und dann gibt 's ne Zeit, wie inner Glashaube sitzen die. Nur wirklich die Person und das Blatt.

Darüber hinaus ist diese Verschmelzung auch spürbar:

> **Frau Beh.:** Und ich kenn das auch, dass das so 'n Sog ist, der die meisten, der die Außenstehenden meist mitzieht (...)

Das Einssein mit einem künstlerischen Werk bedeutet auch ein Hineinversetzen in eine künstlerische Thematik bzw. in den Aussagegehalt eines Exponates:

> **Frau K.:** (...) Aber ich dachte nicht, dass das so intensiv oder so, so gut wiedergegeben werden kann. Also, es ist schon, denke ich mir, für behinderte Menschen, da steckt auch 'n Stück Emotion mit drin, 'n Stück Gefühl mit drin. Dass die sich da inne Welt reindenken (...)

oder

> **Frau Q.:** (...)Was er sagt. Was er dann alles so hineinnimmt (...)

6.2.6.4 Konzentration

Die Verschmelzung mit einem künstlerischen Werk geht einher mit einer Vertiefung und Konzentration. Geschehnisse aus der unmittelbaren Umgebung des Künstlers oder der Künstlerin mit geistiger Behinderung werden nicht wahrgenommen. Eine tiefe Konzentration wird durch eine veränderte Schwingungsform der Gehirnströme erklärt:

> **Frau B.:** Wenn er so vertieft in die Arbeit ist und er sich nicht mehr ablenken lässt von der Außenwelt, könnte ich mir sehr gut vorstellen, dass da ein intensiver Schaffensprozess möglich ist für die Selbstverwirklichung.

oder

> **Frau L.:** (...) Also, das hat für mich viel mit dem Selbst zu tun. Wie er sich vertiefen kann dann.

oder

> **Frau P.:** Ja, F. *(Vorname einer Bewohnerin mit geistiger Behinderung)* ist vertieft in das, was sie malt (...) Also, sie ist abwesend (...) Ja, sie malt und bekommt dann, denke ich, nicht mit, was, was man von ihr will in dem Moment oder so.

oder

> **Frau X.:** Ja, dieses wirklich konzentrierte Sein und Bei-der-Sache-Sein, das ist auch 'n Zeichen dafür. Das ist ja, das ist ja nicht unter Leistungsdruck jetzt eine Konzentration, sondern Interesse und aus Freude an der Arbeit (...)

oder

> **Frau Z.:** (...) So das totale Eintauchen. Dass sie so konzentriert sind, das sieht man einfach (...)

oder

> **Frau Beh.:** Ja, man sieht es. Die Person und das Blatt (...) Weil, das sind ja auch andere, im Gehirn auch andere Prozesse. Alpha-Schwingungen, in denen man dann schwingt. Also, es ist einfach 'ne andere Schwingungsform. Nicht diese äußere Geschäftigkeit, sondern so 'n Ruhen in was, so was, In-sich-selbst-Schwingen oder In-dem-Prozess-Mitschwingen (...) Ich denk, Konzentration ist das Vehikel (...)

Abschließend kann festgehalten werden, dass sich Konzentration nicht durch Leistungsdruck von außen, sondern aus einer lustbetonten Beschäftigung erwachsener Menschen mit geistiger Behinderung mit Kunst heraus entwickelt. Nach Aussagen von Fachleuten ist die Konzentration sichtbar.

6.2.6.5 Ausdauer

Auch eine zunehmende Ausdauer kennzeichnet einen Selbstverwirklichungsprozess erwachsener Menschen mit geistiger Behinderung über malerische oder bildhauerische Gestaltungen:

> **Frau C.:** Also, ich fand, er war immer sehr vertieft in seine Arbeit, wollte auch nach der Stunde am liebsten die ganze Zeit weiterarbeiten (...)

oder

> **Frau K.:** Manche, das glaubst du gar nicht, wie viel Ausdauer die plötzlich haben können (...) Aber daran merke ich doch, das macht denen Spaß. Die fühlen sich wohl dabei und fühlen sich gut dabei.

oder

> **Frau L.:** Und da würde ich 's dann messen, wie hat der andere, der, meinetwegen der geistigbehinderte Erwachsene, wie viel Ausdauer ist eigentlich sonst da (...) Wenn das, wenn ich merk, da ist plötzlich mehr Ausdauer oder da ist Ausdauer, dann, dann ist da etwas, dann passiert da etwas. Dann ist da ein Prozess im Gange und der ist sehr wertvoll (...)

Ausdauer entwickelt sich durch eine lustbetonte Auseinandersetzung mit künstlerischen Materialien, wird durch Konzentration und Vertiefung zum Ausdruck gebracht und zeigt sich in dem Wunsch nach Weiterarbeit über einen gesetzten Zeitraum hinaus.

6. Selbstverwirklichungsprozesse ... über bildende Kunst? 179

Zunehmende Ausdauer erwachsener Künstler und Künstlerinnen mit geistiger Behinderung kann seitens des Betreuungspersonals durch einen Vergleich früher/heute wahrgenommen und erkannt werden.

6.2.6.6 Anspannung

Neben dem Aspekt der Entspannung wurde in einer durchgeführten Gruppendiskussion in Bezug auf eine erwachsene Frau mit schwerstmehrfacher, d. h. geistiger und körperlicher Behinderung, sichtbare Anstrengung und Anspannung während ihres Malvorganges beschrieben:

> **Herr J.**: Weißte, das ist auch wieder behindertenspezifisch. *(wendet sich an Frau A.)* Zum Beispiel Frau K. *(Nachname)*, die muss sich immer fürchterlich anstrengen (...) Also, da würde ich nicht sagen, sie ist irgendwie entspannt (...) Das ist auch anstrengend. Gerade sich halt auch zu konzentrieren. Sich auf ein Ding mal zu konzentrieren.

Anstrengung und Anspannung zeigen sich aufgrund des Versuches, sich zu konzentrieren. Berichten zufolge kann trotzdem davon ausgegangen werden, dass dieser Malvorgang lustbetont erfolgt. Zu vermuten ist, dass eine Entspannung erst nach Beenden der malerischen Tätigkeit zu beobachten ist.

Eine zu beobachtende Anstrengung und die damit einhergehende Körperanspannung während eines künstlerischen Prozesses erklärt sich meines Erachtens auch durch die bereits an anderer Stelle dargelegte Erkenntnis von einem künstlerischen Tätigsein als körperliche Arbeit, an der Muskeln, Sehnen, Gelenke usw. aktiv beteiligt sind.

6.2.6.7 Erschöpfung

Im Rahmen individueller Selbstverwirklichungsprozesse erwachsener Künstler und Künstlerinnen mit geistiger Behinderung ist gegen Ende eines künstlerisch-kreativen Gestaltens von Mitarbeitern und Mitarbeiterinnen Erschöpfung und Müdigkeit, hervorgerufen durch intensive lustvolle, konzentrierte, ausdauernde Auseinandersetzung mit Material und Farben, wahrzunehmen:

> **Frau Z.**: (...) Das erleb ich auch immer wieder, dass Patienten, Patientinnen sagen im Atelier, ich bin richtig erschöpft. Jetzt hab ich zwei Stunden gemalt und ich bin richtig quer. Ich bin müde (...) Man ist auch ausgepowert (...) Man ist dann leer, müde, kaputt, ausgelaugt (...)

Anspannung und Erschöpfung stehen im Zusammenhang. Eine Erschöpfung ist von Mitarbeitern und Mitarbeiterinnen zu sehen und, wenn erwachsene Menschen mit geistiger Behinderung sich verbal äußern können, zu hören.

6.2.6.8 Entspannung

Als ein weiteres wahrnehmbares Kriterium für Selbstverwirklichungsprozesse erwachsener Menschen mit geistiger Behinderung über bildende Kunst gaben Diskutanten und Diskutantinnen Entspannung an:

> **Frau D.:** Und bei B. *(Vorname einer Bewohnerin mit geistiger Behinderung)* kommt erst die Entspannung durch das Tun, falls es ihr Spaß macht (...) Entspannende Wirkung, ausgleichende Wirkung (...)

oder

> **Frau F.:** Bei H. *(Vorname einer Bewohnerin mit geistiger Behinderung)* kann man beobachten, wenn sie was tut, wo sie sich selbstverwirklicht oder wir das Empfinden haben, sie verwirklicht sich selbst, dann entspannt sie (...)

oder

> **Frau M.:** Vielleicht auch Entspannung. Das kann ich mir halt auch vorstellen. Wenn jemand dann sich vertieft oder sich, also konzentriert, dass er sich dann auch so, ja, dahingibt sozusagen. Sich entspannt dabei.

oder

> **Frau Q.:** (...) Ich würde sagen, entspannt. Also, das merkt man dann schon, wenn also, wenn se dann 'n Stift hält oder so (...)

Entspannung gelingt ausschließlich über einen lustbetonten Selbstausdruck mit einhergehender Vertiefung und Konzentration.

6.2.6.9 Autonomie

Autonomie, d.h. selbstbestimmte und unabhängige Entscheidungen, charakterisiert Selbstverwirklichungsprozesse erwachsener Menschen mit geistiger Behinderung. Autonomie beinhaltet bewusst getroffene Entscheidungen, beispielsweise eine bewusste Auswahl an Farben:

> **Herr Eh.:** (...) Das sind dann schon autonome Entscheidungen (...) Oder diese Frau, nur mit Buntstiften. Aber die kann nicht anders, weil, die will nicht anders, weil sie wie eine Dirigentin malt. *(lacht)* Verstehen Sie? *(wendet sich an Frau A.)* Das können Sie mit Farbe gar nicht machen. Ja, ich arbeite manchmal mit einem Saxophonisten zusammen, der kann nach diesen Bildern richtig spielen (...)

Autonome Entscheidungen hinsichtlich der Farbauswahl implizieren eigenes, selbständiges Handeln:

6. Selbstverwirklichungsprozesse ... über bildende Kunst?

Frau R.: (...) Dem ich dann ganz viele Buntstifte hingelegt habe, also so 'n ganz bunten Kasten. Und der dann an einem Tag ganz bewusst immer nur die Blauen, die Grünen und die Lilanen rausgenommen und die Roten und so nicht. Hätte ich ihm nie zugetraut. Also so, er hat sich das ganz klar so rausgesucht. Das hätte ich nicht gedacht, dass er das so überhaupt macht. Wenn er nur so stumpf dasitzt und, also irgendwie auch sehr schwierig zu verstehen ist. Eben auch nicht so viel sprechen kann (...)

Eine zunehmende Autonomie erwachsener Menschen mit geistiger Behinderung ist von Mitarbeitern und Mitarbeiterinnen an Verhaltensveränderungen wahrzunehmen, so zum Beispiel eine Befreiung aus der Fremdbestimmung und der Bevormundung durch ihren künstlerischen Selbstausdruck:

Frau S.: Das ist ja der ganz normale Individuationsprozess oder Entwicklungsprozess (...) Ja, wie auch bei den Nichtbehinderten. Dass man sich eben auch von Regeln und Normen dieser Gesellschaft befreien muss, wenn man zu sich selber finden will oder Dinge machen will.

Frau R.: (...) Und für sich selber festzustellen, das wäre jetzt nicht gut, wenn ich das machen würde, für mich. Und ich glaube, für die ist es ja noch viel schwieriger, irgendwie so den, der Außenwelt so 'ne Grenze zu setzen und zu sagen, ich weiß jetzt einfach, dass das nicht gut für mich ist. Weil, die Außenwelt also, das gibt's ja auch, dass sie es erst mal gar nicht schaffen, sich zu formulieren. Und die Außenwelt auf die gar nicht hören will, dass sie Individuen sind und sagen jetzt, ich will das aber nicht. So. Weil 's dann schwierig wird (...)

In diesem Verständnis bedeutet Autonomie auch ein Sich-Durchsetzen gegenüber der Umwelt und einen Wegfall von Unsicherheit:

Frau Q.: (...) Ich hab se dann irgendwie, irgendwann hatte ich dann mal akzeptiert, dass sie mehr Rot mag oder mehr Blau (...)

oder

Frau R.: (...) Die Farbe will ich nicht oder ich möchte jetzt 'n Buntstift oder ich möchte jetzt nicht hier sitzen, ich möchte lieber da sitzen oder so. Dass so 'ne Unsicherheit vielleicht auch wegfällt.

Darüber hinaus zeigt sich Autonomie durch ein Verständlich-Machen trotz eingeschränkter verbaler Möglichkeiten:

Frau R.: (...) Und beim, beim nächsten Treffen war das dann so, es gibt da Leute, die ganz oft sich auf seinen Platz setzen und in seinen Bildern rummalen (...) Dann habe ich ja schon lange gebraucht, um das zu merken. Ich dachte, es ist immer seins. Aber das war natürlich gar nicht seins (...) Und immer, wenn ich gehe, ich mach das immer einmal in der Woche, stell ich das weg, weil ich das schade finde (...) Und das hab ich das erste Mal so gemacht und beim zweiten Mal hat er zu mir gesagt, ich soll 's wegstellen. Er hat irgendwas zu mir gesagt, dass klar wurde, er möchte auch nicht, dass das da liegen bleibt (...)

6.2.6.10 Authentizität

Durch Selbstverwirklichungsprozesse über das Medium bildende Kunst erlangen erwachsene Menschen mit geistiger Behinderung Authentizität im Sinne einer Echtheit mit sich selbst:

> Herr G.: (...) Dann ist sie mit sich stimmig (...)

oder

> Frau H.: Echtheit mit sich selber.

Authentizität ist von Mitarbeitern und Mitarbeiterinnen in der eigenen individuellen Bildsprache zu sehen, die durch den persönlichen Ausdruck des Künstlers oder der Künstlerin mit geistiger Behinderung charakterisiert ist, sowie durch dessen bzw. deren Ausstrahlung:

> Frau Z.: Die Lücken und das Ausstreichen, ob das echt ist (...)

oder

> Frau S.: Also, für mich ist also hier 'ne Verwirklichung dann eben, wenn ein ganz persönlicher eigener Ausdruck entsteht. Wenn sich zum Beispiel etwas wiederholt oder ich sehen kann, das macht diese Person immer wieder (...) Oder das ist ihre Art, sich auszudrücken. Das ist eben was ganz Eigenes und Authentisches für mich dann. Und dass, daran kann ich es erkennen (...) Für mich, in einem authentischen Werk zum Beispiel. In einer Art von Authentizität. Entweder so wie der Mensch ist, dass er eben ganz echt wirkt, das ist dieser Mensch. Oder eben, also ich, natürlich sprech ich, wenn ich von der Kunst spreche, in einer Ausdrucksform, die auf viele Menschen wirkt, weil sie so authentisch ist oder echt wirkt. Wo nichts Aufgesetztes ist, sondern die strahlt, weil sie, ja, echt ist für diese Person.

Demnach beruht auch die Wirkung von Bildern erwachsener Künstler und Künstlerinnen mit geistiger Behinderung auf ein Publikum auf Authentizität.

Zu beobachten ist ferner eine zunehmende Sicherheit in der Strichführung:

> Frau X.: (...) Aber man sieht natürlich, der setzt den Strich hier hin, ja, und das sitzt. *(zeigt Frau A. das Bild)* Und dies ist einfach, wie der das, ich hab auch 'ne Weile zugeguckt, mit welcher Sicherheit der das macht.

Zusammenfassend kann somit Folgendes hinsichtlich eines Erkennens von zunehmender Authentizität erwachsener Menschen mit geistiger Behinderung festgehalten werden:

> Herr Eh.: Ja, in einer immer reicher werdenden Arbeit zum Beispiel (...)

6.2.6.11 Emanzipation

In einer durchgeführten Gruppendiskussion wurde der Aspekt der Emanzipation im Sinne einer fortschreitenden Befreiung aus Abhängigkeitsverhältnissen zu Gunsten einer eigenverantwortlichen Lebensgestaltung und Weiterentwicklung der Persönlichkeit angesprochen. Nach Ansicht der an dieser Diskussion beteiligten Fachleute ermöglicht ein lustbetonter Selbstausdruck über Malerei und Bildhauerei erwachsenen Künstlern und Künstlerinnen mit geistiger Behinderung Emanzipationsprozesse, welche sich einheitlich vollziehen. Emanzipationsprozesse werden im künstlerischen Werk durch einen authentischen Ausdruck und an der betreffenden Person durch eine umfassende Weiterentwicklung sichtbar. Somit ist das Ermöglichen von Emanzipationsschritten Aufgabe von Mitarbeitern und Mitarbeiterinnen im Rahmen der Assistenz und Begleitung:

> **Herr Eh.:** (...) Also, da sind wir schon daran interessiert, dass diese Emanzipation einheitlich geschieht. Mit den Menschen und mit seinem Ausdruck, mit seinen Fähigkeiten zu gestalten (...)

Emanzipation entsteht zunächst in einem künstlerischen Freiraum. Durch eine Weiterentwicklung der Persönlichkeit werden Emanzipationsschritte auch in anderen Bereichen wie beispielsweise einer Wohngruppe transparent. Oftmals kommt es dann in diesen Lebensbereichen zu Konflikten, was folgendes Ankerbeispiel eindrucksvoll beschreibt:

> **Herr Eh.:** (...) Zum Beispiel eine leicht geistig behinderte Frau, die naive, farbenfrohe, wunderbare Bilder malt (...) Und diese Frau, die ist auch sehr viel gegängelt worden. Da, wo sie wohnt, wurde ihr immer vorgeschrieben, wie sie sich zu verhalten hatte, wie das Leben aussieht. Und dadurch, dass sie mit ihren Bildern so viel Erfolg hatte, hat sie sich dem immer mehr widersetzt. Sie war eine von denen, die viel Geld hatte (...) Und da gab es einen ständigen Kampf zwischen den Betreuern in der Gruppe und dieser Frau. Weil die Frau andere Vorstellungen von Emanzipation hatte als die Gruppenleitung. Und ihre Form von Emanzipation wurde hier im Haus gebilligt und dort nicht. So kam sie dann fast täglich zu mir, um mir ihr Leid zu klagen (...) Ich kannte die ganze Geschichte von F. *(Vorname)*, wie traurig sie war und so weiter. Dass man auch, wenn sie Bilder gemalt hatte, 'n Karton holte, die Bilder da reintat und innen Keller brachte. Lauter solche Sachen. Oder sie hat von ihrem Geld fast nur bunte Perlen gekauft, Bänder und Strickjacken und fühlte sich dadurch ganz sie selbst (...) Ich denke schon, Emanzipation ist auch, wenn die Leute ihr Glück konkretisieren. Das war natürlich keine vernünftige Emanzipation im herkömmlichen Sinn. F. litt dauernd unter Geldmangel. Je mehr sie hatte, desto mehr hat sie auch ausgegeben, meistens für sinnlose Sachen. Irgendwann hatte sie gar kein Geld. Sie war im Einkaufszentrum und sah dort so eine Weihnachtsleuchte, ja? Die war einmal da. F. wollte die haben. Sie war so begeistert, hatte aber kein Geld. Was hat sie gemacht? Sie hat die Weihnachtsleuchte genommen, sie hinter einer Waschmaschine versteckt. Und dann ist sie zu mir gekommen und mich angebettelt, dass ich ihr 'n Vorschuss gebe. Mit diesem Vorschuss wieder zurück, dieses Ding hinter der Waschmaschine hervorgeholt und dann bezahlt. Also, eine tolle Logik. Sie hatte Angst, dass es ein anderer kauft und es für sie weg ist. Na ja, durch diese Erzählungen und die Nähe zu diesen Leuten kenne ich viele,

kenne ich jede Menge solcher eigenartigen Geschichten, die alle was mit individueller Emanzipation zu tun haben (...)

Emanzipation erwachsener Menschen mit geistiger Behinderung bedeutet Konkretisierung von Glück durch zunehmende Entwicklung von Selbstbewusstsein und Durchsetzungsvermögen sowohl im künstlerischen Freiraum als auch im täglichen Leben.

Allgemein ergibt sich aus der strukturierenden Inhaltsanalyse dieser Transkriptionen, dass Emanzipation in allen kreativen Freiräumen, also auch im Bereich der darstellenden Kunst oder der Musik, möglich werden kann und Kunst eine Vorreiterrolle übernimmt.

Angeregt durch künstlerische Freiräume können in Wohngruppen bzw. Wohnheimen für Menschen mit Behinderungen diese Impulse umgesetzt werden. Als eine positive Folge kann eine Verringerung von Hospitalisierungstendenzen angegeben werden:

> **Herr Eh.:** Ja, man merkt nach einiger Zeit der Arbeit hier, dass man durch diese Kunstarbeit Emanzipation in die Wege leitet (...) Wir haben ja auch 'ne Theaterwerkstatt, da ist das ähnlich. Wir machen Dinge, die, die dann (...) vielleicht ein paar Jahre später auch in den Häusern, in den Gruppen versucht werden. Also zum Beispiel die Hospitalisierung in H. *(Name einer Einrichtung)* nimmt ab. Ganz deutlich. Als ich hierher kam, war das schlimm. Also, die Leute hatten nicht gelernt, Straßenbahn zu fahren oder alleine einzukaufen. Das wird anders. Einfach weil auch in den Gruppen angekommen ist, wenn die das nicht können, gut, muss man es eben trainieren. Und wenn jemand dann alleine in die Stadt fährt und auch alleine sich ein Hemd kauft, dann ist das natürlich 'ne riesige Emanzipation bei einem Menschen, der das zehn Jahre nicht gekonnt hat. Und kein Grund sprach jemals dagegen, dass er das nicht konnte. Sondern die Struktur war so, dass es nicht ging (...) Ja, und heute fahren die dauernd Straßenbahn. Und da war erst die Ausstellung der Anlass, mit der Straßenbahn mal zu fahren.

Kunst kann einen Anstoß zur Weiterentwicklung lebenspraktischer Fähigkeiten geben.

Nach wie vor kommt es jedoch zu Diskrepanzen zwischen Bereichen der bildenden Kunst und Wohnbereichen für Menschen mit Behinderungen, bedingt durch entstehende Transfereffekte von künstlerischen Bereichen auf Bereiche des Alltags. Ein Bedingungsfaktor stellt meines Erachtens mögliches Konkurrenzverhalten von Mitarbeitern und Mitarbeiterinnen aus Wohngruppenbereichen und darüber hinaus Angst vor einem professionellen Umdenken dar:

> **Herr Eh.:** Ja, ein anderer Faktor ist, das hast du sicher auch schon gemerkt *(wendet sich an Herrn Ef.)*, dass viele Betriebsleiter oder Gruppenleiter im Betrieb Angst haben, dass die Leute durch die Kunst aufsässiger werden oder freier. Nicht mehr alles machen, was sie machen sollen. Das ist aber normal, wenn jemand merkt, dass er Fähigkeiten hat. Dann muss man ihm eine Arbeit geben, die Wert hat. Es muss ja nicht sofort die Kunst sein.

6. Selbstverwirklichungsprozesse ... über bildende Kunst?

Ein Umdenken von Betreuern oder Betreuerinnen kann durch die Beobachtung erwachsener Menschen mit geistiger Behinderung in ihrem künstlerisch-kreativen Tätigsein erfolgen und impliziert die Akzeptanz von Emanzipations- und Selbstverwirklichungsprozessen über das Medium bildende Kunst:

> Herr Ef.: Tja, eine blinde Frau, ich glaub, die ist fünfunddreißig oder so. Da wurde mir von den Betreuern gesagt, also, geht nicht. Also erst mal isse blind, dann isse noch körperlich behindert. Plastisch arbeiten geht doch gar nicht. Hab ich gesagt, tja, frag se doch einfach mal, vielleicht will ses sogar. Man hat gemerkt, also, sie hat zwar nicht so den Zugang gehabt, aber da hab ich gesagt, versuchen wir 's einfach mal. Die erste Woche kommt se einfach mal wenn se Lust hat vorbei und hört sich das an, wie die Leute da arbeiten. Und probiert mal. Hab ich ihr 'n Speckstein gegeben. Und in der zweiten Woche hat sie angefangen zu arbeiten. Und hat also, mit meiner Hilfe natürlich, also eine Skulptur gemacht. War wunderschön. Das, hab ich mir gedacht, hätte man nie geglaubt. Ist toll. Das sind Sachen, die unheimlich toll sind. Wenn dann so Leute in so alten festgefahrenen Strukturen verharren und plötzlich sagen, geht gar nicht, glaub ich nicht. Und dann plötzlich sehen, das geht doch.

Assistenz bedeutet in diesem Zusammenhang ein Ermöglichen von Emanzipationsbestrebungen und basiert auf der Fähigkeit zur Reflexion des eigenen beruflichen Handelns. Dazu kann abschließend dieses Ankerbeispiel angeführt werden:

> Herr Eh.: (...) Ich hab die Plakate gemalt und die Einladungskarten und merkte dann immer mehr, dass das ja auch ein Wegnehmen von Emanzipation ist, ja? Bilder dürfen sie malen, aber was gut ist, entscheide ich (...) Und da hört Emanzipation eigentlich schon auf, wenn man im Vorfeld weiß, wie 's sein sollte.

6.2.6.12 Soziale Kompetenz

In einem fortschreitenden Selbstverwirklichungsprozess erlangen erwachsene Menschen mit geistiger Behinderung soziale Kompetenz durch die Übernahme neuer Rollen (als Künstler/Künstlerin, als Preisträger/Preisträgerin etc.) Soziale Kompetenz ist für Mitarbeiter und Mitarbeiterinnen in der Beobachtung der Rollenausgestaltungen (wie z.B. Präsentation in der Öffentlichkeit), also am Verhalten, ablesbar:

> Frau W.: Ich finde das mit der sozialen Kompetenz auch in dem Zusammenhang gut, also dass jemand in der Lage ist, durch dieses Erlebnis also nicht nur selber etwas Eigenes hier auf 's Papier zu bringen, sondern darüber hinaus auch noch zu erleben, dass andere Menschen das beachten und besprechen. Und die das in einer öffentlichen Veranstaltung erfahren, also, eine Ausstellung, dass sie plötzlich eine neue Rolle haben dadurch. Zwei neue Rollen eigentlich. Hier das zu machen im Atelier und dann später Autor oder Autorin dieser Arbeit zu sein. Das ist eine neue Rolle (...)

Das Erlangen sozialer Kompetenz bedeutet für erwachsene Menschen mit geistiger Behinderung die Möglichkeit, sich neu zu definieren:

> Frau W.: (...) Und dann hat sie von ihm diese Arbeiten da umgearbeitet für dieses Faltblatt. Und er weiß jetzt, dass seine Arbeit hier in der ganzen Stadt verteilt wird. Also, das ist für ihn natürlich,

er geht er meinetwegen irgendwohin und sieht das in einem Ständer stecken, in einem öffentlichen Gebäude oder so. Das kann also durchaus passieren. Oder er geht zu Verwandten und zu irgendjemand nach Hause und die haben das halt auch bekommen mit der Post. Das sind so Dinge, die, die man eben nur durch diese Kunst auch erleben kann. Also, das würde jetzt ein anderer Beschäftigter, der nur in der Werkstatt Metallarbeiten macht, nicht erleben können. Weil ja nur dieses hier eben veröffentlicht wird (...)

Soziale Kompetenz zeigt sich ferner in einer Persönlichkeitsentwicklung auch gegen einen äußeren Widerstand und kann an einer Akzeptanz und einem Aushalten von Ereignissen erkannt werden:

> **Frau W.:** Also, das wäre, wie du sagst, *(wendet sich an Frau X.)*, Persönlichkeitsentwicklung und soziale Kompetenz. Auch auf Widerstand (...)
>
> **Frau X.:** Und das zu akzeptieren und auszuhalten, dass man dann mal nicht gesendet wird oder den Preis kriegt, gehört für mich genauso zur Persönlichkeitsentwicklung wie, dass man Erfolg hat.

Das Erlangen sozialer Kompetenz beinhaltet also auch die Entwicklung von Konfliktfähigkeit.

6.2.6.13 Selbstbewusstsein

Wie bereits mehrfach thematisiert, kommt es im Rahmen von Selbstverwirklichungsprozessen über bildende Kunst zu einer Entwicklung von Selbstbewusstsein. Anerkennung von außen und Stolz sind diesbezüglich die Indikatoren:

> **Herr G.:** Mit mehr Selbstbewusstsein.

oder

> **Frau N.:** Das glaub ich, dass das auch noch so 'n wichtiger Aspekt ist, ja, dass so jemand auch stolz sein kann auf sein Werk. Also, dass man irgendwie wirklich was geschafft hat. Also, das ist ganz direkt, sozusagen auch das Selbstbewusstsein steigert, also irgendwie (...)

oder

> **Frau S.:** (...) Und sie bekommen Anerkennung dafür und leben das einfach so, ihre Art. Das gibt eben auch ein ganz großes Selbstbewusstsein. Diese Anerkennung von außen (...)

Die Entwicklung von Selbstbewusstsein ist von Mitarbeitern und Mitarbeiterinnen an Verhaltensveränderungen ablesbar.

Zunächst zeigt sich eine Zunahme von Selbstbewusstsein in der Entwicklung von Zutrauen in eigene Fähigkeiten.

6. Selbstverwirklichungsprozesse ... über bildende Kunst?   187

Zögerliche, vorsichtige Handlungen im Sinne eines Sich-nicht-Trauens werden weniger:

> Herr Eh.: (...) Oder auch, am ersten Tag ist der, der zum ersten Mal einen Stein behauen soll, sehr vorsichtig und traut sich nicht (...) Und nach drei Tagen, da ist der nicht mehr zu bremsen, dann weiß er, wie 's geht (...)

Aufbauend auf ein verstärktes Zutrauen können zunehmende Präsenz und Bestimmtheit beobachtet werden:

> Frau R.: (...) Auch Freude, ja, auch 'ne Art von Bestimmtheit, die jemand bekommt, vielleicht. Also, bestimmter zu sein, da präsenter zu sein (...)

Des Weiteren wurde ein zunehmendes Vertrauen auf eigene Gefühle, auf das manchmal Nichterklärbare der Kunst und auf die eigene Intuition angesprochen:

> Herr Eh.: (...) Diese Elemente vom Unbewussten sind ja wunderbar. Dass man mehr auf etwas vertraut, weil der Kopf es nicht bringt, was irgendwo sitzt. *(deutet auf Bauch- und Brustbereich)* Und da ist dann für uns die Emanzipation, dass Leute merken, ich hab meine Gefühle, auf die kann ich mich verlassen, wenn der Kopf schon nicht funktioniert. Also, vielleicht geht das alles, was 'ne Bestätigung bringt. Und wenn einer tagelang an so 'nem Stein rumhaut und der dann gut aussieht, obwohl man nicht weiß, was es sein könnte. *(lacht)* (...)

Selbstbewusstsein kann darüber hinaus in einer Lust an Inszenierungen erkannt werden:

> Frau X.: Und er deckt das unten immer ab, damit nicht 's verwischt wird, wenn er oben arbeitet. Dann war das das letzte Mal ganz toll, er hat das Blatt verdeckt. Und ja ganz spannend, dann wird das verhüllt, damit man vom übrigen Werk nichts sieht (...)

6.2.6.14 Physische und psychische Gesundung

Durch fortschreitende Selbstverwirklichungsprozesse beobachteten Diskutanten und Diskutantinnen physische und psychische Gesundungen der erwachsenen Menschen mit geistiger sowie seelischer Behinderung. Eine Erklärung findet sich in den bereits an anderer Stelle dargelegten spezifischen Wirkungsweisen des Mediums bildende Kunst.

Auf physischer Ebene bewirkt eine tiefe Konzentration und Entspannung das Vergessen bzw. das tatsächliche Auflösen von körperlichen Schmerzen wie beispielsweise Rückenschmerzen:

> Frau Beh.: (...) Auf einmal sind die Rückenschmerzen weg. Auf einmal ist das alles unwichtig (...)

Eine Verschmelzung mit einem Bild lässt vergessen:

> Frau Z.: (...) Aber sie waren erstaunt, wie sie alles vergessen haben und nur noch beim Bild waren.

Auf psychischer Ebene können Lebenskrisen und Konflikte durch eine künstlerische Tätigkeit in Vergessenheit geraten:

> **Frau Beh.:** (...) Auf einmal gibt 's die Frage nicht mehr, die einen in die Psychiatrie gebracht hat (...)

Durch das Erleben von Konzentration, Einssein mit dem künstlerischen Objekt und Authentizität werden zum Beispiel Depressionen vergessen:

> **Frau Beh.:** (...) Und in dem Moment war der nicht depressiv. Und da konnte er total auf dem Punkt sein (...)

Die deutliche Verringerung epileptischer Anfälle in Anfallsdichte, Anfallsintensität und Anfallsdauer wurde in einer Gruppendiskussion mit der Möglichkeit zum freien, lustbetonten, künstlerischen Selbstausdruck und der damit einhergehenden Konzentration und Entspannung begründet:

> **Herr Ef.:** Oder die Anfälle reduzieren sich (...) Man weiß, 'n normaler Anfall dauert 'ne Viertelstunde. Dann ist das hier oft auf fünf bis zehn Minuten beschränkt. Und schwupp die wupp ist alles wieder vorbei.

Auffällig ist im Weiteren eine Verringerung suchtartiger Abhängigkeit von Nikotin durch tiefe Konzentration und der Erfahrung des Einseins mit dem künstlerischen Werk. Konzentration und Entspannung bedeutet Vergessen des suchtartigen Verlangens. In diesem Moment wird die Sucht bedeutungslos:

> **Frau Beh.:** (...) Zigaretten sind unwichtig (...)

oder

> **Herr Eh.:** Eine weitere Sache ist die Raucherei. Die meisten psychisch kranken Leute rauchen alle Zigaretten (...) Und die meisten erfahren das und sehen, dass hier ein Mann, der ununterbrochen raucht, der hat ganz braune Finger, bei der Arbeit das Rauchen vergisst (...) Dort muss er ständig eine rauchen und hier bei der Arbeit kann der stille sitzen und zeichnen und vergisst das und trinkt Kaffee. Das ist 'n Zeichen, dass durch Kunst eben auch innerer Friede stattfinden kann (...)

Eine beginnende Gesundung ist an einem geänderten Verhalten erwachsener Menschen mit geistiger und seelischer Behinderung erkennbar.

Aus den soeben dargelegten Ankerbeispielen geht hervor, dass die physische und psychische Ebene eine Einheit bildet. Eine Lockerung von Verkrampfungen seelischer oder körperlicher Art durch künstlerisches Tätigsein im malerischen oder bildhauerischen Bereich hat positive Auswirkungen auf die Psychophysiologie des Gesamtorganismus. Ein Vergessen oder eine tatsächliche Linderung von Schmerzen, Anfällen oder psychischen Erkrankungen erfolgt während des künstlerischen Schaffensprozesses und ist durch die Beobachtungen der Diskutanten und Diskutantinnen belegt. Darüber hinaus wurden im

Kontext Gruppendiskussion keine weiteren zeitlichen Angaben zu anhaltenden positiven Wirkungen in Bezug auf die nächsten Stunden, Tage, Wochen gemacht. Hier sehe ich einen weiteren Forschungsbedarf. In diesem Zusammenhang drängt sich auch die Frage nach prophylaktischen Wirkungen von Selbstverwirklichungsprozessen über das Medium bildende Kunst für erwachsene Menschen mit geistiger Behinderung auf. Diesbezüglich kann eine allgemeine Stärkung erwachsener Künstler und Künstlerinnen mit geistiger Behinderung durch die Anregung von Selbstheilungskräften wahrgenommen werden:

> **Frau Z.:** Und das macht auch stark.

6.2.7 Durch welche Indikatoren sind Selbstverwirklichungsprozesse erwachsener Menschen mit geistiger Behinderung über bildende Kunst wahrnehmbar und beobachtbar?

Nach der Feststellung, dass Selbstverwirklichungsprozesse erwachsener Menschen mit geistiger Behinderung über bildende Kunst von Mitarbeitern und Mitarbeiterinnen wahrnehmbar und beobachtbar sind, wird im Folgenden der Frage nachgegangen, anhand welcher Indikatoren diese wahrzunehmen und zu beobachten sind.

Diese Frage wurde von einigen Fachleuten zunächst aufgrund der Individualität erwachsener Menschen mit geistiger Behinderung in ihren Selbstverwirklichungsprozessen über bildende Kunst und der damit einhergehenden Nichtgeneralisierbarkeit als problematisch empfunden.

Dazu Frau R.:

> **Frau R.:** Finde ich auch schwierig. Wir sind hier mit Individualität ausgestattet *(lacht)*. Also, fällt mir auch schwer.

Im weiteren Diskussionsverlauf gelang es ihnen aber, Indikatoren zu beschreiben und zu benennen.

Die strukturierende Inhaltsanalyse der Transkriptionen der durchgeführten Gruppendiskussionen ergibt die Möglichkeit einer Wahrnehmung und Beobachtung der Präsenz erwachsener Künstler und Künstlerinnen mit geistiger Behinderung, ihrer Bildsprache sowie des Elementes Farbe.

Da künstlerischer oder bildhauerischer Selbstausdruck als Arbeit betrachtet wird, bedeutet künstlerisches Gestalten gleichzeitig auch Körperarbeit. Beteiligt ist dabei der gesamte Körper einschließlich der individuellen Atmung. Emotionen erwachsener Menschen mit geistiger Behinderung können über den Weg eines körperlichen Ausagierens in künstlerischen Prozessen ihren Ausdruck finden.

Mitarbeiter und Mitarbeiterinnen können, wie bereits an früherer Stelle von meinen Interviewpartnern und Interviewpartnerinnen mit geistiger Behinderung angesprochen, mögliche Selbstverwirklichungsprozesse über die Beobachtung von Körpersprache wahrnehmen:

> **Frau D.:** Körpersprache (...) Das wäre jetzt was ganz Konkretes. Lautäußerungen, Mitteilungen (...)

oder

> **Herr G.:** Und auch davon was sehen, denke ich, also wirklich so Gestik, Mimik, klar.

oder

> **Frau S.:** (...) Also, welches Selbstbewusstsein jemand hat. Und das ist halt, da hat ja jeder dann seine eigene Mimik und Motorik und Sprache (...)

Abgesehen von der Beobachtung von Körpersprache erwachsener Künstler und Künstlerinnen mit geistiger Behinderung kann auch das Erkennen einer verbesserten Sprachfähigkeit Aufschluss über einen fortschreitenden Selbstverwirklichungsprozess geben.

Hinsichtlich der Suche nach Indikatoren äußerten sich einige Fachleute kritisch. So ist beispielsweise nach Meinung von Frau T. und Frau V. das Beobachten der Mimik nicht aufschlussreich:

> **Frau T.:** Vielleicht hat er einfach nur 'ne manische Phase und lacht.

oder

> **Frau V.:** Oder er denkt an was Schönes, was gar nichts mit dem Bild zu tun hat (...)

Laut Frau Beh. sind Selbstverwirklichungsprozesse erwachsener Menschen mit geistiger Behinderung anhand bestimmter Indikatoren beobachtbar, aber gleichzeitig durch ein Zuviel an Beobachtung und Einengung von außen stör- bzw. zerstörbar. Gefordert ist diesbezüglich ein sensibles Vorgehen von Mitarbeitern und Mitarbeiterinnen:

> **Frau Beh.:** (...) Doch, ich denke, es ist, es wäre messbar. Aber es ist auch gut, wenn die Leute, die so was messen, nicht das auch noch andauernd messen, weil, davon geht's dann weg. Wenn wir anfangen, das zu messen, ja irgendwann isses nicht mehr gut. So die letzten Reservate.

Insgesamt betrachtet zeigt sich, dass erwachsene Künstler und Künstlerinnen mit geistiger Behinderung während eines Selbstverwirklichungsprozesses weniger verbale als vielmehr nonverbale Signale aussenden. Diese können von Betreuungspersonen über visuelle, taktile sowie auditiv-akustische Kanäle wahrgenommen und erkannt werden. Da Lautäußerungen, Mimik, Gestik und Motorik erwachsener Menschen mit geistiger Behinderung oftmals nicht isoliert erscheinen, erfolgt eine Beobachtung über eine Kombination mehrerer Sinneswahrnehmungen der Betreuungspersonen.

6. Selbstverwirklichungsprozesse ... über bildende Kunst?

Zunächst möchte ich an dieser Stelle zwei transkribierte Fallbeispiele von an den Gruppendiskussionen beteiligten Fachleuten aus deren beruflicher heilpädagogischer Praxis wiedergeben, da diese eindrucksvoll die Möglichkeit der Betreuungspersonen zu sensibler und differenzierter Wahrnehmung und Beobachtung körpersprachlicher Signale erwachsener Menschen mit geistiger Behinderung darlegen.

Darauf aufbauend werden verschiedene Indikatoren möglicher Selbstverwirklichungsprozesse erwachsener Künstler und Künstlerinnen mit geistiger Behinderung, d.h. bildsprachliche sowie körpersprachliche Indikatoren, einzeln aufgeführt.

Fallbeispiel I
Im Rahmen einer durchgeführten Gruppendiskussion schilderte Frau D. ein Beispiel aus ihrem heilpädagogischen Arbeitsalltag in einer Tagesförderstätte:

Frau D.: Ich denke noch mal an die E. *(Vorname einer Bewohnerin mit geistiger Behinderung)*, auf welche Art und Weise sie mit Farbe und Pinsel umgeht. Dazu braucht sie unser Dasein, unsere Begleitung und unseren Impuls, unser Angebot. Ihr wird der Pinsel gereicht. Sie ergreift ihn dann. Sie fasst zu, benötigt aber Handführung, lockere Handführung, um mit dem Pinsel umzugehen, Bewegungen auszuführen. Der Bewegungsablauf wird von ihr aber jetzt schon initiiert. Anfangs war's so, dass sie passiv mitgegangen ist, sie führte diese Bewegungen aus. *(deutet entsprechende Armbewegung an)* Inzwischen ist es so, dass sie bei, einfach bei Hautkontakt schon selber diese Bewegungen ausführt, das Hin und Her des Schwingens. E. bewegt sich gerne dann rhythmisch mit ihren Armen. Das zeigt sich beim Umgang mit dem Pinsel und mit dem Messer. Wenn die Bewegung, so erlebe ich es, von ihr kommt, dann ergreift sie den Pinsel, ich hab die Hand locker darüber gelegt, und warte drauf, dass sie mit den Bewegungen beginnt. Was nicht immer passiert (...) Sie setzt die Hand, die Armbewegung so rhythmisch ein. Der Körper geht halt auch so mit, zum Teil, führt Streichbewegungen aus. Da frage ich mich, welchen Sinn macht das? Ich meine, sie könnte doch auch was anderes in der Hand halten. Sie schaut dann aber auch aufs Papier, sie sieht die Farbe, ja, davon gehe ich jetzt aus. Das kann ich aber nicht hundert Prozent beweisen, aber sie schaut schon aufs Blatt. Das heißt, es ist auch eine Auge-Hand-Koordination. Ist da, ja. Es ist nicht nur so ein willkürliches Schwingen, sondern das Auge blickt ja auch nach unten. Da hat sie schon gewisse Grundvoraussetzungen, um, um eigentlich zu malen oder um Papiere, um Pinsel zu handhaben. Um Farbe halt zu verteilen. Und das macht ihr Freude. Nicht immer. Also, sie kann auch sehr verkrampft sein, dann halte ich mich mehr zurück und warte ab, will sie das denn überhaupt? Aber manchmal erleb ich 's, dass sie richtig freudig schwingt, diesen Pinsel, hin und her. Also mit ganz lockerer Handführung. Dass sie selber das schon macht, einige Male hin und her. Dann macht sie 'ne Pause. Dann, mit behutsamem Impuls, macht sie das dann wieder, auch mit eigenem Krafteinsatz. Das kann sich über zehn Minuten unter Umständen hinziehen. Dass sie ein paar Bewegungen ausführt, dann 'ne Pause macht, dann eben weitermacht und so weiter. Also, ein Prozess, eine Phase von zehn Minuten kann da sein zum Beispiel. Wo sie immer wieder erneut Freude hat an dieser Handhabung des Pinselschwingens, will ich es jetzt mal nennen. Und auch des Beobachtens, des Aufs-Blatt-Guckens. Und von daher meine ich, dass das schon Sinn macht für E., diesen Pinsel anzubieten. Weil sie da eben Freude erlebt und sich selbst in Aktivität. So in schwingender, rhythmischer Bewegung. Manchmal sitzt sie dann noch, das ist ja ein ziemlich komplexer Bewegungsablauf, schaukelt sie dazu.

Fallbeispiel II

In drei verschiedenen Diskussionsgruppen differenter heilpädagogischer Tätigkeitsbereiche einer Vollzeitinstitution wurden spezifische körpersprachliche Ausdrucksweisen einer erwachsenen Frau mit geistiger und körperlicher Behinderung während malerischer Aktivitäten als Beleg der Wahrnehmungs- und Beobachtungsmöglichkeiten von Selbstverwirklichungsprozessen thematisiert.

Aus Sicht von Mitarbeiterinnen einer Tagesförderstätte kann der Selbstverwirklichungsprozess dieser Frau vor, während sowie nach einem malerischen Vorgang wie folgt beschrieben werden:

Frau D.: Wenn ich zum Beispiel an die K. *(Vorname)* denke, wenn K. in Bezug auf Malen eine Fläche zur Verfügung hat, diese Farbe aufbringen kann, das Papier entsprechend auf der Tischplatte befestigt, so dass es nicht verrutschen kann. Wenn sie einen Pinsel zur Verfügung hat, der neben ihr liegt, den sie also ergreifen kann, wenn sie Wasser und Farben auch zur Verfügung hat, dann ist sie sehr motiviert, dann etwas zu tun mit den Gegenständen, die sie da vorfindet. Man merkt es an ihrer, an einer gewissen Erwartungshaltung. Sie möchte eben von selber schon diesen Pinsel ergreifen, braucht dabei zum Teil Hilfestellung allerdings auch. Hilfestellung auch bei der Auswahl von Farben, weil sie die selbst nicht erreichen kann. Wenn sie soweit ist, dass halt, den mit der Farbe getränkten Pinsel in der Hand hält, dann ist sie sehr motiviert, jetzt sich auszudrücken, jetzt was zu tun, jetzt mit Pinsel und Bildern Farbe aufs Papier bringen. Versuchen, Zeichen zu setzten. Ihre eigenen Zeichen, ja. Ich bringe Farbe auf das Papier. Das ist, ich mache das gerne, so wirkt es, weil sie sehr ausdauernd in diesen Vorgang reingeht. Wenn ihr der Pinsel entfällt, versucht sie ihn trotzdem wieder aufzuheben, diesen Vorgang weiterzuführen. Ja, ich bringe Farbe oder K. bringt Farbe aufs Papier. Und das ist ihr dann ein Anliegen. Sie, das merkt man deutlich dadurch, dass sie eben ausdauernd diesen Vorgang immer wieder ansetzt und weiter macht. Und auch lacht dabei. Lautlich artikuliert. Für sich jetzt auch in dieser Anstrengung, in dieser Arbeit eben auch. Ich meine, dass sie hin zu einem Ergebnis, sie möchte zu einem Ergebnis kommen. Sie malt nicht nur an einer Stelle, sondern sie versucht halt, überall Farbe aufs Papier zu bringen. Und ich denke, dass sie eigentlich auch, dass sie konkrete Zeichen wohl setzen würde, wenn sie das könnte. Aber sie ist ja von ihrer Feinmotorik her beeinträchtigt, so dass häufig also Willkürbewegungen häufig reinkommen. Was sie im Grunde eigentlich möchte, das kann sie nur bedingt umsetzen.

Frau E.: Ja.

Frau F.: Ich denke auch, da wir bei dem Beispiel bleiben möchten und du da gerade diese Fragen als solche gestellt hast, kann man es erkennen? Diese Stadien der Selbstverwirklichung? *(wendet sich an Frau A.)* Ich denke mal, bei ihr ist es sehr gut erkennbar. Durch Gestik auch, die von ihr kommt. Durch einfache, ich sag, die Augensprache, gehe ich mal von aus, die kommt bei ihr sehr, sehr gut zum Tragen, meine ich. Das ist also mein Empfinden, wo ich sage, aha, an den Augen kann ich bei ihr also sehr viel ablesen. Wie sie dich beobachtet, weil halt sie sich absolut nicht artikulieren kann. Zwar Laute schon, dass man auch mal, sie juchzt ja auch manchmal, das ist also bei ihr dann auch möglich. Ich denke, da kann man schon gut raushören (...) Ich denke, einfach auch ihre Lautsprache, die dann kommt und auch oftmals eine gewisse Beweglichkeit, die dann schon auch angeht, finde ich. Oftmals habe ich so das Gefühl, wenn sie sich so richtig wohlfühlt, ich weiß nicht, ob ihr da mitgehen könnt, als ob die Spastiken dann so 'n bisschen rausrutschen. Als ob dann so alles, ich sag mal so, alles leichter, flockiger von der Hand geht.

Frau D.: Sie entspannt sich dann.

6. Selbstverwirklichungsprozesse ... über bildende Kunst?

Frau F.: Ne? Und ich denke, daran kann man bei ihr zum Beispiel sehen, super erkennen, das ist mein Ding, da fühle ich mich wohl und so möchte ich 's machen. Das ist mein Eindruck (...)

Frau E.: Ist viel Energie bei ihr, die dann kommt und wieder zurück. Und was ich auch noch schön finde bei ihr, sie ist in diesem Prozess drin (...)

Frau D.: Sie will's ja auch machen, denke ich (...)

Frau F.: Also über Gestik und so. Aber ich denke, als Grundvoraussetzung ist die, dass diejenigen, die mit ihnen Umgang haben, sie auch kennen. Das ist unheimlich, eine Grundlage, daraus wirklich was zu entnehmen. Ich denke mir, ein Fremder, der jetzt mal gerade hier guten Tag sagt und der kann das nicht erkennen, was die da macht und ob, ich sage mal, und dann zum Beispiel Malen. Und kommt ein Fremder rein und sagt, oh Gott, die quälen die. Sage ich jetzt mal so. Wir sagen aber, die fühlt sich dabei total wohl, weil man es an ihrer gesamten Gestik, Mimik, Augensprache, meine ich, unwahrscheinlich gut erkennen kann. Aber Voraussetzung ist, dass man die Leute kennt. Mit ihnen halt ständig arbeitet und so. Und auch dann entsprechend noch mehr einzugehen. Das als Grundlage für weitere Dinge, um sich selbst zu verwirklichen.

Frau D.: Hm. Sie identifiziert sich auch deutlich mit dem Ergebnis, mit dem, was sie eben gestaltet hat, was sie ... Das merkt man dann, wo sie auch selber Bezug nimmt. Und sagt, das ist ihr gut gelungen, dann freut sie sich. Und lächelt, lächelt ganz froh. Ein ganz frohes Lächeln. Das ist also ein deutlicher Bezug zu dem. Sie nimmt das auch gerne mit nach Hause, das Gestaltete. Mit eigener Aktivität ein Stück die Welt verändern, sagen wir mal ein bisschen abgehoben im Moment. Da hat sich was ereignet, dadurch, dass sie eben aktiv geworden ist. Ist eine Wirkung. Sie konnte eine Wirkung produzieren, ja. Gerade bei K. ist es ja so, dass sie für sich allein gelassen wenig Möglichkeiten hat, ihre Umwelt zu verändern aufgrund der Körperbehinderung. Also, tätig zu werden mit Begleitung ist eben auch eine Möglichkeit, aktiv zu sein und selber Wirkung hervorzurufen (...)

Frau F.: Was sie für sich sehr gut rausnehmen kann, denke ich mal, ist noch mal so 'ne Folgeerscheinung. Wenn sie mit so 'ner Geschichte in die Wohngruppe kommt, ist die Anerkennung da (...) Dass sie freudestrahlend und, also, man kann 's super erkennen und dass sie nicht nur die Anerkennung braucht, sondern sie sich anerkannt fühlt. Dass sie wirklich zu spüren kriegt, das, was du da gemacht hast, das ist irre für dich, das ist eine Superleistung und wir finden das toll wie du dich damit ausdrücken kannst. Das ist eigentlich so dann noch mal ein Feedback für sie, von jemanden, eher, sage ich jetzt mal, praktisch außenstehend ist, ja, nicht direkt da mitgearbeitet hat. Aber das ist, denke ich auch, und aus diesem Grunde hat sie auch einen ausgesprochenen Ehrgeiz, denke ich mal, sich wieder in irgendeiner Form sich darzustellen.

Frau D.: Sie ist ermutigt, weiterzumachen.

Rückblickend auf ihre berufliche Tätigkeit in der Tagesförderstätte beschrieb Frau Q., die zum Erhebungszeitpunkt in einer Wohngruppe arbeitete, den Selbstverwirklichungsprozess von K. über bildende Kunst sowie die einhergehende Körpersprache mit diesen Worten:

Frau Q.: Also, bei K., denke ich, würde ich sagen, ist der ganze Körper so, unter so 'ner totalen Anspannung ist. Dass sie sich voller Konzentration da, also mitarbeitet. Also die Zunge und ich denke mal, die kleinste Fußzehe. Und, ja, dann würde ich sagen, die aufrechte Haltung, und tja, es ist irgendwie ja, dass, so, das merkt man einfach. Das strahlt ja auch irgendwie auch aus (...) Ihre Anstrengung, ihre Angespanntheit, ihre, ja, alles hat sie mir wieder zurückgegeben. Und was, was da noch war, das war, sie die ganze Zeit, wo sie das Bild gemalt hat, total angespannt war. Angespannt war und Konzentration, auch was leisten zu können, sag ich jetzt mal. Dass sie trotz ihrer Behinderung, das halt so, den Pinsel, halt öfters ihr aus der Hand fällt. Den Pinsel also dann zu ergreifen und das Bild weiterzumalen. Und wenn dann irgendwie was fertig war und da war, da haste gesagt, K., das hast du toll gemacht, da kam dann so 'ne totale Entspannung, so 'n Zusammensacken, so 'n glückliches Gesicht, Lachen, und mächtig Stolz. Hm. Und das war, sie hat also 'ne Entspannung durch 'ne massive Anspannung bekommen (...)

Herr J., Mitarbeiter der Außenwohngruppe, in der K. lebt, konnte Folgendes beobachten:

Herr J.: Ich male ja mit der K. K. (*Vor- und Nachname*), male ich ja auch öfters mal. Das ist ja nun 'ne Tetraplegie und die hat ja nun Schwierigkeiten zu malen. Also beklebe ich den ganzen Tisch mit Papier und dann gebe ich ihr 'n Pinsel und dann sucht sie sich irgendeine Farbe aus und dann kann se halt mit ihren Bewegungen malen, weißte? (*wendet sich an Frau A.*) Sie kann halt auf dem ganzen Tisch malen. Und ich muss das Papier natürlich ankleben am Tisch. Und ich muss ihren ganzen Bereich, ihren Radius, irgendwie mit Papier bekleben, damit se irgendwie malen kann (...) Die hat dann immer eine ganz schreckliche Körperhaltung. Weil, die hat natürlich dann so 'n Spasmus. Wenn sie nun mal halt den irgendwie auf 's Blatt kriegen will, dann hängt der Arm und die Zunge draußen, der Kopf überstreckt sich (...)

Abschließend kann festgehalten werden, dass Bezugs- und Betreuungspersonen durchaus unterschiedliche Schwerpunkte in der Wahrnehmung und Beobachtung körpersprachlicher Indikatoren der ihnen anvertrauten Menschen setzen. Zu erklären ist dies meines Erachtens in der unterschiedlichen Sensibilisierung zu detaillierter Wahrnehmung über mehrere Sinneskanäle. Auch die Beschreibung körpersprachlicher Indikatoren, beispielsweise als schrecklich, erfolgt subjektiv.

6.2.7.1 Präsenz

Eindeutig von Mitarbeitern und Mitarbeiterinnen zu sehen ist die Präsenz von Menschen mit geistiger Behinderung, durch die sich Freude an einer malerischen oder bildhauerischen Aktivität ausdrückt. Präsenz kann im **pünktlichen Erscheinen** (beispielsweise in einem Kunstatelier) und durch den geäußertem Wunsch nach **Weiterarbeit** beobachtet werden. Ein Wegbleiben dagegen signalisiert mangelndes Interesse. Dies kann jedoch auch als eine fortschreitende Entwicklung von Autonomie und Emanzipation aufgefasst werden. Exemplarisch werden nachfolgend aufgeführte Ankerbeispiele angegeben:

Frau O.: Vielleicht, dass sich derjenige dann immer freut, wieder zu diesem Malen hinzugehen. Wenn einer 'ne Aversion gegen 's Malen hat, der sieht dann zu, dass er wegkommt. Oder sich weigert. Und wenn 's Spaß macht und er merkt, er kann sich damit ausdrücken, macht er 's gerne und will immer wieder malen. Er verwirklicht sich.

oder

Frau R.: Man könnte es auch daran sehen, dass, dass die Leute wirklich morgens kommen und sich hinsetzen und anfangen zu malen (...) Sondern weil wirklich alle Lust haben zu malen. Sie malen auch den ganzen Tag und sie kommen am nächsten Tag noch wieder. Und sie sind auch immer hier und malen immer. Und einige eben schon jahrelang (...) Da präsenter zu sein (...)

6. Selbstverwirklichungsprozesse ... über bildende Kunst?

oder

> **Herr Ef.:** (...) Die möchten gerne noch weiterarbeiten, obwohl der Tag vielleicht zu Ende ist. Und die kommen freiwillig und die sind manchmal so pünktlich, ja? Also, daran erkennt man, dass die also auch Freude und Spaß daran haben und was machen wollen.

Selbstverwirklichung im Sinne eines lustbetonten künstlerischen Selbstausdruckes ist insgesamt gesehen an den Aspekten **Wiederkommen** sowie **freiwillige Teilnahme** wahrzunehmen.

Ferner ist ein Nachlassen momentaner Motivation und Konzentration durch ein **Beenden** der künstlerischen Aktivität, beispielsweise aufgrund von Anspannung oder Erschöpfung, zu sehen:

> **Frau D.:** So ein Muster wäre noch, wenn die Motivation nachlässt, dass derjenige aufhört, aktiv zu sein (...)

Präsenz zeigt sich auch durch einen **Neubeginn** nach einer Pausenzeit. Als Beispiel eines Wechsels von Pause und Neubeginn wurde im Fallbeispiel I eine zehnminütige Dauer angegeben.

6.2.7.2 Bildsprache

Die sich im Zuge eines fortschreitenden Selbstverwirklichungsprozesses erwachsener Menschen mit geistiger Behinderung über das Medium bildende Kunst entwickelnde Authentizität kann von Mitarbeitern und Mitarbeiterinnen durch die Betreuung eines künstlerischen Werkes und der spezifischen Bildsprache erkannt werden:

> **Herr J.:** Oder die W. W. *(Vor- und Nachname einer Bewohnerin mit geistiger Behinderung)*, die macht ja fast so Pointilismus, immer nur fast wie so Punkte, so kleine Haken. Und dann tausend Stück auf ein Blatt in verschiedenen Farben (...) Ja, also, du kannst immer, wenn de jetzt dreißig Bilder hast, würde ich immer 'n echten W. *(Nachname)* erkennen (...) Haben ganz viele Leute ihren Stil. Den ganz eigenen Stil, wie sie immer malen (...) Jetzt kannste natürlich daran arbeiten, den Stil vielleicht noch zu erweitern, zu verfeinern, ihnen andere Möglichkeiten bieten. Aber die meisten haben erst mal so 'n Grund-, so 'n Grundstil, wie die halt malen und wie die arbeiten (...) Also, bei unseren Leuten halt Farbauswahl, Materialien, Strichführung, solche Geschichten. Da kannste schon erkennen, wer was ist, wer was halt gemalt hat.

Ein Sehen und Erkennen dieser **authentischen Bildsprache** stellt ein Anzeichen fortschreitender Selbstverwirklichung dar. Abweichungen oder Störungen in der Bildsprache können als Hinweis auf Probleme oder Belastungen aufgefasst werden und zeigen ein eventuelles Stocken des Selbstverwirklichungsprozesses eines erwachsenen Menschen mit geistiger Behinderung. Vorrausetzung hierfür ist allerdings eine Beobachtung über einen längeren Zeitraum und ein Kennenlernen des Menschen mit geistiger Behinderung:

> **Frau R.:** (...) Man muss halt nur jeden kennen lernen, dann weiß man, wie er so ist (...)

Auch die im Rahmen fortschreitender Selbstverwirklichungsprozesse einhergehende **psychische Gesundung** erwachsener Menschen mit geistiger und seelischer Behinderung ist für Mitarbeiter und Mitarbeiterinnen in einer **realistischer werdenden Bildsprache** ersichtlich:

> **Frau Beh.:** (...) Aber es gibt Zustände, da ist die Realität und Wiedereinsetzung ja das Lebenswichtige. Und dann werd ich nicht dagegen gehen. Und in dem Moment wird das Bild nicht langweilig. Denn es geht darum, wirklich, dass die Äste dran wachsen an den Stamm und nicht frei in der Luft rumfliegen. Und die Hand fünf Finger hat und nicht sieben. Und das ist nicht langweilig. Aber das kann lebenswichtig sein.
>
> **Frau Z.:** Wir sind uns da einig, dass wir kein Abschalten vom Gesundwerden bloß wegen seiner interessanten Bilder ...
>
> **Frau Beh.:** Ja.
>
> **Frau Z.:** Wäre absurd.

Hinsichtlich der Betrachtung individueller Bildsprachen künstlerisch aktiver Menschen mit geistiger Behinderung wurde der Parameter Farbe gesondert erwähnt.

6.2.7.3 Farbe

Nach Aussagen von Fachleuten kann die Farbwahl erwachsener Menschen mit geistiger Behinderung Aufschluss über mögliche Selbstverwirklichungsprozesse geben. Ein Zusammenhang zwischen Emotionen und entsprechender farblicher Gestaltung wurde auch im Rahmen der durchgeführten autobiographisch-narrativen Interviews bestätigt. Die Wirkweise von Gefühlszuständen kann anhand der farblichen Gestaltung abgelesen werden:

> **Frau O.:** (...) Vielleicht die Farbzusammenstellung. Dass die dann typisch ist eben. Helle Farben für Fröhlichkeit, dunkle Farben für Traurigkeit (...)

oder

> **Frau P.:** (...) Also dann ist se glücklich, malt mit hellen Farben (...)

oder

> **Frau Q.:** Ja, Z. (*Vorname eines Bewohners mit geistiger Behinderung*) drückt sehr viel mit Farbe aus. Seine Stimmungen. Also, dass er, wenn er sehr gut drauf ist, ohne, dass er selbst sehr, sehr helle Farben und das Blatt, also das Blatt bleibt dann heller, sage ich jetzt mal. Ja, wenn er aber Aggressionen hat und er kann ja total gut Aggressionen abbauen, dann ist dann von Dunkelblau bis Schwarz. Und da merkste schon am Stift, dass da was an, ja, unheimliche Aggressionen dahinterstecken und was dann im Nachhinein immer weniger wird. Und das merkste so richtig beim, beim Malen. Und er ist auch immer wahnsinnig stolz drauf, wenn er, dass das, was er fabriziert hat und man merkt einfach, dass da vorher und nachher, dass da 'n Erfolg war. Also, dass das ein unheimlich großer Unterschied ist.

In Bezug auf die Erkennung möglicher Selbstverwirklichungsprozesse erwachsener Menschen mit geistiger Behinderung sollte meines Erachtens nicht das Hauptaugenmerk ausschließlich auf die **anfängliche Farbwahl** gerichtet werden, denn auch durch die Farbe Schwarz ist ein Selbstausdruck möglich. Aber da Selbstverwirklichung prozesshaft ist, könnte somit auch in der Farbwahl eine **Weiterentwicklung** im Sinne einer Beurteilung vorher/nachher beobachtbar sein und als möglicher Indikator für zunehmende Autonomie, Authentizität oder Emanzipation angenommen werden. Ein Kausalzusammenhang zwischen Emotionen und Farbwahl ist allerdings nicht bei einer systematischen Verwendung von Farben in Abhängigkeit von der Anordnung im Farbkasten gegeben, wie beispielsweise bei Menschen mit autistischen Verhaltensweisen manchmal zu beobachten ist.

Darüber hinaus können an der **Intensität des Farbauftrages** Emotionen wie Energie oder Erschöpfung wahrgenommen werden. Emotionen übertragen sich auf die **Körperkraft** eines Künstlers/einer Künstlerin mit geistiger Behinderung und werden durch das Ausüben von Druck auf Pinsel oder Stift und schließlich auf Papier übertragen:

> Frau Q.: (...) Und die sind am Anfang immer so, das merkt man schon an der Farbe, dass sie sehr kräftig aufgedrückt ist, als auch, ja, da siehst du den Schwung, den Schwung. Und dann zum Schluss, da hat man, da isses dann etwas zaghafter (...)

Aufschlussreich sind also visuelle Wahrnehmungen von Körperkraft oder Körpereinsatz des Künstlers/der Künstlerin mit geistiger Behinderung sowie die Weiterentwicklung farblicher Gestaltung und die Intensität des Farbauftrages.

6.2.7.4 Körperbewegung und Körperhaltung

Selbstverwirklichungsprozesse erwachsener Menschen mit geistiger Behinderung über bildende Kunst gehen mit verschiedenen Körperbewegungen einher. Diese werden daher im Folgenden dargelegt.

Motivation und Emotionalität ist für Mitarbeiter und Mitarbeiterinnen durch **Hingehen** zu einem künstlerischen Tagesstrukturangebot und durch **Holen** von bevorzugten Materialien sichtbar:

> Frau K.: Du siehst auch, ob jemand gerne mit dazukommt und mitmacht oder irgendwas macht. Oder ob ich ihn dann dazustellen muss, setzen muss (...) Da kommt ja auch zum Ausdruck, ob das Spaß macht oder nicht.

oder

> Frau E.: (...) Durch Holen dieses Materials und dann, durch Körperausdruck, denk ich mal, stört man oder sieht man die Motivation des Einzelnen auch. Ob da ein Interesse da ist, jetzt dieses Material auch zu wollen (...)

Darüber hinaus kann auch ein mehrmaliger Wechsel von **Hin- und Weggehen** in Bezug auf ein angefangenes Werk beobachtet werden:

> **Frau Q.:** (...) Und hat dann weggegangen und immer wieder hingegangen (...)

Motivation zu einem Malprozess kann auch nonverbal durch Körpersignale wie **Armhochheben** oder **Aufstehen** zum Ausdruck gebracht werden:

> **Herr J.:** (...) Dann macht Frau K. *(Nachname einer Bewohnerin mit geistiger und körperlicher Behinderung)* schon den Arm hoch, weil sie das gerne macht. Oder die B. *(Vorname einer Bewohnerin mit geistiger Behinderung)* muss ich fragen. Liegt halt im Bett. Wollen wir mal was malen? Malen? *(imitiert die Tonlage von B.)* Dann steht sie auf. Oder nein, dann möchte se halt nicht. Das ist ja nun auch Selbstverwirklichung (...)

Körperbewegungen wie beispielsweise das **Aufheben eines Pinsels** sind mit einem Krafteinsatz verbunden, was aus beiden Fallbeispielen hervorgeht.

Aufheben von Malutensilien wie auch das **Schauen auf Papier und Farbe** implizieren eine **Auge-Hand-Koordination** sowie eine dazu notwendige **Kopf- und Rumpfhaltung**.

Eine zunehmende Emanzipation erwachsener Menschen mit geistiger Behinderung zeigt sich in einer zunehmend **selbständigen Initiierung von Bewegungsabläufen**. Das zunächst passive Mitgehen einer Pinselhandhabung verändert sich sichtlich zu einer selbständigeren Ausführung eines Malvorganges.

Erfahrbar sind des Weiteren Körperbewegungen als Ausdruck von Emotionen wie Abwehrverhalten in Form von **Wegschubsen** einer Betreuungsperson oder **Zerreißen von Papier** sowie Äußerung von Freude in Form von **Umarmung** einer Betreuungsperson. Hierbei erfolgt eine Wahrnehmung über eine Kombination von Information auf taktil-visueller bzw. visuell-auditiver Ebene:

> **Frau Q.:** Sie, sie hat mich auch so 'n bisschen weggestupst (...)

oder

> **Herr J.:** (...) Und dann haben se was gemacht und zerreißen es und machen das Nächste (...)

oder

> **Herr Ef.:** (...) An der ganzen Bewegung kann man es erkennen (...) Typisches Beispiel, ich hab das mal so erfahren, dass zum Schluss, war einer so froh, dass er also hergekommen ist und hat mich richtig in den Arm genommen (...)

6. Selbstverwirklichungsprozesse ... über bildende Kunst?

Emotionen wie Freude und Begeisterung zeigen sich unmittelbar in teilweise schnellen **Ganzkörperbewegungen** erwachsener Künstler und Künstlerinnen mit geistiger Behinderung und werden erst im Nachhinein und auf direktes Nachfragen verbalisiert:

> Frau X.: Ja, bis in die Körperhaltung hinein drückt sich ihr Engagement daran auch aus. Also, sie kommt, sie ist noch im Mantel und dann stürzt sie schon in den Raum und verbindet sich mit ihrer Arbeit (...) Also, bei der Künstlerin dieses Bildes sieht man es bis in die Körperhaltung hinein, dass sie nämlich, dass ihr ganzer Körper das zum Ausdruck bringt, dass sie sich freut und dass sie, dass ihr das großen Spaß macht, zu arbeiten (...) Und auch, da ist es, diese Unruhe, die sich da ausdrückt. Oder wenn 'n Workshop wieder angekündigt wird, das merkt man. Das geht halt hoch von den Zehenspitzen bis in den Kopf unter Umständen. Diese Vorfreude ja auch schon. Mehr, als dass es jetzt ausgesprochen wird. Jedenfalls von selber. Das kommt dann mehr vor, wenn wir direkt fragen. Dann heißt es, find ich gut und so. Aber ich glaub, es geht mehr über diese körperliche Ausdrucksweise.

Ganzkörperbewegungen ermöglichen das Einswerden mit einem künstlerischen Werk.

Weiterhin ist eine **rhythmische Schaukelbewegung** des Oberkörpers oder eines Armes während eines kreativen Schaffensprozesses zu erkennen:

> Frau B.: (...) Das waren für mich die ersten Anzeichen, die Bewegungen (...)

oder

> Frau D.: (...) Die rhythmischen Bewegungen (...) Aber es erfordert schon eine gewisse Entspannung, so 'ne rhythmische Bewegung auszuführen, die sie da macht, meine ich (...)

oder

> Frau X.: Ja, oder der B. *(Vorname eines Künstlers mit geistiger Behinderung)*, der fängt an zu schaukeln. *(macht Bewegung des Oberkörpers vor)*

In diesem Kontext wurde in Fallbeispiel I zusätzlich eine **rhythmische Bewegung der Arme** sowie ein **Mitgehen des Körpers** bei Ausführung rhythmischer Streichbewegungen des Pinsels erwähnt.

Durch den Faktor Entspannung und dem damit verbundenen Vergessen kann ein **Nachlassen eines Körpertremors** beobachtet werden:

> Frau Z.: (...) Manche kamen rein und zittern vor Medikamenten oder so und sagen, eigentlich kann ich heute nicht. Und wenn sie dann doch drangehen und plötzlich, nach einer halben Stunde sagen sie, mein Gott, ich hab doch alles vergessen (...)

Im Fallbeispiel II konnte eine bessere **Beweglichkeit des Körpers**, einschließlich der Spastik, als Folge von Entspannung und Wohlfühlen beobachtet werden. Eine totale Entspannung zeigt sich in einem **Zusammensacken** des gesamten Körpers.

Neben Entspannung ist ferner auch Anspannung bei vorhandenem Wohlbefinden an bestimmten **Handbewegungen** wie **Biegen der Hände** zu sehen:

> **Frau W.:** Also ja, er steht ja auch unter großer Anspannung (...) Und die Hände biegen sich so ganz angespannt (...) Das ist, wobei er sich meist auch nicht, also, er fühlt sich schon wohl oder er macht das gerne, diese Zeichnungen, natürlich (...)

Aus Fallbeispiel II geht hervor, dass einer Anspannung des Körpers eine Entspannung folgt.

Auch die Sitzhaltung gibt Mitarbeitern und Mitarbeiterinnen Aufschluss über mögliche Selbstverwirklichungsprozesse erwachsener Menschen mit geistiger Behinderung während eines Gestaltungsvorganges. Eine **ruhige** und **versunkene Sitzhaltung** zeigt Konzentration und Emotionalität:

> **Frau X.:** (...) Jemand anders sitzt ganz ruhig und versunken da und äußert das nicht so deutlich. Aber durch seine Konzentration auf die Zeichnung merkt man, dass er da dran ist (...)

oder

> **Herr J.:** Dann wissen wir ja schon, dass es ihnen keinen Spaß macht (...) Also, kannste manchmal sagen, wenn einer nicht ausrastet und bleibt zehn Minuten auf seinem Hintern sitzen und malt, dann ist, dann hat er schon Freude daran.

Eine versunkene Sitzhaltung impliziert einen leicht nach **vorn geneigten Oberkörper**. Abgesehen davon zeigt sich jedoch auch in einigen Fällen eine **aufrechte Körperhaltung** mit entsprechendem **Körpertonus**. Hierin drückt sich Einssein mit der Kunst, Authentizität, Emanzipation, soziale Kompetenz und Selbstbewusstsein aus:

> **Frau W.:** Also, C. *(Vorname eines Künstlers mit geistiger Behinderung)* sitzt auf seinem Stuhl, so majestätisch und malt als Maler in seiner Rolle ganz eindeutig und ist mit sich selber vollständig oder vollständig weiß ich nicht, aber doch deutlich wahrnehmbar, stark identifiziert mit diesem Tun.

Herr J. beschrieb im Fallbeispiel II die Körperhaltung aufgrund einer sichtlichen **Überstreckung des Kopfes** und dem **Hängenlassen** von **Armen** und **Zunge** als schrecklich. Das Ausführen von Körperbewegungen kann auch unter Einsatz von Gestiken erfolgen.

6.2.7.5 Gestik

Selbstverwirklichungsprozesse erwachsener Menschen mit geistiger Behinderung sind für Mitarbeiter und Mitarbeiterinnen an dem Einsatz bestimmter Gestiken zu sehen.

6. Selbstverwirklichungsprozesse ... über bildende Kunst?

Diesbezüglich wurde in den Diskussionsgruppen das **Zeigen** und **Vorführen** angefangener oder fertiger künstlerischer Werke durch einen deutlichen Einsatz von Körperteilen wie Arm oder Finger angesprochen:

> **Frau C.**: Und ich denke mal, man könnte es auch daran erkennen, dass der oder diejenige dann ganz begeistert sein Werk vorführt oder zeigt und alle darauf hinweist. Dass das auch 'n Zeichen dafür ist, dass der oder die sich damit beschäftigt hat und sich in einer gewissen Form verwirklicht hat (...)

oder

> **Herr J.**: (...) Wenn die was fabriziert hat, dann muss sie es jedem Mitarbeiter zeigen, die nächsten vierzehn Tage (...)

oder

> **Frau K.**: (...) Wir haben mal hier im Flur alle Bilder ausgehangen und Verschiedene haben dann auch gezeigt, dass ihr Bild hier war. Daran kann man ja sehen, sie haben sich auch darüber gefreut.

oder

> **Frau M.**: Oder wie wertvoll ihm dann auch das Produkt ist. Also, es aufhebt oder es allen zeigt oder so.

oder

> **Frau X.**: Das wäre noch eine andere Art der Freudenäußerung, nämlich das anderen mitzuteilen. Eigene Leistungen eigentlich auch zu zeigen. Immer wieder auch darauf hinzuweisen, das hab ich gemacht.

Die zum Einsatz kommenden Gesten verdeutlichen Freude und Stolz auf die Eigenleistung und werden von erwachsenen Künstlern und Künstlerinnen durchaus über einen längeren Zeitraum eingesetzt. Auch das **Aufheben** und **Verwahren** künstlerischer Werke als Kriterium der Wertschätzung ist sichtbar.

In Anlehnung an Fallbeispiel II impliziert ein **Mit-nach-Hause-Nehmen** eine eindeutige Bezugnahme und Identifikation mit dem Ergebnis, d.h. dem gemalten Bild.

Abgesehen von der Aufnahme fortschreitender Selbstverwirklichungsprozesse erwachsener Menschen mit geistiger Behinderung über den visuellen Kanal, ist auch eine Aufnahme über taktile Erfahrungen möglich. Dies zeigt sich beispielsweise durch ein **An-die-Hand-Nehmen** und **In-eine-Richtung-Ziehen** im Sinne einer direkten Aufnahme von Körperkontakt.

> **Herr J.**: (...) Wenn einer noch nicht da war, geht sie zu ihm hin, nimmt ihn an die Hand, guck, habe ich gemacht. Also, dass sie dann stolz drauf sind.

Durch den zu beobachtenden Einsatz von Gestiken wird die positive Einstellung zum künstlerischen Ergebnis zum Ausdruck gebracht.

6.2.7.6 Mimik

Selbstverwirklichungsprozesse sind nach Ansicht der Diskutanten und Diskutantinnen in dem Gesichtsausdruck, in der Mimik erwachsener Menschen mit geistiger Behinderung sichtbar:

> **Frau K.:** An der Mimik siehste 's natürlich.
>
> **Herr J.:** Ob jemand sich freut

oder

> **Frau Q.:** (...) Und ich denke auch, an der Mimik.

oder

> **Frau S.:** (...) G. *(Vorname einer Künstlerin mit geistiger Behinderung)* ist achtzig Jahre alt, die hat 'n krummen Rücken, bisschen, aber hat trotzdem, in ihrem Gesicht ist so was, also, die hat, die weiß genau, was sie will (...)

oder

> **Frau W.:** (...) Wie er, wie er, das ist derselbe Mann, wie er auf der Bühne, wie er auf der Bühne gestanden hat und seine, sein Künstlerbuch vorgestellt hat. Und Sie sehen das ja an seinem Gesichtsausdruck. *(wendet sich an Frau A.)*

Im Fallbeispiel II wurde diesbezüglich von einem **glücklichen Gesicht** gesprochen.

Am **Gesichtsausdruck** ablesbar sind Autonomie und Emotionen wie Freude und Stolz, aber auch Konzentration und Anspannung. Emotionen erwachsener Menschen mit geistiger Behinderung spiegeln sich also sowohl im künstlerischen Werk als auch in der Mimik wieder:

> **Frau P.:** Entweder ein ernstes Gesicht, finde ich, wenn se, ...
>
> **Frau Q.:** Konzentriert.
>
> **Frau P.:** ... konzentriert ist richtig. Und wenn se 'n lustiges Bild malt, dann Lachen (...)

Eine körperliche wie auch emotionale Anspannung kann sich in Form von Gesichtsbewegungen zeigen:

> **Frau W.:** (...) Er grimassiert die ganze Zeit (...)

Je nach aktuellem Wohlbefinden kann ein Gesichtsausdruck eine **Grimasse** oder entspannte Gesichtszüge wie beim **Lachen** aufweisen. Lachen stellt eine Kombination von

6. Selbstverwirklichungsprozesse ... über bildende Kunst? 203

Mimik und lautlicher Artikulation dar und kann somit von Mitarbeitern und Mitarbeiterinnen über den visuellen und auditiv-akustischen Kanal wahrgenommen werden.

Darüber hinaus wurde der Aspekt der **Augensprache**, d.h. dem **Leuchten in den Augen** von erwachsenen Menschen mit geistiger Behinderung während oder nach einem künstlerischen Prozess, thematisiert:

> **Herr J.:** (...) Es gibt Leute, die haben unheimlich viel Spaß da dran, die haben das gerne, die freuen sich und lachen dann, die Augen leuchten (...)

Diese Augensprache manifestiert sich in der Mimik im Zusammenhang mit Freude und Lachen, kann also auch sowohl über den visuellen als auch über den auditiven Kanal erkannt werden.

Aus Fallbeispiel II geht hervor, dass erwachsene Menschen mit geistiger Behinderung die Reaktionen der Bezugspersonen beobachten. Diese Beobachtung ist an der Augensprache ablesbar.

Zwischen Mimik und Motorik besteht ein Zusammenhang. Selbstverwirklichungsprozesse erwachsener Menschen mit geistiger Behinderung zeigen sich u.a. in einem **In-eine-Richtung-Gucken**, einhergehend mit einer **Drehbewegung des Kopfes** oder **des Rumpfes**:

> **Frau X.:** (...) Und noch wenn sie dann weggeht und schon wieder angezogen ist und eigentlich schon los müsste, dann guckt sie immer noch mal her. Und man merkt, das arbeitet vorher und hinterher in ihr (...)

6.2.7.7 Stille

Selbstverwirklichungsprozesse erwachsener Menschen mit geistiger Behinderung über das Medium bildende Kunst sind von Mitarbeitern und Mitarbeiterinnen durch eine plötzlich eintretende Stille erfahrbar:

> **Frau Beh.:** (...) Und dann war das so, dass da acht Leute mit ganz unterschiedlichen Zuständen sitzen. Und man hört nur noch das Kratzen auf dem Papier und das Atmen (...) Ein Eintauchen in ein Ganzdasein (...) Auf einmal sind die Quasselstrippen ruhig (...) Der Kaffee wird kalt (...) Und man hört wirklich nur wie Bleistifte über das Papier kratzen (...) In dem Moment, wenn ich da geguckt hab, also, das ist das Glück eigentlich. Und das ist für mich das Selbst. Und Verwirklichung.

Stille ist durch eine tiefe Konzentration und der Erfahrung des Einsseins mit dem künstlerischen Werk erklärbar, welches ein Glücksgefühl auslöst.

Eine eintretende Stille während Selbstverwirklichungsprozessen über malerische oder bildhauerische Gestaltung ist hörbar. So sind über den auditiven Kanal das **Verstummen von Gesprächen**, das **Einsetzen einer tiefen Atmung** im Rahmen von Entspannung oder

Anspannung sowie durch **Handhabung von künstlerischen Utensilien hervorgerufene Geräusche** wahrzunehmen.

In diesem Zusammenhang steht die Überlegung, ob ein Einsatz von Musik das Hören einer eintretenden Stille für Mitarbeiter und Mitarbeiterinnen erschwert.

6.2.7.8 Lautliche Artikulation

Abgesehen von einer möglichen eintretenden Stille kann ein Selbstverwirklichungsprozess erwachsener Menschen mit geistiger Behinderung über bildende Kunst auch von einem Begleiten des malerischen oder bildhauerischen Selbstausdruckes durch lautliche Artikulation gekennzeichnet sein. Lautliche Artikulation ist dann Ausdruck von Emotionalität wie Erwartungsfreude oder Entspannung und äußert sich beispielsweise in **Quietschen** oder **Schnurren**:

> Frau X.: Er quietscht ja auch manchmal (...) Und schnurrt dann wie so 'n junger Hund dabei (...)

Im Fallbeispiel II wurde darüber hinaus **Jauchzen** als Ausdruck von Freude erwähnt.

Für Mitarbeiter und Mitarbeiterinnen ist die Stimme erwachsener Künstler und Künstlerinnen mit geistiger Behinderung hörbar. Je nach Tonhöhe kann sie über das physische und psychische Wohlbefinden des Künstlers oder der Künstlerin Aufschluss geben. Bei einem hörbaren Unwohlsein ist es Betreuungspersonen möglich, entsprechend zu reagieren:

> Frau B.: (...) Und eventuell die Stimme dann, die dann zum Ausdruck kommt (...) Der Ton ist halt einfach wichtig, wo man vielleicht das raushören kann, da ist etwas nicht okay. An dem Laut dieses Tones.

Über den Einsatz der Stimme ist ferner Freude in Form von **Lachen** bis hin zu **begeisterten Ausrufen** zu hören:

> Frau N.: Ja, 'ne andere Sache, wenn man Freude wahrnimmt, also, also, ich weiß nicht, wenn jemand lacht oder irgendwie begeistert was ausruft (...)

Insgesamt kann festgehalten werden, dass lautliche Artikulation während eines lustbetonten künstlerischen Selbstausdruckes zum Ausdruck gebracht werden kann, unterschiedliche Tonhöhen und Tonintensivitäten umfasst und sich in verschiedenen stimmlichen Geräuschen präsentiert.

6.2.7.9 Sprachfähigkeit

Während eines fortschreitenden Selbstverwirklichungsprozesses ist der Einsatz von Sprache im Sinne von Berichten und Kommentierungen erwachsener Menschen mit geistiger Behinderung hörbar:

> Frau C.: (...) Hat das sehr ernst genommen und auch, ja, darüber berichtet, was er da gemacht hat (...)

oder

> Frau N.: Oder dass er was darüber mitteilt zum Beispiel. Dass er irgendwelche Kommentare abgibt, direkt oder indirekt oder so. Also, je nachdem, wie viel eben jetzt der sich sprachlich oder mit Lauten äußern kann (...) Also, es gab viele, die das kommentiert haben (...) Und halt ganz viel Rückkopplung (...)

oder

> Frau S.: (...) Wie begeistert er manchmal von seinen eigenen Ideen ist. Und kommt er wirklich in die Tür, hat noch nicht mal guten Morgen gesagt und fängt schon an, irgendwelche neuen Ideen zu verbreiten.

oder

> Frau W.: (...) Die würden ja, sie sagen nur, dass sie das gut finden, dass es Spaß macht.

oder

> Frau Beh.: Die waren hinterher, haben immer gesagt, das hier bei ihnen ist die schönste Stunde.

Durch den Einsatz von Sprache drückt sich Lebendigsein und Emotionalität wie Spaß und Begeisterung, aber auch Ernsthaftigkeit aus. Der Wunsch nach sprachlicher Mitteilung Mitarbeitern und Mitarbeiterinnen gegenüber zeigt sich vor, während oder nach einer künstlerischen Gestaltung aus einem inneren Bedürfnis heraus und ermöglicht Dialog und Rückkopplung.

Die Entwicklung von Selbstbewusstsein erwachsener Künstler und Künstlerinnen mit geistiger Behinderung wird für Mitarbeiter und Mitarbeiterinnen durch den zur Sprache gebrachten Ausspruch „**Ich bin Maler/Malerin bzw. Künstler/Künstlerin**" hörbar:

> Frau X.: Ich bin Maler.

oder

> Frau W.: Oder ich, ja, maximal sagen sie, ich bin Maler. Oder, wird das auch ausgestellt? (...)

oder

> **Frau R.:** (...) Und das ist, ich finde, das ist auch sprachlich. Wenn eben jemand, der, der, finde ich, ein reduziertes Sprachvermögen hat so wie T. *(Vorname eines Künstlers mit geistiger Behinderung)*, der eigentlich wirklich nicht viel sagt. Also, kein großen Wortschatz hat und sehr schwer zu verstehen ist, aber ziemlich klar und deutlich diesen Satz sagen kann, ich bin Maler. Und dies auch ziemlich schnell jemandem sagt, den er gar nicht kennt. Und irgendwie so und auch ganz klar, also, deutlich machen kann, was er will und was er nicht will. Und auch ganz, ganz selbstbewusst eigentlich ist in der Beziehung, dass man nicht irgendwie immer losrennen muss und sagen, da ist einer und du musst jetzt kommen, du musst mit dem reden, das ist irgendwie wichtig oder so. Ich glaub, das hat eben damit zu tun, dass er sich, dass er hier weiß, er hat hier 'ne Stellung. Er ist hier Künstler und das ist was Besonderes (...) Ja, also, was, was dieses Metier, dieses Kunstschaffen, weswegen sie hier sind, da können sie sich mir gegenüber sehr klar äußern (...)

Eine künstlerische Atmosphäre wirkt motivierend. Infolgedessen kann eine zunehmend klarere, selbstbestimmte Sprachfähigkeit wahrgenommen werden.

Eine zunehmende Sprachfähigkeit erwachsener Menschen mit geistiger Behinderung ermöglicht Emanzipationsschritte. Außerhalb eines künstlerischen Freiraumes kann es diesbezüglich, wie bereits angesprochen, zu Konflikten kommen. Herr Ef. schilderte die Entstehung eines Konfliktes wie folgt:

> **Herr Ef.:** (...) Das war ein Mensch, der wollte mit Holz arbeiten. Macht tolle Holzskulpturen. Der konnte sich sprachlich sehr schlecht artikulieren. Das hab ich dann erst erfahren. Und wie er zu mir kam, da lief das plötzlich, also sprachlich auch. Ich hab dann auch näheren Kontakt zu ihm aufgebaut. So, dann merkte ich auch über die Betreuer, dass da unheimlich Konflikte entstanden. Dass das, was er sich früher immer hat gefallen lassen, sich plötzlich nicht mehr gefallen ließe. Das sind so Entwicklungsstufen. Selbständig. Viel emanzipierter.

Sprachfähigkeit bedeutet auch **Konfliktfähigkeit**. Diese ist für Mitarbeiter oder Mitarbeiterinnen hörbar. Zunehmende Sprachfähigkeit ist auch in einem öffentlichen Rahmen (z.B. Kunstausstellung) in einem **Reden vor Publikum** oder der **Presse** hörbar:

> **Frau W.:** (...) Und wenn ich daran denke, wie vor zwei, drei Wochen X. X. *(Vor- und Nachname eines Künstlers mit geistiger Behinderung)*, der nicht sprechen kann, ein Interview gegeben hat, da fand ich das stark, wie er ins Mikrofon gesprochen hat.

oder

> **Herr Eh.:** Sprachfähig werden. Über die eigenen Bilder reden. Selbstbewusstein entwickelt sich, wenn da zwanzig Leute stehen und sagen, boh, ist das schön. Und der steht da und denkt, das kann doch nicht sein, dass die meine Arbeit meinen, ja? Mich, der so lange völlig unbedeutend da gewohnt hat (...)

Abschließend kann gesagt werden, dass eine zunehmende Sprachfähigkeit von Bezugspersonen über ihren auditiven Kanal und durch einen Vergleich früher/heute deutlich wahrnehmbar ist. Sprachfähigkeit entwickelt sich parallel zu der Entwicklung von Lebendigsein, Autonomie, Authentizität, Emanzipation, Selbstbewusstsein und sozialer Kompetenz.

Die Sprachfähigkeit meiner Interviewpartner und Interviewpartnerinnen mit geistiger Behinderung zeigte sich in den engagiert vorgetragenen Stegreiferzählungen.

6.2.8 Zusammenfassung

Über die strukturierende Inhaltsanalyse der erstellten Transkriptionen aller durchgeführten Gruppendiskussionen konnten umfassende Erkenntnisse zum Phänomen „Selbstverwirklichung" erwachsener Menschen mit geistiger Behinderung sowie zur Forschungsfragestellung der Autorin gewonnen werden.

Die Datenanalyse zeigt, dass das von der Autorin erarbeitete Explikat im Kontext „bildende Kunst mit erwachsenen Menschen mit geistiger Behinderung" fruchtbar ist.

Die im Rahmen fortschreitender Selbstverwirklichungsprozesse einhergehende Verhaltensänderungen künstlerisch aktiver Menschen mit geistiger Behinderung sind nach Aussagen von an der Datenerhebung beteiligten Fachleuten sowohl an bildsprachlichen als auch an körpersprachlichen Indikatoren erkennbar. Das Wahrnehmen und Beobachten körpersprachlicher Signale ermöglicht hierbei nonverbale Kommunikation.

In den Aussagen der Diskutanten und Diskutantinnen zeigte sich Erfahrungswissen aufgrund der beruflichen Tätigkeit sowie ein Bezug zu Aussagen aus der Fachliteratur.

6.3 Zusammenfassung und Zuordnung zu nachfolgender Problemstellung

Über die Datenanalyse im Rahmen des multimethodischen Forschungsdesigns konnte eine Vielzahl an Informationen in Hinsicht auf die formulierte Ausgangsfragestellung der Autorin strukturiert dargelegt werden. Hierbei zeigte sich, dass das Phänomen „Selbstverwirklichung" im Kontext bildender Kunst erwachsener Menschen mit geistiger Behinderung durch vielfältige Parameter gekennzeichnet ist. Verschiedene Dimensionen von Selbstverwirklichungsprozessen erwachsener Menschen mit geistiger Behinderung über bildende Kunst wurden mittels strukturierender Inhaltsanalyse dokumentiert und durch Ankerbeispiele illustriert.

In Hinblick auf das Explikat kann festgehalten werden:

Das von der Autorin erarbeitete Explikat zum Explikandum „Selbstverwirklichung" wurde auf die formulierte Ausgangsfragestellung angewandt. Die vorgenommene Inhaltsanalyse des erhobenen Datenmaterials im Rahmen der Methodentriangulation bestätigt dessen Gültigkeit. Selbstverwirklichungsimpulse erwachsener Menschen mit geistiger Behinderung über bildende Kunst stellen positive Prozesse dar, in die künstlerisches Scheitern und künstlerischer Neubeginn inbegriffen sind. Ein Selbstverwirklichungsprozess erwachsener Menschen mit geistiger Behinderung, einschließlich erwachsener Menschen mit geistiger und (schwerst)mehrfacher Behinderung, kann wie folgt expliziert werden: Selbstverwirklichung erwachsener Menschen mit geistiger Behinderung über bildende Kunst ist künstlerischer Selbstausdruck aus einem inneren Bedürfnis heraus und führt zu lustbetonter Weiterentwicklung und Entwicklung von Selbstbewusstsein.

Bezüglich dafür erforderlicher Rahmenbedingungen lässt sich nachfolgend angegebene Erkenntnis formulieren:

Selbstverwirklichungsprozesse erwachsener Künstler und Künstlerinnen mit geistiger Behinderung ergeben sich nicht von selbst, stellen sich nicht automatisch ein. Vielmehr braucht es einen bestimmten Anregungsgehalt der Umwelt, vielfältige Angebotsvarianten sowie Rahmenbedingungen, die förderlich sind. Hierbei kommt der Person des Mitarbeiters, der Mitarbeiterin elementare Bedeutung im Sinne der Schaffung adäquater Rahmenbedingungen und der assistierenden Beziehung zu.

Zur Forschungsfragestellung der Autorin kann zusammenfassend Folgendes gesagt werden:

Selbstverwirklichungsprozesse erwachsener Menschen mit geistiger Behinderung über das Medium bildende Kunst sind möglich. Die vorgenommene Datenanalyse ergab diesbezüglich keine gegenteiligen Beweise, jedoch wurden von Diskutanten und Diskutantinnen sowie Studierenden das Phänomen „Selbstverwirklichung" und in der Nachfolge die Frage nach Selbstverwirklichungsprozessen über bildende Kunst teilweise kritisch betrachtet. Diese kritische Sichtweise findet eine Erklärung in der historischen Entwicklung des Begriffes bzw. in dessen aktuellen Thematisierung als Modewort der Medien bei gleichzeitigem Fehlen (heil)pädagogischer Handlungs- und Ausgestaltungsmöglichkeiten für Mitarbeiterinnen und Mitarbeiter im beruflichen Alltag sowie in der sich hieraus ergebenden oftmals fehlenden Sensibilisierung in Bezug auf die Ausgangsfragestellung nach Selbstverwirklichungsprozessen erwachsener Menschen mit geistiger Behinderung über bildende Kunst.

Die im Zuge von Selbstverwirklichungsprozessen erwachsener Künstler und Künstlerinnen mit geistiger Behinderung einhergehenden Weiterentwicklungstendenzen und positiven Verhaltensänderungen wie zunehmende Gewinnung von Autonomie, Authentizität, Emanzipation, sozialer Kompetenz, Selbstbewusstsein und physische und psychische Gesundheit stellen elementare Förderziele sonder- und heilpädagogischer sowie auch psychologischer und künstlerischer Arbeit dar. Diese wurden in entsprechender Fachliteratur

6. Selbstverwirklichungsprozesse ... über bildende Kunst?

bisher jedoch nicht in dem hier von der Autorin vorgestellten Forschungskontext gesehen und herausgestellt.[226]

Positive Verhaltensänderungen im Sinne einer individuellen Weiterentwicklung zeichnen sich durch ein zu beobachtendes „Mehr" an bestimmten Fähig- und Fertigkeiten aus.

Zunehmende Autonomie künstlerisch tätiger Menschen mit geistiger Behinderung bedeutet Erlangung von Selbst- bzw. Eigenständigkeit bzw. Selbstbestimmung[227], was sich u.a. in einer selbständigen Farb- oder Materialwahl ausdrückt. Autonomie ermöglicht die Gewinnung von Authentizität, von Echtheit im künstlerischen Selbstausdruck ohne zwingende Anpassung an die gesellschaftlich gelebte Normalität. Meinungen und künstlerische Handlungen stimmen überein, d.h. die eigene Ansicht erwachsener Künstler und Künstlerinnen mit geistiger Behinderung zu Themen oder auch individuelle Krisen zeigen sich in der je spezifischen Bildsprache. Authentizität beinhaltet ferner ein Sich-abgrenzen-Können von der (künstlerischen) Meinung anderer. Zunehmende Autonomie und Authentizität sind Voraussetzung für zunehmende Emanzipationsbestrebungen erwachsener Menschen mit geistiger Behinderung. Emanzipation im Sinne von Verselbständigung und Befreiung aus einem gegebenen sozialen Abhängigkeitsverhältnis ist nicht ausschließlich bezogen auf den Aspekt der Weiblichkeit, sondern ist für alle erwachsenen Menschen mit geistiger Behinderung eine wichtige Weiterentwicklung im Rahmen eigenverantwortlicher Lebensgestaltung. Emanzipation bedeutet beispielsweise Akzeptanz von Kunstkritik durch die Umwelt. Autonomie, Authentizität und Emanzipation ermöglichen die fortschreitende Erlangung sozialer Kompetenzen. Soziale Kompetenzen erwachsener Künstler und Künstlerinnen mit geistiger Behinderung werden im sozialen künstlerischen Umfeld, in Beziehungen zu Kunstwerken und anderen Menschen erlernt. Eine zunehmende soziale Kompetenz beinhaltet u.a. zunehmende Konfliktfähigkeit, zunehmendes situationsadäquates Handeln, zunehmende künstlerische Auseinandersetzung mit individuellen Lebenssituationen, zunehmende berufliche Integration und Identitätsentwicklung als Künstler oder Künstlerin. Je nach individuellen Möglichkeiten erwachsener Menschen mit geistiger Behinderung zur Erlangung von Autonomie, Authentizität, Emanzipation und sozialer Kompetenz entwickelt sich zunehmendes Selbstbewusstsein. Künstlerisches Aktivsein ermöglicht physische und psychische Gesundung erwachsener Menschen mit geistiger Behinderung und muss daher als ein möglicher Beitrag zur Stärkung von Lebensfreude und Lebensqualität verstanden werden. Autonomie, Authentizität, Emanzi-

---

[226] siehe auch Kap. 3 und darüber hinaus GREWE, 1998, S. 32ff.; RÖSNICK, 1998, S. 43; WEGNER, 1998, S. 66; NAUHEIM, 1998a, S. 68ff.; DRUNKENMÖLLE, 1998, S. 86

[227] **„Selbst zu bestimmen heißt, auszuwählen und Entscheidungen zu treffen ..."** (DUISBURGER ERKLÄRUNG, 1994, ohne Seitenangabe, Quellenverzeichnis); vgl. OSBAHR, 2000, S. 58ff.

pation, soziale Kompetenz, Selbstbewusstsein und Gesundung sind zunächst im künstlerischen Freiraum zu beobachten, werden jedoch auch zunehmend in anderen Lebenssituationen wie beispielsweise im Wohnbereich und dort teilweise über auftretende Konfliktsituationen mit Betreuungspersonen transparent.

Selbstverwirklichungsprozesse erwachsener Menschen mit geistiger Behinderung über bildende Kunst sind von Mitarbeitern und Mitarbeiterinnen wahrnehmbar und beobachtbar. Indikator in diesem Zusammenhang ist die je individuelle Bild- und Körpersprache der beobachteten Künstler und Künstlerinnen. In Hinblick auf die Person von Mitarbeitern und Mitarbeiterinnen sind für einen Erkenntnisgewinn die Fragen „Was beobachte ich?", „Wodurch beobachte ich?" sowie „Anhand welcher Kriterien beobachte ich?" grundlegend. Selbstverwirklichungsprozesse schlagen sich in Handlungen, in Verhaltensänderungen nieder, welche wahrnehmbar und beobachtbar sind. Die Wahrnehmung und Beobachtung von Bild- und Körpersprache erwachsener Künstler und Künstlerinnen mit geistiger Behinderung erfolgt über verschiedene Sinneskanäle der Betreuungspersonen: hauptsächlich über den visuellen Kanal, jedoch auch über den auditiven sowie den taktilen Kanal. Die sensible Beobachtung über unmittelbare Sinneserfahrungen hilft Mitarbeitern und Mitarbeiterinnen, Handlungen und Intentionen erwachsener Menschen mit geistiger Behinderung im künstlerisch-kreativen Tätigsein im Sinne von Selbstverwirklichungsprozessen besser zu verstehen und nachzuvollziehen und ermöglicht ihnen situationsadäquates professionelles Handeln.

Das Einlassen auf einen Menschen mit geistiger Behinderung[228], das Verstehen dieses Gegenübers sowie des jeweils aktuellen situativen Kontextes ist Voraussetzung für (heil)pädagogisches Handeln und Antworten.[229] Hierbei kommt der Beobachtung eine Schlüsselrolle zu, wie WOLF beispielsweise hinsichtlich des heilpädagogischen Förderangebotes Snoezelen formuliert:

> Gleichwohl kommt dieser Beobachtung gerade im heilpädagogischen Bezug eine Schlüsselrolle zu. Sie gestattet uns einerseits Hinweise auf die aktuelle Befindlichkeit (Wie fühle ich mich im Augenblick? Wie zufrieden, unzufrieden, erregt, ruhig usw. bin ich?), andererseits auf die Lebenslage und das Aktivitätspotential (Wie gehe ich mit Veränderungen in meiner Welt um? Wie nähere ich mich neuen Dingen?).[230]

---

[228] „Mein mich Einlassen auf Andreas (und auch auf andere schwerbehinderte Menschen) läßt mich empfindsamer in meiner Wahrnehmung bezüglich seiner Körpersprache und Signale werden. Ebenso habe ich den Eindruck, daß ich dadurch feinfühliger im Umgang mit anderen Menschen werde, so daß auch ich in der Arbeit mit Andreas sehr viel Wichtiges von ihm lernen kann." (DRUNKENMÖLLE, 1998, S. 98)

[229] vgl. BODENHEIMER, 1987, S. 7ff.; MIDDCKE, 1989, S. 42; OSBAHR, 2000, S. 66; WOLF, 2001, S. 7

[230] 2001, S. 4

Dies gilt meines Erachtens gleichermaßen für das Angebot bildende Kunst.

Konsequenzen für die berufliche Praxis von Mitarbeitern und Mitarbeiterinnen:

Als Quintessenz der Inhaltsanalyse der durchgeführten Datenerhebungen im Rahmen des multimethodischen Untersuchungsdesigns der Autorin ergibt sich die Notwendigkeit einer konzeptionellen Weiterentwicklung von Aus- und Fortbildungsangeboten und einer zunehmenden Sensibilisierung von Mitarbeitern und Mitarbeiterinnen für körpersprachliche und bildsprachliche Mitteilungen erwachsener Menschen mit geistiger Behinderung.

Darüber hinaus müssen Konzeptionen und Richtlinien von Institutionen wie Sonderschulen, Werkstätten, Tagesförderstätten, Wohngruppen, Kunstateliers etc. in Hinblick auf das Ermöglichen von Selbstverwirklichungsprozessen über das Medium bildende Kunst kritisch überprüft und weiterentwickelt werden. Hilfreich wäre hierbei ein fachlicher Austausch und interdisziplinäre Kooperation.

Die zentralen Ergebnisse der strukturierten Inhaltsanalyse der drei durchgeführten Datenerhebungen sind der Tabelle 6.1 zu entnehmen:

Selbstverwirklichung erwachsener Menschen mit geistiger Behinderung über bildende Kunst ist künstlerischer Selbstausdruck aus einem inneren Bedürfnis heraus und führt zu lustbetonter Weiterentwicklung und Entwicklung von Selbstbewusstsein

A.	**Versuch einer (heil)pädagogischen Lernzielbeschreibung, durch die Selbstverwirklichungsprozesse erwachsener Menschen mit geistiger Behinderung über bildende Kunst gekennzeichnet sind:**
	Der Künstler, die Künstlerin mit geistiger Behinderung sollte möglichst 1. selbstbestimmt Farb- und Materialwahl vornehmen, 2. selbstbestimmt das Motiv wählen und ausgestalten, 3. die künstlerische Technik wählen und diese individuell weiterentwickeln, 4. sich selbst über bildende Kunst ausdrücken, 5. die positive Wirkweise der künstlerischen Tätigkeit spüren, 6. aus einem inneren Bedürfnis heraus kreativ tätig werden, 7. einen lustbetonten Umgang mit Material und Motiv selbst erkennen und erkennen lassen, 8. eine individuelle Bildsprache entwickeln, 9. eine Weiterentwicklung der Gesamtpersönlichkeit und insbesondere des Selbstbewusstseins erreichen.
B.	**Versuch einer (heil)pädagogischen Beschreibung, wodurch Selbstverwirklichungsprozesse bei erwachsenen Menschen mit geistiger Behinderung über bildende Kunst wahrnehmbar und beobachtbar sind:**
	Der Künstler, die Künstlerin mit geistiger Behinderung erreicht im Verlauf seiner, ihrer künstlerischen Tätigkeit je nach individueller Voraussetzung 1. Emotionalität, 2. Lebendigsein, 3. Einssein mit der Kunst, 4. Konzentration, 5. Ausdauer, 6. einen Rhythmus zwischen Anspannung, Erschöpfung und Entspannung, 7. Autonomie, 8. Authentizität, 9. Emanzipation, 10. soziale Kompetenz, 11. Selbstbewusstsein, 12. physische und psychische Gesundung.
C.	**Versuch einer (heil)pädagogischen Beschreibung, anhand welcher Kriterien im alltäglichen beruflichen Umgang beginnende Selbstverwirklichungsprozesse erwachsener Menschen mit geistiger Behinderung über bildende Kunst erkennbar sind:**

	Der Künstler, die Künstlerin mit geistiger Behinderung zeigt
	1. eine individuelle Bildsprache mit entsprechender farblicher Gestaltung,
	2. eine individuelle nonverbale Kommunikation und Körpersprache erkennbar an
	   a) Präsenz,
	   b) Körperbewegung und -haltung,
	   c) Gestik,
	   d) Mimik,
	   e) Stille,
	   f) lautlicher Artikulation und Sprachfähigkeit.

Tabelle 6.1: Zusammenfassende Darstellung zentraler Aussagen der Datenerhebungen im Rahmen des multimethodischen Forschungsdesigns

Erläuterungen zu Tabelle 6.1:

Die herausgearbeiteten Beschreibungen erfolgen aus (heil)pädagogischer Sichtweise und vereinen somit pädagogische, therapeutische und künstlerische Überlegungen zur Ausgangsfragestellung der Autorin.

Können sich Mitarbeiter und Mitarbeiterinnen darauf einlassen, erwachsenen Menschen mit geistiger Behinderung Möglichkeiten und Freiräume zur Umsetzung individueller Selbstverwirklichungsimpulse über das Medium bildende Kunst anzubieten, stellt Abschnitt A anzustrebende methodisch-didaktische Lernziele dar. Diesbezüglich werden dafür erforderliche Rahmenbedingungen (Fachräume, Material, Personal etc) vorausgesetzt. Auf dieser Basis wird der Weg erwachsener Menschen mit geistiger Behinderung bei der je nach Behinderungsform möglichen Umsetzung von Selbstverwirklichungsbestrebungen als Ziel aufgefasst.

Befindet sich ein erwachsener Künstler, eine Künstlerin mit geistiger Behinderung auf dem Weg zur Selbstverwirklichung, sind die unter Abschnitt B aufgeführten Merkmale von Mitarbeitern und Mitarbeiterinnen erkennbar. Diese herausgearbeiteten Kriterien wurden von erwachsenen Menschen mit geistiger Behinderung bestätigt. Meine Interviewpartner und Interviewpartnerinnen mit geistiger Behinderung zeigten sich in ihren Stegreiferzählungen im Rahmen durchgeführter autobiografisch-narrativer Interviews emotional, lebendig, autonom, authentisch, emanzipiert, sozial kompetent, selbstbewusst und beschrieben ihr Einssein mit dem künstlerischen Werk, ihre Konzentration, Ausdauer, Anspannung, Erschöpfung, Entspannung und zunehmende physische und psychische Gesundung durch den künstlerischen Selbstausdruck. Darüber hinaus sprachen sie über die farbliche Gestaltung ihrer Werke und über ihre Vorlieben für Materialien und Motive und bewiesen somit ihre Sprachfähigkeit.[231]

Im alltäglichen beruflichen Umgang mit künstlerisch tätigen erwachsenen Menschen mit geistiger Behinderung sind deren Selbstverwirklichungsprozesse an einer Bild- und Körpersprache ersichtlich. Diesbezügliche Kriterien sind unter Abschnitt C angegeben. Die sensible und genaue Wahrnehmung und Beobachtung körpersprachlicher Signale erwachsener Menschen mit geistiger Behinderung wird oftmals von Betreuungspersonen als schwierig empfunden, was auf ein Defizit in Ausbildungs- und Studieninhalten von Fachleuten in pädagogischen, therapeutischen und künstlerischen Tätigkeitsbereichen hinweist. Die Beobachtung von Bild- und Körpersprache als nonverbale Ausdrucksform ist daher nicht geschult und wird als ungewohnt empfunden, obwohl zumindest die Beobach-

---

[231] „Wir können mehr, als uns zugetraut wird ..." (DUISBURGER ERKLÄRUNG, 1994, ohne Seitenangabe, Quellenverzeichnis)

tung körpersprachlicher Impulse von Menschen mit geistiger Behinderung zur täglichen beruflichen Praxis gehören müsste.

Erstes (sonder)schulisches Lernfeld im Rahmen basaler Förderung ist der eigene Körper des Kindes mit Behinderung. Im Sinne einer Bereicherung des individuellen Erlebens vollzieht sich eine Übernahme von Informationen und ein Kontaktaufbau zur Umwelt über körperliche Nähe und körpernahe Angebote. Diese Lernprozesse führen zu einer Ich- und Persönlichkeitsentwicklung und im Weiteren zum Aufbau von Lebenszutrauen und bedeuten Voraussetzung für Selbstverwirklichung gemäß individueller Fähigkeiten.[232] Der Lernprozess beinhaltet u.a. den Erwerb von Fähigkeiten zum Einsatz von Gestik und Mimik als Träger differenzierter nichtsprachlicher Kommunikation sowie im Weiteren den Erwerb von Fähigkeiten zu sprachlicher Äußerung.[233] Wie bereits im Kontext Sonderschule erwähnt, stützen sich auch Konzeptionen der Erwachsenenbildung für Menschen mit geistiger Behinderung auf die neuropsychologische Grunderkenntnis, dass jegliches Lernen bei dem eigenen Körper beginnt.[234] Heilpädagogische Förderangebote wie Psychomotorik, Sensorische Integration oder Basale Stimulation beinhalten immer eine sensible Wahrnehmung und Beobachtung körpersprachlicher Impulse von Menschen mit Behinderungen seitens der Bezugs- oder Betreuungspersonen. Menschen mit Behinderungen ist es in diesen geschützten Fördersituationen möglich, durch ihren Körper, d.h. durch eine je individuelle Mimik, Gestik oder Veränderungen in der Atmung oder im Körpertonus, in Kommunikation zu treten.[235] Im Bereich der bildenden Kunst ist der mit der Gestaltung einhergehende Körpereinsatz, beispielsweise in Form von Gestiken oder dem Einklemmen der Zunge im Mundwinkel[236], bekannt.

Auffällig ist also, dass diese Kenntnisse Mitarbeitern und Mitarbeiterinnen aus pädagogischen, künstlerischen oder therapeutischen Tätigkeitsbereichen oftmals nicht zu einer Wahrnehmung von Selbstverwirklichungsprozessen erwachsener Menschen mit geistiger Behinderung über bildende Kunst befähigen. Die erstellte Tabelle 6.1 bietet diesbezüglich notwendige grundlegende Orientierungshilfen für die praktische professionelle Tätigkeit und kann so zu einer zunehmenden Sensibilisierung beitragen.

---

[232] vgl. KULTUSMINISTER des Landes Nordrhein-Westfalen, 1980, S. 26; KULTUSMINISTER des Landes Hessen, 1983, S. 7; GÜLDENSTUBBE, 1983b, S. 177

[233] vgl. GÜLDENSTUBBE, 1983a, S. 160; DERS., 1983b, S. 185f.; KULTUSMINISTER des Landes Nordrhein-Westfalen, 1985, S. 19

[234] vgl. BAUMGART, 1991, S. 45

[235] vgl. NAUHEIM, 1998a, S. 68ff.; DERS, 1998b, S. 78ff.; DRUNKENMÖLLE, 1998, S. 86

[236] vgl. DUBUFFET, 1991, S. 39f. u. S. 51ff.

Da die Kommunikation mit Menschen mit geistiger und/oder schwerstmehrfacher Behinderung sowie auch mit Menschen mit Sprach- und Hörbehinderung über Körpersprache und Gebärden erfolgt[237], ist es erforderlich, dass Mitarbeiter und Mitarbeiterinnen lernen, körpersprachliche Impulse wahrzunehmen, zu verstehen und zu beantworten. Menschen mit geistiger und schwerstmehrfacher Behinderung sind häufig

> ... auf andere Formen der Verständigung angewiesen, um sich selbst und ihre Bedürfnisse vermitteln zu können. Diese muß sinnlich wahrnehmbar und über körperlich spürbare Impulse erfolgen, in Situationen, die das Leben tragen. Sie tragen einen nonverbalen Dialog, den wir mit Säuglingen normalerweise problemlos beherrschen, der aber gerade bei schwerstbehinderten Menschen lebenslänglich detaillierter gestaltet werden muß. Dazu müssen wir uns auf den anderen Körper einlassen und unseren eigenen öffnen. Ein allein verbaler Austausch hilft nur wenig. Schwerstbehinderte Menschen benötigen die sensible Einstimmung auf ihre Wahrnehmungsmöglichkeiten. Sie allein sind der Spiegel, in dem sich Wohlbefinden, Vertrauen und Zufriedenheit zeigen können. Sie werden nur dann 'verstehen', wenn ihre Bewegungsimpulse als Anzeichen für ein Bedürfnis gedeutet werden, die aufgenommen und dorthin geleitet werden, wo sie möglicherweise verankert sein wollen.[238]

In diesem Verständnis kommt auch den körpersprachlichen Kommunikationsmöglichkeiten von Betreuungs- und Bezugspersonen wie beispielsweise einer intensiven mimisch-stimmlichen Zuwendung (Baby-Talk) Bedeutung zu.[239]

Das Aufzeigen künstlerischer Angebotsvarianten durch Bezugs- bzw. Betreuungspersonal befähigt erwachsene Künstler und Künstlerinnen mit geistiger Behinderung zur individuellen Auswahl und zu autonomen Entscheidungen in Bezug auf Farbe oder Material. Grundlegend ist das sensible Wahrnehmen und Beobachten auch minimaler Bedürfnisäußerungen durch Mitarbeiter und Mitarbeiterinnen. Auch im Falle einer schweren geistigen bzw. schwerstmehrfachen Behinderung

> ... können etwa winzige Signale eines Menschen darauf hinweisen, welche der angebotenen Möglichkeiten er bevorzugt. Fragen können nicht nur mit Sprache beantwortet werden, sondern zum Beispiel auch durch Verhaltensänderungen oder mittels Gesichtsausdruck.[240]

Die Beobachtung bild- und körpersprachlicher Impulse erwachsener Menschen mit geistiger Behinderung im Rahmen möglicher Selbstverwirklichungsprozesse über das Medium bildende Kunst und die (körper)sprachlichen Reaktionen von Mitarbeitern und Mitarbeiterinnen sind auch insofern bedeutend, als dass Menschen mit geistiger und schwerstmehr-

---

[237] vgl. ADAM, ²1996, S. 109 ff.
[238] PRASCHAK, 1995, S. 41
[239] vgl. DRUNKENMÖLLE, 1998, S. 87
[240] OSBAHR, 2000, S. 63

facher Behinderung sich ihrer Ausdrucks- und Kommunikationsmöglichkeiten über Körpersprache durchaus bewusst sind:

> Auch schwerbehinderte Menschen können sagen, was sie wollen. Vielleicht nicht durch Sprache, aber man kann es im Gesicht sehen oder am Verhalten.[241]

---

[241] DUISBURGER ERKLÄRUNG, 1994, ohne Seitenangabe (Quellenverzeichnis)

7. Körpersprachliches Ausdrucksverhalten im Rahmen der Forschungsfragestellung

7.1 Körpersprachliches Ausdrucksverhalten als Indikator für Selbstverwirklichungsprozesse erwachsener Menschen mit geistiger Behinderung über bildende Kunst

Körpersprachliches Ausdrucksverhalten erwachsener Menschen mit geistiger Behinderung im Sinne von (unbewusster) Selbst-Darstellung[242] ermöglicht Mitarbeitern und Mitarbeiterinnen die Rezeption verschiedener damit einhergehender emotionaler Dimensionen[243] wie beispielsweise Ausdruck der Zuwendung zum Medium bildende Kunst bzw. Ausdruck fortschreitender Selbstverwirklichungsprozesse wie auch Ausdruck der Ablehnung und Verweigerung des Mediums bildende Kunst.

Unter Bezugnahme auf die an anderer Stelle herausgearbeiteten Kategorien Emotionalität, Lebendigsein, Einssein mit der Kunst, Konzentration, Ausdauer, Anspannung, Erschöpfung, Entspannung, Autonomie, Authentizität, Emanzipation, soziale Kompetenz, Selbstbewusstsein und physische und psychische Gesundung als charakteristische Merkmale von Selbstverwirklichungsprozessen erwachsener Menschen mit geistiger Behinderung über bildende Kunst kann aus der mir vorliegenden Literatur körpersprachliches Ausdrucksverhalten für Emotionalität verschiedener Art, Konzentration, Anspannung, Erschöpfung/Müdigkeit, Entspannung und Selbstbewusstsein beschrieben werden. In der Zusammenstellung verschiedener positiver Emotionen sind die Kategorien Lebendigsein, Einssein mit der Kunst sowie Ausdauer enthalten. Authentizität zeigt sich in einer kongruenten und überwiegend offenen Körpersprache.

Die folgende Auflistung körpersprachlicher Indikatoren bezieht sich auf die Bereiche Mimik, Stimme, Gestik und Körperhaltung. Eine Rezeption erfolgt vorrangig über den visuellen und auditiv-akustischen Kanal. Alle übrigen Kanäle werden in mir bekannten Beschreibungen vernachlässigt.

Zu berücksichtigen sind im Rahmen einer Zusammenfassung verschiedener körpersprachlicher Aspekte eine teilweise sehr kurze Manifestation (Micro-Expression)[244], mögliche Gleichzeitigkeit verschiedener Signale, mögliche Variationen der Intensität des Körperausdruckes, mögliche Mehrdeutigkeit und mögliche Komplexität in Form einer Zusammensetzung aus mehreren Signalen (Primär- und Sekundärmerkmale).

---

[242] vgl. HARTMANN, ²1998, S. VII

[243] vgl. PFAU, ²1998, S. IX

[244] vgl. EKMAN u. FRIESEN von, 1975, S. 14

Die Zusammenstellung körpersprachlicher Indikatoren aus der mir vorliegenden Literatur (einschließlich des fotografischen Materials) verfolgt die Intention einer Sensibilisierung unterschiedlicher Berufsgruppen hinsichtlich der Wahrnehmung und Beobachtung von Bild- bzw. Körpersprache erwachsener Künstler und Künstlerinnen mit geistiger Behinderung im Zuge ihrer je individuellen Selbstverwirklichungsprozesse.

7.1.1 Freude/Heiterkeit

Mimik:

- ruhiger Blick,
- erweiterte Pupillen,
- verstärkter Glanz in den Augen (strahlende Augen),
- übernormal geöffnete Augen,
- Lachfalten um die Augen,
- Freudentränen (mimisches Weinen),
- nach oben gezogene Mundwinkel,
- freudiges Erröten.[245]

Stimme:

- lockere Tonisierung,
- stetig fließendes Sprechen (teilweise auch mit Ansteigen und Absinken der Tonhöhe),
- Dehnen der Worte,
- voller Klang der Stimme durch Erweiterung der Mundhöhle,
- Phone des Wohlfühlens (wohlklingende Vokale wie „O" und „U"),
- Singen und Jubilieren.[246]

Gestik:

- große Schrift.[247]

---

[245] vgl. LEONHARD, 1976, S. 17f.; ARGYLE, [7]1996, S. 232; LAUSTER, [21]1997, S. 52

[246] vgl. LEONHARD, 1976, S. 12 u. 297; LAUSTER, [21]1997, S. 52

[247] vgl. LEONHARD, 1976, S. 270

7. Körpersprachliches Ausdrucksverhalten im Rahmen der Forschungsfragestellung 219

Körperhaltung:

- erhöhte, aber gleichmäßige Bewegtheit des Körpers (belebt, beschwingt, spielerisch),
- gelockerte Bewegungen,
- vermehrte Mitbewegungen wie Pendelbewegungen der Arme, Wiegen und Wenden des Rumpfes, Heben der Beine),
- Springen und Tanzen.[248]

7.1.2 Glück

Mimik:

- „Krähenfüße" an den äußeren Augenrändern,
- Falten unter den Unterliedern,
- zurückgezogene und hochgezogene Mundwinkel,
- Faltenlauf von der Nase zu den Mundwinkeln,
- zurückgezogene Wangen.[249]

7.1.3 Lachen

Nachfolgende Aufstellung körpersprachlicher Ausdrucksweisen bezieht sich auf das durch positive Emotionen hervorgerufene natürliche Lachen, nicht auf spöttisches, höhnisches, ironisches, kaltes oder schüchternes Lächeln.

Mimik:

- nach oben gehende Bewegungen der Gesichtsmuskulatur (beginnend in den Augen und überlaufend zum Mund),
- Faltenlauf von den inneren Augenwinkeln schräg über den Nasenrücken.[250]

7.1.4 Überraschung

Mimik:

- hochgezogene und gewölbte Augenbrauen,
- gestreckte und gedehnte Haut unter den Augenbrauen,
- horizontale Falten im Stirnbereich (bei bereits vorhandenen Falten zeigt sich eine Intensivierung),
- übernormal geöffnete Augen,

---

[248] vgl. LEONHARD, 1976, S. 11; LAUSTER, [21]1997, S. 52
[249] vgl. EKMAN u FRIESEN von, 1975, S. 99ff.
[250] vgl. LEONHARD, 1976, S. 87ff.; MOLCHO, 1999a, S. 25 u. 180ff.

- entspannte untere Augenlieder,
- angehobene obere Augenlieder,
- sichtbares Weiß der Augen über der Iris (oft auch unter der Iris),
- entspannter Mund,
- offen stehender Mund,
- teilweise sichtbare Zähne.[251]

7.1.5 Interesse/Aufmerksamkeit

Mimik:

- angespannte Gesichtsmuskulatur,
- gehobene Augenbrauen,
- geöffnete Augen,
- halb geöffneter Mund.[252]

7.1.6 Konzentration

Mimik:

- hochgezogene oder gerunzelte Augenbrauen,
- vertikale Stirnfalten,
- verengte Lidspalte der Augen,
- Abnahme der Blinzeltätigkeit der Augen,
- zielgerichteter Blick,
- Falten im Mund- und Kinnbereich.[253]

Körperhaltung:

- angespannte Nackenmuskeln,
- eingeschränkte Möglichkeit des Schauens zu Seite,
- versunkene Körperhaltung,
- eingeschränkte Bewegungsfreiheit durch Fokussierung eines Ziels.[254]

---

[251] vgl. EKMAN u. FRIESEN von, 1975, S. 37ff.; LAUSTER, [21]1997, S. 51

[252] vgl. MOLCHO, 1999a, S. 177ff.

[253] vgl. LEONHARD, 1976, S. 245f.; ARGYLE, [7]1996, S. 232; LAUSTER, [21]1997, S. 54; KAISER, 1998, S. 120; BIRKENBIHL, [14]1999, S. 97f.; MOLCHO, 1999a, S. 184

[254] vgl. KAISER, 1998, S. 120; MOLCHO, 1999a, S. 181

7.1.7 Anspannung

Mimik:

- fallende, nach unten ziehende Bewegungen der Gesichtsmuskulatur,
- Zunahme der Blinzelhäufigkeit des Augen,
- starrer Blick,
- zusammengepresste Lippen.[255]

Stimme:

- verringerte Modulation,
- hastiges Ausstoßen der Worte,
- abgehacktes Sprechen mit Pausen,
- verkrampfter Sprechdrang mit mehrmaligem Vorbringen der Silben (Stottern).[256]

Gestik:

- gelockerte Bewegungen,
- verkrampfte Hände,
- Sonderbewegungen wie Nesteln der Hände, Reiben an bzw. Hantieren mit Gegenständen oder Trommeln mit den Fingern,
- Kritzeln auf Papier.[257]

Körperhaltung:

- versteifter Nacken,
- gekreuzte Fesseln und eng geschlossene Beine,
- stereotypes Laufen durch den Raum,
- Aufstampfen mit dem Fuß.[258]

7.1.8 Erschöpfung/Müdigkeit

Mimik:

- fallende, nach unten ziehende Bewegungen der Gesichtsmuskulatur,
- schlaffe Gesichtsmuskeln,
- spannungsloses Gesicht,

---

[255] vgl. BONNAFONT, 1993, S. 97; ARGYLE, [7]1996, S. 232; MOLCHO, 1999a, S. 180
[256] vgl. LEONHARD, 1976, S. 12
[257] vgl. LEONHARD, 1976, S. 11f.; BONNAFONT, 1993, S. 97
[258] vgl. LEONHARD, 1976, S. 11f.; BONNAFONT, 1993, S. 97; MOLCHO, 1999a, S. 172

- gehobene Augenbrauen bei gleichzeitig herabgesenkten Oberlidern,
- spannungsloser, offener Mund,
- herabhängender Ober- und Unterkiefer,
- entblößte untere Zahnreihe.[259]

Stimme:
- tonlose Stimme,
- monotone Sprache, jedoch noch modulationsfähig.[260]

Körperhaltung:
- nachgelassene Muskelspannung,
- hängende Gliedmaßen,
- verlangsamte, jedoch nicht gedrückte/bedrückte Bewegungen,
- schief zur Seite geneigter Kopf.[261]

7.1.9 Entspannung

Körperhaltung:
- asymmetrische Arm- und Beinhaltung,
- entspannte Hände,
- zur Seite oder rückwärts gelehnter Körper.[262]

7.1.10 Selbstbewusstsein

Mimik:
- vermehrter Blickkontakt.[263]

Körperhaltung:
- aktive, herausfordernde Körperhaltung.[264]

---

[259] vgl. LEONHARD, 1976, S. 98ff.; LAUSTER, ²¹1997, S. 49; MOLCHO, 1999a, S. 180
[260] vgl. LAUSTER, ²¹1997, S. 49; PFAU, ²1998, S. 8
[261] vgl. LEONHARD, 1976, S. 98; LAUSTER, ²¹1997, S. 49; PFAU, ²1998, S. 8
[262] vgl. ARGYLE, ⁷1996, S. 259
[263] vgl. ebd., S. 229
[264] vgl. ebd.; MOLCHO, 1999a, S. 119f.

7.2 Körpersprachliches Ausdrucksverhalten als Indikator für ablehnendes Verhalten und für Krisensituationen

Im Gegenzug können körpersprachliche Signale auch Ablehnung des Mediums bildende Kunst bzw. Krisensituationen ausdrücken. Selbstverwirklichungsprozesse erwachsener Menschen mit geistiger Behinderung über bildende Kunst sind seitens von Mitarbeitern und Mitarbeiterinnen nicht grundsätzlich zu erwarten. Aus Sicht erwachsener Menschen mit geistiger Behinderung sind diesbezügliche Gründe nicht das geeignete Medium und Material, nicht der geeignete Zeitpunkt, nicht der geeignete Raum, Zustand des Unwohlseins etc.

7.2.1 Abwehr/Ablehnung

Mimik:

- Blick von oben herab,
- durch den Gesprächspartner/die Gesprächspartnerin hindurch gerichteter Blick bei erhobenem Kopf,
- halb geschlossene Lidspalte,
- Naserümpfen,
- vertiefte Nasenfalte,
- herabgezogene Mundwinkel,
- zusammengekniffene, gespannte Lippen,
- kurzes Hinausschieben der Zunge.[265]

Stimme:

- harte Stimme im Brustton,
- gespannter Atem.[266]

Gestik:

- vom Körper abgewandte Handinnenflächen,
- gestreckte, gespreizte Finger.[267]

---

[265] vgl. LEONHARD, 1976, S. 179; LAUSTER, ²¹1997, S. 47; MOLCHO, 1999a, S. 191
[266] vgl. LAUSTER, ²¹1997, S. 47
[267] vgl. LEONHARD, 1976, S. 201f.

Körperhaltung:
- Übereinander geschlagene Arme und Beine,
- verschränkte Arme.[268]

7.2.2 Abscheu/Ekel

Mimik:
- Falten unter den Augen,
- hochgezogene Wangen,
- hochgezogene und leicht vorgeschobene Unterlippe,
- hochgezogene Oberlippe,
- teilweise Faltenbildung seitlich der Nase bzw. entlang des Nasenrückens.[269]

Stimme:
- Näselklang (Nasalierung von sonst nicht nasalierten Buchstaben),
- gespannter Atem.[270]

7.2.3 Angst/Furcht

Mimik:
- hochgezogene Augenbrauen,
- zusammengezogene Augenbrauen,
- horizontale Falten auf der mittleren Stirn,
- große, aufgerissene, starre Augen,
- gehobenes oberes Augenlid,
- gespanntes unteres Augenlid,
- sichtbares Weiß der Augen über der Iris,
- erweiterte Pupillen,
- unsteter Blick (Richtungsänderungen),
- Vermeidung von Blickkontakt,
- zunehmende Blinzeltätigkeit,
- geöffneter Mund,
- gespannte, zurückgezogene Lippen,
- nach hinten gezogene Mundwinkel,

---

[268] vgl. ARGYLE, [7]1996, S. 249; LAUSTER, [21]1997, S. 47
[269] vgl. EKMAN u. FRIESEN von, 1975, S. 66ff.; KAISER, 1998, S. 157
[270] vgl. LAUSTER, [21]1997, S. 47

- entblößte Zähne,
- gerötetes oder blutleeres Gesicht.[271]

Stimme:

- unnormale Tonhöhe.[272]

Gestik:

- angespannte, verkrampfte Hände, die sich aneinander festhalten oder an der Stuhllehne anklammern,
- Gesten, die die Haare mit einbeziehen oder das Gesicht berühren und verbergen,
- geballte Hände zur Faust.[273]

Körperhaltung:

- verkrampfte, unfreie Haltung,
- Einrollbewegungen,
- Muskelanspannung (einhergehend mit vegetativen Erscheinungen wie Zittern, Gänsehaut, Schweißausbruch etc.),
- Dauerspannung im Nacken,
- gesenkter, nach vorne geneigter Kopf (Schutzhaltung),
- Kinn zeigt zur Brust und verdeckt den Hals,
- eckige, ruckartige Bewegungen.[274]

7.2.4 Zorn/Ärger/Wut

Mimik:

- herabgezogene Augenbrauen,
- zusammengezogene, gerunzelte Augenbrauen,
- teilweise vertikale Falten zwischen den Augenbrauen,
- senkrechte Falten im Stirnbereich,
- Stirnrunzeln,
- gespannte Augenlider,

---

[271] vgl. EKMAN u. FRIESEN von, 1975, S. 47ff.; LEONHARD, 1976, S. 15ff. u. 93ff.; BONNAFONT, 1993, S. 150; ARGYLE, [7]1996, S. 232; MOLCHO. 1999a, S. 183

[272] vgl. LEONHARD, 1976, S. 297

[273] vgl. ARGYLE, [7]1996, S. 247ff.

[274] vgl. LEONHARD, 1976, S. 11ff.; PFAU, [2]1998, S. 6; KAISER, 1998, S. 139; MOLCHO, 1999a, S. 183, ebd., 1999b, S. 45

- hochgezogenes Unterlid,
- starrer Blick,
- zusammengekniffene Augen,
- zusammengepresste oder offene Lippen,
- Beißen auf die Unterlippe,
- herabgezogene Mundwinkel mit gehobener Oberlippe,
- Erröten.[275]

Stimme:
- rauer, kratziger Stimmklang.[276]

Gestik:
- unruhige Gestikulation,
- vor der Brust gekreuzte Arme,
- Verteidigungsposition.[277]

Körperhaltung:
- nach vorn geneigter Kopf,
- zurückgezogene Schultern,
- runder Rücken,
- hängende Schultern,
- verschränkte, gekreuzte Füße.[278]

7.2.5 Aggression

Mimik:
- gerunzelte Augenbrauen,
- nach vorne gewölbte Augenbrauen,
- nach vorn geschobene Mundwinkel,
- Lippen in Form einer schmalen Linie.

---

[275] vgl. EKMAN u. FRIESEN von, 1975, S. 78ff.; LEONHARD, 1976, S. 18 u. 94; BONNAFONT, 1993, S. 98; ARGYLE, [7]1996, S. 232; LAUSTER, [21]1997, S. 50; BIRKENBIHL, [14]1999, S. 98

[276] vgl. LAUSTER, [21]1997, S. 50

[277] vgl. BONNAFONT, 1993, S. 97f.

[278] vgl. ebd.; LAUSTER, [21]1997, S. 50

7. Körpersprachliches Ausdrucksverhalten im Rahmen der Forschungsfragestellung 227

Gestik:

- Ballen der Hände zur Faust,
- Aufstampfen mit dem Fuß,
- Entlastungsgesten (Kratzen am Kopf, Nägelkauen, Selbstberührungsgesten in Form von Pseudokörperpflege).

Körperhaltung:

- nach vorn gerecktes Gesicht,
- Angriffshaltung,
- zwanghafte Bewegungen,
- unruhige Bewegungen.[279]

7.2.6 Trauer

Mimik:

- hochgezogene innere Ecken der Augenbrauen,
- Haut unter den Augenbrauen bildet ein Dreieck,
- angehobener innerer Winkel der Oberlider,
- teilnahmsloser Blick,
- gehobener Nasenflügel,
- vertiefte Nasenfalte,
- heruntergezogene, gesenkte Mundwinkel,
- Grübchenbildung an den Mundwinkeln,
- Nasen-Lippen-Furche,
- zitternde Lippen,
- Leidensmiene.[280]

Stimme:

- Klagelaute.[281]

---

[279] vgl. BONNAFONT, 1993, S. 149ff.
[280] vgl. EKMAN u. FRIESEN von, 1975, S. 114ff.; LEONHARD, 1976, S. 13 u. 89ff.; LAUSTER, 1997, S. 46
[281] vgl. LEONHARD, 1976, S. 298

Gestik:

- kleine Schrift,
- verminderte Gestik,
- schwache Mitbewegungen.[282]

Körperhaltung:

- schlaffe Haltung.[283]

7.2.7 Weinen

Mimik:

- zusammengezogener Nasenflügel,
- nach unten geschobene Oberlippe,
- Tränen.

Stimme:

- phonisches Weinen,
- fehlendes An- und Absteigen der Tonhöhe.[284]

7.2.8 Resignation/Verbitterung

Mimik:

- gerunzelte Stirn,
- schlaffes, herabgezogenes Oberlid,
- nach außen oder abwärts gezogene Mundwinkel,
- Mundwinkelfalte.

Stimme:

- langsame Sprechgeschwindigkeit,
- Seufzer.[285]

7.2.9 Depression

Mimik:

- Gequälte, angespannte Mimik (Schreckensmaske),
- Armut mimischen Ausdrucks,
- leerer Blick oder geschlossene Augen,

---

[282] vgl. ebd., S. 11 u. 270

[283] vgl. ebd., S. 11

[284] vgl. ebd., S. 148ff.

[285] vgl. LAUSTER, [21]1997, S. 45

7. Körpersprachliches Ausdrucksverhalten im Rahmen der Forschungsfragestellung 229

- wenig Blickkontakt,
- auf den Boden blicken,
- offener Mund,
- Erröten.[286]

Stimme:

- Weinen,
- falsches Lachen, aufgesetzte Fröhlichkeit (Inkongruenz),
- leises Sprechen,
- deutliche Minderung der Modulationsfähigkeit im Klangausdruck (klanglos, eintönig, ohne Dynamik),
- abgehacktes Sprechen,
- entpersönlichte Stimme,
- Heiserkeit,
- Ringen nach Atem,
- Anhalten des Atems.[287]

Gestik:

- schwache und zurückhaltende Gestik,
- verbergende Gesten,
- Abwehrgestik (vor dem Körper verschränkte Arme),
- Kopfstützgebärde,
- Selbstberührungsgestik (aber Vernachlässigung der äußeren Erscheinung),
- nach innen gewendete Handflächen,
- auf das Herz gepresste Hände,
- Finger verdecken die Augen,
- vor das Gesicht geschlagene Hände,
- an die Halsgegend gedrückte Hände.[288]

Körperhaltung:

- verkrampfte Muskulatur,
- angespannter Körper (ständige Alarmbereitschaft),
- langsame Bewegungen,
- wenige Bewegungen,
- langsamer, zögernder, vorsichtiger Gang,
- gebeugter Kopf,
- hochgezogene Schultern,
- runder Rücken,
- gebeugte Knie,
- gebückte, nach vorne geneigte Haltung im Stehen und Sitzen.[289]

---

[286] vgl. BONNAFONT, 1993, S. 197; ARGYLE, ⁷1996, S. 226f.; PFAU, ²1998, S. 2ff

[287] vgl. BONNAFONT, 1993, S. 198; PFAU, ²1998, S. 78f.

[288] vgl. BONNAFONT, 1993, S. 198; ARGYLE, ⁷1996, S. 251; PFAU, ²1998, S. 2ff.

[289] vgl. BONNAFONT, 1993, S. 197; ARGYLE, ⁷1996, S. 251; PFAU, ²1998, S. 48ff.

7.2.10 Nervöse Hochstimmung

Mimik:

- gleichmütiger Gesichtsausdruck (Kontrolle),
- Maske von Ruhe und Gleichmut,
- Malen des Kiefers,
- Zucken der Augenlider,
- häufiges Blinzeln,
- unaufhörliche Bewegungen des Adamapfels,
- Krampfbewegung der Halsmuskulatur,
- nach innen gezogene Wangenmuskeln.

Stimme:

- wiederholtes Schlucken,
- schneidende, durchdringende Stimme (schrilles Timbre),
- vergrößerte Lautstärke,
- Tonhöhenschwankungen,
- abgehacktes Reden,
- Stottern,
- Zunahme von Sprachticks.

Gestik:

- rhythmisches Biegen der Finger,
- Ballen der Hände zur Faust.

Körperhaltung:

- allgemeine, ständige Unruhe,
- sprunghafte Bewegungen,
- hastige Bewegungsgeschwindigkeit,
- ruckartige Bewegungen des Kopfes,
- wirre Arm- und Kopfbewegungen,
- unaufhörliche Bewegung der Arme,
- verrenkter Körper,
- gekrümmte Zehen.[290]

7.3 Nutzung der Erkenntnisse über körpersprachliches Ausdrucksverhalten

Aufbauend auf der soeben dargelegten Zusammenstellung körpersprachlichen Ausdrucksverhaltens als Indikator für mögliche Selbstverwirklichungsprozesse und als Indikator für ablehnendes Verhalten und Krisensituationen erfolgt abschließend der Versuch, über ein zu entwickelndes Beobachtungsinstrumentarium das Phänomen „Selbstverwirklichungsprozesse erwachsener Menschen mit geistiger Behinderung über bildende Kunst" zu er-

---

[290] vgl. BONNAFONT, 1993, S. 189ff.

7. Körpersprachliches Ausdrucksverhalten im Rahmen der Forschungsfragestellung 231

schließen. Dieser Beobachtungsbogen soll Handlungsmöglichkeiten für professionelle Helfer und Helferinnen in einem heilpädagogischen Kontext bieten. Darüber hinaus kann die Verwendung dieses Beobachtungsinstrumentariums in einem heilpädagogischen Alltag dazu beitragen, den Blickwinkel in Bezug auf körpersprachliches Ausdrucksverhalten erwachsener Menschen mit geistiger Behinderung zu öffnen und zu sensibilisieren.

8. Darstellung des Beobachtungsinstrumentariums

8.1 Heilpädagogische Diagnostik

Wie bereits an anderer Stelle ausführlich dargelegt[291], ist die psychometrisch orientierte Psychodiagnostik des Phänomens „Selbstverwirklichung" unzulänglich.[292] Der beispielsweise von AISSEN-CREWETT konzipierte Erfassungs- und Bewertungsbogen für den Kunstunterricht an Sonderschulen ermöglicht Pädagogen und Pädagoginnen wiederholende Evaluationen bezüglich Wirkungen des Kunstunterrichts auf eine mögliche Weiterentwicklung von Schülern und Schülerinnen mit Behinderungen und zugleich auf Effektivität der Kunsterziehung selbst.[293] Bei dem Einsatz dieses Bogens ist jedoch zu beachten, dass

> ... die Fortentwicklung des Schülers keineswegs kontinuierlich ist, sofern sie überhaupt festgestellt werden kann. Manchmal zeigen sich bei einem Kind auch Rückschritte oder es zeigen sich keine Veränderungen oder sehr geringe auf einem Gebiet, während auf anderen Gebieten sich kein signifikanter Fortschritt zeigt. Die Gründe für diese verschiedenen Folgen, positiver oder negativer oder gleichbleibender Art, können auf Faktoren zurückzuführen sein, die mit dem Kunsterziehungsprogramm nichts zu tun haben, wie medizinische Behandlung, Druck seitens der häuslichen Umgebung, unglückliche häusliche Umgebung, Krankheit, Pubertätsprobleme usw. Der mangelnde Fortschritt kann jedoch auch in Mängeln des Kunsterziehungsprogramms begründet sein, wie einer unzureichenden Stimulation, in zu abstrakten Konzepten, zu schwierigen Aufgaben, zu langen Zeitperioden usw.[294]

Nicht das Phänomen „Selbstverwirklichung über Kunst" steht im Mittelpunkt des Erfassungs- und Bewertungsbogens, sondern zu dokumentierende Fortschritte in der künstlerischen Entwicklung. Der Aspekt der Selbstverwirklichung bleibt lediglich ein zu beobachtender Unterpunkt.[295]

Der Versuch, Selbstverwirklichungsprozesse erwachsener Menschen mit geistiger Behinderung über das Medium bildende Kunst in Form eines Beobachtungsbogens zu dokumentieren, stellt eine Ergänzung zu Heilpädagogischer Diagnostik dar.

---

[291] siehe Kap. 3

[292] vgl. PAULUS, 1994, S. 5

[293] vgl. ²1989, S. 37ff.

[294] ebd., S. 38

[295] vgl. ebd.; S. 37

Im Rahmen einer Heilpädagogischen Diagnostik[296] wird der Mensch als biopsychosoziale Einheit verstanden, die sich

> ... im Sinne der Autopoesie selbst hervorbringt und zugleich mit ihrer sozialen und sächlichen Umwelt in wechselseitigem Austausch steht.[297]

Jede diagnostische Situation als Begegnungs- und Möglichkeitsfreiraum ist geprägt von Verantwortlichkeit, Wertschätzung, Akzeptanz und Achtung vor der Würde des Klienten, der Klientin. Heilpädagogische Diagnostik ist durch die Bestimmungsmerkmale Begleitdiagnostik, Prozessdiagnostik, Förderungsdiagnostik, Bildbarkeitsdiagnostik, Optimierungsdiagnostik und Verstehende Diagnostik charakterisiert. Im Zuge Heilpädagogischer Diagnostik können konkrete Hilfen und Fördermaßnahmen zum Verständnis von Verhaltensweisen, Handlungen oder Entäußerungen eines Menschen aufgezeigt werden. Dabei findet eine Verknüpfung mit didaktischen und methodischen Reflexionen und Handlungskonzepten statt.[298]

Heilpädagogische Diagnostik kann im Rahmen spielerischer und kreativer Tätigkeiten erfolgen. „Diagnostik mit Pfiffigunde" beispielsweise stellt ein kindgemäßes Verfahren zur Beobachtung von Wahrnehmung und Motorik über szenisches Märchenspiel dar.[299]

In diesem Sinne ermöglicht das Beobachtungsinstrumentarium eine Heilpädagogische Diagnostik von Selbstverwirklichungsprozessen erwachsener Menschen mit geistiger Behinderung in einer gestalterischen Aktivität.

8.2 Entwicklung und Erprobung

Das zu entwickelnde Instrumentarium bezieht sich auf die zu beobachtende intensive Körpersprache erwachsener Menschen mit geistiger Behinderung während einer künstlerisch-kreativen Tätigkeit. Situationen des Ankommens bzw. des Verlassens der gestalterischen Situation werden dabei nicht erfasst. Da die individuelle Bildsprache durch körpersprachliches Ausdrucksverhalten entsteht, wird dieser Aspekt vernachlässigt.

In der vorliegenden Arbeit wurde eine Vielzahl an Indikatoren und Dimensionen von Selbstverwirklichungsprozessen erwachsener Menschen mit geistiger Behinderung über bildende Kunst über eine umfassende Inhaltsanalyse durchgeführter autobiografisch-narrativer Interviews, Gruppendiskussionen und schriftlicher Befragungen herausgearbeitet. Zusätzlich dazu wurden gesicherte Erkenntnisse über körpersprachliches Ausdrucksver-

---

[296] vgl. REICH, 2003, S. 16
[297] HELLMANN, 2003, S. 4
[298] vgl. ebd., S. 5ff.
[299] vgl. CÁRDENAS, 1999, S. 7ff.; vgl. ebd.,⁷2000, S. 8ff.

8. Darstellung des Beobachtungsinstrumentariums 235

halten aus der Literatur dargelegt. Individuelle Selbstverwirklichungsprozesse erwachsener Menschen mit geistiger Behinderung während einer künstlerisch-kreativen Tätigkeit sind jedoch in dieser Differenzierbarkeit nicht beobachtbar. Über eine hermeneutische Bedeutungsanalyse soll an dieser Stelle eine Reduktion der Vielfalt zu Gunsten einer besseren Handhabung erfolgen. In Hinsicht auf eine angestrebte Übereinstimmungsanalyse von Parametern aus den Gruppendiskussionen, den schriftlichen Befragungen und der Literatur wird nur auf die positiven Merkmale von Selbstverwirklichungsprozessen Bezug genommen. Da diesbezüglich viele einzelne mögliche Mosaiksteine von ähnlichen Dimensionen und zentralen Elementen gefunden wurden, ist es erforderlich, nochmals selektiv die Indikatoren herauszufiltern, die entweder meiner Meinung nach eindeutig zu beobachten und wahrzunehmen sind oder die von Beteiligten an dem multimethodischen Forschungsdesign explizit genannt wurden. Nachfolgend aufgeführte Variablen wurden mindestens in zwei von den drei Bereichen Gruppendiskussion, schriftliche Befragung und Literatur dargelegt.

- **Freude/Heiterkeit:**

Zusammenfassend wurde sowohl von den Diskutanten/Diskutantinnen als auch von den Studierenden zu beobachtende Emotionalität angegeben. Emotionalität äußert sich unter anderem in Freude und Heiterkeit, was Aussagen aus der Literatur bestätigen. Freude/Heiterkeit kann nach Aussagen Beteiligter an den Gruppendiskussionen und den schriftlichen Befragungen an einer Körpersprache über Stimme, Mimik oder Körperhaltung wahrgenommen werden. Auch in der Literatur wird diese Form der Emotionalität über diese Parameter beschrieben. Dem Beobachtungsbogen wurden bezüglich Stimme die Indikatoren lockere Tonisierung, Jubilieren/Lachen, Singen und Phone des Wohlfühlens, bezüglich Mimik der Indikator strahlende Augen und bezüglich der Körperhaltung die Indikatoren Pendelbewegung der Arme, Wiegen und/oder Wenden des Rumpfes, Springen und Tanzen zu Grunde gelegt.

- **Interesse/Aufmerksamkeit:**

Emotionalität erwachsener Menschen mit geistiger Behinderung in künstlerischen Prozessen zeigt sich des Weiteren laut übereinstimmenden Äußerungen der Diskutanten/Diskutantinnen und Studierenden in der Dimension Interesse/Aufmerksamkeit. Auch diese Dimension wird in der Literatur angegeben. Interesse/Aufmerksamkeit ist an der Mimik ablesbar. Diesbezüglich wurden die Indikatoren halb geöffneter Mund und gehobene Augenbrauen festgelegt.

- **Konzentration:**

Auch der Parameter Konzentration findet sich übereinstimmend in Aussagen der Diskutanten/Diskutantinnen, Studierenden und der Literatur. Konzentration ist an einer spezifischen Mimik über den Indikator versunkene Körperhaltung wahrnehmbar. Aussagen von an den Gruppendiskussionen und schriftlichen Befragungen beteiligter Menschen sowie der Literatur sind deckungsgleich.

- **Anspannung:**

Selbstverwirklichungsprozesse erwachsener Menschen mit geistiger Behinderung über bildende Kunst sind oftmals geprägt durch sichtbare Anspannung. Diese wird körpersprachlich unter anderem über Stimme, Mimik, Gestik und Körperhaltung zum Ausdruck gebracht. In Hinsicht auf Stimme wurde hastiges Ausstoßen von Worten, in Hinsicht auf Mimik zusammengepresste Lippen, in Hinsicht auf Gestik verkrampfte Hände und in Hinsicht auf Körperhaltung gekreuzte Fesseln und eng geschlossene Beine dem Beobachtungsinstrumentarium als Items zugeordnet.

- **Erschöpfung/Müdigkeit:**

Bezüglich dieses übereinstimmenden Parameters wurde der Item tonlose Stimme (Stimme) und hängende Gliedmaße (Körperhaltung) gewählt.

- **Entspannung:**

Übereinstimmend wurde in den Gruppendiskussionen, den schriftlichen Befragungen und der Literatur an der Körperhaltung ablesbare Entspannung angegeben. Die entspannte Körperhaltung wird in dem Beobachtungsinstrumentarium durch die Items asymmetrische Arm- und Beinhaltung, zur Seite gelehnter Körper und rückwärts gelehnter Körper charakterisiert.

- **Selbstbewusstsein:**

Selbstbewusstsein wurde im Rahmen des multimethodischen Forschungsdesigns als ein zentrales Charakteristikum für individuelle Selbstverwirklichungsprozesse erwachsener Menschen mit geistiger Behinderung über bildende Kunst beschrieben. Selbstbewusstsein manifestiert sich beispielsweise in einer spezifischen Mimik. Im Rahmen des Beobachtungsbogens wurde vermehrter Blickkontakt als Item gewählt.

Die soeben dargelegte Übereinstimmungsanalyse ergab 7 zentrale, eindeutige Elemente, die von Mitarbeitern und Mitarbeiterinnen hauptsächlich über den visuellen und auditiv-akustischen Kanal wahrnehmbar und beobachtbar sind.

Eine Dimension ist durch mindestens ein körpersprachliches Kriterium (Mindestkriterium) charakterisiert. In Abhängigkeit von dem Umfang des gesicherten Wissens aus der

8. Darstellung des Beobachtungsinstrumentariums 237

Literatur finden sich in dem Beobachtungsbogen auch 2 bis 4 körpersprachliche Kriterien pro Dimension. Nicht immer kann für ein Phänomen das gesamte mögliche körpersprachliche Ausdrucksverhalten in Stimme, Mimik, Gestik und Körperhaltung angegeben werden. Darüber hinaus sind viele Stimmungen und Befindlichkeiten auf Beobachtungsebene ähnlich, zeigen sich nur flüchtig oder variieren in der Intensität der Signalgebung. Verschiedene körpersprachliche Signale können zudem zeitgleich oder hintereinander auftreten.

Auf Grundlage dieser Überlegungen wurde ein Beobachtungsbogen zum Ankreuzen beobachteter oder nicht beobachteter Signale konzipiert. Die gewählte Reihenfolge aufgeführter Items stellt keine Rangfolge dar. Je mehr körpersprachliche Indikatoren insgesamt wahrzunehmen und zu beobachten sind (Summenkriterium), desto wahrscheinlicher kann von einem Selbstverwirklichungsprozess eines erwachsenen Menschen mit geistiger Behinderung über bildende Kunst ausgegangen werden.

Das verwendete Beobachtungsinstrumentarium zur Erfassung individueller Selbstverwirklichung erwachsener Menschen mit geistiger Behinderung über bildende Kunst wird nachfolgend dargestellt:

Beobachtungsinstrumentarium

zur Erfassung individueller Selbstverwirklichung erwachsener Menschen mit geistiger Behinderung über bildende Kunst

Version: Fischer, 1/2002

Institution:

_____

Setting
(Wohngruppe, Heilpädagogische Förderung, Ergotherapie, Kunstgruppe etc.):

_____

Name des zu beobachtenden erwachsenen Menschen mit geistiger Behinderung:

_____

8. Darstellung des Beobachtungsinstrumentariums

Dimension	Körpersprache		Nicht gegeben	Gegeben	Kennziffer
Freude/Heiterkeit	Stimme	Lockere Tonisierung			A1/ZWA1
		Jubilieren/Lachen			A2/ZWA2
		Singen			A3/ZWA3
		Phone des Wohlfühlens			A4/ZWA4
	Mimik	Strahlende Augen			A5/ZWA5
	Körperhaltung	Pendelbewegung der Arme			A6/ZWA6
		Wiegen und/oder Wenden des Rumpfes			A7/ZWA7
		Springen			A8/ZWA8
		Tanzen			A9/ZWA9
Interesse/ Aufmerksamkeit	Mimik	Halb geöffneter Mund			B1/ZWB1
		Gehobene Augenbrauen			B2/ZWB2
Konzentration	Körperhaltung	Versunkene Körperhaltung			C1/ZWC1
Anspannung	Stimme	Hastiges Ausstoßen von Worten			D1/ZWD1
	Mimik	Zusammengepresste Lippen			D2/ZWD2
	Gestik	Verkrampfte Hände			D3/ZWD3
	Körperhaltung	Gekreuzte Fesseln und eng geschlossene Beine			D4/ZWD4
Erschöpfung/ Müdigkeit	Stimme	Tonlose Stimme			E1/ZWE1
	Körperhaltung	Hängende Gliedmaße			E2/ZWE2
Entspannung	Körperhaltung	Asymmetrische Arm- und Beinhaltung			F1/ZWF1
		Zur Seite gelehnter Körper			F2/ZWF2
		Rückwärts gelehnter Körper			F3/ZWF3
Selbstbewusstsein	Mimik	Vermehrter Blickkontakt			G1/ZWG1
Ergebnis					

Tabelle 8.1: Beobachtungsinstrumentarium (im Testmodus in vergrößerter Form verwendet)

Zunächst wurde der Beobachtungsbogen (Version 1/2002 als orientierende Exploration) zur Operationalisierung im Rahmen eines Testmodus (September - Oktober 2002) in einer Heilpädagogischen Vollzeiteinrichtung für erwachsene Menschen mit geistiger Behinderung in den Bereichseinheiten Tagesförderstätte bzw. Heilpädagogische Förder- und Begegnungsstätte, Beschäftigungstherapie, Seniorengruppe, offene Kunstgruppe und dezentrale Wohngruppe im Bundesland Hessen von Mitarbeitern und Mitarbeiterinnen verschiedener Professionalität[300] erprobt.

Der Beobachtungsbogen wurde im Anschluss an regelmäßig stattfindende Teamsitzungen in den einzelnen Bereichseinheiten vorgestellt. Diesbezüglich erhielten alle Mitarbeiter und Mitarbeiterinnen die gleichen grundlegenden Informationen über den Forschungsansatz und die Forschungsfragestellung der Autorin. Unklarheiten seitens einzelner Fachkräfte konnten innerhalb dieser Meetings behoben werden. Nachfragen zu späteren Zeitpunkten wurden beantwortet. Die Module A1/ZWA1 (lockere Tonisierung), A4/ZWA4 (Phone des Wohlfühlens) und E1/ZWE1 (tonlose Stimme) wurden einzelnen Mitarbeitern und Mitarbeiterinnen aufgrund von Verständnisschwierigkeiten ausführlich erklärt.

Die Beobachtungsdauer wurde nicht im Vorfeld festgelegt. Sie sollte sich zum einen auf die Erfahrungswerte des Personals stützen. Zum anderen war nicht vorherzusehen, wie viel Zeit ein Mitarbeiter oder eine Mitarbeiterin in der aktuellen Beobachtungssituation ohne dringende Unterbrechungen (z.B. Notfälle, Medikamentengabe, Telefonate, Besprechungen etc.) zur Verfügung hat.

Zur Vermeidung von psycho-emotionalem Stress für die zu beobachtenden Menschen mit geistiger Behinderung fanden die Erprobungen des Instrumentariums in den natürlichen, gewohnten Umgebungen, d.h. in den gewohnten künstlerisch-kreativen Situationen oder im Wohnumfeld, und nicht in künstlich konstruierten Settings statt.

Im Rahmen des Testmodus wurden aufgrund geringer Personalverfügbarkeit 3 Mitarbeiter/Mitarbeiterinnen einer Gruppe 1 und 4 Mitarbeiter/Mitarbeiterinnen einer Gruppe 2 zugeordnet. Jeweils ein Mitarbeiter bzw. eine Mitarbeiterin der Gruppen 1 und 2[301] protokollierten unabhängig voneinander, aber ab einem gleichen Zeitpunkt und im gleichen Setting ihre Beobachtungen über einen erwachsenen Menschen mit geistiger Behinderung während einer künstlerisch-kreativen Beschäftigung. Eine Bewertung bzw. Interpretation des beobachteten körpersprachlichen Ausdrucksverhaltens erfolgte durch ein Ankreuzen gegebener oder nicht gegebener Verhaltensweisen unmittelbar in der Phase der Beobach-

---

[300] siehe Anhang III

[301] Hierbei handelte es sich nicht um immer die gleichen zwei Mitarbeiter/Mitarbeiterinnen.

8. Darstellung des Beobachtungsinstrumentariums

tung. Die Einschätzungen wurden jeweils für den gesamten Zeitraum der Beobachtung vorgenommen.

Beobachtet wurden insgesamt 10 erwachsene Menschen mit geistiger Behinderung. Hinsichtlich der Geschlechterverteilung ergab sich eine Beobachtung von n = 2 Männern mit geistiger Behinderung und n = 8 Frauen mit geistiger Behinderung.

Eine Besonderheit der Beobachtung stellt die kleine Grundgesamtheit von n = 10 dar. Im Rahmen qualitativer Sozialforschung finden sich jedoch auch Samples von beispielsweise n = 3 oder n = 1.[302]

---

[302] vgl. LINDENKAMP, 2002, S. 121ff.; PIXA-KETTNER, 1996, S. 81ff.

Der statistischen Auswertung von Beobachtungsergebnissen wird zunächst der Ablaufplan zu Grunde gelegt:

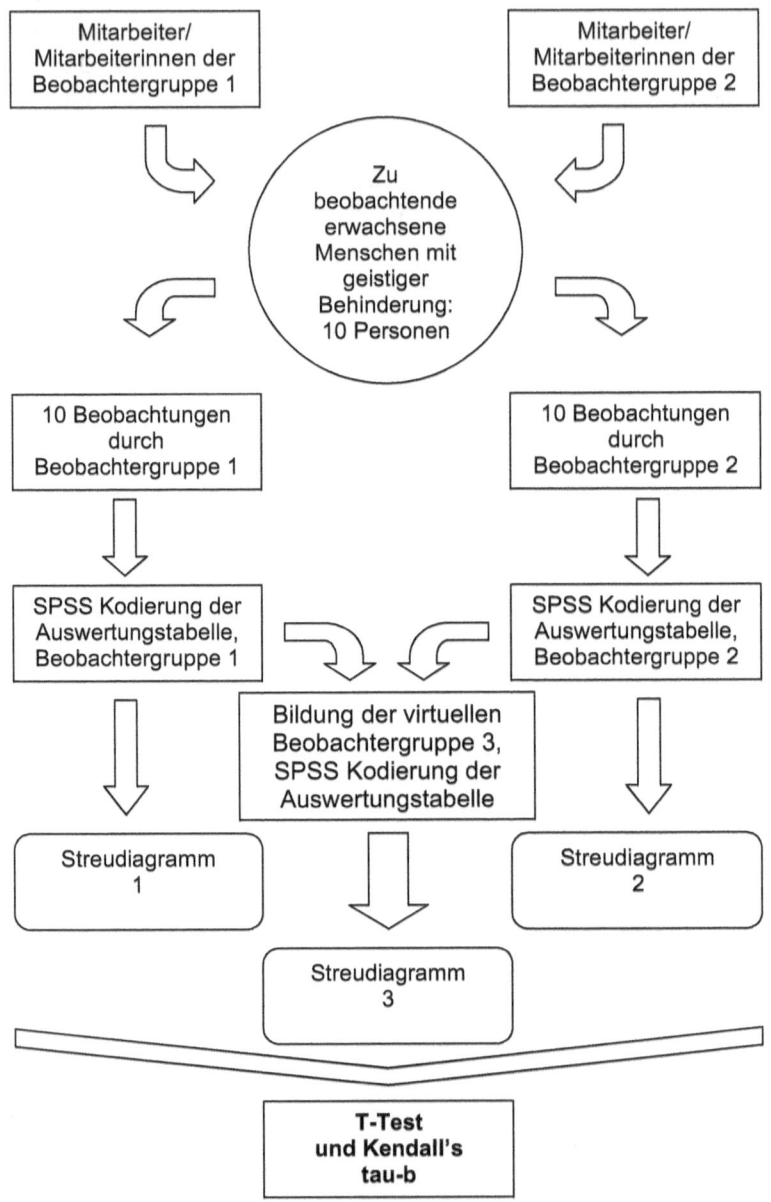

Abbildung 8.1: Grafische Darstellung der statistischen Versuchsauswertung

8. Darstellung des Beobachtungsinstrumentariums

Die für die statistischen Auswertungen erforderlichen Grunddaten wurden den Beobachtungsbögen entnommen. Die Summenwerte beobachteter bzw. nicht beobachteter körpersprachlicher Kriterien aus den Beobachtungsbögen werden daher an dieser Stelle tabellarisch dargelegt:

Zu beobachtende Person	Mitarbeiter/Mitarbeiterin **1**		Mitarbeiter/Mitarbeiterin **2**	
	Nicht gegeben	Gegeben	Nicht gegeben	Gegeben
1	17	5	16	6
2	16	6	16	6
3	14	8	13	9
4	17	5	18	4
5	15	7	14	8
6	19	3	16	6
7	13	9	12	10
8	8	14	11	11
9	10	12	13	9
10	15	7	11	11

Tabelle 8.2: Summenwerte der durchgeführten Beobachtungen

Vergleiche der unabhängigen doppelten Beobachtungen ergaben für beide Kontrastgruppen neben Übereinstimmungen in der Punktzahl auch Abweichungen von 1 - 3 Punkten. Die Beobachtungen zeigen somit geringe subjektive Spielräume in der Wahrnehmung und Interpretation körpersprachlichen Ausdrucksverhaltens. Für die zu beobachtende Person mit der Nummer 10 ergibt sich als Sonderfall eine Differenz von 4 Punkten.

Mit Hilfe von SPSS (Statistical Package for the Social Sciences) 11[303], einem Programm für angewandte Statistik, wurden alle im Beobachtungsbogen aufgeführten körpersprach-

---

[303] vgl. BAUER, 1984, S. 1ff.; WISWEDE, 1985, S. 74; PAULUS, 1994, S. 42; MERZ, [4]1996, S. 236; BROSIUS u. BROSIUS, 1996, S. 1ff.; BORTZ, [5]1999, S. 703ff.

lichen Indikatoren und alle Beobachtungsergebnisse durch den Eintrag in eine SPSS-Rohdatentabelle kodiert. Das Ankreuzen gegebener, d.h. beobachteter körpersprachlicher Indikatoren in den Beobachtungsbögen wurde hierbei durch die Ziffer 1, das Ankreuzen nicht gegebener, d.h. nicht beobachteter körpersprachlicher Indikatoren durch die Ziffer 0 angegeben.

PERSON	A1	A2	A3	A4	A5	A6	A7	A8	A9	B1	B2	C1	D1	D2	D3	D4	E1	E2	F1	F2	F3	G1	beobach1
1	0	0	0	0	0	0	1	0	0	1	1	0	0	0	0	1	0	0	0	0	0	1	5
2	1	0	0	1	1	0	0	0	0	0	1	0	0	0	0	0	0	0	0	1	0	1	6
3	1	0	0	1	1	0	0	0	0	1	1	0	1	0	0	0	1	0	1	0	0	0	8
4	0	0	0	0	0	0	0	0	0	0	0	1	1	0	0	1	0	0	1	0	0	1	5
5	1	0	0	1	0	0	0	0	0	1	1	0	1	0	0	0	0	0	1	0	1	0	7
6	0	0	0	0	0	0	0	0	0	0	1	0	0	0	0	0	0	1	1	0	0	0	3
7	1	0	0	1	1	0	0	0	0	1	1	1	0	0	0	0	0	1	1	0	1	0	9
8	1	1	1	1	1	0	1	0	1	1	1	0	1	0	0	1	0	0	1	0	1	1	14
9	1	1	0	1	1	0	0	0	1	0	1	1	1	0	0	1	0	0	1	1	0	1	12
10	1	1	0	1	0	0	0	0	0	0	1	0	0	1	0	0	0	0	1	0	0	1	7

Tabelle 8.3: Beobachtergruppe 1, Kodierung in einer SPSS-Rohdatentabelle

PERSON	ZWA1	ZWA2	ZWA3	ZWA4	ZWA5	ZWA6	ZWA7	ZWA8	ZWA9	ZWB1	ZWB2	ZWC1	ZWD1	ZWD2	ZWD3	ZWD4	ZWE1	ZWE2	ZWF1	ZWF2	ZWF3	ZWG1	beobach2
1	1	0	0	0	0	0	1	0	0	1	1	0	0	0	0	0	0	0	1	0	0	1	6
2	1	0	0	0	1	1	0	0	0	1	0	0	0	0	0	0	0	0	0	1	0	1	6
3	1	0	1	1	1	0	1	0	0	1	1	0	1	0	0	0	0	1	0	0	0	0	9
4	0	0	0	0	0	0	0	0	0	0	0	1	1	0	0	1	0	0	0	0	0	1	4
5	1	0	0	1	1	0	0	0	0	1	1	0	1	0	0	0	0	0	0	0	0	1	8
6	1	0	0	0	1	0	0	0	0	0	0	1	0	0	1	0	0	1	0	0	0	1	6
7	1	0	0	1	0	0	0	0	0	1	1	1	1	0	0	0	0	0	1	1	1	1	10
8	1	1	1	0	1	1	1	0	0	1	1	1	0	0	1	0	0	0	0	0	0	1	11
9	1	1	0	0	0	0	1	0	1	0	1	0	0	0	1	0	0	1	1	0	0	1	9
10	1	0	1	1	1	0	0	0	0	1	1	0	1	1	0	1	0	0	0	0	1	1	11

Tabelle 8.4: Beobachtergruppe 2, Kodierung in einer SPSS-Rohdatentabelle[304]

---

[304] Die Tabelle 8.3 und 8.4 sind ursprünglich zusammenhängend, d.h. an G1 schließt sich ZWA1 an. In der hier gewählten Darstellungsart können die Ergebnisse der Mitarbeiter/Mitarbeiterinnen 1 und 2 deutlicher voneinander abgegrenzt werden.

8. Darstellung des Beobachtungsinstrumentariums

PERSON	DoppA1	DoppA2	DoppA3	DoppA4	DoppA5	DoppA6	DoppA7	DoppA8	DoppA9	DoppB1	DoppB2	DoppC1	DoppD1	DoppD2	DoppD3	DoppD4	DoppE1	DoppE2	DoppF1	DoppF2	DoppF3	DoppG1	beobach3
1	1	0	0	0	0	0	2	0	0	2	2	0	0	0	0	1	0	0	1	0	0	2	8
2	2	0	0	1	2	1	0	0	0	1	1	0	0	0	0	0	0	0	0	2	0	2	8
3	2	0	1	2	2	0	1	0	0	2	2	0	2	0	0	0	1	1	1	0	0	0	12
4	0	0	0	0	0	0	0	0	0	0	0	0	2	2	0	0	2	0	0	1	0	2	8
5	2	0	0	2	1	0	0	0	0	1	2	2	0	2	0	0	0	0	0	1	0	2	12
6	1	0	0	0	1	0	0	0	0	0	0	2	0	0	0	1	0	0	2	1	0	1	4
7	2	0	0	2	1	0	0	0	0	2	2	2	1	0	0	0	0	0	2	2	1	2	16
8	2	2	2	1	2	1	2	0	1	2	2	1	1	0	0	2	0	0	1	0	1	2	18
9	2	2	0	1	1	0	1	0	2	0	2	1	1	0	0	2	0	0	2	2	0	2	16
10	2	1	1	2	1	0	0	0	0	1	2	0	1	2	0	1	0	0	1	0	1	2	10

Tabelle 8.5: Beobachtergruppe 3, resultierend aus Tabelle 8.3 und Tabelle 8.4

Die jeweils letzte Spalte der Tabellen 8.3 und 8.4 enthalten das Ergebnis der Beobachtergruppen 1 und 2 hinsichtlich wahrgenommener und beobachteter körpersprachlicher Ausdrucksweise erwachsener Menschen mit geistiger Behinderung. Über den Einsatz von SPSS wurden des Weiteren die Übereinstimmungen der Beobachtungen der Mitarbeiter/Mitarbeiterinnen der Gruppen 1 und 2 für jeden im Beobachtungsbogen angegebene Item errechnet. Pro übereinstimmend beobachtetem körpersprachlichen Signal (Doppelung) wurde eine Punktzahl von 2 vergeben und für alle 10 erwachsenen Menschen mit geistiger Behinderung abschließend addiert. Diese Beobachtergruppe 3, Tabelle 8.5, stellt eine virtuelle Gruppe dar. Sie existiert real nicht und wurde mathematisch berechnet. Ihre Aussagekraft ist jedoch sehr hoch, da sie nur die Übereinstimmungen aus den Beobachtergruppen 1 und 2 berücksichtigt.

Die Ergebnisse der Beobachtergruppen 1, 2 und 3 werden nachfolgend grafisch als Streudiagramme veranschaulicht:

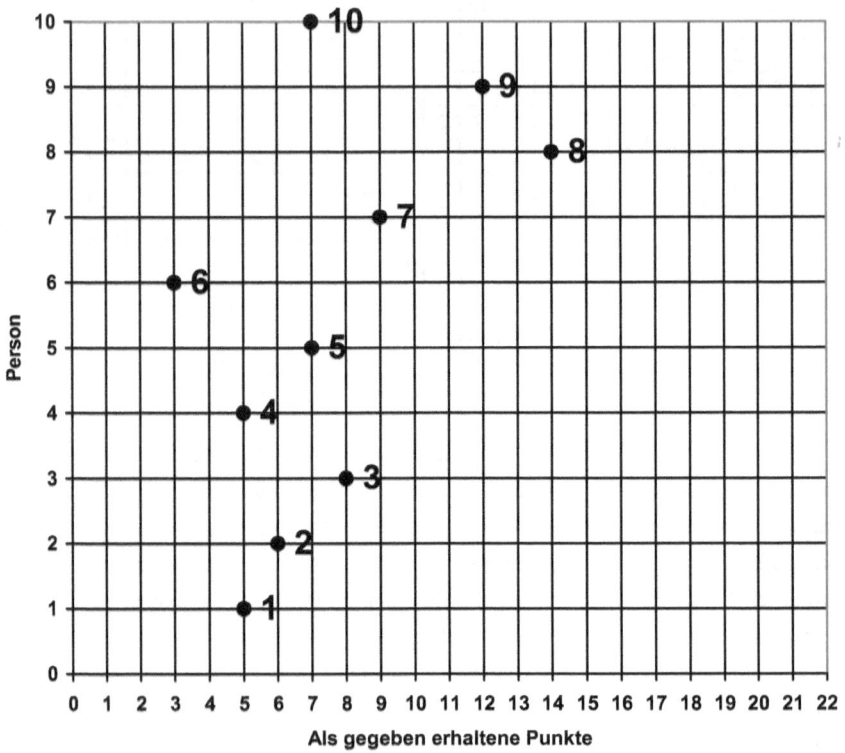

Tabelle 8.6: Streudiagramm Beobachtergruppe 1

Nach den fünf stärksten Werten der Gruppe der Beobachter/Beobachterinnen 1 befanden sich die Personen 3, 5, 7, 8, 9 und 10 zu dem Beobachtungszeitpunkt in einem Selbstverwirklichungsprozess über das Medium bildende Kunst.

8. Darstellung des Beobachtungsinstrumentariums

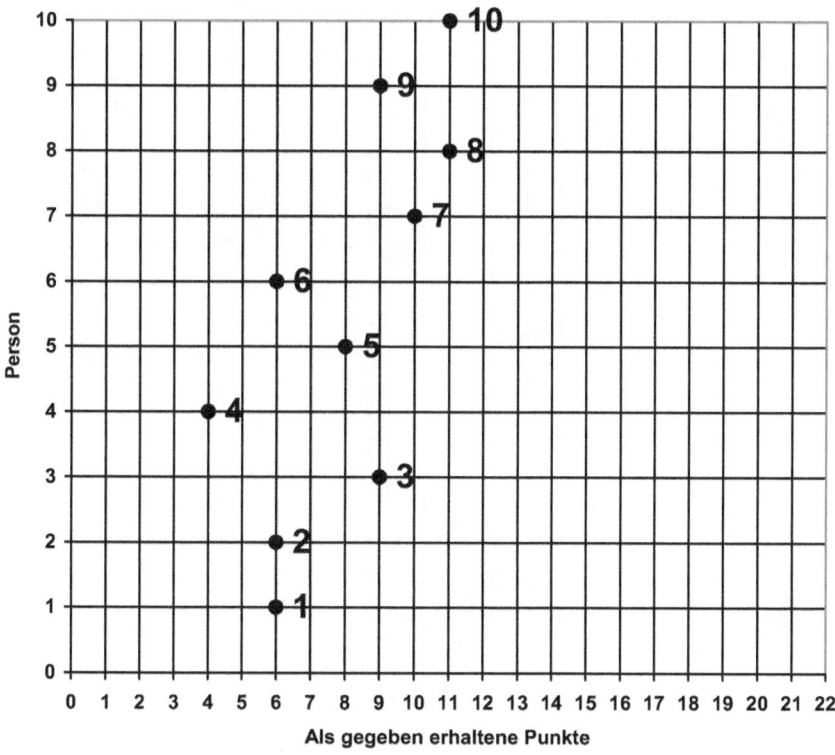

Tabelle 8.7: Streudiagramm Beobachtergruppe 2

Das Streudiagramm für die Beobachtergruppe 2 ergibt, dass die zu beobachtenden erwachsenen Menschen mit geistiger Behinderung mit den zugeordneten Nummern 3, 7, 8, 9 und 10 als Personen gelten, die sich über das Medium bildende Kunst selbstverwirklichen können.

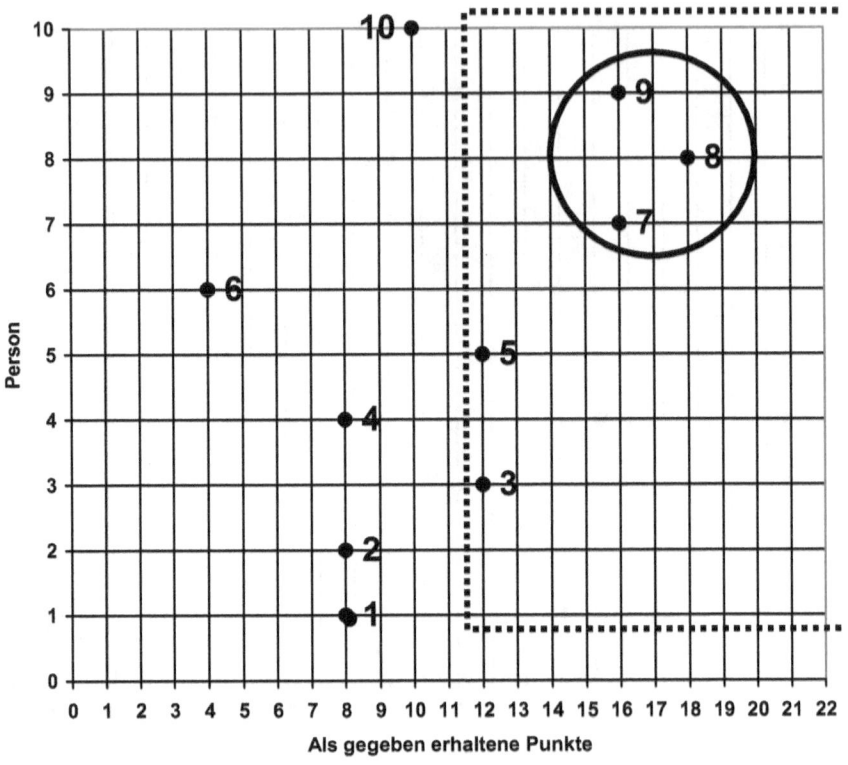

Tabelle 8.8: Streudiagramm Beobachtergruppe 3

Dieses Streudiagramm zeigt in Abgrenzung zu den oben aufgeführten beiden Streudiagrammen, dass sich die zu beobachtenden Personen 3, 5, 7, 8 und 9 als die von den Punktwerten her stärksten 5 von 10 Personen in einem beobachtbaren Selbstverwirklichungsprozess befanden. Sie haben mehr als 11 Punkte erhalten; dies entspricht mehr als einem Viertel der maximal erreichbaren Punktezahl von 44. Nur im Streudiagramm 3 sind maximal 44 Punkte möglich, da eine Doppelung erfolgt. In den Streudiagrammen 1 und 2 erfolgt keine Doppelung, somit sind maximal 22 Punkte erreichbar. Für die eben genannten erwachsenen Menschen mit geistiger Behinderung können Differenzierungen vorgenommen werden. Die Personen 7, 8 und 9 sind aufgrund der statistischen Werte eindeutig als Künstler/Künstlerinnen mit geistiger Behinderung zu beschreiben. Die Punktzahlen der Personen 3 und 5 bewegen sich tendenziell an einer Schnittstelle des Mittelfeldes. Auch in der Gruppe erwachsener Menschen mit geistiger Behinderung ohne besondere Interessen an dem Medium bildende Kunst sind Nuancierungen erkennbar. Während die Perso-

8. Darstellung des Beobachtungsinstrumentariums 249

nen 1, 2, 4 und 10 ein Mittelfeld bilden, konnten für die Person 6 eindeutig die wenigsten körpersprachlichen Signale beobachtet werden.

Aufgrund dieser Werte können zwei zu beobachtende Personengruppen mit geistiger Behinderung unterschieden werden: die Gruppe erwachsener Menschen mit geistiger Behinderung ohne Vorlieben für bildende Kunst mit den Nummern 1, 2, 4, 6 und 10 sowie die Gruppe erwachsener Menschen mit geistiger Behinderung, die sich über bildende Kunst selbstverwirklichen können (Künstler/Künstlerinnen) mit den Nummern 3, 5, 7, 8 und 9.

Demnach ergeben sich in Bezug auf die Auswertung der vorangestellten Tabelle 8.2 zusammenfassend für erwachsene Menschen mit geistiger Behinderung ohne Vorlieben für das Medium bildende Kunst im Testmodus 3 - 7 beobachtbare zutreffende körpersprachliche Indikatoren, für Künstler/Künstlerinnen mit geistiger Behinderung im Testmodus dagegen 7 - 14. Für nachfolgende Berechnungen wurden diese zwei Gruppen vorausgesetzt.

Auf der Grundlage der erstellten SPSS-Datentabelle wurde ein t-Test

$$t = \frac{\overline{X}_1 - \overline{X}_2}{\sqrt{\frac{S_1^2}{N_1} + \frac{S_2^2}{N_2}}}$$

für unabhängige Stichproben und eine gepaarte Stichprobe errechnet.[305] Der t-Test (Student-Verteilung) für unabhängige Stichproben stellt einen statistischen Signifikanztest dar. Dieser untersucht zwei Gruppen, die unabhängig voneinander ausgewählt wurden, auf einen Unterschied bezüglich ihrer Mittelwerte eines intervallskalierten Merkmals.[306] Ziel des t-Tests bei gepaarten Stichproben ist der Vergleich von Mittelwerten zweier abhängiger Gruppen. Dabei werden die einzelnen Werte paarweise aus denselben Fällen zweier verschiedener Variablen entnommen. Zufällige Unterschiede zwischen zwei Gruppen, die eventuell durch die Auswahl sehr unterschiedlicher Personen entstehen, können mit diesem Verfahren verringert werden.[307]

Ein errechneter t-Wert wird durch den Vergleich mit einer feststehenden t-Verteilung interpretierbar. Über die Signifikanz bzw. Zufallswahrscheinlichkeit (Probability) kann ein interpretierbarer Wert angegeben werden. Ausgangspunkt statistischer Inferenz, d. h. der

---

[305] „Es sind $\overline{X}_1$ und $\overline{X}_2$ die Stichprobenmittelwerte der Gruppen, die miteinander verglichen werden sollen. S_1^2 und S_2^2 sind die Varianzen der Gruppen, N_1 und N_2 die Anzahl der Fälle. Der t-Wert bestimmt sich somit nach den Mittelwerten, Varianzen und dem Umfang der zu vergleichenden Gruppen in der Stichprobe." (BROSIUS u. BROSIUS, 1996, S. 404)

[306] vgl. BAUER, 1984, S. 58ff.; BROSIUS u. BROSIUS, 1996, S. 404ff.; MERZ, ³1997, S. 85; BORTZ, ⁵1999, S. 137ff. u. 755

[307] vgl. BROSIUS u. BROSIUS, 1996, S. 409f.

Überprüfung von Hypothesen, ist die sogenannte Nullhypothese (H_0). Dieser wird eine Alternativhypothese (H_1) entgegen gestellt. Das Signifikanzniveau ist die Irrtumswahrscheinlichkeit, die ein Untersuchungsergebnis maximal aufweisen darf, damit die Alternativhypothese „Erwachsenen Menschen mit geistiger Behinderung, die eine Vorliebe für bildende Kunst zeigen, unterscheiden sich von erwachsenen Menschen mit geistiger Behinderung ohne besondere Vorlieben für malerische oder gestalterische Aktivitäten" als bestätigt gelten kann.[308]

Die Konvention von $\alpha = 0,05$ gewährleistet eine gewisse Vergleichbarkeit und Qualität statistisch abgesicherter Entscheidungen. Beträgt die Irrtumswahrscheinlichkeit höchstens 5%, spricht man von einem signifikanten Ergebnis.[309]

Die Datenanalyse mit SPSS soll einen Beitrag zu der Beantwortung folgender Fragen leisten:

- Unterscheiden sich die erwachsenen Menschen mit geistiger Behinderung, die sich über das Medium bildende Kunst selbstverwirklichen können (Personen 3, 5, 7, 8 und 9), von erwachsenen Menschen mit geistiger Behinderung ohne Vorlieben für dieses Medium (Personen 1, 2, 4, 6 und 10)?

- Gewährleistet die Gemeinsamkeit aus Mitarbeitern und Mitarbeiterinnen der Gruppen 1 und 2, also eine fiktive Gruppe 3, noch genauere Beobachtungsergebnisse in Bezug auf eine Unterscheidung zwischen erwachsenen Menschen mit geistiger Behinderung mit Vorlieben für bildende Kunst und ohne Vorlieben?

- Unterscheiden sich die Mitarbeiter/Mitarbeiterinnen der Gruppe 1 in ihren Beobachtungen von denen der Gruppe 2?

In Hinsicht auf die erhobenen Daten aus dem Einsatz des Beobachtungsinstrumentariums im Testmodus wurde mittels eines t-Tests mit unabhängigen Stichproben für die Beobachtergruppe 1 der Wert $p = 0,011$, für die Beobachtergruppe 2 der Wert $p = 0,059$ errechnet. Bei Werten unter $p = 0,05$ gelten Gruppen als verschieden, bei Werten über $p = 0,05$ als ähnlich. Die Mitarbeiter bzw. Mitarbeiterinnen der Beobachtergruppe 1 trennen demnach signifikant zwischen den erwachsenen Menschen mit geistiger Behinderung, die sich über bildende Kunst selbstverwirklichen, und denen, die keine Vorlieben für dieses Medium zeigen. Die Mitarbeiter/Mitarbeiterinnen der Beobachtergruppe 2 trennen dagegen nicht ausreichend zwischen Künstlern/Künstlerinnen mit geistiger Behinderung und Menschen

---

[308] vgl. BORTZ, LIENERT u. BOEHNKE, 1990, S. 29f. BORTZ, 1999, S. 1 u. 754

[309] vgl. KRIZ, 1989, S. 739; BROSIUS u. BROSIUS, 1996, S. 407; DIEKMANN, [4]1998, S. 594; BORTZ, 1999, S. 114 u. 754; KÜHNEL u. KREBS, 2001, S. 456

8. Darstellung des Beobachtungsinstrumentariums

mit geistiger Behinderung ohne Vorlieben für künstlerisch-kreative Betätigung. Ihre Beobachtungen sind zu ungenau und beinhalten eine zu große Irrtumswahrscheinlichkeit. Bezüglich der Beobachtergruppe 3 wurde der Wert p = 0,002 errechnet. Wird also eine Gemeinsamkeit aller Mitarbeiter und Mitarbeiterinnen der Beobachtergruppen 1 und 2 zu Grunde gelegt, kann signifikant zwischen Künstlern und Künstlerinnen mit geistiger Behinderung bzw. deren individuellen Prozessen von Selbstverwirklichung und erwachsenen Menschen mit geistiger Behinderung ohne Vorlieben für eine künstlerisch-kreative Tätigkeit unterschieden werden.

Der vorgenommene t-Test bei gepaarter Stichprobe ergibt den Wert p = 0,584. Dieser besagt, dass die Mitarbeiter/Mitarbeiterinnen der Beobachtergruppen 1 und 2 insgesamt in ihren Beobachtungen möglicher oder nicht möglicher Selbstverwirklichungsprozesse erwachsener Menschen mit geistiger Behinderung sehr ähnlich sind. Bezüglich dieser gepaarten Stichprobe kann darüber hinaus das Zusammenhangsmaß Kendall's tau[310] angegeben werden. Das Prinzip der Berechnung von Kendall's tau wird wie folgt beschrieben:

> Die Meßwerte für die Variablen X und Y werden in Rangplätze transformiert. Diese Rangplätze werden bezüglich der Variablen X in aufsteigender Reihenfolge geordnet. Danach wird für die Variable Y das erste Element mit den Elementen 2 bis N verglichen. Für jedes dieser Elemente, das größer als das erste ist, wird +1 für jedes kleinere -1 aufaddiert. Ebenso wird das zweite Element mit den Elementen 3 bis N verglichen usw. Die auf diese Weise erhaltene Summe wird durch die maximal mögliche Summe dividiert (0.5 · N · (N-1) *(sic!)*. Damit erhält man den Korrelationskoeffizienten tau.[311]

Möglich ist die Berechnung der Werte Kendall's tau-a und Kendall's tau-b. Während tau-a ein symmetrisches Zusammenhangsmaß für ordinale Variablen unter Berücksichtigung aller Verknüpfungen darstellt, berechnet tau-b

$$tau\, b = \frac{k-d}{\sqrt{[(k+d+v_x) \bullet (k+d+v_y)]}}$$

die Korrelation für die Ränge der Variablenwerte. Kendall's tau-b[312] gibt somit ein symmetrisches Zusammenhangsmaß für ordinale Variablen mit Berücksichtigung der x- und der y-Verknüpfungen an.[313]

---

[310] vgl. BAUER, 1984, S. 175f.; BORTZ, LIENERT u. BOEHNKE, 1990, S. 414ff.; BROSIUS u. BROSIUS, 1996, S. 368; KÜHNEL u. KREBS, 2001, S. 374f.

[311] BAUER, 1984, S. 175

[312] „Dabei gibt k die Anzahl der konkordanten und d die Anzahl der diskordanten Paare an. Mit v_x und v_y werden jeweils die in der Variablen x bzw. in der Variablen y gebundenen Fälle angegeben. Tau b kann Werte zwischen +1 und -1 annehmen, sofern keine der Häufigkeiten in der Rangverteilung 0 ist, sofern also in jeder Zeile und jeder Spalte Werte enthalten sind. Wenn tau b eine (sic!) Wert von +1 hat,

Als Maß für den Zusammenhang, d. h. für die Ähnlichkeit, von den Beobachtungen der Gruppen 1 und 2 in Bezug auf mögliche oder nicht mögliche Selbstverwirklichungsprozesse erwachsener Menschen mit geistiger Behinderung über bildende Kunst kann hier der Wert tau-b = 0,675 angegeben werden. Diese Zusammenhangsstärke liegt zwischen ‚mittelmäßig' und ‚hoch' und bestätigt das Ergebnis des t-Tests bei gepaarter Stichprobe.

Die nachfolgende Auflistung gibt Aufschluss über die durchschnittliche Beobachtungsdauer eines erwachsenen Menschen mit geistiger Behinderung während einer künstlerisch-kreativen Tätigkeit durch einen Mitarbeiter/eine Mitarbeiterin:

Zu beobachtende Person	Mitarbeiter/ Mitarbeiterin 1 — Dauer der Beobachtung in Minuten	Mitarbeiter/ Mitarbeiterin 2 — Dauer der Beobachtung in Minuten
1	10	10
2	7	10
3	15	10
4	10	10
5	15	15
6	15	30
7	10	30
8	30	25
9	15	30
10	15	15
durchschnittlich	14,2	18,5
	16,35	

Tabelle 8.9: Darstellung der Zeiteinheiten der durchgeführten Beobachtungen

---

stimmen alle Paare in der Reihenfolge der Werte überein. Bei einem Wert von -1 ist die Reihenfolge bei allen Paaren genau umgekehrt." (BROSIUS u. BROSIUS, 1996, S. 368)

[313] vgl. ebd.; KÜHNEL u. KREBS, 2001, S. 374f.

8. Darstellung des Beobachtungsinstrumentariums

Selbstverwirklichungsprozesse erwachsener Menschen mit geistiger Behinderung sind prozesshaft und wurden im Rahmen der Datenerhebung als Verlauf beschrieben. Die Beobachtung körpersprachlichen Ausdrucksverhaltens erfolgt jedoch unmittelbar und impliziert somit keinen zeitlichen Prozess. Vielmehr stellt sie eine Momentaufnahme dar.

Das Beobachten eines Zeitfensters von durchschnittlich 16,35 Minuten erfasst nicht immer verschiedene zutreffende körpersprachliche Indikatoren für mögliche Selbstverwirklichungsprozesse über bildende Kunst. Das Zeitfenster zur Nutzung des Beobachtungsbogens kann somit durchaus in einem erhebungstechnisch ungünstigen Zeitraum liegen. Beobachtungen zu einem späteren Zeitpunkt würden in diesem Fall jedoch Selbstverwirklichung anhand der Körpersprache dokumentieren.

Rückmeldungen beteiligter Mitarbeiter/Mitarbeiterinnen wiesen als Resümee auf erschwerte Beobachtungsbedingungen bei nicht kontinuierlicher künstlerischer Betätigung (d.h. Malen mit großen Unterbrechungen und Pausen) bzw. zu kurzer Betätigung erwachsener Menschen mit geistiger Behinderung (d.h. lediglich das Malen eines Striches) hin. Darüber hinaus wurde berichtet, dass erwachsene Menschen mit geistiger Behinderung sich in einigen Fällen beobachtet gefühlt hätten und daher einen künstlerischen Prozess unterbrachen oder sich unsicher gezeigt hätten. Vermehrter fragender Blickkontakt wurde hier seitens der Fachkräfte als Ausdruck von Unsicherheit und Irritation aufgefasst. Die Beobachtungsbögen dieser Menschen mit geistiger Behinderung wurden daher nicht in die Auswertung miteinbezogen. Deutlich wurde ferner, dass musikalische Untermalung körpersprachliches Ausdrucksverhalten wie Singen oder Tanzen während eines möglichen Selbstverwirklichungsprozesses über bildende Kunst unterstützen könnte. Die Gestaltung der Atmosphäre könnte somit nachhaltige Wirkung auf körpersprachliches Ausdrucksverhalten erzielen.

Die Abbildung 8.2 zeigt die, nach Beobachtergruppen 1, 2 und 3 differenzierte, Häufigkeit der jeweils wahrgenommenen bzw. beobachteten körpersprachlichen Signale. Für jedes im Beobachtungsbogen aufgeführte Kriterium (A1/ZWA1/DoppA1; A2/ZWA2/DoppA2 etc.) beschreiben drei Balken die Beobachtungshäufigkeit der drei Beobachtergruppen.

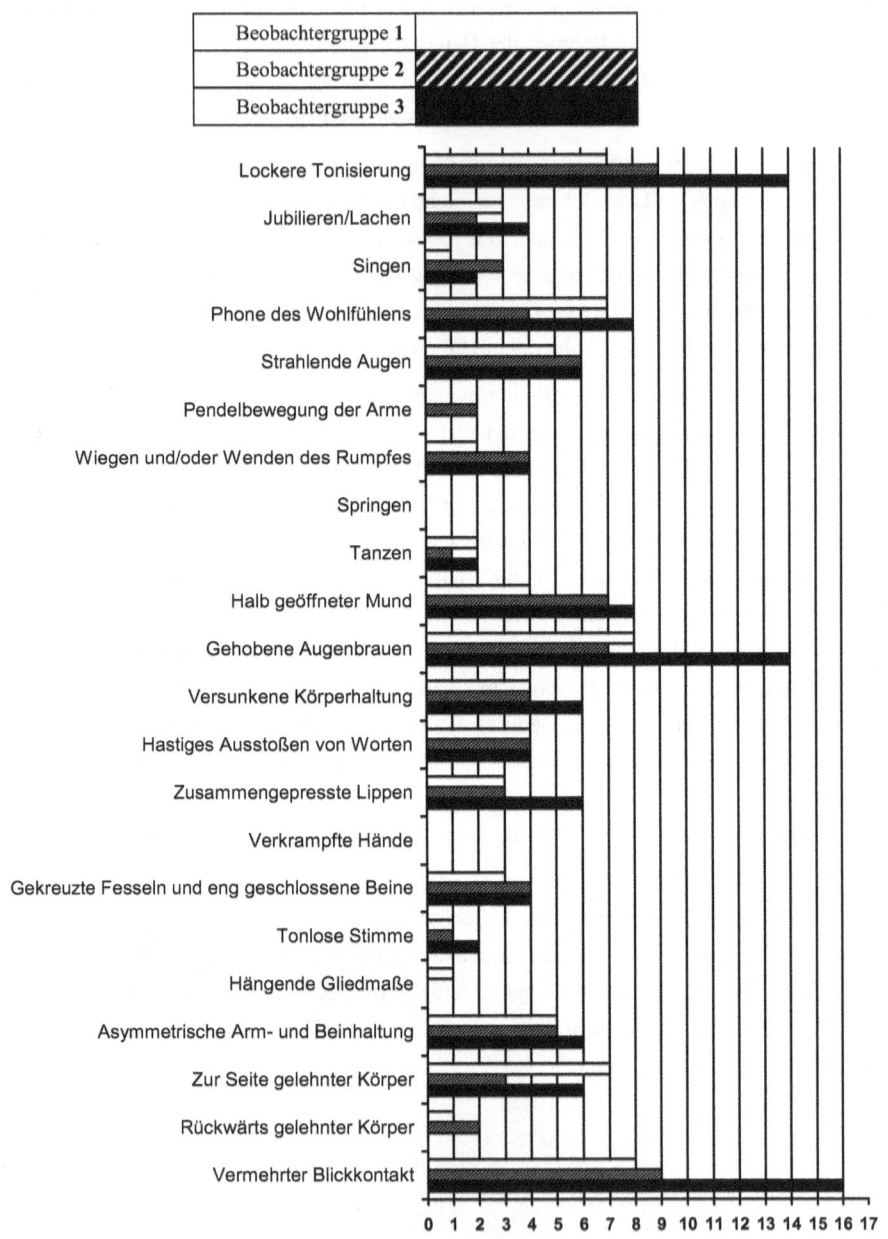

Abbildung 8.2: Häufigkeit der beobachteten körpersprachlichen Signale, dargestellt nach Beobachtergruppen

8. Darstellung des Beobachtungsinstrumentariums 255

Der Aussagegehalt der Abbildung 8.2 wird am Beispiel des Kriteriums mit der Kennziffer A1/ZWA1/DoppA1 (lockere Tonisierung) erläutert. Dieses wurde von den Mitarbeitern/Mitarbeiterinnen der Beobachtergruppe 1 bei 7 erwachsenen Menschen mit geistiger Behinderung während einer künstlerisch-kreativen Tätigkeit beobachtet (siehe Tabelle 8.3), von den Mitarbeitern/Mitarbeiterinnen der Beobachtergruppe 2 bei 9 Personen mit geistiger Behinderung (siehe Tabelle 8.4). Das Kriterium A1/ZWA1/DoppA1 erhält von der virtuellen Beobachtergruppe 3 14 Punkte, da es 7 exakte Beobachtungsübereinstimmungen (Doppelungen) zwischen Beobachtergruppe 1 und 2 enthält (siehe Erläuterungen zu Tabelle 8.5). Die Häufigkeit des beobachteten körpersprachlichen Ausdrucksverhaltens ergibt sich durch Addition der Doppelungen aus der Tabelle 8.5 für jedes einzelne Kriterium.

Da die Ergebnisse aus der virtuellen Beobachtergruppe 3 die höchste Signifikanz aufweisen, wird im Folgenden auf deren Häufigkeitswerte Bezug genommen. Während Items wie beispielsweise A1/ZWA1/DoppA1 (lockere Tonisierung der Stimme), B2/ZWB2/DoppB2 (gehobene Augenbrauen) oder G1/ZWG1/DoppG1 (vermehrter Blickkontakt) am häufigsten beobachtet werden konnten, wurden die Items A6/ZWA6/DoppA6 (Pendelbewegung der Arme), A8/ZWA8/DoppA8 (Springen), D3/ZWD3/DoppD3 (verkrampfte Hände), E2/ZWE2/DoppE2 (hängende Gliedmaße) sowie F3/ZWF3/DoppF3 (rückwärts gelehnter Körper) in keinem Fall übereinstimmend wahrgenommen. Der fehlende schwarze Balken symbolisiert deshalb 0 Punkte. Der höchste Grad der Übereinstimmung zwischen der Beobachtergruppe 1 und 2, deckungsgleiche Beobachtungen, konnte bei dem körpersprachlichen Signal G1/ZWG1/DoppG1 (vermehrter Blickkontakt) festgestellt werden.

Diese, im Rahmen des Testmodus nicht übereinstimmend wahrgenommenen, Module körpersprachlicher Indikatoren konnten allerdings von den an durchgeführten Gruppendiskussionen beteiligten Betreuungspersonen beobachtet werden.[314] Im Rahmen des Testmodus mit einem Sample von n = 10 war nicht zu erwarten, dass jeder aufgeführter Item übereinstimmend bei mindestens einem erwachsenen Menschen mit geistiger Behinderung auftrat. Während einer Erprobung des Beobachtungsbogens mit einem größeren Sample müssten meiner Ansicht nach diese körpersprachlichen Signale über den visuellen Kanal von Mitarbeitern und Mitarbeiterinnen wahrnehmbar und beobachtbar sein. Springen oder ein rückwärts gelehnter Körper als körpersprachliches Ausdrucksverhalten ist eindeutig zu beobachten. Pendelbewegung der Arme, Verkrampfung der Hände oder Hän-

---

[314] siehe Kap. 6.2.7 u. 6.2.7.4

gen der Gliedmaße erfordert dagegen aufgrund eventueller Variation in der Intensität des Ausdruckes bzw. Flüchtigkeit in der Manifestation ein sensibleres Wahrnehmen.

Abschließend wird die erarbeitete Version 1/2002 des Beobachtungsinstrumentariums in ihren Kernaussagen vorgestellt.

8.3 Das Beobachtungsinstrument

Einsatzbereich:

Das Beobachtungsinstrumentarium in Form eines Beobachtungsbogens ist in der künstlerischen, kunstpädagogischen und kunsttherapeutischen Arbeit im Rahmen heilpädagogischer Praxis von Mitarbeitern/Mitarbeiterinnen unterschiedlicher Professionalität einsetzbar. Grundlegend ist dabei ein sensibles und empathisches Vorgehen ohne störende Eingriffe in das künstlerisch-kreative Gestalten erwachsener Menschen mit geistiger Behinderung.

Ziel ist die Beobachtung körpersprachlichen Ausdrucksverhaltens (Verhaltensbeobachtung) als Indikator für das komplexe Phänomen möglicher Selbstverwirklichung erwachsener Menschen mit (schwerer) geistiger und damit eventuell einhergehender mehrfacher Behinderung.

Zu Grunde gelegt wird diesbezüglich die Explikation „Selbstverwirklichung erwachsener Menschen mit geistiger Behinderung über bildende Kunst ist künstlerischer Selbstausdruck aus einem inneren Bedürfnis heraus und führt zu lustbetonter Weiterentwicklung und Entwicklung von Selbstbewusstsein".

Die Nutzung des Instrumentariums im Rahmen Heilpädagogischer Diagnostik und Förderung ermöglicht die strukturierte Beobachtung einer Vielfältigkeit an für Mitarbeiter und Mitarbeiterinnen wichtiger Informationen.

Beobachtungsdauer:

Die Beobachtungsdauer liegt bei durchschnittlich 16,35 Minuten, ist jedoch situativ handhabbar. Aufgrund der unterschiedlichen Sensibilisierungsgrade bei Mitarbeitern und Mitarbeiterinnen bezüglich der sinnlichen Wahrnehmung körpersprachlicher Ausdrucksweisen von erwachsenen Menschen mit geistiger Behinderung während künstlerisch-kreativer Prozesse oder auch der unterschiedlichen Zeitkapazität innerhalb des heilpädagogischen Handelns ergeben sich Variationen in der Beobachtungsdauer.

Handhabung:

Der Beobachtungsbogen erfüllt zwecks Vermeidung längerer Einarbeitungsphasen die Kriterien „schnell zugänglich" und „übersichtlich".

8. Darstellung des Beobachtungsinstrumentariums

Die Handhabung eines Dokumentationsbogens durch Ankreuzen beobachteter, d.h. gegebener, und nicht beobachteter, d.h. nicht gegebener, Indikatoren entspricht einer vertrauten professionellen Vorgehensweise, die beispielsweise auch im Rahmen von Pflegedokumentation, Dokumentation ergotherapeutischer Maßnahmen oder Ermittlung von individuellem Hilfebedarf erforderlich ist.

Das Beobachtungsinstrumentarium zur Erfassung individueller Selbstverwirklichung über bildende Kunst besteht in der aktuellen Version 1/2002 aus 7 zentralen Dimensionen mit 22 zugeordneten körpersprachlichen Indikatoren.

Ab einer errechneten Punktzahl von 7 beobachtbaren körpersprachlichen Kriterien kann von einem wahrscheinlichen Selbstverwirklichungsprozess eines erwachsenen Menschen mit geistiger Behinderung gesprochen werden. Je höher der erreichte Summenwert ist, desto eher kann von einem beginnenden oder fortschreitenden Selbstverwirklichungsprozess ausgegangen werden. Maximal kann eine Punktzahl von 22 erreicht werden. Eine Person sollte mehrfach beobachtet werden. Die Qualität der Beobachtungsaussagen steigt mit der Anzahl der Beobachtungen.

Ein regelmäßiger Einsatz des Beobachtungsinstrumentariums in einem längeren Zeitraum dokumentiert in Form von Prozessdiagnostik beginnende oder sich weiterentwickelnde Selbstverwirklichungsprozesse über das Medium Kunst durch das Errechnen einer höheren Punktzahl für gegebene körpersprachliche Signale. Das plötzliche Erreichen eines geringeren Summenwertes bei mehreren aufeinander folgenden Beobachtungen sollte Anlass für ein Überdenken formulierter heilpädagogischer Förderziele und dargebotener Rahmenbedingungen sein.

Durch Interpretation der individuell gezeigten Bildsprache (z.B. Farbwahl oder gewählte Motive) gestalterischer Exponate kann das Beobachtungsinstrumentarium in seinem Aussagegehalt ergänzt werden.

Eine qualitative und quantitative Auswertung bzw. Bewertung der Beobachtungsergebnisse sollte im Kontext einer spezifisch heilpädagogischen Förderplanung zu individuellen, auf den aktuellen Entwicklungs- und Bedürfnisstand eines Selbstverwirklichungsprozesses über bildende Kunst zugeschnitenen, Förderempfehlungen führen. Ausgefüllte Beobachtungsbögen können somit Grundlage für Fallbesprechungen, Supervisionen und kollegiale Beratung sein.

9. Ausblick

Das Ermöglichen bzw. die Förderung individueller Selbstverwirklichungsimpulse von Menschen mit geistiger Behinderung ist Aufgabe sonder- und heilpädagogischen Handelns. Das heilpädagogische Angebot einer Beschäftigung mit dem Gebiet der bildenden Kunst kann für erwachsene Menschen mit geistiger Behinderung ein möglicher Weg zu individuellen Selbstverwirklichungsprozessen sein.

In der vorliegenden Arbeit wurde der Nachweis erbracht, dass Selbstverwirklichungsprozesse erwachsener Menschen mit geistiger Behinderung über das Medium bildende Kunst möglich und von Mitarbeitern und Mitarbeiterinnen unterschiedlicher Professionalität wahrnehmbar sind. Über den Einsatz des entwickelten Beobachtungsinstrumentariums können individuelle Selbstverwirklichungsprozesse anhand gezielter Beobachtung des körpersprachlichen Ausdrucksverhaltens zuverlässig dokumentiert werden. Im Zuge eines fortschreitenden Qualitätsmanagements unter Verwendung standardisierter Pflege-, Betreuungs-, Förder- oder Therapiebögen in Heilpädagogischen Einrichtungen kann die Arbeit mit diesem Beobachtungsbogen eine weitere Form von Qualitätssteuerung und Qualitätssicherung bieten.

Das in vielen Leitbildern von Institutionen beschriebene pädagogische Leitziel „Selbstverwirklichung" findet in den in dieser Arbeit formulierten heilpädagogischen Lernzielbestimmungen bezogen auf den Bereich der bildenden Kunst erste Umsetzungsmöglichkeiten. In dem Leitbild einer Heilpädagogischen Einrichtung wird beispielsweise unter der Überschrift ‚Menschenbild und Weg' folgender pädagogischer und pflegerischer Anspruch formuliert:

> Die bei uns lebenden Menschen können ihre persönlichen Wünsche und Bedürfnisse entdecken, entwickeln und möglichst selbstverwirklichen.[315]

Dieses Leitbild enthält jedoch im Weiteren keine methodisch-didaktischen Umsetzungsvorschläge und gibt keine Hinweise auf eine Definition des Phänomens Selbstverwirklichung. Das Medium bildende Kunst könnte hier neben Musik, Tanz, Theater, Gartenarbeit etc. ein Angebot sein, erwachsenen Menschen mit geistiger Behinderung individuelle Selbstverwirklichungsimpulse zu ermöglichen. Diesbezüglich können die in dieser Arbeit formulierten heilpädagogischen Lernzielbestimmungen wie selbstbestimmtere Farb-, Motiv- und Materialwahl, Weiterentwicklung künstlerischer Techniken, Entwicklung einer individuellen Bildsprache[316] etc. in die Förderplanung mit einbezogen werden. Über den

---

[315] vgl. LEITBILD einer Heilpädagogischen Einrichtung (ohne Jahres- und Seitenangaben, Quellenverzeichnis)

[316] siehe Kap. 6

Einsatz des Beobachtungsinstrumentariums ist der Nachweis möglich, dass das in dem Leitbild angegebene Leitziel in der täglichen heilpädagogischen Tätigkeit berücksichtigt wird.

Gefordert ist die Schaffung adäquater Rahmenbedingungen als Voraussetzung für individuelle Selbstverwirklichungsprozesse erwachsener Menschen mit geistiger Behinderung über bildende Kunst. Künstlerisch-kreative Freiräume entstehen durch engagiertes professionelles Verhalten der Mitarbeiter und Mitarbeiterinnen, z.B. durch Lob, Motivation, Assistenz bzw. menschliche Nähe, Bereitstellung von Arbeitsmaterial oder Gestaltung der Räumlichkeiten und der Atmosphäre.

Ein abschließender kritischer Blick auf die vorliegende Arbeit zeigt, dass aufgrund der Ausgangsfragestellung nach Wahrnehmungs- und Erkennungsmöglichkeiten von Selbstverwirklichungsprozessen erwachsener Menschen mit geistiger Behinderung über das Medium bildenden Kunst eine starke Einengung der Forschungsrichtung erfolgte. Hier drängt sich der Einwand auf, ob eine eher offen formulierte Fragestellung das Herausarbeiten gleicher Erkenntnisse gewährleistet hätte. Da es sich bei der Forschungsfragestellung um eine angewandte Fragestellung mit Praxisbezug handelte, stand das von mir beobachtete Phänomen der Selbstverwirklichung erwachsener Menschen mit geistiger Behinderung über das Medium bildende Kunst an zentraler Stelle. Dies ermöglichte u.a. eine Begriffsexplikation des Explikandums Selbstverwirklichung.

Bei der Erprobung des Beobachtungsinstrumentariums im Rahmen des Testmodus musste bedingt durch die zu geringe Personalverfügbarkeit auf ein Einbeziehen von Variationsmöglichkeiten verzichtet werden. Denkbar wären beispielsweise Variationen der Rahmenbedingungen in Form von förderlichen versus nicht förderlichen Rahmenbedingungen, Variationen der Raumgestaltung durch den Ansatz „Prinzip des leeren Raumes" versus Dekorationen oder Variationen in der Gestaltung der Atmosphäre durch künstlerisch-kreative Angebote mit und ohne Hintergrundmusik. Interessant wäre hierbei die Frage, ob die körpersprachlichen Indikatoren Singen (A3/ZWA3), Springen (A8/ZWA8) und Tanzen (A9/ZWA9) sich eher aufgrund von entsprechenden Außenreizen durch Musik oder sich eher aus dem Inneren, d.h. dem inneren individuelle Erleben, eines Menschen mit geistiger Behinderung heraus zeigen und somit wahrnehmbar und beobachtbar werden. Variationen der Umgebungsgestaltung nehmen unter Umständen Einfluss auf beobachtbare körpersprachliche Ausdrucksweisen und daher auch auf die Summenwerte in den Beobachtungsbögen. Des Weiteren musste aus dem gleichen Grund eine Erprobung des konzipierten Beobachtungsinstrumentariums während künstlerisch-kreativer Tätigkeiten erwachsener Menschen mit geistiger Behinderung bei einer Kombination der Medien bildende Kunst und Musik, z.B. durch das Angebot Musikmalen, unterbleiben.

9. Ausblick

Auch die ermittelte durchschnittliche Beobachtungsdauer von 16,35 Minuten muss kritisch reflektiert werden. Die Erprobungsphase des Beobachtungsinstrumentariums in einer Heilpädagogischen Vollzeiteinrichtung durch Mitarbeiter/Mitarbeiterinnen einer Beobachtergruppe 1 und 2 erforderte die dienstplantechnische Einteilung von mindestens zwei Fachkräften pro Schicht bzw. Tagdienst. Als Folge finanzieller Einsparmaßnahmen arbeitet jedoch regulär oftmals nur ein Mitarbeiter bzw. eine Mitarbeiterin pro Früh-, Spät-, Nacht- oder Tagdienst in verschiedenen Institutionen, so dass eventuell durch das allein zu bewältigende Arbeitspensum nicht immer so viel Zeit zur Beobachtung körpersprachlicher Ausdrucksweisen bleibt. Weitere Erprobungsversuche in der heilpädagogischen Praxis durch jeweils nur einen Mitarbeiter bzw. eine Mitarbeiterin könnten also eine kürzere durchschnittliche Beobachtungsdauer ergeben.

Bedingt durch einen Personal- und Zeitmangel wurde in den einzelnen Bereichseinheiten der Heilpädagogischen Vollzeiteinrichtung auf einen weiterführenden Einsatz des Beobachtungsbogens über die orientierende Exploration hinaus verzichtet.

Selbstverwirklichungsbestrebungen erwachsener Menschen mit geistiger Behinderung sind prozesshaft, können jedoch nur in Form von Momentaufnahmen beobachtet und dokumentiert werden. Da ein spontaner oder auch geplanter Einsatz des Beobachtungsinstrumentariums ein erhebungstechnisch ungünstiges Zeitfenster treffen könnte, wäre als ein weiterer Validierungsschritt eine Kontrastierung von Zeitstichproben mit Ereignisstichproben aufschlussreich.

Durch weiterführende Forschungsansätze ist es meiner Ansicht nach möglich, die Zuverlässigkeit der Ergebnisse „Prozess der Selbstverwirklichung/keine Selbstverwirklichung" zu erhöhen. Diesbezüglich kann die Bildung eines größeren Samples (größer als die in dieser Erhebung gebildeten n = 10) sowie die Konstante von nur zwei Beobachtern/Beobachterinnen für dieses Sample vorgeschlagen werden. Da das vorliegende Beobachtungsinstrumentarium nicht alle Informationen und Erkenntnisse aus dieser Arbeit abbilden kann, sondern eine Auswahl relevanter Items bietet, kann im Rahmen weiterführender Forschung ferner eine Änderung einzelner Items und anschließende praktische Erprobung oder ein Vergleich von individuellen Selbstverwirklichungsprozessen bei zufälliger Atmosphäre oder gezielter Gestaltung der Atmosphäre (z.B. Hintergrundmusik) die heilpädagogische Fachdiskussion bereichern.

Aufbauend auf den Ergebnissen dieser Arbeit ergeben sich meines Erachtens drei weitere interessante Forschungsfragestellungen. Erstens stellt sich die Frage, ob die für das Medium bildende Kunst herausgearbeiteten Erkenntnisse auch auf das Medium darstellende

Kunst übertragen werden können.[317] Zweitens ergibt sich die Frage, ob die herausgearbeiteten Erkenntnisse bezogen auf die Personengruppe von erwachsenen Menschen mit geistiger Behinderung auch für die Personengruppe von erwachsenen Menschen mit seelischer Behinderung angenommen werden können. Als letztes kann die Frage angemerkt werden, ob die in dieser Arbeit gewonnenen Erkenntnisse hinsichtlich des Mediums bildenden Kunst eventuell auch auf das kreative Medium Handarbeit im Setting einer Beschäftigungstherapie übertragbar sind.

Die vorliegende Untersuchung schließt eine Lücke in der heilpädagogischen Forschung. Das hier vorgestellte Beobachtungsinstrumentarium stellt einen ersten Versuch dar, Selbstverwirklichungsprozesse erwachsener Menschen mit geistiger Behinderung über bildende Kunst empirisch zu erfassen.

Wünschenswert wäre ein Einsatz des Beobachtungsbogens in verschiedenen heilpädagogischen Institutionen über längere Zeiträume hinweg, so dass über einen Austausch von Erfahrungswerten Modifizierungen und Verbesserungsvorschläge in das Instrumentarium eingearbeitet werden könnten.

---

[317] siehe Anhang I

10. Literaturverzeichnis

ADAM, Heidemarie: Mit Gebärden und Bildsymbolen kommunizieren. Voraussetzungen und Möglichkeiten der Kommunikation von Menschen mit geistiger Behinderung. Würzburg, ²1996.

AISSEN-CREWETT, Meike: Behinderte und Kunstunterricht. In: Behindertenpädagogik. 3/1986a, S. 286 - 292.

AISSEN-CREWETT, Meike: Kunsttherapie in der Heilpädagogik. In: Zeitschrift für Heilpädagogik. 4/1986b, S.245 - 253.

AISSEN-CREWETT, Meike: Ästhetische Erziehung für Behinderte. Ein Arbeitsbuch für die Praxis. Dortmund, ²1989.

AISSEN-CREWETT, Meike: Kunst und Therapie mit Gruppen. Aktivitäten, Themen und Anregungen für die Praxis. Dortmund, ⁴ 1997.

ANZIEU, Didier: Das Haut-Ich. Frankfurt am Main, 1996.

ARGYLE, Michael: Körpersprache und Kommunikation (Reihe Innovative Psychotherapie und Humanwissenschaft, Bd. 5, herausgegeben von Hilarion PETZOLD). Paderborn, ⁷1996.

BAUER, Felix: Datenanalyse mit SPSS. Berlin, Heidelberg, New York, Tokio, 1984.

BAUMGART, Erdmute: Didaktische und methodische Aspekte in der Erwachsenenbildung für Menschen mit einer geistigen Behinderung. In: BUNDESVEREINIGUNG Lebenshilfe für geistig Behinderte e.V. (Hrsg.): Erwachsenenbildung für Menschen mit geistiger Behinderung. Referate und Praxisberichte. Marburg, 1991, S. 36 - 58.

BAYER, Ute; GOLLWITZER, Peter M.: Selbst und Zielstreben. In: GREVE, Werner (Hrsg.): Psychologie des Selbst. Weinheim, 2000, S. 208 - 225.

BERGEMANN, Niels; JOHANN, Gerd K.: Zur Erfassung von Selbstakzeptanz und Akzeptanz Anderer. Eine deutschsprachige Version der BERGER-Skalen. In: Diagnostica. 2/1985, S. 199 - 129.

BETTELHEIM, Bruno: Die Geburt des Selbst. The Empty Fortress. Erfolgreiche Therapie autistischer Kinder. Frankfurt am Main, 1995.

BEUYS, Joseph: „Kunst ist ja Therapie" und „jeder Mensch ist ein Künstler". In: PETZOLD, Hilarion; ORTH, Ilse (Hrsg.): Die neuen Kreativitätstherapien. Handbuch der Kunsttherapie, Band I. Paderborn, 1991, S. 33 - 40.

BIRKENBIHL, Vera F.: Signale des Körpers. Körpersprache verstehen. München, Landsberg am Lech, [14]1999.

BODENHEIMER, A. R.: Verstehen heisst antworten. Eine Deutungslehre aus Erkenntnissen der Psychotherapie. Frauenfeld, 1987.

BOHLEBER, Werner: Identität und Selbst. Die Bedeutung der neueren Entwicklungsforschung für die psychoanalytische Theorie des Selbst. In: Psyche. Zeitschrift für Psychoanalyse und ihre Anwendungen. 4/1992, S. 336 - 365.

BOHNSACK, Ralf: Gruppendiskussion. In: FLICK, Uwe; KARDORFF, Ernst von; STEINKE, Ines (Hrsg.): Qualitative Forschung. Ein Handbuch. Reinbek bei Hamburg, 2000, S. 369 - 384.

BONNAFONT, Claude: Die Botschaft der Körpersprache. Körpersignale erkennen und deuten. München, 1993.

BOROD, Jean C. et al.: Deficits in Facial Expression and Movement as a Function of Brain Damage. In: NESPOULOUS, Jean-Luc; PERRON, Paul; LECOURS, André Roch (Hrsg.): The Biological Foundations of Gestures: Motor and Semiotic Aspects. New Jersey, London, 1986, S. 271 - 293.

BORTZ, Jürgen; LIENERT, Gustav A.; BOEHNKE, Klaus: Verteilungsfreie Methoden in der Biostatistik. Berlin, Heidelberg, New York, London, Paris, Tokio, Hongkong, Barcelona, 1990.

BORTZ, Jürgen: Statistik für Sozialwissenschaftler. Berlin, Heidelberg, New York, Barcelona, Hongkong, London, Mailand, Paris, Singapur, Tokio, [5]1999.

BOTTENBERG, E. H.; KELLER, J. A.: Beitrag zur empirischen Erfassung von Selbst-Aktualisierung. In: Zeitschrift für Klinische Psychologie und Psychotherapie. 1/1975, S. 21 - 53.

BROSIUS, Gerhard; BROSIUS, Felix: SPSS. Base System and Professional Statistics. (Scientific Computing herausgegeben von Joachim LAMMARSCH) Bonn, Albany (u.a.), 1996.

BRÜHL, Jutta: Alt, aber Hut ab! Aus der Praxis für die Praxis - ein therapeutisch-gestalterisches Arbeitsbuch für den Altenbereich. Dortmund, 1998.

BULMAHN, Marlies; GRIMM, Brigitte u.a.: Offenes Kunstatelier für geistig behinderte Erwachsene. In: Geistige Behinderung. 3/1993, S. 1 - 16.

BUNDESVEREINIGUNG Lebenshilfe für geistig Behinderte e.V. (Hrsg.): Bibliographie zur geistigen Behinderung. Schwerpunkt 1988 - 1995. Marburg, 1995.

BUNDESVEREINIGUNG Lebenshilfe für geistig Behinderte e.V. (Hrsg.): Kunst und Kreativität geistig behinderter Menschen. Marburg, ^{3}1996.

BUNDESVEREINIGUNG Lebenshilfe für Menschen mit geistiger Behinderung e.V. (Hrsg.): Geistige Behinderung. Themenkatalog der Jahrgänge 1980 - 1996, Marburg, 1997.

BUSS, Heinz; THEUNISSEN, Georg: Möglichkeiten aktionsorientierter Arbeitsformen im Kunstunterricht mit geistig behinderten Schülern. In: THEUNISSEN, Georg (Hrsg.): Kunst, ästhetische Praxis und geistige Behinderung. Bad Heilbrunn, 1997, S. 143 - 163.

CÁRDENAS, Barbara: Mit Pfiffigunde arbeiten. Kindgerecht überprüfen und fördern in Kindergarten, Schule und Freier Praxis. Dortmund, 1999.

CÁRDENAS, Barbara: Diagnostik mit Pfiffigunde. Ein kindgemäßes Verfahren zur Beobachtung von Wahrnehmung und Motorik (5 - 8 Jahre). Dortmund, ^{7}2000.

CARNAP, Rudolf: Einführung in die symbolische Logik mit besonderer Berücksichtigung ihrer Anwendungen. Wien, ^{2}1960.

CARNAP, Rudolf: Logical Foundations of Probability. The University of Chicago Press. Chicago, ^{4}1971.

CERWINKA, Gabriele; SCHRANZ, Gabriele: Die Macht der versteckten Signale. Wortwahl, Körpersprache, Emotionen. Wien, 1999.

COLLA-MÜLLER, Herbert: Der kleine Unterschied - zum Verhältnis von Heilpädagogik und Sozialpädagogik. In: BERUFSVERBAND der Heilpädagogen (BHP) e.V. (Hrsg.): Heilpädagogik und Sozialpädagogik. 3. Heilpädagogisches Symposium vom 23. - 24. April 1993 in Mainz. Rendsburg, 1994, S. 7 - 19.

CRIEGERN, Axel von: Das innere und das äußere Bild. In: Zeitschrift für Kunstpädagogik. 1/1984, S. 19.

DAMMER, Ingo; SZYMKOWIAK, Frank: Die Gruppendiskussion in der Marktforschung. Opladen, Wiesbaden, 1998.

DENEKE, Friedrich-Wilhelm: Das Selbst-System. In: Psyche. Zeitschrift für Psychoanalyse und ihre Anwendungen. 7/1989, S. 577 - 608.

DEUTSCH, Werner; SANDHAGEN, Petra; WAGNER, Angela: Identitätsentwicklung bei Zwillingen: Warum das Selbst nicht geplant werden kann. In: GREVE, Werner (Hrsg.): Psychologie des Selbst. Weinheim, 2000, S. 58 - 74.

DIEKMANN, Andreas: Empirische Sozialforschung. Grundlagen, Methoden, Anwendungen. Reinbek bei Hamburg, ^{4}1998.

DIEKMANN, Hans: Das Problem des Leistungsdenkens in Selbstverwirklichung und Ich-Gestaltung. In: Analytische Psychologie. 2/1988, S. 83 - 97.

DITTMANN, Werner: „Basale Förderung" als Lernbereich der Schule für Geistigbehinderte. In: OBERACKER, Peter (Hrsg.): Selbstverwirklichung in sozialer Integration - Ein neuer Bildungsplan für die Schule für Geistigbehinderte. Stuttgart, 1983, S. 89 - 106.

DORNES, Martin: Der kompetente Säugling. Die präverbale Entwicklung des Menschen. Frankfurt am Main, 1997.

DROSTE, Thomas: Leitlinien für die Enthospitalisierung schwer geistig behinderter Menschen aus der Psychiatrie. Ein Resümee der bisherigen Entwicklungen. In: Geistige Behinderung 2/2000, S. 125 - 137.

DRUNKENMÖLLE, Ulrike: Basale Stimulation. In: KRAUSE, Kornelia (Hrsg.): Spielort: Heilpädagogische Praxis. Ein Werkstattbuch. Dortmund, 1998, S. 86 - 98.

DUBUFFET, Jean: Malerei in der Falle. Antikulturelle Positionen. Schriften Band I. Bern, 1991.

DUPUIS, Gregor; KERKHOFF, Winfried (Hrsg.): Enzyklopädie der Sonderpädagogik, der Heilpädagogik und ihrer Nachbargebiete. Berlin, 1992, S. 574 - 579.

EISSING-CHRISTOPHERSEN, Christoph; LE PARK, Dominique (Hrsg.): Marcel Réja. Die Kunst bei den Verrückten. Wien, New York, 1997.

EKMAN, Paul; FRIESEN, Wallace von; ELLSWORTH, Phoebe: Gesichtsprache. Wege zur Objektivierung menschlicher Emotionen. Wien, Köln, Graz, 1974.

EKMAN, Paul; FRIESEN, Wallace von: Unmasking The Face. A guide to recognizing emotions from facial clues. New Jersey, 1975.

ELBING, Ulrich; HACKING, Suzanne: „Nürtinger Beurteilungsskala" und „Diagnostic Assessment of Psychiatric Art": Neue Wege zur Evaluation der Bilder von Kunsttherapie-Patienten. In: Musik-, Tanz- und Kunsttherapie. 3/2001, S. 133 - 144.

ENDRUWEIT, Günter: Befragung. In: DERS.; TROMMSDORFF, Gisela (Hrsg.): Wörterbuch der Soziologie, Bd. 1. Stuttgart, 1989, S. 48 - 55.

ENGELKE, Wilhelm; ROSENTHAL, Christiane: Kunsttherapie in der Tagesklinik. In: DOMMA, Wolfgang (Hrsg.): Praxisfelder Kunsttherapie. Köln, 1993, S. 124 - 140.

ERBSLÖH, E.: Techniken der Datensammlung 1. Interview. Stuttgart, 1972.

FELDWIESER, Sabine; KEMPER, Willi (Hrsg.): Der Stift rennt über das Papier. Bilder von Menschen mit schwerer geistiger Behinderung. Bielefeld, 1999.

FERRING, Dieter; FILIPP, Sigrun-Heide: Messung des Selbstwertgefühls: Befunde zu Reliabilität, Validität und Stabilität der Rosenberg-Skala. In: Diagnostica. 3/1996, S. 284 - 292.

FEYEREISEN, Pierre: Lateral Differences in Gesture Production. In: NESPOULOUS, Jean-Luc; PERRON, Paul; LECOURS, André Roch (Hrsg.): The Biological Foundations of Gestures: Motor and Semiotic Aspects. New Jersey, London, 1986, S. 77 - 94.

FILIPP, Sigrun-Heide: Selbstkonzeptforschung in der Retrospektive und Prospektive. In: GREVE, Werner (Hrsg.): Psychologie des Selbst. Weinheim, 2000, S. 7 - 14.

FISCHER, Simone; SCHMIDT, Ilona: Historischer Tanz in der Heilpädagogik. In: BHP-Info. Vierteljahresschrift des Berufsverbandes der Heilpädagogen. 2/2002, S. 35 - 39.

FISCHER, Simone; RICHTER, Kai: Kreative Entspannungsverfahren als heilpädagogisches Angebot. In: heilpaedagogik.de. Fachzeitschrift des Berufsverbandes der Heilpädagogen. 2/2003a, S. 31 - 32.

FISCHER, Simone; RICHTER, Kai: Konzeptgestaltung im heilpädagogischen Handeln. In: heilpaedagogik.de. Fachzeitschrift des Berufsverbandes der Heilpädagogen. 3/2003b, S. 19 - 21.

FORNEFELD, Barbara: "Elementare Beziehung" und Selbstverwirklichung geistig Schwerbehinderter in sozialer Integration. Reflexionen im Vorfeld einer leiborientierten Pädagogik. Aachen, ³1995.

FORNEFELD, Barbara: „Mut zum Querdenken" - Menschen mit Behinderungen im Spannungsfeld neuen heilpädagogischen Denkens. In: BERUFSVERBAND der Heilpädagogen (BHP) e.V. (Hrsg.): Mut zum Querdenken - Heilpädagogik im Spannungsfeld neuen Denkens. Bericht der Fachtagung des Berufsverbandes der Heilpädagogen vom 19. - 22. November 1998 in Bad Lauterberg/Harz. Rendsburg, 1999, S. 6 - 20.

FREUND, Alexandra M.: Das Selbst im hohen Alter. In: GREVE, Werner (Hrsg.): Psychologie des Selbst. Weinheim, 2000, S. 115 - 131.

FREY, Dieter u.a.: Das Wissen über sich selbst und andere im eigenen Handeln nutzen. Zur Anwendungsrelevanz der Selbstkonzepterforschung. In: GREVE, Werner (Hrsg.): Psychologie des Selbst. Weinheim, 2000, S. 339 - 359.

FRÜH, Werner: Inhaltsanalyse. In: EDRUWEIT, Günter; TROMMSDORFF, Gisela (Hrsg.): Wörterbuch der Soziologie, Bd. 2. Stuttgart, 1989; S. 301 - 305.

FUHRER, Urs. u.a.: Selbstbildentwicklung in Kindheit und Jugend. In: GREVE, Werner (Hrsg.): Psychologie des Selbst. Weinheim, 2000, S. 39 - 57.

FURTWÄNGLER, J. Ph.: Krise des Selbst. Ein Erklärungsmodell stößt geistesgeschichtlich an seine Grenzen. In: Fundamenta Psychiatrica. 1/2000, S. 23 - 27.

GAED, Christian, Geistige Behinderung und psychische Störungen. Vorlesung 1994/95, Medizinische Hochschule Hannover. Neuerkeröder Beiträge 9. Evangelische Stiftung Neuerkerode, 1995.

GEKELER, Gert: Armin malt. Eine Fallstudie zur Bedeutung bildnerischen Gestaltens geistig behinderter Menschen. In: Geistige Behinderung. 4/1997, S. 395 - 418.

GIBSON, Cheryl; SEGALOWITZ, Sidney J.: The Impact of Visual-Spatial Information on the Development of Reading Proficiency in Deaf Children. In: NESPOULOUS, Jean-Luc; PERRON, Paul; LECOURS, André Roch (Hrsg.): The Biological Foundations of Gestures: Motor and Semiotic Aspects. New Jersey, London, S. 215 - 227.

GLINKA, Hans-Jürgen: Das narrative Interview. Eine Einführung für Sozialpädagogen. Edition Soziale Arbeit. Weinheim, München, 1998.

GÖBEL, Susanne: Josef Ströbl. „Mein Leitziel? Mensch zuerst!" In: HERMES, Gisela; GÖBEL, Susanne; MILES-PAUL, Ottmar (Hrsg.): „graadse leeds" - „jetzt erst recht!", selbsthilfe behinderter menschen in portraits. Kassel, 2000a, S. 21 - 31.

GÖBEL, Susanne: Hiltrud Heikenfeld. Von Bullis, Dieter Thomas Heck, Buletten und „uns Normalen". In: HERMES, Gisela; GÖBEL, Susanne; MILES-PAUL, Ottmar (Hrsg.): „graadse leeds" - „jetzt erst recht!", selbsthilfe behinderter menschen in portraits. Kassel, 2000b, S. 113 - 120.

GÖBEL, Susanne: Irene Weismantel. „Ich bin freie Künstlerin". In: HERMES, Gisela; GÖBEL, Susanne; MILES-PAUL, Ottmar (Hrsg.): „graadse leeds" - „jetzt erst recht!", selbsthilfe behinderter menschen in portraits. Kassel, 2000c, S. 131 - 139.

GRAF, Josef: Selbstverwirklichung und Identitätsbildung. Kann die Schule zur individuellen Lernförderung Hilfestellung geben? In: Förderschulmagazin. 9/1995, S. 9 - 10.

GREVE, Werner: Die Psychologie des Selbst - Konturen eines Forschungsthemas. In: DERS. (Hrsg.): Psychologie des Selbst. Weinheim, 2000a, S. 15 - 36.

GREVE, Werner: Das erwachsene Selbst. In: DERS. (Hrsg.): Psychologie des Selbst. Weinheim, 2000b, S. 96 - 114.

GREWE, Ulrike: Kinder, die heilpädagogische Hilfen bekommen. In: KRAUSE, Kornelia (Hrsg.): Spielort: Heilpädagogische Praxis. Ein Werkstattbuch. Dortmund, 1998, S. 27 - 40.

GRÖSCHKE, Dieter: Heilpädagogik in der heutigen Gesellschaft. In: BERUFSVERBAND der Heilpädagogen (BHP) e.V. (Hrsg.): Braucht Heilpädagogik Heilpädagogen? – Eine Anfrage an die Gesellschaft - Bericht der Fachtagung des Berufsverbandes der Heilpädagogen vom 22. - 24. November 1991 in Bad Lauterberg/Harz. Rendsburg, 1992, S. 14 - 24.

GÜLDENSTUBBE, Dietlind von: „Arbeit" als Lernbereich der Schule für Geistigbehinderte. In: OBERACKER, Peter (Hrsg.): Selbstverwirklichung in sozialer Integration - Ein neuer Bildungsplan für die Schule für Geistigbehinderte. Stuttgart, 1983a, S. 159 - 169.

GÜLDENSTUBBE, Dietlind von: „Wohnen lernen in der Schule". In: OBERACKER, Peter (Hrsg.): Selbstverwirklichung in sozialer Integration - Ein neuer Bildungsplan für die Schule für Geistigbehinderte. Stuttgart, 1983b, S. 171 - 206.

HAFERMALZ, Otto Dr.: Schriftliche Befragung - Möglichkeiten und Grenzen. (Studienreihe Betrieb und Markt, Bd. XXI. Herausgegeben von Prof. Dr. K. Chr. BEHRENS, Freie Universität Berlin.) Wiesbaden, 1976.

HAGMANN, Thomas: Heilpädagogik und Sozialpädagogik - ein fragwürdiges Verhältnis? In: BERUFSVERBAND der Heilpädagogen (BHP) e.V. (Hrsg.): Heilpädagogik und Sozialpädagogik. 3. Heilpädagogisches Symposium vom 23. - 24. April 1993 in Mainz. Rendsburg, 1994, S. 20 - 39.

HAMBITZER, Manfred: Organisation und Finanzierung der Weiterbildung mit geistig behinderten Erwachsenen. In: BUNDESVEREINIGUNG Lebenshilfe für geistig Behinderte e.V. (Hrsg.): Erwachsenenbildung für Menschen mit geistiger Behinderung. Marburg, 1991, S: 66 - 94.

HAMPE, Ruth: Adolf Wölfli und die Narrengestalt. In: Musik-, Tanz- und Kunsttherapie. Zeitschrift für künstlerische Therapien im Bildungs-, Sozial- und Gesundheitswesen. 1/1996, S. 20 - 33.

HANNOVER, Bettina: Das kontextabhängige Selbst oder warum sich unser Selbst mit dem sozialen Kontext verändert. In: GREVE, Werner (Hrsg.): Psychologie des Selbst. Weinheim, 2000, S. 227 - 238.

HARTMANN, Fritz: Geleitwort. In: PFAU, Bolko: Körpersprache der Depression. Atlas depressiver Ausdrucksformen. Stuttgart, New York, ^{2}1998, S. VII.

HASELBECK, Helmut: Primitivismus, Wahn und Kunst. In: Sozialpsychiatrische Informationen. 1/2000, S. 22 - 25.

HELLMANN, Marianne: Zum Stellenwert der Heilpädagogischen Diagnostik. In: heilpaedagogik.de. Fachzeitschrift des Berufsverbandes der Heilpädagogen. 1/2003, S. 3 - 8.

HERMANNS, Harry: Interviewen als Tätigkeit. In: FLICK, Uwe; von KARDORFF, Ernst; STEINKE, Ines (Hrsg.): Qualitative Forschung. Ein Handbuch. Reinbek bei Hamburg, 2000, S. 360 - 368.

HERMES, Gisela: Arno Knauf. „Die Musik ist mein Leben". In: DERS.; GÖBEL, Susanne; MILES-PAUL, Ottmar (Hrsg.): „graadse leeds" - „jetzt erst recht!", selbsthilfe behinderter menschen in portraits. Kassel, 2000, S. 65 - 72.

HOFMANN, Christiane: Selbstkonzept und geistige Behinderung: Zum Stand der Forschung. In: Zeitschrift für Heilpädagogik. 8/2001, S. 317 - 326.

HOYER, Jürgen: Der Fragebogen zur Dysfunktionalen und Funktionalen Selbstaufmerksamkeit (DFS): Theoretisches Konzept und Befunde zur Reliabilität und Validität. In: Diagnostica: 3/2000, S. 140 - 148.

HUBLOW, Christoph: Methodische Überlegungen zum Bildungsplan der Schule für Geistigbehinderte in Baden-Württemberg. In: OBERACKER, Peter (Hrsg.): Selbstverwirklichung in sozialer Integration - Ein neuer Bildungsplan für die Schule für Geistigbehinderte. Stuttgart, 1983a, S. 55 - 74.

HUBLOW, Christoph: „Sozialverhalten" als Lernbereich der Schule für Geistigbehinderte. In: OBERACKER, Peter (Hrsg.): Selbstverwirklichung in sozialer Integration - Ein neuer Bildungsplan für die Schule für Geistigbehinderte. Stuttgart, 1983b, S. 133 - 143.

KAISER, Constanze: Körpersprache der Schüler. Lautlose Mitteilungen erkennen, bewerten, reagieren. Neuwied, Kriftel, Berlin, 1998.

KAPLAN, Louise J.: Die zweite Geburt. Die ersten Lebensjahre des Kindes. (Herausgegeben von Reinhard FATKE.) München, Zürich, ^{10}1998.

KEGAN, Robert: Die Entwicklungsstufen des Selbst. Fortschritte und Krisen im menschlichen Leben. München, ^{3}1994.

KELLE, Udo; ERZBERGER, Christian: Qualitative und quantitative Methoden: kein Gegensatz. In: FLICK, Uwe; KARDORFF, Ernst von; STEINKE, Ines (Hrsg.): Qualitative Forschung. Ein Handbuch. Reinbek bei Hamburg, 2000, S. 299 - 309.

KENDON, Adam: Current Issues in the Study of Gestures. In: NESPOULOUS, Jean-Luc; PERRON, Paul; LECOURS, André Roch (Hrsg.): The Biological Foundations of Gestures: Motor and Semiotic Aspects. New Jersey, London, 1986, S. 23 - 47.

KINSBOURNE, Marcel: Brain Organization Underlying Orientation and Gestures: Normal and Pathological Cases. In: NESPOULOUS, Jean-Luc; PERRON, Paul; LECOURS, André Roch (Hrsg.): The Biological Foundations of Gestures: Motor and Semiotic Aspects. New Jersey, London, 1986, S. 65 - 76.

KLÄGER, Max: Bildnerischer Ausdruck: ein Phänomen anschaulicher Logik. In: Geistige Behinderung. 4/1984a, S. 234 - 242.

KLÄGER, Max: Verfahren, die der Umsetzung bildnerischen Denkens dienen. In: Geistige Behinderung. 4/1984b, S. 1 - 11.

KLÄGER, Max: Die Kunst Willibald Lassenbergers. Ein Zwischenbericht. In: Geistige Behinderung. 1/1986a, S. 50 - 58.

KLÄGER, Max: Neue amerikanische Untersuchungen zum bildnerischen Verhalten geistig Behinderter. In: Geistige Behinderung. 2/1986b, S. 136 - 139.

KLÄGER, Max (Hrsg.): Die Vielfalt der Bilder. Kunstwerke entwicklungsbehinderter Menschen. Stuttgart, 1993.

KLAUER, Thomas: Das Selbst und die Nutzung sozialer Ressourcen. In: GREVE, Werner (Hrsg.): Psychologie des Selbst. Weinheim, 2000, S. 149 - 166.

KÖNIG, Andreas: Erwachsenenbildung für schwerstmehrfachbehinderte Männer und Frauen - Eine Möglichkeit ? In: Erwachsenenbildung. 1/1990, S. 19 - 24.

KONRAD, Klaus: Mündliche und schriftliche Befragung. (Forschung, Statistik und Methoden, Bd. 4.) Landau, 1999.

KORFF, Ernst: Übungen zur Selbstverwirklichung. In: Praktische Psychologie. Studienhefte für Leistungssteigerung, Menschenkunde und Persönlichkeitsbildung. 9/1966, S. 221 - 224.

KOWAL, Sabine; O'CONNELL, Daniel C.: Zur Transkription von Gesprächen. In: FLICK, Uwe; KARDORFF, Ernst von; STEINKE, Ines (Hrsg.): Qualitative Forschung. Ein Handbuch. Reinbek bei Hamburg, 2000, S. 437 - 447.

KRAIMER, Klaus: Die Rückgewinnung des Pädagogischen. Aufgaben und Methoden sozialpädagogischer Forschung. Weinheim, München, 1994.

KRETSCHMER, Regina: Familienzeichnungen im Test - Ein Vergleich. In: Musik-, Tanz- und Kunsttherapie. 3/1997, S. 147 - 153.

KRIZ, Jürgen: Statistischer Test. In: ENDRUWEIT, Günter; TROMMSDORFF, Gisela (Hrsg.): Wörterbuch der Soziologie; Bd. 3. Stuttgart, 1989, S. 738 - 741.

KROMREY, Helmut: Gruppendiskussionen. Erfahrungen im Umgang mit einer weniger häufigen Methode empirischer Sozialwissenschaft. In: HOFFMEYER-ZLOTNIK, Jürgen H. P. (Hrsg.): Qualitative Methoden der Datenerhebung in der Arbeitsmigrantenforschung. Mannheim, 1986, S. 109 - 143.

KROMREY, Helmut: Gruppendiskussion. In: ENDRUWEIT, Günter; TROMMSDORFF, Gisela (Hrsg.): Wörterbuch der Soziologie, Bd. 1. Stuttgart, 1989, S. 258 - 262.

KÜHNEL, Steffen-M.; Krebs, Dagmar: Statistik für die Sozialwissenschaften. Grundlagen, Methoden, Anwendungen. Reinbek bei Hamburg, 2001.

KULTUSMINISTER des Landes Hessen: Richtlinien für den Unterricht in der Schule für Praktisch Bildbare (Sonderschule). Wiesbaden, 1983.

KULTUSMINISTER des Landes Nordrhein-Westfalen: Richtlinien und Lehrpläne für die Schule für Geistigbehinderte (Sonderschule in Nordrhein-Westfalen). Köln, 1980.

KULTUSMINISTER des Landes Nordrhein-Westfalen: Richtlinien und Hinweise für den Unterricht. Förderung schwerstbehinderter Schüler. Köln, 1985.

KURTZ, Ron; PRESTERA, Hector: Botschaften des Körpers. Bodyreading: ein illustrierter Leitfaden. München, 1979.

LABOUREL, Dominique: Shrugging Shoulders, Frowning Eye-Brows, Smiling Agreement: Mimic and Gesture Communication in the Aphasic Experience. In: NESPOULOUS, Jean-Luc; PERRON, Paul; LECOURS, André Roch (Hrsg.): The Biological Foundations of Gestures: Motor and Semiotic Aspects. New Jersey, London, 1986, S. 295 - 308.

LAMNEK, Siegfried: Gruppendiskussion. Theorie und Praxis. Weinheim, 1998.

LAUSTER, Peter: Menschenkenntnis. Körpersprache, Mimik und Verhalten. Düsseldorf, München, [21]1997.

LAUTMANN, Rüdiger: Wert und Norm. Begriffsanalysen für die Soziologie. (Beiträge zur soziologischen Forschung 5.) Opladen, [2]1971.

LECOURS, André Roch; NESPOULOUS, Jean-Luc; DESAULNIERS, Pierre: Standard Teaching on Apraxia. In: NESPOULOUS, Jean-Luc; PERRON, Paul; LECOURS, André Roch (Hrsg.): The Biological Foundations of Gestures: Motor and Semiotic Aspects. New Jersey, London, S. 231 - 242.

LEMKE, Frank-Johannes: Leben ist Lernen, und Wissen ist Macht. Bemerkungen zur Ausbildung von Heilpädagoginnen und Heilpädagogen in Deutschland. In: BHP-Info. Vierteljahresschrift des Berufsverbandes der Heilpädagogen. 1/2002, S. 11 - 17.

LEONHARD, Karl: Der menschliche Ausdruck in Mimik, Gestik und Phonik. Leipzig, 1976.

LERSCH, Philipp: Gesicht und Seele. Grundlinien einer mimischen Diagnostik. München/Basel, ⁷1971.

LICHTENEBRG, Andreas: Bildnerisches Gestalten von schwerst- und mehrfachbehinderten Menschen in der Kunsttherapie. In: Zur Orientierung. 1/1987, S. 24 - 25.

LIEßEM, Hansgeorg: Ans Licht geholt. Das Interesse am Wahnsinn in der Kunst. In: DERS.; STÄHLI, Pablo (Hrsg.): Ans Licht geholt - Kunst in verrückter Zeit. Köln, 1995, S. 10 - 15.

LINDERKAMP, Friedrich: Evaluation eines Trainings sozialer Kompetenzen für Kinder im Einzelfalldesign. In: Psychologie in Erziehung und Unterricht. 49/2002, S. 121 - 132.

LINDNER, Wulf-Volker: Die Gruppe am Ende der Zeit der Selbstverwirklichung. In: Analytische Psychologie. 4/1997, S. 231 - 242.

MAHLER, Margaret S.; PINE, Fred; BERGMANN, Anni: Die psychische Geburt des Menschen. Symbiose und Individuation. Frankfurt am Main, 1997.

MAIR, Michael: The Eye in the Control of Attention. In: NESPOULOUS, Jean-Luc; PERRON, Paul; LECOURS, André Roch (Hrsg.): The Biological Foundations of Gestures: Motor and Semiotic Aspects. New Jersey, London, 1986, S. 123 - 146.

MAISONNEUVE, Jean-Louis; GEUE, Bernhard: Körpersprache in der Anamnese. Der andere Schlüssel zum Patienten. Berlin, Wiesbaden, 1995.

MANECKE, André: Basales Theater - Ein Beitrag schwerstbehinderter Menschen. In: REUTER, Werner; THEIS, Gebhard (Hrsg.): Spielräume, Spaßräume, Lernräume. Sommertheater Pusteblume: Theaterpädagogische Anregungen nicht nur für SonderpädagogInnen. Dortmund, 1997, S. 315 - 333.

MANGOLD, Werner: Gruppendiskussion. In: KÖNIG, René (Hrsg.): Handbuch der empirischen Sozialforschung. Grundlegende Methoden und Techniken der empirischen Sozialforschung, Bd. 2, erster Teil. Stuttgart, ³1973, S. 228 - 259.

MASLOW, Abraham H.: A theory of motivation. Psychological review. 50/1943, S. 370 - 396.

MASLOW, Abraham H.: Motivation und Persönlichkeit. Reinbek bei Hamburg, 1999.

MAYRING, Philipp: Einführung in die qualitative Sozialforschung. Weinheim, ³1996.

MAYRING, Philipp: Qualitative Inhaltsanalyse. In: FLICK, Uwe; von KARDORFF, Ernst; STEINKE, Ines (Hrsg.): Qualitative Forschung. Ein Handbuch. Reinbek bei Hamburg, 2000, S. 468 - 475.

MENZEN, Karl-Heinz: Vom Umgang mit Bildern. Wie ästhetische Erfahrung pädagogisch und therapeutisch nutzbar wurde. (Beiträge zur Kunsttherapie, Bd. 5. Herausgegeben von Peter W. RECH) Köln, 1990.

MENZEN, Karl-Heinz: Kunsttherapie mit wahrnehmungsgestörten und geistig behinderten Menschen. In: PETZOLD, Hilarion; ORTH, Ilse (Hrsg.): Die neuen Kreativitätstherapien. Handbuch der Kunsttherapie, Band 1. Paderborn, 1991, S. 499 - 514.

MENZEN, Karl-Heinz: Von künstlerischer Arbeit in der Heilpädagogik. In: Zeitschrift für Heilpädagogik. 6/1994, S. 389 - 398.

MENZEN, Karl-Heinz: Bildnerische Gestaltung. Zur Vielfalt bildnerischer Medien in der Kunsttherapie. In: Musik-, Tanz- und Kunsttherapie. 4/1996, S. 197 - 213.

MERZ, Joachim: Statistik I. Deskription. Skriptum zur Vorlesung (Universität Lüneburg). Lüneburg, [4]1996.

MERZ, Joachim: Statistik II. Wahrscheinlichkeitsrechnung und induktive Statistik. Skriptum zur Vorlesung (Universität Lüneburg). Lüneburg, [3]1997.

METZINGER, Thomas: Die Selbstmodell-Theorie der Subjektivität: Eine Kurzdarstellung für Nicht-Philosophen in fünf Schritten. In: GREVE, Werner (Hrsg.): Psychologie des Selbst. Weinheim, 2000, S. 317 - 336.

MEYER, Hermann: Geistige Behinderung. In: BORCHERT, Jochen (Hrsg.): Handbuch der Sonderpädagogischen Psychologie. Göttingen, Bern, Toronto, Seattle 2000, S. 60 - 75.

MEYER-JUNGCLAUSSEN, Volker: Geistige Behinderung und Erwachsenenbildung. Aspekte zur Theorie und Praxis. Berlin, 1985.

MIDDCKE, Hanno: Das Selbst verstehen. Anmerkungen zum Leitziel: Selbstverwirklichung in sozialer Integration. In: Behinderte in Familie, Schule und Gesellschaft. 2/1989, S. 25 - 43.

MIELKE, Rosemarie: Soziale Kategorisierung und Selbstkonzept. In: GREVE, Werner (Hrsg.): Psychologie des Selbst, Weinheim, 2000, S. 167 - 185.

MILES-PAUL, Ottmar: Dinah Radtke: „Und ich kann's doch!". In: HERMES, Gisela; GÖBEL, Susanne; MILES-PAUL, Ottmar (Hrsg.): „graadse leeds" - „jetzt erst recht!", selbsthilfe behinderter menschen in portraits. Kassel, 2000, S. 9 - 19.

MOLCHO, Samy: Alles über Körpersprache. Sich selbst und andere besser verstehen, München, 1999a.

MOLCHO, Samy: Körpersprache der Kinder. München, 1999b.

MÜHL, Heinz: Handlungsbezogener Unterricht mit Geistigbehinderten. Materialien zur Planung und Organisation des Unterrichts. Bonn - Bad Godesberg, ^{7}1986.

NAUHEIM, Regina: Psychomotorik. In: KRAUSE, Kornelia (Hrsg.): Spielort: Heilpädagogische Praxis. Ein Werkstattbuch. Dortmund, 1998a, S. 68 - 78.

NAUHEIM, Regina: Sensorische Integration. In: KRAUSE, Kornelia (Hrsg.): Spielort: Heilpädagogische Praxis. Ein Werkstattbuch. Dortmund, 1998b, S. 78 - 86.

NAVRATIL, Leo: Schizophrenie und Dichtkunst. München, 1986.

NAVRATIL, Leo: Die Gugginger Methode. Kunst in der Psychiatrie. (Monographien zur Kunsttherapie, herausgegeben von Peter BAUKUS, Fritz MARBURG, Jürgen THIESS, Band 1) Ulm, Stuttgart, Jena, Lübeck, 1998.

NESPOULOUS, Jean-Luc; LECOURS, André Roch: Gestures: Nature and Function. In: NESPOULOUS, Jean-Luc; PERRON, Paul; LECOURS, André Roch (Hrsg.): The Biological Foundations of Gestures: Motor and Semiotic Aspects. New Jersey, London, 1986, S. 49 - 62.

NEUMANN, Eckhard: Aspekte und Perspektiven kunsttherapeutischer Ansätze als Wissenschaft. In: Musik- Tanz- und Kunsttherapie. 4/1997, S. 191 - 201.

NIEDERLAND, William G.: Trauma und Kreativität. Frankfurt am Main, 1989.

NUNNER-WINKLER, Gertrud: Identität aus soziologischer Sicht. In: GREVE, Werner (Hrsg.): Psychologie des Selbst. Weinheim, 2000, S. 302 - 316.

OBERACKER, Peter: Unterrichtsinhalte im Bildungsplan der Schule für Geistigbehinderte in Baden-Württemberg. In DERS. (Hrsg.): Selbstverwirklichung in sozialer Integration - Ein neuer Bildungsplan für die Schule für Geistigbehinderte. Stuttgart, 1983a, S. 39 - 54.

10. Literaturverzeichnis 277

OBERACKER, Peter: „Umwelterfahrung" als Lernbereich der Schule für Geistigbehinderte. In: DERS. (Hrsg.): Selbstverwirklichung in sozialer Integration - Ein neuer Bildungsplan für die Schule für Geistigbehinderte. Stuttgart, 1983b, S. 121 - 132.

ONDRACEK, Petr; TROST, Alexander: Berufsidentität und Berufsfeld von Diplom-Heilpädagogen. Ein Beitrag zum Selbstverständnis der Heilpädagogik. In: Sonderpädagogik. 3/1998, S. 132 - 139.

OPP, Karl-Dieter: Methodologie der Sozialwissenschaften. Einführung in Probleme ihrer Theorienbildung und praktischen Anwendung. Opladen, ^{3}1995.

OSBAHR, Stefan: Menschen mit geistiger Behinderung verwirklichen Selbstbestimmung. Überlegungen aus der Sicht einer konstruktivistisch-systemtheoretischen Sonderpädagogik. In: Vierteljahresschrift für Heilpädagogik und ihre Nachbargebiete (VHN). 1/2000, S. 58 - 69.

OSNABRÜGGE, Gabriele; FREY, Dieter: Experiment. In: ENDRUWEIT, Günter; TROMMSDORFF, Gisela (Hrsg.): Wörterbuch der Soziologie, Bd. 1. Stuttgart, 1989, S. 180 - 187.

OSTEN, Peter: Kreative Wahrnehmung, kreativer Ausdruck. Methoden und Wirkungsweisen der Integrativen Kunsttherapie. In: Musik-, Tanz- und Kunsttherapie. 3/1996, S. 145 - 160.

PAPE, Eckhart; KARLE, Michael; KLOSINSKI, Gunther: Traumschloß und Realität. Der „Schloß-Test" als projektives Verfahren. In: Musik-, Tanz- und Kunsttherapie. 3/1999, S. 140 - 148.

PAULUS, Peter: Selbstverwirklichung und retrospektiv perzipierte elterliche Erziehung. In: Psychologie in Erziehung und Unterricht. 3/1984, S. 171 - 177.

PAULUS, Peter: Selbstverwirklichung und psychische Gesundheit. Konzeptionelle Analysen und ein Neuentwurf. Göttingen, Bern, Toronto, Seattle, 1994.

PEROVIC-KNIESEL, Gudrun: Freiräume. Musikalischer Umgang mit Schwerstbehinderten - Lieder - Tänze - Szenisches Spiel. Dortmund, 1997.

PETERSEN, Lars-Eric; STAHLBERG, Dagmar; DAUENHEIMER, Dirk: Selbstkonsistenz und Selbstwerterhöhung: Der Integrative Selbstschemaansatz. In: GREVE, Werner (Hrsg.): Psychologie des Selbst. Weinheim, 2000, S. 239 - 254.

PETERSEN, Peter: Der Therapeut als Künstler. Eine Besinnung auf anthropologische Grundlagen von Therapie. In: Medizin. Mensch. Gesellschaft. 1/1992, S. 286 - 293.

PETERSEN, Peter; Ist künstlerische Therapie wissenschaftlich zu verstehen? In: Musik-, Tanz- und Kunsttherapie. 4/1998, S. 196 - 204.

PEUKERT, Reinhard: Gesprächshermeneutik. Gruppendiskussion als Methode zur Rekonstruktion der Lebenswelt von Lehrlingen, Bd. 1. Frankfurt am Main, 1984.

PFAU, Bolko: Körpersprache der Depression. Atlas depressiver Ausdrucksformen. Stuttgart, New York, ^{2}1998.

PFEFFER, Wilhelm: Die pädagogische Dimension des Begriffs „schwerste geistige Behinderung". In: Behindertenpädagogik. 2/1982, S. 122 - 135.

PFEFFER, Wilhelm: Förderung schwer geistig Behinderter. Eine Grundlegung. Würzburg, 1988.

PIDERIT, Theodor: Wissenschaftliches System der Mimik und Physiognomik, Detmold 1867(Wiederabdruck). In: PRINZ, Wolfgang; BULST, Neithard (Hrsg.): Theodor Piderit. Wissenschaftliches System der Mimik und Physiognomik. Göttingen, Toronto, Zürich, 1989.

PINQUART, Martin; SILBEREISEN, Rainer K.: Das Selbst im Jugendalter. In: GREVE, Werner (Hrsg.): Psychologie des Selbst. Weinheim, 2000, S. 75 - 95.

PIXA-KETTNER, Ursula: „Dann waren sie sauer auf mich, daß ich das Kind haben wollte ...": Eine Untersuchung zur Lebenssituation geistig behinderter Menschen mit Kindern in der BRD. (Schriftenreihe des Bundesministeriums für Gesundheit; Bd. 75.) Baden-Baden, 1996.

POPPER, Karl R.: Kapitel 1: Die Zielsetzung der Erfahrungswissenschaft. In: ALBERT, Hans (Hrsg.): Theorie und Realität. Ausgewählte Aufsätze zur Wissenschaftslehre der Sozialwissenschaften. Tübingen, 1964, S. 73 - 86.

POPPER, Karl R.; ECCLES, John C.: Das Ich und sein Gehirn. München, Zürich, ^{6}1997.

PÖSCHEL, Werner (Hrsg.): Mitteilungen. Bilder und Zeichen aus Bethel. Bielefeld, 1991.

10. Literaturverzeichnis 279

PRAMANN, Klaus: Die Blaue Karawane - Aufbruch und Überschreitung von Grenzen. In: LIEßEM, Hansgeorg; STÄHLI, Pablo (Hrsg.): Ans Licht geholt - Kunst in verrückter Zeit. Köln, 1995, S. 86 - 93.

PRASCHAK, Wolfgang: Sich einmischen - eine didaktisch methodische Aufgabe der Heilpädagogik. In: BERUFSVERBAND der Heilpädagogen (BHP) e.V. (Hrsg.): Sich einmischen - Persönliche und berufliche Verantwortung des Heilpädagogen und der Heilpädagogin. Bericht der Fachtagung des Berufsverbandes der Heilpädagogen vom 18. - 20. November 1994 in Bad Lauterberg/Harz. Rendsburg, 1995, S. 35 - 51.

PRINZHORN, Hans: Bildnerei der Geisteskranken. Ein Beitrag zur Psychologie und Psychopathologie der Gestaltung. Wien, New York, ^{5}1997.

PRIOR, Bertram: Selbst-Sein und Selbst-Werden in Beziehung. Zugänge zum Problem von Selbstverwirklichung und Erziehung. (Pädagogische Versuche, Bd. 12) Frankfurt (Main), 1984.

REBMANN, Werner: Der Bildungsplan der Schule für Geistigbehinderte im Rahmen der allgemeinen Lehrplanrevision in Baden-Württemberg. In: OBERACKER, Peter (Hrsg.): Selbstverwirklichung in sozialer Integration - Ein neuer Bildungsplan für die Schule für Geistigbehinderte. Stuttgart, 1983a, S. 75 - 87.

REBMANN, Werner: „Selbsterfahrung/Selbstversorgung" als Lernbereich der Schule für Geistigbehinderte. In: OBERACKER, Peter (Hrsg.): Selbstverwirklichung in sozialer Integration - Ein neuer Bildungsplan für die Schule für Geistigbehinderte. Stuttgart, 1983b, S. 107 - 120.

REICH, Marion: Heilpädagogisches Arbeiten im Spannungsfeld von Erziehung und Therapie. In: heilpaedagogik.de. Fachzeitschrift des Berufsverbandes der Heilpädagogen. 3/2003, S. 10 - 18.

RICHTER, Hans-Günther: Kinderkunst, Naive Kunst, Außenseiter-Kunst. In: Zeitschrift für Kunstpädagogik. 4/1984, S. 18 - 22.

RICHTER, Hans-Günther: Leidensbilder. Psychopathische Werke und nicht-professionelle Bildnerei. Frankfurt am Main, Berlin, Bern, New York, Paris, Wien, 1997a.

RICHTER, Hans-Günther: Zur Bildnerei von Menschen mit geistiger Behinderung. In: THEUNISSEN, Georg (Hrsg.): Kunst, ästhetische Praxis und geistige Behinderung. Bad Heilbrunn, 1997b, S. 18 - 61.

RITTMEYER, Christel: Bewegung gegen Ausgrenzung: die integrativen Psychiatrie- und Schulreformen Italiens. Weinheim, 1988.

ROGERS, Carl. R.: Die Kraft des Guten. Ein Appell zur Selbstverwirklichung. Frankfurt am Main, 1985.

RÖSNICK, Marita: Heilpädagogische Übungsbehandlung/Heilpädagogisches Spiel. In: KRAUSE, Kornelia (Hrsg.): Spielort: Heilpädagogische Praxis. Ein Werkstattbuch. Dortmund, 1998, S. 41 - 49.

ROY, Eric A.: New Perspectives on Apraxia and Related Action Disorders. In: NESPOULOUS, Jean-Luc; PERRON, Paul; LECOURS, André Roch (Hrsg.): The Biological Foundations of Gestures: Motor and Semiotic Aspects. New Jersey, London, 1986, S. 243 - 253.

SALEWSKI, Uta; GRUBER, Harald; WEIS, Joachim: Zur Rolle der Farbe in der Kunsttherapie - Kulturgeschichtliche Hintergründe, kunsttherapeutische Sichtweisen und aktuelle Forschungsaspekte. In: Musik-, Tanz- und Kunsttherapie. 4/1999, S. 211 - 224.

SCHATZ, Elisabeth: Erwachsenenpädagogik in der Schule für Geistigbehinderte: Darstellung eines pädagogischen Konzepts der Werkstufe als Vorbereitung des Geistigbehinderten auf ein Leben als Erwachsener in Gesellschaft und Beruf. Bonn, 1983.

SCHEUERL, Hans: Probleme der Selbstverwirklichung in der pädagogischen Diskussion der Bundesrepublik Deutschland. In: HERWEGHE, Marie-Louise von Ed: Self-Realization through Education. Proceedings of the VIIth World Congress of Word Association of Educational Research Gent 1977. Gent, 1978, S. 175 - 197.

SCHMIDT-GRUNERT, Marianne: Teil 1: Grundlagen. In: DERS. (Hrsg.): Sozialarbeitsforschung konkret. Problemzentrierte Interviews als qualitative Erhebungsmethode. Freiburg im Breisgau, 1999, S. 11 - 68.

SCHMITZ, Anja: Improvisationstheater - was ist das eigentlich? In: REUTER, Werner; THEIS, Gebhard (Hrsg.): Spielräume, Spaßräume, Lernräume. Sommertheater Pusteblume: Theaterpädagogische Anregungen nicht nur für SonderpädagogInnen. Dortmund, 1997, S. 174 - 186.

SCHRIEGEL, Gerhard; MULLER, Jean-Paul: „Menschen mit Behinderung" statt „Die Behinderten". In: BHP-Info. Vierteljahresschrift des Berufsverbandes der Heilpädagogen. 3/2001, S. 12 - 15.

SCHÜLE, Wilfried: Ausdruckswahrnehmung des Gesichts. Experimentelle Untersuchungen. Frankfurt am Main, 1976.

SCHUSTER, Martin: Psychologie der bildenden Kunst. Eine Einführung. Heidelberg, 1990.

SCHUSTER, Martin: Wodurch Bilder wirken. Psychologie der bildenden Kunst. Köln, [3]1997.

SCHÜTZ, Astrid: Das Selbstwertgefühl als soziales Konstrukt: Befunde und Wege der Erfassung. In: GREVE, Werner (Hrsg.): Psychologie des Selbst. Weinheim, 2000, S. 189 - 207.

SCHWARTE, Norbert: Erwachsenenbildung für Menschen mit geistiger Behinderung. In: BUNDESVEREINIGUNG Lebenshilfe für geistige Behinderte e.V. (Hrsg.): Erwachsenenbildung für Menschen mit geistiger Behinderung. Marburg, 1991, S. 11 - 35.

SCHWEINS, Heinrich: Pädagogische Absichten und Zielsetzungen des Bildungsplans der Schule für Geistigbehinderte in Baden-Württemberg. In: OBERACKER, Peter (Hrsg.): Selbstverwirklichung in sozialer Integration - Ein neuer Bildungsplan für die Schule für Geistigbehinderte. Stuttgart, 1983a, S. 3 - 38.

SCHWEINS, Heinrich: „Spiel, Gestaltung, Freizeit" als Lernbereich der Schule für Geistigbehinderte. In: OBERACKER, Peter (Hrsg.): Selbstverwirklichung in sozialer Integration - Ein neuer Bildungsplan für die Schule für Geistigbehinderte. Stuttgart, 1983b, S. 145 - 158.

SEITZ, Willi: Selbstkonzept. In: HANSEN, Gerd; STEIN, Roland (Hrsg.): Sonderpädagogik konkret: ein praxisorientiertes Handbuch in Schlüsselbegriffen. Bad Heilbrunn, 1994, S. 166 - 172.

SIEGENTHALER, Hermann: Zeichnen und Malen mit Geistigbehinderten. In: Schweizerische Heilpädagogische Rundschau. 8/1986, S. 1 - 9.

SOMAZZI, Mario: Spuren machen - Zeichen setzen. Bausteine zum bildnerischen Gestalten. Bern, Stuttgart, Wien, 1999.

SPECK, Otto: Menschen mit geistiger Behinderung und ihre Erziehung. Ein heilpädagogisches Lehrbuch. München, Basel, [7]1993.

SPELLENBERG, Anne Dore: Erlebnisverarbeitung und Lernhilfe. Beispiele für die Bedeutung des bildnerischen Gestaltens aus der Kreativen Werkstatt der Anstalt Stetten. In:

BUNDESVEREINIGUNG Lebenshilfe für geistig Behinderte e.V. (Hrsg.): Wir haben euch etwas zu sagen. Bildnerisches Gestalten mit geistig Behinderten. München, ²1987, S. 47 - 54.

STAUDINGER, Ursula M.: Selbst und Persönlichkeit aus der Sicht der Lebensspannen-Psychologie. In: GREVE, Werner (Hrsg.): Psychologie des Selbst. Weinheim, 2000, S. 133 - 147.

STEINER, Herbert: Gemeinsam gestalten. Arbeitsbuch zur integrativen Kreativitätsförderung. Dortmund, ³1996.

STERN, Daniel N.: Die Lebenserfahrung des Säuglings. Stuttgart, ⁶1998.

STRAßMEIER, Walter; SPECK, Otto; HOMANN, Gabriele: Förderung von Kindern mit schweren geistigen Behinderungen in der Schule - Projektbericht zum LOGESCH-Projekt. München, 1990.

STRAUB, Jürgen: Identität als psychologisches Deutungskonzept. In: GREVE, Werner (Hrsg.): Psychologie des Selbst. Weinheim, 2000, S. 279 - 301.

STRAUSS, Anselm; CORBIN, Juliet: Grounded Theory: Grundlagen Qualitativer Sozialforschung. Weinheim, 1996.

STÜTZ, Werner, H.: Das bildnerische Gestalten in der Schule für geistig behinderte Kinder und Jugendliche (Teil 1). In: Sonderschulmagazin. 5/1983a, S. 5.

STÜTZ, Werner H. : Das bildnerische Gestalten in der Schule für geistig behinderte Kinder und Jugendliche (Teil 2). In: Sonderschulmagazin. 6/1983b, S. 5.

THEUNISSEN, Georg: Hospitalisiert und vergessen. Über Bildnereien geistig behinderter Erwachsener aus psychiatrischen Einrichtungen. In: Zeitschrift für Kunstpädagogik. 4/1984, S. 9 - 14.

THEUNISSEN, Georg: Humanistische Anthropologie und Sonderpädagogik - Grundzüge des Konzepts der therapeutisch-ästhetischen Erziehung. In: Behindertenpädagogik. 3/1986, S. 278 - 285.

THEUNISSEN, Georg: Heilpädagogik im Wandel - Perspektiven für die Zukunft. In: BERUFSVERBAND der Heilpädagogen (BHP) e.V. (Hrsg.): Braucht Heilpädagogik Heilpädagogen? - Eine Anfrage an die Gesellschaft - Bericht der Fachtagung des Berufsverbandes der Heilpädagogen vom 22. - 24. November 1991 in Bad Lauterberg/Harz. Rendsburg, 1992, S. 25 - 48.

10. Literaturverzeichnis

THEUNISSEN, Georg: Ästhetische Erziehung als basale Pädagogik. Anregungen zur Arbeit mit geistig behinderten Menschen. In: Zur Orientierung. 4/1994a, S. 4 - 9.

THEUNISSEN, Georg: Therapeutisch-ästhetische Erziehung. Grundzüge eines heilpädagogischen Konzepts für Menschen mit geistiger Behinderung und Verhaltensauffälligkeiten. In: Zeitschrift für Heilpädagogik. 12/1994b, S. 866 - 877.

THEUNISSEN, Georg: Abgeschoben, isoliert, vergessen - Schwerstgeistigbehinderte und mehrfachbehinderte Erwachsene in Anstalten. Beiträge zur Sozialpsychiatrie, Behindertenpädagogik, ästhetischen Praxis und sozialen Integration. Frankfurt, [5]1994.

THEUNISSEN, Georg: Wege aus der Hospitalisierung. Förderung und Integration schwerstbehinderter Menschen. Bonn, [3]1994.

THEUNISSEN, Georg: Pädagogik bei geistiger Behinderung und Verhaltensauffälligkeiten: ein Kompendium für die Praxis. Bad Heilbrunn, 1995.

THEUNISSEN, Georg: Einleitung. In: DERS. (Hrsg.): Kunst, ästhetische Praxis und geistige Behinderung. Bad Heilbronn, 1997a, S. 7 - 17.

THEUNISSEN, Georg: Zur ästhetischen Erziehung bei Menschen mit geistiger Behinderung. In: DERS. (Hrsg.): Kunst, ästhetische Praxis und geistige Behinderung. Bad Heilbrunn, 1997b, S. 62 - 86.

THEUNISSEN, Georg: Hospitalisiert und vergessen. Über Bildnereien geistig behinderter Erwachsener aus psychiatrischen und heilpädagogischen Langzeiteinrichtungen. In: DERS. (Hrsg.): Kunst, ästhetische Praxis und geistige Behinderung. Bad Heilbrunn, 1997c, S. 189 - 204.

THEUNISSEN, Georg: Basale Anthropologie und ästhetische Erziehung. Eine ethische Orientierungshilfe für ein gemeinsames Leben und Lernen mit behinderten Menschen. Bad Heilbrunn, 1997d.

THÉVOZ, Michel: Vorwort: Marcel Réja, Entdecker der Kunst der Verrückten. In: EISSING-CHRISTOPHERSEN, Christoph; LE PARK, Dominique (Hrsg.): Marcel Réja. Die Kunst bei den Verrückten. Wien, New York, 1997, S. 1 - 13.

THOMAS, Karin: DuMont's kleines Sachwörterbuch zur Kunst des 20. Jahrhunderts. Köln, [9]1997.

TITZE, Michael: Heilsames Lachen. Humor und Heiterkeit als Therapeutika. In: Dr. med. Mabuse. Zeitschrift im Gesundheitswesen. 136/2002, S. 31 - 34.

TREVARTHEN, Colwyn: Form, Significance and Psychological Potential of Hand Gestures of Infants. In: NESPOULOUS, Jean-Luc; PERRON, Paul; LECOURS, André Roch (Hrsg.): The Biological Foundations of Gestures: Motor and Semiotic Aspects. New Jersey, London, 1986, S. 149 - 202.

VAN GULIJK, Wolfgang: Die Heilpädagogik und ihre Arbeitsfelder. In: KRAUSE, Kornelia (Hrsg.): Spielort: Heilpädagogische Praxis. Ein Werkstattbuch. Dortmund, 1998, S. 11 - 18.

VOLMERG, Ute: Kritik und Perspektiven des Gruppendiskussionsverfahrens in der Forschungspraxis. In: LEITHÄUSER, Thomas et al. (Hrsg.): Entwurf zu einer Empirie des Alltagsbewußtseins. Frankfurt am Main, ^{2}1981, S. 185 - 217.

WATZLAWICK, Paul; BEAVIN, Janet H.; JACKSON, Don D.: Menschliche Kommunikation. Formen, Störungen, Paradoxien. Bern, Göttingen, Toronto, Seattle, ^{9}1996.

WEGNER, Michael: Das Konzept des Heilpädagogischen Werkens. In: KRAUSE, Kornelia (Hrsg.): Spielort: Heilpädagogische Praxis. Ein Werkstattbuch. Dortmund, 1998, S. 59 - 67.

WENDLAND, Karl-Ludolf: Menschliche Freiheit zwischen Selbstverwirklichung und Selbstzerstörung. In: Schweizer Archiv für Neurologie, Neurochirurgie und Psychiatrie. 1/1983, S. 149 - 160.

WENTURA, Dirk: Personale und subpersonale Aspekte des Selbst: Wie man über sein „Selbst" Auskunft gibt ohne über sich selbst Auskunft zu geben. In: GREVE, Werner (Hrsg.): Psychologie des Selbst. Weinheim, 2000, S. 255 - 276.

WICHELHAUS, Barbara: Kunsttherapie als Wissenschaftsdisziplin. In: Musik-, Tanz- und Kunsttherapie. 3/1996, S. 143 - 144.

WILDER, Margit: Batik. In: Erwachsenenbildung und Behinderung. 2/1990, S. 19 - 25.

WILLI, Jürg: Selbstverwirklichung in einer ökologisch gesehenen Gesellschaft. In: Praxis der Psychotherapie und Psychosomatik. 1/1985, S. 35 - 43.

WISWEDE, Günter: Soziologie. Ein Lehrbuch für den Wirtschafts- und sozialwissenschaftlichen Bereich. (Studienbibliothek Betriebswirtschaft. Herausgegeben von Prof. Dr. R. WITTGEN.) Landsberg am Lech, 1985.

WOLF, Detlev H.: Snoezelen - Im Einklang mit sich und der Welt. In: BHP-Info. Vierteljahresschrift des Berufsverbandes der Heilpädagogen. 4/2001, S. 3 - 12.

WOLLSCHLAEGER, Rüdiger: Das ist doch keine Kunst? Überlegungen zu bildnerischen Fähigkeiten geistig behinderter Menschen. In: Die „BILDNERISCHE WERKSTATT" in den Rotenburger Anstalten der Inneren Mission (Hrsg.): Bild und Sinn. Zeichnungen und Malerei in den Rotenburger Anstalten der Inneren Mission. Rotenburg/Wümme, 1990, S. 2 - 7.

ZIEGLER, Bettina: Freies Malen mit mehrfach Behinderten. Bericht aus einer Freizeitgruppe für Erwachsene. In: BUNDESVEREINIGUNG Lebenshilfe für geistig Behinderte e.V. (Hrsg.): Wir haben euch etwas zu sagen. Bildnerisches Gestalten mit geistig Behinderten. München, ^{2}1987, S. 43 - 46.

11. Quellenverzeichnis

BERLINER MANIFEST. Erwachsenenbildung und Behinderung. 6. Internationale Tagung der Gesellschaft Erwachsenenbildung und Behinderung. 21 - 23. Juni 1995 in Berlin. S. 1 - 4.

BERUFSBILD Heilpädagoge/Heilpädagogin. Berufsverband der Heilpädagogen (BHP) e.V. (Hrsg.). Rendsburg, ohne Jahresangabe, S. 3 - 11.

BERUFSVERBAND der Heilpädagogen (BHP) e.V. (Hrsg.): Literaturliste. Zentrale Dokumentationsstelle für heilpädagogische Fachliteratur. Kiel, 2003. S. 1 - 2.

DUISBURGER ERKLÄRUNG, vorbereitet vom Programmkomitee behinderter Menschen, per Akklamation angenommen von den Teilnehmern und Teilnehmerinnen des Kongresses. Kongress der Bundesvereinigung Lebenshilfe für geistig Behinderte e.V. Duisburg 27.9.-01.10.1994. „Ich weiß doch selbst, was ich will!" Menschen mit geistiger Behinderung auf dem Weg zu mehr Selbstbestimmung.

LANDESWOHLFAHRTSVERBAND Hessen: Anleitung zur Feststellung des Hilfebedarfs in der Gestaltung des Tages für Menschen mit geistiger Behinderung (= Anleitung A), Körperbehinderungen (= Anleitung B), psychischer Erkrankung (= Anleitung C), einer Abhängigkeitserkrankung (= Anleitung D), Stand 03/2001 (in Anlehnung an die Forschungsstelle „Lebenswelten behinderter Menschen", Universität Tübingen, Frau Dr. METZLER). Erstermittlung des Hilfebedarfs in der individuellen Lebensgestaltung im Bereich „Gestaltung des Tages" (Selbsteinschätzung), Stand 03/2001 sowie Auswertungsraster zur Version 03/2001.

LANDESWOHLFAHRTSVERBAND Hessen: Erhebung des Hilfebedarfs von Menschen mit Behinderung. Fragebögen zur Erhebung des Hilfebedarfs von Menschen mit Behinderung (in Anlehnung an die Forschungsstelle „Lebenswelten behinderter Menschen", Universität Tübingen, Frau Dr. METZLER). Fragebogen A: Allgemeine Angaben sowie Anlage A zum Fragebogen A: Hinweise und Erläuterungen. Fragebogen B: Hilfebedarf in der individuellen Lebensgestaltung sowie Anlage B zum Fragebogen B: Hinweise und Erläuterungen zum Verständnis des Fragebogens zum „Individuellen Hilfebedarf" und Instrument zur Ermittlung des Hilfebedarfs in der individuellen Lebensgestaltung („Wohnen"). Ohne nähere Angaben wie Jahreszahl oder Version.

LEITBILD einer Heilpädagogischen Einrichtung für Menschen mit geistiger Behinderung. Bad Emstal.

SCHLUMPER IN BERLIN. Veranstalter: Sonnenuhr e.V.; Werkstatt der Künste. Eine Ausstellung in der Kultur Brauerei 25.9. - 24.10.1993, Hamburg, ohne Seitenangaben.

Schriftliche Antworten von Studierenden im Rahmen des multimethodischen Forschungsdesigns der Autorin. Wintersemester 1999/2000 bis Wintersemester 2000/2001.

SENCKEL, Barbara Dr.: Psychodiagnostik in der entwicklungsfreundlichen Beziehung. In: Tagungsbericht. Hilfen für Menschen mit geistiger Behinderung und Verhaltensauffälligkeiten - eine Herausforderung an die Zusammenarbeit unterschiedlicher Fachbereiche. 28. Januar 2002 in Kassel. (Herausgegeben vom Magistrat der Stadt Kassel, Gesundheitsamt). Kassel, 2002. S. 20 - 24.

Transkriptionen der durchgeführten autobiografisch-narrativen Interviews im Rahmen des multimethodischen Forschungsdesigns der Autorin. Juli 2000 bis November 2000.

Transkriptionen der durchgeführten Gruppendiskussionen im Rahmen des multimethodischen Forschungsdesigns der Autorin. April 1999 bis April 2000.

12. Anhang I: Exkurs - Selbstverwirklichungsprozesse erwachsener Menschen mit geistiger Behinderung über darstellende Kunst?

Die strukturierende Inhaltsanalyse der erstellten Transkripte der durchgeführten Gruppendiskussionen ergibt Berührungspunkte bildender mit darstellender Kunst. Neben dem Medium bildende Kunst beteiligen sich erwachsene Menschen mit geistiger Behinderung laut Aussagen von Diskutanten und Diskutantinnen der zehn durchgeführten Gruppendiskussionen zum Diskussionsschwerpunkt bildende Kunst sowie einer durchgeführten Gruppendiskussion zum Diskussionsschwerpunkt darstellende Kunst u.a. auch an Projekten aus dem Bereich der darstellenden Kunst. Im Rahmen dieses Exkurses wird daher zunächst die Schnittstelle „bildende und darstellende Kunst" beleuchtet.

Erwachsene Menschen mit geistiger Behinderung verbinden, angeregt durch verschiedene kreative Angebote oder durch eigene kreative Impulse, oftmals Aktivitäten bildender und darstellender Kunst:

> **Frau V.:** Ich glaube, dass 'n behinderter Mensch sich über 'ne Form von Kunst n' Stück Wirklichkeit erarbeiten kann, indem 'n Gegenüber hat, was ihm zuschaut oder indem er die Möglichkeit hat, seine Kreativität umzusetzen, die man entweder von außen bereichert durch Musik und Bewegung, die einer dazugibt, und dass es sich letztendlich raus aus der Person entwickelt. Ich glaube, für mich ist es so, dass die Menschen, mit denen wir arbeiten, ganz viel Eigenheiten mitbringen. Ihr Eigenes. Aber es ist, es ist 'n Bestreben, diese Eigenheit aus dem privaten Raum rauszunehmen, kreativ zu gestalten, das umzusetzen in Tanz, Malerei, Bewegung, Theater oder rote Nase. *(lacht)*

oder

> **Herr Eh.:** Ja, da fällt mir ein, der Theatermacher hier, der ist in den Schwerstbehindertenbereich gegangen und hat mit den Leuten getanzt. Ja, er war der Tänzer und hat immer eine Partnerin, einen Partner genommen. Und dann hat sich herausgestellt, dass ungefähr die Hälfte der Leute wirklich gerne tanzen (...) Und dann immer wieder Walzermelodien. Und die kriegten nicht genug davon. *(lacht)* (...)

oder

> **Frau S.:** (...) Oder eben der B. *(Spitzname eines Künstlers mit geistiger Behinderung)*, der malt ja nicht nur, der macht auch Performances. Und C. *(Vorname eines Künstlers mit geistiger Behinderung)* hält Reden vor dem Publikum, immer, wenn eine Ausstellungseröffnung ist. Die D. *(Vorname einer Künstlerin mit geistiger Behinderung)* und der B., die singen auch gerne auf der Bühne dann. Das passiert dann auch wirklich vor einem realen Publikum (...)

Unter darstellender Kunst können in diesem Zusammenhang die Medien Tanz, Gesang, Theater- und Schauspiel sowie Zirkus subsumiert werden. Die positive Wirkung wurde von Fachleuten, wie bereits in Hinsicht auf das Medium bildende Kunst, durch die Gelegenheit des unmittelbaren Rauslassens und Ausagierens individueller Eigenheiten und Emotionen erklärt.

12.1 Aussagen zu Selbstverwirklichungsprozessen erwachsener Menschen mit geistiger Behinderung über darstellende Kunst

Aus den oben aufgeführten Ankerbeispielen wird deutlich, dass darstellende Kunst von den Teilnehmern und Teilnehmerinnen an mehreren Gruppendiskussionen als ein geeignetes und wichtiges Medium für Menschen mit geistiger Behinderung angesehen wird. Als Rahmenbedingungen darstellender Kunst mit geistig behinderten Erwachsenen wurde die Möglichkeit der Umsetzung von Kreativität sowie das Vorhandensein eines Gegenübers angegeben.

Im Sinne des von der Autorin erarbeiteten Explikates könnte das Medium darstellende Kunst Selbstverwirklichungsimpulse ermöglichen, da alle Bedeutungselemente des Explikates thematisiert wurden:

Selbstausdruck	• sich ausdrücken
inneres Bedürfnis	• Deutlichmachen von Bedürfnissen, kreatives Gestalten von Eigenheiten, raus aus der Person/aus dem privaten Raum, Energie ausleben
lustbetont	• nicht genug kriegen, gerne tanzen, etwas ablassen
Weiterentwicklung	• vorher noch nie getanzt, ein Stück Wirklichkeit erarbeiten, Ausgleich schaffen
Selbstbewusstsein	• reden und singen vor Publikum

Hervorhebung 12.1: Das erarbeitete Explikat in Bezug auf darstellende Kunst mit erwachsenen Menschen mit geistiger Behinderung

Die Auswertung der durchgeführten Gruppendiskussion mit Mitarbeiterinnen aus dem weiten Bereich der darstellenden Kunst zeigt jedoch, dass erste Erkenntnisse aus dem Bereich der bildenden Kunst nicht unreflektiert auf Nachbarbereiche übertragen werden können.

In Opposition zu dem in der Hervorhebung 12.1 erarbeiteten Ansatz der Autorin wurden Möglichkeiten zu Selbstverwirklichungsprozessen erwachsener Menschen mit geistiger Behinderung über darstellende Kunst von der Diskussionsgruppe zum Schwerpunkt dar-

12. Anhang I: Exkurs - Selbstverwirklichungsprozesse ... über darstellende Kunst?

stellende Kunst kritisch gesehen. Nachfolgend wird daher eine aussagekräftige längere Diskussionspassage zum Schwerpunkt Tanz und Theaterspiel wiedergegeben:

Frau T.: Also, ich weiß nicht, ich kann von niemanden sagen oder behaupten, dass er sich selbstverwirklicht durch das, was er auf der Bühne macht oder durch das, wie er es hier erlebt. Aber ich sehe, dass sich hier Leute ausdrücken, in irgendeiner Form was nach außen bringen, was, was sie sonst vielleicht nicht zeigen oder in eine Form bringen. Das ist für mich 'n Selbstausdruck und damit auch 'ne Verwirklichung. Oder durch jeden Selbstausdruck wird was, was gezeigt und in den Raum gebracht. Dadurch, dass andere zusehen oder dadurch, dass man es tut. Und das wär für mich auch 'n Stück zur Selbstverwirklichung (...)

Frau U.: Also, für mich, bei mir hakelt 's mit dieser Selbstverwirklichung. Für mich ist es, also für unsere Arbeit ist dieser Begriff nicht vorhanden oder ... Ja, für mich ...

Frau T.: Für mich, ich würde das nie so definieren, dass Leute sich hier selbst verwirklichen, sondern es geht immer um, um 'n kreativen Prozess. 'N Künstler bringt was, sei es also auf der Bühne und arbeitet mit dem, mit seinem Bewegungsmuster oder Material und 'n anderer Künstler kommt dazu und arbeitet mit und setzt was dagegen oder bewegt sich mit oder bewegt sich gar nicht, und dann entsteht da 'n Freiraum zu spielen und keine Selbstverwirklichung.

Frau U.: Der Begriff ist schwierig.

Frau T.: Für mich ist der Begriff nicht zutreffend für dieses Projekt, für unsere Arbeit. Ich würde nie die Arbeit so betrachten, dass die Leute, die hier herkommen, sich selbstverwirklichen. Weil, das ist mir zu wenig. Das kann ich, also, das ist nicht mein Interesse, dass sich jemand selbstverwirklicht, weil das immer was, für mich ist Selbstverwirklichung immer was ganz Privates und 'n Raum, wo ich auch nicht Einfluss nehmen möchte, so, weil ich gar nicht weiß, was ich da drin anrichte. Oder, also ich finde, Selbstverwirklichung braucht 'n geschützten Rahmen, und Kunst hat die Möglichkeit, hat auch 'n geschützten Rahmen, aber sie stellt sich immer wieder der Öffentlichkeit.

Frau V.: Wenn sich jemand selbstverwirklicht, kann der unheimlich schnell den Bach runtergehen. Also abdrehen oder ich weiß nicht was, wenn dieser, seine Selbstverwirklichung veröffentlicht wird. Das darf nicht, also für mich darf das so nicht passieren. Ja, und ich will jetzt mal wissen, wenn wir sagen, also behinderte Menschen, wenn man dann sagt, dass also die Leute, also es hört sich so 'n bisschen an, wenn ein behinderter Mensch nicht bewusst seine kreative Kraft einsetzen kann. Das steckt dahinter für mich so. Und das stimmt für mich nicht. Überhaupt nicht, also. Aber ich denke, so verschlüsselt manche Leute sind, ham se trotzdem 'n kreatives Potential, was mich interessiert, das rauszulocken und zu sehen.

Frau T.: Aber das kann doch auch 'ne Selbstverwirklichung sein. Kreativ zu sein, sich kreativ auszudrücken.

Frau V.: Für mich ist es anders. Also, ich möchte nicht, dass, in so 'ne Sichtweise gehen. Vielleicht ist es so. Ich seh 's einfach anders oder ich möchte es anders, für mich liegen die Schwerpunkte ganz anders. Wenn ich sage, okay, die Leute kommen her und verwirklichen sich selbst, dann könnte ich irgendwie nach Hause gehen. Ja also, wenn das mein Ziel wäre, hier zu arbeiten, dann würde ich sofort sagen, tschüss, ich gehe, ist nicht mein Interesse. Also, Selbstverwirklichung hat für mich auch ganz viel mit, weiß nicht, wenn ich 'ne Therapie mache oder, dann suche ich meine eigene Wirklichkeit. Das ist völlig in Ordnung, das finde ich total wichtig bei Menschen, die mit ihrer Wirklichkeit nicht zurechtkommen, so. Die brauchen eine ganz klare und gute Begleitung. Aber, aber hier, also hier haben wir, bieten wir diesen geschützten Rahmen auch, aber für 'ne andere Kraft oder 'n anderen Ansatz. Das ist für mich wichtig so in der Arbeit mit behinderten, nichtbehinderten, mit irgendwie psychiatrisierten und ich weiß nicht, was für Menschen, die jetzt hier herkommen. Und das ist für mich auch so was, wo ich sag, ja, wenn ich davon ausgehe, dass jeder 'n kreatives Potential hat, dann nehme ich jeden, so wie er ist, ernst. Also, ich sehe nicht, wenn der eine so macht *(deutet Armbewegung an)*, so irgendwie, okay, dann ist das eine Dynamik im Körper, und ich versuch, damit zu arbeiten. Das interessiert mich nicht, ob der sich in dem Moment selbstverwirklicht. Also, das würde mich nur hindern, es würde mich behindern, diese, diese Bewegung in Tanz umzusetzen. Also, vielleicht bin ich da sehr streng, aber das ist für mich auch 'ne ganz klare Linie, die ich, für mich sehr wichtig ist, irgendwo. Jeden so ernst mal anzugucken, was hat der für 'ne Dynamik, wo geht der hin? Oder wo sind da die Geheimnisse und wo kann ich da rein, wo darf ich da rein, wo kann ich da mit? Oder muss ich stehen und Abstand nehmen? Aber alles unter dem, für mich unter dem künstlerischen Aspekt. Das finde ich spannend.

Menschen mit Behinderungen besitzen laut Aussagen der drei Diskutantinnen kreative Potentiale. Ein Zusammenhang zwischen Selbstverwirklichung und Kreativität wird allerdings kritisch reflektiert. Über das Angebot der darstellenden Kunst werden kreative Prozesse und Freiräume möglich. Das Medium darstellende Kunst bietet geschützte Räume, bezieht allerdings auch immer eine Öffentlichkeit mit ein. Das Phänomen „Selbstverwirklichung" wird von den zitierten Diskutantinnen somit in einen therapeutischen Kontext gebracht. Da Selbstverwirklichungsbestrebungen einen geschützten Rahmen benötigen, werden Gefahren bei Veröffentlichung dieser Impulse gesehen.

Selbstverwirklichung wird demnach nicht als Ziel von Frau T., Frau U. und Frau V. in ihrer kreativen Arbeit mit geistig behinderten erwachsenen Menschen über das Medium darstellende Kunst formuliert. Der Gedanke an mögliche Selbstverwirklichung verhindert vielmehr das Aufgreifen kreativer Impulse und deren Umsetzung in Bewegung oder Tanz.

Die Aussagen und Meinungen der Diskutantinnen beinhalten Widersprüche, die nachfolgend dargelegt werden.

Frau T. verneinte zunächst die Möglichkeit der Selbstverwirklichung, gestand aber zu, dass ein Stück Selbstverwirklichung dadurch erreicht wird, dass Menschen mit geistiger Behinderung auf der Bühne etwas zum Ausdruck bringen, das sie Selbstausdruck nannte. Gleichzeitig hielt sie den Terminus für nicht zutreffend, obwohl ihr bewusst war, dass ihre Arbeit Freiräume zur Kreativität der Schauspieler und Schauspielerinnen mit geistiger Behinderung schafft. Dass diese die Prämisse für einen möglichen Selbstverwirklichungsprozess darstellen können, wurde ihrem Denkansatz nicht gerecht, da sie diese ausschließlich in der Privatsphäre realisiert sah. Wie widersprüchlich ihre Aussage ist, verdeutlichte ihre Ansicht, dass das Erreichen von Kreativität durchaus eine Möglichkeit zur Selbstverwirklichung darstellen kann. Dies ist an sich nicht erstaunlich. Alle beteiligten Frauen äußerten sich dahingehend, dass Selbstverwirklichung nicht das Lernziel ihrer Bemühungen sei, bzw. bis jetzt nicht als adäquates Ziel verstanden wurde. Darüber hinaus muss zugestanden werden, dass die Nutzung eines kreativen Freiraumes eine autonome Entscheidung von Schauspielern und Schauspielerinnen bzw. Tänzern und Tänzerinnen mit geistiger Behinderung ist, die nicht oder nur sehr schwer von Außenstehenden erkennbar ist, eher ein überraschendes Ergebnis darstellt, wenn es nicht bereits dadurch übersehen wird, weil der Wunsch, bestimmte darstellerische Techniken zu erreichen, den Blick von Mitarbeitern und Mitarbeiterinnen dafür trüben könnte.

Frau V. sah einen Widerspruch zwischen Kreativität, die sie ausdrücklich feststellt und die es herauszulocken gilt, und Selbstverwirklichung, wobei dieses Phänomen negativ besetzt zu sein schien.

Nach Ansicht dieser Diskussionsgruppe ist der Begriff Selbstverwirklichung in Bezug auf die Umsetzung von Impulsen bzw. Dynamiken erwachsener Menschen mit geistiger Behinderung über darstellende Kunst also nicht zutreffend. Diesbezüglich erfolgte der Vorschlag, diesen Terminus durch das Wort Selbstausdruck zu ersetzen und die Gruppendiskussion mit diesem Wort fortzusetzen:

> Frau T.: (...) Also, es geht mehr um den Selbstausdruck in der Kunst, über die Kunst. Vielleicht sollten wir lieber darüber reden (...)
>
> Frau V.: Über den Selbstausdruck? (...)
>
> Frau T.: Oder sich ausdrücken in der Kunst und dabei Empfindungen zu haben, oder nicht?

Auffällig ist hier, das Frau T. im Sinne des von der Autorin erarbeiteten Explikates die Elemente „Selbstausdruck" und „lustbetont" beschrieb.

12.2 Möglichkeiten der Wahrnehmung und Beobachtung von Selbstverwirklichungsprozessen erwachsener Menschen mit geistiger Behinderung über darstellende Kunst

Im Bereich der darstellenden Kunst wird über den Einsatz von Körperbewegungen, also über Körpersprache gearbeitet. Daher stellt sich auch hier für mich die Frage, inwieweit mögliche Selbstverwirklichungsprozesse erwachsener Menschen mit geistiger Behinderung über dieses Medium wahrnehmbar und beobachtbar sind.

Obwohl im Rahmen der Diskussionsgruppe Selbstverwirklichungsprozesse erwachsener Menschen mit geistiger Behinderung über darstellende Kunst verworfen bzw. in einem ausschließlich therapeutischen Kontext gesehen wurden, zeigten die Diskutantinnen Interesse an dieser für sie neuen und ungewöhnlichen Fragestellung:

> **Frau V.:** Das finde ich einen interessanten Aspekt, zu fragen (...)

So wie das Phänomen an sich, wurden dementsprechend auch Möglichkeiten seiner Wahrnehmung und Erkennung kritisch gesehen:

> **Frau V.:** (...) Meine, man kann jemand, wenn jemand das Rotkäppchen spielt, kann man erkennen, dass er 'ne rote Kappe auf hat. *(lacht)* Und so 'n Körbchen unter 'm Arm hat und Angst vor 'm bösen Wolf hat zum Beispiel *(lacht)*. Und ich bin bisher noch, also, wenn jemand zum Beispiel, wo ich dann sag, der verwirklicht sich selbst, dann heißt es, der ist das Rotkäppchen. *(lacht)* (...) Eigentlich, in seinem normalen Leben ist er auch das Rotkäppchen. Also, er spielt eigentlich nur sein privates Leben, nimmt er da auf die Bühne und spielt das Rotkäppchen. Das würde das bedeuten, Selbstverwirklichung. *(lacht)*

Bezogen auf nichtbehinderte Menschen gelang es Frau T. erste Indikatoren für Selbstverwirklichungsprozesse oder Selbstausdruck über darstellende Kunst zu entdecken. Diese Indikatoren werden ihrer Ansicht nach jedoch nicht äußerlich sichtbar:

> **Frau T.:** Für mich würde das ja bedeuten, dass, wenn jemand, der nicht behindert ist, Rotkäppchen spielt, dass er eine starke Freiheit spielt. *(lacht)* Also indem, indem er sich in die Rolle des Rotkäppchens begibt, dieses Rotkäppchen in diesem Moment ist und sich total gut und frei fühlt (...) Das verstehe ich darunter. Aber das kann ich nicht sehen. Ich kenne ja zum Beispiel Leute auf der Bühne, wo ich hinterher sage, wau, ihr ward aber heute gut. Und die mir hinterher erzählen, sie haben sich so schrecklich gefühlt, sie haben die ganze Zeit nachgedacht, was sie denn jetzt machen und dies und das und jenes, wo ich das nicht gesehen habe. Wo will ich denn das sehen, wenn ich, hier sehen, warum soll ich das hier sehen, wenn ich das bei anderen auch nicht sehe? (...) Denn es ist sehr unmöglich, in 'nen anderen Menschen reinzuschauen (...) *(lacht)*

Im Verlauf der weiteren Diskussion konnten die bereits dargelegten Indikatoren ergänzt und auf die künstlerische Arbeit mit erwachsenen Menschen mit geistiger Behinderung im Rahmen eines Integrativprojektes bezogen werden:

> **Frau T.:** Aber man kann doch schon mal festhalten, dass die Leute hier herkommen und sich ausdrücken im künstlerischen Prozess. Geistig Behinderte und auch andere. Und sich scheinbar nicht schlecht fühlen, sonst würden sie ja nicht wiederkommen. Und auch 'ne Anerkennung erfahren, das gibt's ja auch. Dadurch, entweder dadurch, dass sie Bilder verkaufen oder dass sie Theater spielen oder so, durch das, was sie tun, eben künstlerisch, das, wo sie sich ausdrücken. Ob das jetzt 'ne Selbstverwirklichung ist oder irgendwas anderes, wie will man das herausfinden? Auf jeden Fall ist es was, was sie scheinbar wollen.

Auch Frau U. sprach den Aspekt des Wiederkommens an:

> **Frau U.:** Also zumindest so, dass die Leute wiederkommen.

12. Anhang I: Exkurs - Selbstverwirklichungsprozesse ... über darstellende Kunst?

Diesem Argument wurde jedoch folgender Einwand entgegengebracht:

> **Frau T.**: Ja, aber trotzdem sitzen sie vielleicht auch manchmal da und langweilen sich ganz schrecklich und finden das Programm total langweilig. Dann ist es auch keine Selbstverwirklichung.

Trotz Vorbehalte der Diskutantinnen in Hinsicht auf das Phänomen „Selbstverwirklichung" können für den Bereich der darstellenden Kunst mit erwachsenen Menschen mit geistiger Behinderung folgende Indikatoren herausgearbeitet werden: Sich-gut-Fühlen, Sich-frei-Fühlen, Sich-nicht-schlecht-Fühlen, etwas wollen, Anerkennung erfahren (durch Reaktionen der Umwelt wie Applaus), Wiederkommen. Der Aspekt des Wiederkommens ist leicht zu beobachten. Alle übrigen Indikatoren sind nach Meinung der Diskussionsgruppe nicht wahrnehmbar und beobachtbar oder können zumindest fehlinterpretiert werden. Körpersprachliche Ausdrucksweisen wie beispielsweise Mimik oder Gestik wurden nicht erwähnt. Interessanterweise gab Frau U. in der Beschreibung ihrer individuellen Selbstverwirklichung ihren Körper als Ausdrucksmedium an. Somit ist es verwunderlich, dass diese körpersprachlichen Äußerungen von anderen nicht erkannt bzw. verstanden werden können. Langeweile wird als Faktor gesehen, der Selbstverwirklichung nicht zulässt. Künstlerisch-kreativer Selbausdruck erfolgt also lustbetont.

12.3 Abschließende Betrachtung

Die strukturierende Inhaltsanalyse der durchgeführten Gruppendiskussion zum Diskussionsschwerpunkt darstellende Kunst ergibt Folgendes:

Darstellende Kunst wird als elementares Medium für erwachsene Menschen mit geistiger Behinderung gesehen. Das Phänomen „Selbstverwirklichung" sowie deren eventuelle Erkennungsmöglichkeiten werden jedoch kritisch hinterfragt. Zusammenfassend kann diesbezüglich festgehalten werden, dass künstlerisch-kreative Angebote aus dem Bereich der darstellenden Kunst nicht mit der Intention von Betreuungspersonen, mögliche Selbstverwirklichungsprozesse erwachsener Künstler und Künstlerinnen mit geistiger Behinderung zu fördern, erfolgen. Der Aspekt der Selbstverwirklichung spielt demnach eine untergeordnete Rolle. Aus diesem Grund wurde die Frage nach der Wahrnehmung und Beobachtung von Selbstverwirklichungsbestrebungen im Kontext darstellende Kunst von Fachleuten bisher vernachlässigt. Gleichwohl wurde durch die Fragen der Autorin das Interesse der Diskutantinnen geweckt.

Überlegt werden muss meiner Auffassung nach, dass in Bezug auf Theaterspiel die vorgeschriebene Rolle eine Rahmenbedingung darstellt. Identifikation mit einer Rolle bedeutet einerseits ein Sich-selbst-Zurücknehmen zu Gunsten der Person oder eines Charakters, die bzw. der verkörpert werden soll. Andererseits bietet eine Rolle kreativen Freiraum in einem bestimmten Rahmen zur individuellen Ausgestaltung durch erwachsene Menschen mit geistiger Behinderung. Demgegenüber ist es meines Erachtens einfacher, mögliche Selbstverwirklichungsprozesse über das Angebot Improvisationstheater [318] bzw. Basales Theater[319] zu unterstützen, da hierbei ein kreativer tänzerischer, schauspielerischer oder pantomimischer Freiraum ohne Rollenvorgabe in Interaktion mit der Theatergruppe entstehen kann. Meine drei Interviewpartner mit geistiger Behinderung gaben in ihren Stegreiferzählungen beispielsweise Zirkus und Tanz als Bereiche möglicher Selbstverwirklichung an. Zu vermuten ist diesbezüglich, dass Betreuungspersonen im Bereich der darstellenden Kunst, wie auch im Bereich der bildenden Kunst, ihre Teilnehmer und Teilnehmerinnen mit geistiger Behinderung bisher nicht gefragt haben, ob sie sich über diese Art von Angeboten selbstverwirklichen können. Darüber hinaus scheinen veröffentlichte Interviews mit erwachsenen Menschen mit Behinderungen zum Thema darstellende Kunst Mitarbeitern und Mitarbeiterinnen vielfach nicht geläufig.[320]

Die Auswertung lediglich einer durchgeführten Gruppendiskussion ist hinsichtlich der Erschließung dieser Thematik nach Ansicht von Frau V. nicht ausreichend:

> **Frau V.:** Tja, ich mein, ich glaub, also ich weiß nicht, wenn du irgendwo anders hingehen würdest, Leute, die vielleicht damit arbeiten, also mit Selbstverwirklichung, oder da vielmehr mit anfangen können, dann würdest du wahrscheinlich bessere Antworten kriegen. *(wendet sich an Frau A.)* (...)

Hieraus ergibt sich für mich die Frage, inwieweit die zitierten Aussagen der Diskutantinnen als authentisch und richtungsweisend für alle Mitarbeiter und Mitarbeiterinnen aus dem Tätigkeitsfeld darstellende Kunst mit erwachsenen Menschen mit geistiger Behinderung anzusehen sind oder ob in der erstellten Transkription Spezifika dieser an der Datenerhebung im Kontext Methodentriangulation beteiligten Diskussionsgruppe, zumal es sich um ein kleines Sample handelte, zum Ausdruck gebracht wurden.

Durch die Inhaltsanalyse dieser Gruppendiskussion konnten meiner Auffassung nach erste Anhaltspunkte ermittelt werden. Weitere Forschungsvorhaben könnten diesbezüglich zu umfassenderen Erkenntnissen beitragen. Eine Forschungsfrage wäre beispielsweise die nach der Intensität ausgeführter Körperbewegungen oder Gestiken in Bezug auf Wahrnehmungsmöglichkeiten von Selbstverwirklichungsimpulsen erwachsener Menschen mit geistiger Behinderung wie beispielsweise eine Verschmelzung mit der darzustellenden Rolle, d.h. einer engagierten oder eher verhaltenen Rollengestaltung. Ferner ist zu überle-

---

[318] vgl. SCHMITZ, 1997, S. 174 ff.
[319] vgl. MANECKE, 1997, S. 315 ff.
[320] vgl. MILES-PAUL, 2000, S. 16 ff.

gen, ob, wie in der Analyse der Aussagen bezüglich bildender Kunst, bestimmte Indikatoren wie Autonomie, Authentizität, Emanzipation, Selbstbewusstsein, soziale Kompetenz, zunehmende lockere Motorik oder zunehmende Sprachfähigkeit auch bei eventueller überwiegender nonverbaler Darstellung der Schauspieler und Schauspielerinnen mit geistiger Behinderung wahrnehmbar wären. Auch der Aspekt adäquater Rahmenbedingungen als Basis für Möglichkeiten zur Selbstdarstellung und zum Selbstausdruck ist meiner Meinung nach eine interessante Forschungsfrage. Darüber hinaus ist ein sensibleres Hinschauen auf einen darstellerischen Selbstausdruck erwachsener Schauspieler und Schauspielerinnen sowie Tänzer und Tänzerinnen mit geistiger Behinderung seitens der Mitarbeiter und Mitarbeiterinnen erforderlich.[321]

Abschließend kann festgehalten werden, dass Selbstverwirklichungsprozesse erwachsener Künstler und Künstlerinnen mit geistiger Behinderung über darstellende Kunst schwieriger wahrzunehmen und zu beobachten sind als über bildende Kunst.

---

[321] vgl. FISCHER u. SCHMIDT, 2002, S. 35ff.

13. Anhang II: Schriftliche Befragungen mit/von Studierenden

Nachfolgend werden nun die Ergebnisse der strukturierenden Inhaltsanalyse der schriftlichen Antwortpapiere befragter Studierender dargelegt.

13.1 Selbstverwirklichungsprozesse erwachsener Menschen mit geistiger Behinderung über bildende Kunst?

Die Durchsicht der 52 abgegebenen Antwortpapiere der Studierenden zeigt, dass auf die Fragestellung „Sind Sie/seid Ihr der Meinung, dass sich ein erwachsener Mensch mit geistiger Behinderung über bildende Kunst selbstverwirklichen kann?" in keinem Fall mit „nein" geantwortet wurde. In einem Fall wurde diese Frage allerdings ohne Angabe von Gründen nicht beantwortet. Darüber hinaus konnte eine Enthaltung in Bezug auf die Fragestellung erkannt werden, die wie folgt begründet wurde:

> Nr. 5: (...) Ich finde, es steht mir nicht zu, darüber zu urteilen.

Abgesehen davon formulierte ein Student/eine Studentin lediglich die Hoffnung, dass Selbstverwirklichung für erwachsene Menschen mit geistiger Behinderung möglich sei:

> Nr. 37: Ich hoffe, daß dies auch für einen geistig behinderten Menschen möglich ist (...)

13 Studierende bejahen die von der Autorin formulierte Frage nach Möglichkeiten von Selbstverwirklichungsprozessen über das Medium bildende Kunst für erwachsene Menschen mit geistiger Behinderung mit Vorbehalten. Ein Selbstverwirklichungsprozess ist ihrer Ansicht nach abhängig von einer Vorliebe bzw. Abneigung erwachsener Menschen mit geistiger Behinderung für bzw. gegen das Medium Kunst, vom Schweregrad der Behinderung sowie von individuellen Vorstellungen des Pädagogen/der Pädagogin in Bezug auf die Phänomene „Kunst", „Selbst" und „Selbstverwirklichung".

36 Studierende waren der Meinung, dass Selbstverwirklichungsprozesse erwachsener Menschen mit geistiger Behinderung über das Medium Kunst uneingeschränkt möglich sind.

Zwei Studierende sahen den Selbstverwirklichungsprozess eines erwachsenen Menschen mit geistiger Behinderung über bildende Kunst als einen unbewussten Vorgang an.

In fünf Fällen antworteten die Studierenden auf die gestellte Frage lediglich mit „Ja".

Im Kontext zu den von der Autorin gestellten Übergangs-, Schlüssel- und/oder Trichterfragen beschrieben die teilnehmenden Studierenden zahlreiche Ausdrucksmöglichkeiten und Wirkungsweisen des Mediums bildende Kunst in Hinsicht auf Selbstverwirklichungsprozesse erwachsener Künstler und Künstlerinnen mit geistiger Behinderung. Nach Aussagen der Studenten und Studentinnen sind diese durch lustbetonten Selbstausdruck aus einem inneren Bedürfnis heraus gekennzeichnet und führen zu einer Weiterentwicklung der Persönlichkeit sowie zu einer Entwicklung von Selbstbewusstein.

13.1.1 Ausdrucksmöglichkeiten über bildende Kunst

Bezugnehmend auf die Frage nach möglichen Selbstverwirklichungsprozessen erwachsener Menschen mit geistiger Behinderung über das Medium bildende Kunst sahen die an der schriftlichen Befragung teilnehmenden Studierenden positive Ausdrucksmöglichkeiten über dieses kreative Medium. So ermöglicht ein künstlerischer Prozess Kommunikation und Ausdruck von Gefühlen, Stimmungen oder Empfindungen:

> **Nr. 4:** Ja, denn Kunst ist oft der einzige Ausdruck, eine Sprache für Behinderte. Sie können durch sie Gefühle ausdrücken (...)

oder

> **Nr. 19:** Ja, weil er Gefühle, Stimmungen und Empfindungen über das Medium Kunst ausdrücken kann. Es reicht, in den Farbtopf zu greifen und zu arbeiten. So kann er - der behinderte Mensch - eher kommunizieren als über das Medium Sprache.

13.1.2 Wirkungsweisen bildender Kunst

Die an der Datenerhebung teilnehmenden Studierenden beschrieben darüber hinaus vielfältige Wirkungsweisen bzw. Heilwirkungen bildender Kunst auf die Persönlichkeit erwachsener Menschen mit geistiger Behinderung.

Die Beschäftigung mit diesem Medium ermöglicht ein direktes Rauslassen bzw. Freisetzen von Emotionen und Energien sowie ein unverfälschtes Nach-außen-Bringen, d.h. eine Projektion auf eine künstlerische Fläche:

> **Nr. 44:** (...) Sie können ihre Gefühle direkt ausdrücken.

oder

> **Nr. 33:** Durch die Kunst werden Gefühle freigesetzt, in der Kunst sind sie enthalten, so dass wenn einer Kunst ausübt, diese zum Vorschein kommen können (...)

oder

> **Nr. 31:** Auf jeden Fall glaube ich, das *(sic!)* Kreativität eine Aktivität bedeutet, Energien freisetzen kann, die positiv „heilend" wirken kann! Kunst bzw. jegliche Formen der angewandten künstlerischen Mittel egal ob Kunst im angewandten Sinn, Musik, Tanz etc., kann heilend sein. Ich denke das Agieren, das in Bewegung sein *(sic!)*, innere + äußere Bewegung, löst etwas aus *(sic!)* das symbolisch aus dem Menschen, ob geistig behindert, psychisch krank oder „normal" (wobei ich nicht weiß, was „Normalität" ist, ob es normale, gesunde Menschen gibt) heraustritt und gut tut.

13. Anhang II: Schriftliche Befragung mit/von Studierenden

Das Nach-außen-Bringen innerer Bilder bedeutet für Menschen mit Behinderung Kommunikation, Selbstfindung aufgrund von Auseinandersetzung mit dem Selbstbild und Identifikation damit, Verarbeitung von Ängsten, Befreiung aus innerer Isolation sowie Aufbau von Vertrauen und Besser-Gehen:

> **Nr. 13:** Das mit eigenen Händen geschaffene *(sic!)* ist ein Bild aus dem Inneren. Damit kann sich auseinandergesetzt werden und evtl. eine Balance gefunden werden (...)

oder

> **Nr. 4:** (...) Es ist auch möglich durch Kunst ein „Selbstbild" zu entwerfen, um damit einen Zugang zu sich selbst und der Außenwelt zu schaffen.

Dadurch fühlen sich erwachsene Menschen mit geistiger Behinderung frei bzw. befreit.

> **Nr. 18:** Frei (...) Befreit (...)

Das Medium Kunst weist laut dem soeben zitierten Studenten/der soeben zitierten Studentin kathartische Wirkung auf.

Eine Beschäftigung bzw. Auseinandersetzung mit dem Medium bildende Kunst und gleichzeitig mit positiven oder negativen Persönlichkeitsanteilen bewirkt vielfältige Veränderungen im Eigenleben erwachsener Menschen mit geistiger Behinderung.

Auf diese Veränderungen im Eigenerleben und damit auch im Verhalten wird zu einem späteren Zeitpunkt eingegangen.

Das Medium bildende Kunst ermöglicht im Weiteren das Erfahren von Befriedigung und Bestätigung:

> **Nr. 25:** Ich denke, daß jeder Mensch eine Aufgabe benötigt, die ihm Spaß macht und eine Befriedigung verschafft (...)

13.1.3 Inneres Bedürfnis

Nach Aussagen der befragten Studierenden erfolgt eine künstlerisch-kreative Tätigkeit erwachsener Menschen mit geistiger Behinderung aus einem inneren Bedürfnis heraus, was nachfolgend aufgeführte Ankerbeispiele zeigen:

> **Nr. 19:** Er nimmt das Medium „Kunst" an und kann gar nicht genug davon bekommen (...)

oder

> **Nr. 24:** Indem man merkt, daß er sich mit „Leib und Seele" dieser Tätigkeit widmet und Spaß daran hat. Indem er diese Tätigkeit als seine „Lebensaufgabe" sieht und dadurch eine andere, veränderte „Ausstrahlung" zeigt.

Die Möglichkeit zur künstlerischen Umsetzung eines inneren Bedürfnisses führt demnach zu einer veränderten Ausstrahlung des Künstlers oder der Künstlerin mit geistiger Behinderung.

13.1.4 Künstlerischer Selbstausdruck

Selbstverwirklichungsprozesse erwachsener Künstler und Künstlerinnen mit geistiger Behinderung beinhalten künstlerische Selbstfindung, künstlerischen Selbstausdruck sowie das Leben bzw. Ausleben des gefundenen Selbstausdruckes:

> **Nr. 12:** (...) Um zu sich selbst zu finden, es auszudrücken und vor allem zu leben.

13.1.5 Lustbetonter Umgang mit Material und Motiven

Nach Meinung der an der Datenerhebung beteiligten Studierenden erfolgt ein Selbstverwirklichungsprozess erwachsener Menschen mit geistiger Behinderung durch einen lustbetonten Umgang mit künstlerischen Materialien, Motiven und Tätigkeiten:

> **Nr. 13:** Immer wieder etwas mit Kunst tun - sein Medium entdeckt haben, es gerne machen und nutzen (...)

oder

> **Nr. 31:** Das „Machen", also das Tätigsein, das Spaß haben *(sic!)*, „Lust" haben *(sic!)* und Empfinden kreativer Resultate, expressiver Farbe und Symbole.

oder

> **Nr. 47:** (...) Vorfreude auf gemeinsame Kunst-Sitzungen (...)

Lustbetonter Selbstausdruck beinhaltet also Motivation, Vorfreude, Freude während des unmittelbaren Schaffensprozesses sowie Freude beim Anblick der kreativen Resultate.

13.1.6 Weiterentwicklung und Entwicklung von Selbstbewusstsein

Durch einen fortschreitenden Selbstverwirklichungsprozess über das Medium Kunst wird vielfältige Weiterentwicklung ermöglicht. Eine lustbetonte künstlerische Tätigkeit beinhaltet beispielsweise einen Lernzuwachs sowie ein Wachsen innerhalb eines individuellen Persönlichkeits- bzw. Fähigkeitsrahmens:

> **Nr. 28:** (...) Und aufbauend auf dieser Form von gelebter Lust + Zufriedenheit dazulernt, in seinem ganz speziellen Persönlichkeits- oder Fähigkeitsrahmen wächst und auch, aber nicht zwangsläufig, darüber hinaus - und auch immer vor dem Hintergrund, daß es <u>ihm</u> - nicht Erziehern oder Therapeuten - offensichtlich besser geht.

Darüber hinaus kommt es zu der Entwicklung von Selbstbewusstsein, was sich in einer offeneren Zugangsweise zu künstlerischen Medien ohne Scheu zeigt:

> **Nr.14:** Dieser Mensch wird offen mit dem Medium Kunst umgehen, d.h. keine Scheu haben, sich über Farbe auszudrücken und seinen Gefühlen freien Lauf zu lassen.

Auch das Gefühl, etwas Einzigartiges zur Freude des Betrachters/der Betrachterin geschaffen zu haben und dafür von der sozialen Umwelt Anerkennung zu bekommen, trägt zur Entwicklung von Selbstbewusstsein bei. Das Erleben der eigenen lustbetonten Schaffenskraft sowie die Entdeckung von Fähigkeiten wurde wie folgt beschrieben:

> **Nr. 4:** (...) Aber auch Anerkennung bekommen und haben, das Ansehen, etwas „Nützliches" getan zu haben, produktiv zu sein (z. B. sich und anderen Freude bereiten) (...)

oder

> **Nr. 33:** Außerdem entsteht dabei ein Werk (es wird etwas geschaffen) wo einem geistig Behinderten (wie auch bei „normalen Menschen") dies ein Gefühl gibt, etwas schaffen zu können was einzig ist, wo Fähigkeiten zum Vorschein kommen.

13.2 Sind Selbstverwirklichungsprozesse erwachsener Menschen mit geistiger Behinderung über bildende Kunst wahrnehmbar und beobachtbar?

Auf die gestellten Fragen „Wie manifestieren sich Selbstverwirklichungsprozesse erwachsener Menschen mit geistiger Behinderung über bildende Kunst?" und „Können äußere Anzeichen erkannt werden?" antworteten drei Studierende mit „nein" bzw. „ich weiß nicht".

Die Mehrheit der befragten Studierenden war der Ansicht, dass Selbstverwirklichungsprozesse erwachsener Menschen mit geistiger Behinderung über bildende Kunst von Mitarbeitern und Mitarbeiterinnen wahrgenommen und erspürt werden können.

> **Nr. 21:** Ich denke, dass auf Grund der Direktheit und Ehrlichkeit (?) geistig behinderter Menschen äußere Anzeichen ganz klar ankommen und vom Pädagogen im Grunde gar nicht übersehen werden können (...)

oder

> **Nr. 26:** (...) Man spürt es, wenn man ihn in seiner Ganzheit strahlen sieht.

Im Rahmen fortschreitender Selbstverwirklichungsprozesse erwachsener Künstler und Künstlerinnen mit geistiger Behinderung sind Verhaltensänderungen in der Gesamtpersönlichkeit erkennbar:

> **Nr. 28:** Das erkenne ich daran, ob ein Mensch - egal ob behindert oder nicht ! - strahlt, lacht, sich freut, sich wohlfühlt, sich je nach Behinderung und Fähigkeiten bewegt, zappelt, sich vielleicht

auch, um sich zu spüren, an irgendwelchen Gegenständen reibt, sich eskalatorisch im Sand suhlt (...)

oder

Nr. 51: (...) Ich denke, es ist an dem Gesamtbild eines Menschen auszumachen. Einer zu beobachteten Entwicklung von Freude am Malen, auch Experimentierfreudigkeit, der Feststellung, daß etwas bestimmtes *(sic!)* ausgedrückt werden soll + somit gezielt eingesetzt wird vom Behinderten (...)

Auf diese sichtbaren Verhaltensänderungen wird nachfolgend Bezug genommen.

13.2.1 Emotionalität

Künstlerischer Selbstausdruck im Sinne eines Selbstverwirklichungsprozesses bedeutet gleichzeitig Ausdruck von Emotionen, die von Mitarbeitern und Mitarbeiterinnen wahrgenommen werden können:

Nr. 31: (...) Emotionen zeigen können (...)

Die Inhaltsanalyse der abgegebenen Antwortpapiere ergibt, dass Studierende eine Vielzahl unterschiedlicher Emotionen erwachsener Menschen mit geistiger Behinderung während fortschreitender Selbstverwirklichungsprozesse beschreiben konnten. Ihrer Meinung nach ist beispielsweise Freude und Glücklichsein vor, während oder auch nach einem künstlerischen Gestalten wahrnehmbar und beobachtbar.

Weiterhin zu erkennen ist der Ausdruck von Zufriedenheit und Stolz.

Die Emotionen Zufriedenheit und Stolz wurden von einem Studenten/einer Studentin auch im Zusammenhang künstlerischer Tätigkeiten von Menschen mit Körperbehinderung beschrieben:

Nr. 13: (...) Zunächst kenne ich (aus den Medien) Menschen mit Behinderungen, die z.B. mit den Füßen malen. In den gezeigten Interviews sah man die Zufriedenheit und einen Stolz ausstrahlen (...)

Die Erfahrung dieser positiven Gefühle führt, wie bereits angesprochen, zu einem sichtbaren ausgeglicheneren, selbstzufriedeneren und harmonischeren Verhalten erwachsener Künstler und Künstlerinnen mit geistiger Behinderung.

Auch die Ausstrahlung von Liebe bzw. Eigenliebe ist nach Auffassung eines Studenten/einer Studentin wahrnehmbar:

Nr. 43: Einen Menschen, der sich selbst verwirklicht hat, erkennt man an der Liebe und Freude, die er ausstrahlt! Er hat sowohl Eigenliebe als auch die Liebe zu anderen Menschen (...)

Durch den Vergleich vorher/nachher können Betreuungspersonen Stimmungsänderungen, beispielsweise eine Stimmungsaufhellung, erkennen.

13. Anhang II: Schriftliche Befragung mit/von Studierenden   305

Das Beschäftigen mit einem künstlerischen Thema bzw. mit dem eigenen Selbst kann allerdings auch Ablehnung als Selbstschutz in einem Menschen mit Behinderung hervorrufen. Eine ablehnende Haltung wird in einer aggressiven oder traurigen Ausstrahlung sichtbar:

> **Nr. 19:** (...) Oder aber er reagiert ablehnend, weil der künstlerische Ausdruck ihm zu tief geht - Er findet zuviel *(sic!)* über sich selbst heraus, was er nicht aushalten kann. Also erscheint er entweder ausgeglichener oder aggressiv, traurig.

Ein künstlerisch-kreativer Selbstausdruck erwachsener Menschen mit geistiger Behinderung geht einher mit zunehmendem Lebendigwerden bzw. Lebendigsein.

13.2.2 Lebendigsein

Ein fortschreitender Selbstverwirklichungsprozess ermöglicht ein Sich-Öffnen erwachsener Menschen mit geistiger Behinderung sowie ein Lebendigwerden bzw. Lebendigsein. Dieses Lebendigwerden oder Lebendigsein kann von Pädagogen und Pädagoginnen nach Aussagen der Studierenden wahrgenommen und erkannt werden:

> **Nr. 31:** (...) Vielleicht Reaktionen zeigen, die vorher nie da waren, bevor künstlerisches Gestalten probiert wurde.

oder

> **Nr. 45:** Man erkennt es daran, wenn sich ein geistig Behinderter etwas in seiner Verhaltensweise ändert, wenn die Person mehr lacht und das vorher nicht konnte (...)

oder

> **Nr. 50:** Wenn er/sie Gefühle zeigt bzw. man spürt: es tat (tut) ihm/ihr gut.

13.2.3 Einssein mit der Kunst

Im Rahmen eines fortschreitenden Selbstverwirklichungsprozesses erwachsener Künstler und Künstlerinnen mit geistiger Behinderung ist nach Angaben der Studierenden ein Einssein mit der Kunst wahrzunehmen:

> **Nr. 13:** (...) Eins mit der Kunst sein (...)

Dieser Verschmelzungsprozess wurde wie folgt beschrieben:

> **Nr. 40:** (...) Mir fällt dazu ein kleiner Vers ein >> Den Wert der Kunst erkennt man an der Liebesfähigkeit des Künstlers. << D. h., in dem Moment, wo sich jemand in das „Kunstmachen" hineinbegibt - völlig - verwirklicht er sich selbst. Er drückt sich aus, ist mit Hingabe und Liebe dabei.

Das Einssein bzw. Einswerden erwachsener Menschen mit geistiger Behinderung mit dem künstlerischen Werk steht somit im Zusammenhang mit Emotionalität.

13.2.4 Konzentration, Ausdauer, Entspannung

Die Parameter Konzentration, Ausdauer und Entspannung wurden in den schriftlichen Antwortpapieren, im Gegensatz zu den erstellten Transkriptionen der durchgeführten Gruppendiskussionen, wenig erwähnt.

Die Konzentration eines erwachsenen Menschen mit geistiger Behinderung auf ein künstlerisches Werk ist an seiner Vertiefung im Tun erkennbar:

> **Nr. 27:** An der Vertiefung in einem Tun (...)

Im Weiteren ist für Betreuungspersonen die Ausdauer und Beständigkeit der Künstler oder Künstlerinnen mit geistiger Behinderung sichtbar:

> **Nr. 23:** Ausdauer/Beständigkeit in/an der Arbeit (...)

Darüber hinaus zeigt sich im Rahmen möglicher Selbstverwirklichungsprozesse über bildende Kunst Entspannung, teilweise mit vorheriger Anspannung oder Erschöpfung.

13.2.5 Autonomie

Selbstverwirklichungsprozesse beinhalten autonome Entscheidungen erwachsener Menschen mit geistiger Behinderung. Autonomie wurde in Antwortpapier Nr. 13 stichwortartig mit dem Ausdruck „Sich-frei-Machen von der Meinung anderer" übersetzt.

Eine zunehmende Autonomie zeichnet sich durch freie Entscheidungen bzw. das Erspüren eigener Bedürfnisse und deren Umsetzung aus, auch ohne dabei über das Medium Sprache zu gehen:

> **Nr. 13:** (...) Umsetzen von eigenen Wünschen/Bildern.

oder

> **Nr. 21:** Ich glaube, daß geistig behinderte Menschen spüren, was ihnen gut tut. Sie können es vielleicht nicht verbal konkretisieren, allerdings vermute ich, daß Menschen mit geistiger Behinderung konkreter und direkter spüren, was ihnen gefällt, was ihnen Spaß macht und was ihnen völlig missfällt, da sie den Umgang über die verbale Sprache, über das „Denken" nicht gehen.

Aufgabe der Betreuungspersonen ist somit die Förderung intuitiver Handlungen erwachsener Künstler und Künstlerinnen mit geistiger Behinderung und das Ermöglichen von Handlungsspielräumen in kreativen Bereichen.

Aufgrund der gesellschaftlich zugeschriebenen Außenseiterrolle erwachsener Menschen mit geistiger Behinderung, wurde ihnen von zwei Studenten/zwei Studentinnen im Vergleich zu nichtbehinderten Menschen ein Vorteil in der Entwicklung von Autonomie zugeschrieben:

> **Nr. 3:** (...) Teilweise haben sie uns gegenüber evtl. sogar einen Vorteil, da sie durch ihre gesellschaftlich zugeschriebene Außenseiterrolle „vom Wesen her freier von gesellschaftl. Normen ist/sein *(sic!)* können".

oder

> **Nr. 26:** Ich kenne nicht die Wahrnehmungswelt eines behinderten Menschen, aber wenn ich sie so erleben *(sic!)* glaube ich, daß diese Menschen fast wirklicher leben + sind als wir „normalen" selbst. Sie tragen keine Masken (...)

13.2.6 Authentizität

Eine fortschreitende Selbstverwirklichung ermöglicht erwachsenen Künstlern und Künstlerinnen mit geistiger Behinderung den Aufbau zunehmend authentischerer Verhaltensweisen, die immer unverfälschter auch in künstlerischen Werken zum Ausdruck kommen können, also auch in der individuellen Bildsprache transparenter erscheinen können:

> **Nr. 22:** Wenn ich anhand der Bilder des behinderten Menschen seine Stimmung wiedererkennen kann, ist dies für mich bereits seine Art von Selbstverwirklichung. Je besser ich den Menschen kenne, um so mehr kann ich m.E. nach erkennen, ob er auch seine Träume, Wünsche usw. ausdrücken kann (...)

oder

> **Nr. 32:** Ein Mensch, der sich selbstverwirklicht (ob behindert od. nicht...) hat ein autentischeres *(sic!)* Selbstbild und drückt sich somit klarer, direkter aus. Er wirkt harmonischer und/oder ausgeglichener.

13.2.7 Emanzipation

Selbstverwirklichungsprozesse über bildende Kunst ermöglichen Emanzipationsschritte, d.h. ein Selbständiger-Werden im Sinne einer fortschreitenden Individuation:

> **Nr. 38:** (...) Möglicherweise bewirkt die Veränderung eben auch ein größeres Selbständigwerden im weitesten Sinne, im Sinne einer Ich-Entwicklung (Individuation).

Zunehmende Emanzipation ist an einer Befreiung aus einem Abhängigkeitsverhältnis von Bezugspersonen und einer zunehmenden Herausbildung der Persönlichkeit wahrzunehmen. Emanzipationsschritte werden durch den Respekt der sozialen Umwelt bestärkt und beinhalten das Ernstgenommenwerden durch Bezugspersonen.

Auch Verkäufe künstlerischer Werke tragen zur Entwicklung von Selbstbewusstsein und zur Emanzipation bei:

> **Nr. 17:** Die Person, von der ich in Punkt 2 geschrieben habe, erzählt oft von ihrer Kunst, verkauft ihre Bilder in der Vorweihnachtszeit → Anerkennung durch die Mitarbeiter, Betreuer, Mitbewohner, sieht das Malen als ihr größtes Hobby und verbringt sehr viel Zeit damit, wird vollkommen Ernst *(sic!)* genommen, wenn sie einen künstlerischen Tiefpunkt oder Hochpunkt hat (...)

Emanzipation bedeutet gleichzeitig Befreiung von der gesellschaftlich zugeschriebenen Außenseiterrolle. Eine zunehmende Emanzipation erwachsener Menschen mit geistiger Behinderung wird durch die Entwicklung verschiedener geistiger und körperlicher Fähig- und Fertigkeiten sichtbar:

> **Nr. 47:** (...) Positive Entwicklung begleitend zu den „Beschäftigungs-Sitzungen" z.B. bezügl. geistiger und körperlicher Fähigkeiten (...)

13.2.8 Soziale Kompetenz

Im Rahmen individueller Selbstverwirklichungsprozesse erwachsener Menschen mit geistiger Behinderung über bildende Kunst ist nach Ansicht einer Studentin/eines Studenten die Entwicklung sozialer Kompetenz, im Sinne einer verbesserten, vertrauensvollen zwischenmenschlichen Beziehung, und ein zunehmendes Vertrauen in ein soziales Umfeld zu beobachten:

> **Nr. 41:** (...) Wahrscheinlich in einem besseren Miteinander (Zusammenarbeit/Kooperation, Vertrauen) von behindertem Mensch und Therapeut, u. auch soz. Umfeld, andre *(sic!)* Bezugspersonen.

13.2.9 Selbstbewusstsein

Selbstverwirklichungsprozesse über bildende Kunst wirken sich positiv auf das Selbstwertgefühl der Künstler und Künstlerinnen mit geistiger Behinderung aus:

> **Nr. 47:** (...) Stärkung des Selbstwertgefühles.

Darüber hinaus ist eine selbstzufriedenere Ausstrahlung erwachsener Menschen mit geistiger Behinderung wahrzunehmen.

Ebenso brachten die Studierenden wahrnehmbare Selbstverwirklichungsprozesse mit dem Begriff Selbstbewustein in Verbindung:

> **Nr. 31:** (...) Selbstbewußter in der Welt leben können (...)

Insgesamt gesehen führen Selbstverwirklichungsprozesse über das Medium bildende Kunst zu einem positiv gestärkten Selbstwertgefühl, was sich in einer selbstzufriedeneren Ausstrahlung manifestiert und zu der Entwicklung von Selbstbewusststein beiträgt.

Eine Weiterentwicklung der Persönlichkeit eines erwachsenen Menschen mit geistiger Behinderung ist an einem Zuwachs an Selbstbewusstsein zu erkennen:

> **Nr. 46:** (...) Mehr Selbstbewußtsein (...)

13.2.10 Physische und psychische Gesundung

Ein fortschreitender Selbstverwirklichungsprozess erwachsener Menschen mit geistiger Behinderung über bildende Kunst ist laut Aussagen der Studierenden durch eine fortschreitende physische und psychische Gesundung wahrnehmbar. So ermöglicht ein künstlerischer Selbstausdruck beispielsweise ein Nachlassen autoaggressiver und aggressiver Tendenzen.

> **Nr. 34:** (...) Ggf. auch im Nachlassen der selbstzerstörerischen Neigungen (so denn vorhanden).

oder

> **Nr. 15.:** (...) Weniger Aggressiv *(sic!)*

Die positiven Wirkungsweisen des Mediums bildende Kunst verhelfen erwachsenen Menschen mit geistiger Behinderung zu einem schmerz- und angstfreien Leben.

Die durch die vielfältigen Heilwirkungen des künstlerischen Mediums hervorgerufenen positiven Verhaltensänderungen sind von Pädagogen und Pädagoginnen erlebbar. In diesem Kontext wurden von den Studierenden die Faktoren „Reduzierung von Medikamenten bzw. Beruhigungsmitteln" sowie „Verlegung in eine offene Wohngruppe" angeführt:

> **Nr. 38:** (...) Die Veränderung in seinem Verhalten ist dann beobachtbar und kann wiederum Konsequenzen für sein Leben haben (Reduzierung von Medikamenten, Verlegung in eine offene Wohngruppe u.a. mehr) (...)

oder

> **Nr. 51:** (...) Auch die Tatsache, dass weniger Beruhigungsmittel nötig sind, da Kunst heilsam ist (...)

Dem Medium bildende Kunst wurde eine ganzheitliche und anhaltende Heilwirkung zugeschrieben:

> **Nr. 44:** Wenn ein erwachsener beh. Mensch Freude daran hat, zu malen und sich dabei wohlfühlt und es ihm im Ganzen gut geht, nicht nur direkt beim Malen (...)

Selbstverwirklichungsprozesse über künstlerisches Gestalten führen zur Erlangung eines inneren Gleichgewichtes.

Festgehalten werden kann also, dass ein fortschreitender Selbstverwirklichungsprozess über bildende Kunst einen Beitrag zur Erhöhung von Lebensqualität und Lebensfreude erwachsener Menschen mit geistiger Behinderung leistet:

> **Nr. 49:** (...) Er hat u.a. mehr Freude am Leben, hat eine Beschäftigung, die ihm Spaß macht, ihn ausfüllt.

Erwachsene Künstler und Künstlerinnen mit geistiger Behinderung erfahren so ein sinnerfülltes Leben.

13.3 Durch welche Indikatoren sind Selbstverwirklichungsprozesse erwachsener Menschen mit geistiger Behinderung über bildende Kunst wahrnehmbar und beobachtbar?

Ohne dass seitens der Autorin der Begriff Körpersprache thematisiert wurde, beschrieben eine Vielzahl von Studierenden Wahrnehmungs- und Beobachtungsmöglichkeiten von Selbstverwirklichungsprozessen erwachsener Künstler und Künstlerinnen mit geistiger Behinderung über körpersprachliche Signale, was nachfolgend wiedergegebene Ankerbeispiele belegen:

> **Nr. 14:** Ich erkenne es daran, indem ich darauf achte, was er gemalt hat, wie er sich dabei verhält und fühlt, seine Mimik ist dabei auch wichtig. Dies alles läßt darauf schließen, daß er sich in seinem Bild selbstverwirklicht hat (...)

oder

> **Nr. 16:** Am vom Menschen Dargestellten. An seiner Mimik, seinen Verhaltensweisen (...)

oder

> **Nr. 22:** (...) Auch in der Herangehensweise des Künstlers an sein „Werk" kann man, so meine ich, erkennen, ob er sich selbstverwirklichen kann. Dabei spielt es weniger eine Rolle, ob man den Menschen kennt oder nicht. Dabei meine ich seine Haltung, Mimik und z.B. ob er sich beim Gestalten locker gibt oder eher verkrampft gibt.

oder

> **Nr. 30:** Teil dieser Selbstverwirklichung (siehe Punkt 2) kann man natürlich in Körpersprache, Mimik, Gestik, Sprache bzw. Lauten (je nachdem, wie behindert der Mensch ist) sehen - die Glück, Freude, Hoffnung, vielleicht auch mal Ohnmacht oder Verzweiflung ausdrücken, aber bei Fertigstellung einer Arbeit am Ende doch die Glückseligkeit steht - die auf dem Pfad der Selbstverwirklichung auf jeden Fall in die richtige Richtung weist.

In diesem Begründungszusammenhang ist die Aussage eines Studenten/einer Studentin von Wahrnehmungs- und Beobachtungsmöglichkeiten bei nicht näher bekannten Menschen mit geistiger Behinderung wichtig.

13. Anhang II: Schriftliche Befragung mit/von Studierenden

Als Vorraussetzung der Erkennung körpersprachlicher Indikatoren wurde eine sensible, offene Haltung der Betreuungspersonen angegeben:

> **Nr. 21:** (...) Wenn dieser sensibel und offen genug ist, um auch ein *(sic!)* Ausdruck, Gefühl der Zufriedenheit in der Mimik + Gestik wahrnehmen kann.

Die an der schriftlichen Befragung teilnehmenden Studierenden gaben in ihren Antworten teilweise nähere Hinweise auf körpersprachliche Indikatoren. Im Vergleich zu den Angaben der Diskutanten und Diskutantinnen zeigte sich allerdings diesbezüglich ein begrenztes Wissen. Die strukturierende Inhaltsanalyse der schriftlichen Antwortpapiere ergibt fünf zentrale Indikatoren, die an dieser Stelle dargelegt werden.

Nach Angaben der Studierenden sind diese Indikatoren über visuelle und/oder auditive Kanäle von Bezugs- oder Betreuungspersonen wahrnehmbar.

13.3.1 Bildsprache

Abgesehen von körpersprachlichen Signalen ist ein fortschreitender Selbstverwirklichungsprozess an der je individuellen Bildsprache von Künstlern und Künstlerinnen mit geistiger Behinderung ablesbar.

Eine sich weiterentwickelnde und reicher werdende Bildsprache im Rahmen von Selbstverwirklichungsprozessen über bildende Kunst zeigt sich durch **Zunahme** an **Kreativität** und **Zunahme** an **Intensität** aufgrund eines authentischer werdenden Selbstausdrucks:

> **Nr. 29:** (...) Oder vielleicht an der Kreativität (...)

oder

> **Nr. 41:** (...) Vielleicht in der Intensität der Bilder, die dieser Mensch evtl. malt (...)

oder

> **Nr. 42:** An den selbstgemalten Bildern, bei denen sie ihr inneres *(sic!)* nach außen hin zeigen können. Sie können zeigen, wie sie sich fühlen (...)

13.3.2 Körperbewegungen

Selbstverwirklichungsprozesse erwachsener Menschen mit geistiger Behinderung über bildende Kunst gehen mit bestimmten sichtbaren Körperbewegungen einher.

Entspannung zeigt sich in **freien** und **unverkrampften Bewegungen**:

> **Nr. 47:** (...) Freie, unverkrampfte Bewegungen beim Malen, Zeichnen usw. (evtl. bei Tanz).

Interessanterweise wurde in diesem schriftlichen Antwortpapier ein Hinweis auf mögliche Wahrnehmung körpersprachlicher Ausdrucksweise im Sinne eines fortschreitenden Selbstverwirklichungsprozesses über das Medium darstellende Kunst gegeben.

Zufriedenheit manifestiert sich in einem **In-die-Hände-Klatschen**:

> **Nr. 16:** (...) Vielleicht klatscht er in die Hände, falls er nicht sprechen kann, um Zufriedenheit auszudrücken.

Dieser Aspekt blieb im Kontext Gruppendiskussion unerwähnt.

Die Wahrnehmung dieser Körperbewegung erfolgt über den visuellen als auch den auditiv-akustischen Kanal von Mitarbeitern und Mitarbeiterinnen.

13.3.3 Gestik

Als mögliche Gesten erwachsener Menschen mit geistiger Behinderung im Rahmen ihrer individuellen Selbstverwirklichungsprozesse beschrieben Studierende die Gestiken des **Bild-Behaltens** (evtl. gehen damit Bewegungen des Bildes-an-den-Körper-Pressens einher), des **Bild-Aufhängens** sowie des **Zeigens der Bilder** gegenüber anderen Personen:

> **Nr. 37:** (...) Ob er das Bild behalten, aufhängen will etc.

oder

> **Nr. 44:** (...) Und wenn er sich freut, seine Bilder anderen zeigen zu können.

13.3.4 Mimik

Beobachtet werden können mit Selbstverwirklichungsprozessen über bildende Kunst einhergehende Änderungen in der Mimik erwachsener Menschen mit geistiger Behinderung.

An der Mimik ablesbar sind die Emotionen Zufriedenheit oder Glücklichsein, die im **Lächeln** oder in **zufriedenen Gesichtszügen** zum Ausdruck kommen. Abgesehen von einem Lächeln ist auch **Lachen** ein Indikator für Selbstverwirklichungsprozesse. Darüber hinaus wurde ferner der Blick erwachsener Künstler und Künstlerinnen mit geistiger Behinderung angesprochen. Ein **zuversichtlicher Blick** verdeutlicht innere Ruhe und Zufriedenheit:

> **Nr. 16:** (...) Ist der Mensch glücklich, wird er lachen. Ist er zufrieden, ist er ruhig und schaut zuversichtig *(sic!)*.

13.3.5 Sprachfähigkeit

Eine zunehmende wahrnehmbare Sprachfähigkeit erwachsener Menschen mit geistiger Behinderung kann als weiterer Indikator für einen fortschreitenden Selbstverwirklichungsprozess gesehen werden.

Zunehmende Sprachfähigkeit zeigt sich nach Angaben der Studierenden in einem Verbalisieren kreativer Prozesse oder kreativer Schaffenspausen sowie damit einhergehender Befindlichkeit. Zunehmende Sprachfähigkeit bedeutet ein **Mitteilen von Emotionen** und dem **Einssein mit dem künstlerischen Werk**:

> **Nr. 12:** (...) Er wird (versuchen) sein Gemaltes zu verbalisieren, um mitzuteilen, daß es etwas von ihm ist (ein Teil von ihm), er wird sich als Teil des Gemalten darstellen.

oder

> **Nr. 17:** (...) Manchmal erzählt sie, wieso es zu diesen Phasen gekommen ist und wie es ihr damit geht.

oder

> **Nr. 37:** Vielleicht kann man das an seinen Gefühlen nach der künstl. Arbeit erkennen, was er dazu sagen kann (...)

13.4 Zusammenfassung

Trotz des begrenzten Antwortspektrums, bedingt durch die Fragebogenstrukturierung, konnte über die Datenanalyse eine Vielzahl relevanter Aspekte herausgearbeitet werden.

Die strukturierende Inhaltsanalyse der abgegebenen Antwortpapiere bestätigt die aus der Datenanalyse der Transkripte durchgeführter Gruppendiskussionen gewonnene Erkenntnis nach Gültigkeit und Berechtigung des erarbeiteten Explikates im Forschungsrahmen „bildende Kunst mit erwachsenen Menschen mit geistiger Behinderung".

Zentrale Aussagen der Studierenden nach Wahrnehmungs- und Beobachtungsmöglichkeiten bildsprachlicher und körpersprachlicher Indikatoren gehen mit den bereits dargelegten Meinungen der Diskutanten und Diskutantinnen konform bzw. stellen eine Ergänzung dar. Deutlich wurde jedoch auch das begrenztere Fachwissen der befragten Studierenden aufgrund geringerer Praxiserfahrung im Gegensatz zu den Diskutanten und Diskutantinnen, so dass nicht alle von den befragten Fachleuten thematisierten Aspekte angeführt wurden.

In der Beantwortung der Fragestellungen der Autorin zeigte sich, dass Studierende oftmals von sich auf ein mögliches Verhalten erwachsener Menschen mit geistiger Behinderung schlossen, ihre Meinungen also hypothetischer Art waren, während Diskutanten und Diskutantinnen ihr Erfahrungswissen zur Sprache brachten.

penübergreifender Dienst, dezentrale Wohngruppe für Menschen mit geistiger und mehrfacher Behinderung, Außenwohngruppe für Menschen mit schwergeistiger und mehrfacher Behinderung),

- Arbeitsprojekt für behinderte Künstler und Künstlerinnen,
- Kreativprojekt für behinderte und nichtbehinderte Menschen (Integrativprojekt).

Durch die Tatsache, dass sich in einer Institution Mitarbeiter und Mitarbeiterinnen verschiedener interner Bereiche an durchgeführten Gruppendiskussionen in ihren Tätigkeitsbereichen beteiligten und durch den Wechsel einer Mitarbeiterin in ein anderes internes Arbeitsfeld, wurde in einem Fall das Malverhalten einer erwachsenen Frau mit geistiger Behinderung und körperlicher Behinderung aus drei Blickwinkeln (zwei Wohngruppen und Tagesförderstätte) beschrieben. Ferner wurden Gruppendiskussionen institutionsunabhängig mit nachfolgend aufgeführten Gesprächsgruppen realisiert:

- Gruppe interessierter Pädagoginnen,
- Gruppe interessierter freischaffender Künstlerinnen und/oder Kunsttherapeutinnen.

Die an den Gruppendiskussionen beteiligten Personen konnten unterschiedlichen Berufsgruppen zugerechnet werden und ließen sich den Tätigkeitsbereichen Pädagogik, bildende Kunst sowie darstellende Kunst zuordnen.

Der Bereich der Pädagogik umfasste folgende Mitarbeiter und Mitarbeiterinnen:

- 2 staatlich anerkannte Erzieherinnen,
- 1 staatlich anerkannte Erzieherin mit Weiterbildung zur Heilpraktikerin mit Schwerpunkt Psychotherapie,
- 1 Praktikantin im Anerkennungsjahr zur staatlich anerkannten Erzieherin,
- 1 Sonderschullehrerin,
- 1 Magister Pädagogin und Soziologin,
- 1 Diplom-Sozialpädagogin mit Erstqualifikation als Psychiatrie-Diakonin,
- 2 Diplom-Sozialpädagoginnen/Sozialarbeiterinnen,
- 1 Diplom-Sozialpädagoge,
- 1 staatlich anerkannte Heilpädagogin mit Erstqualifikation als Grund- und Mittelstufenlehrerin,
- 1 staatlich anerkannter Heilpädagoge mit Erstqualifikation als staatlich anerkannter Erzieher,
- 1 Krankenpflegehelferin in der Funktion einer Erzieherin,
- 1 Praktikantin in der Ausbildung zur Familienpflegerin,
- 1 Studentin des Fachbereiches Erziehungswissenschaft.

14. Anhang III: Überblick der statistischen Erhebungsdaten

Autobiografisch-narrative Interviews:

Von Juli 2000 bis November 2000 wurden insgesamt 7 autobiografisch-narrative Interviews durchgeführt.

Der jeweilige Erzählzeitrahmen gestaltete sich individuell und zeigte große zeitliche Unterschiede von 15 Minuten bis zu 2 Stunden.

Die Durchführung autobiografisch-narrativer Interviews erfolgte in den Bundesländern Hessen und Hamburg.

An der Datenerhebung waren erwachsene Menschen mit geistiger Behinderung aus nachfolgend aufgeführten Institutionen beteiligt:

- Arbeitsprojekt für behinderte Künstler und Künstlerinnen,
- Freier Träger (Betreutes Wohnen),
- Heilpädagogische Vollzeiteinrichtung für erwachsene Menschen mit geistiger Behinderung (Malatelier in der Trainingswohnung, dezentrale Wohngruppe).

An der Datenerhebung nahmen n = 4 Frauen mit geistiger Behinderung, davon n = 1 Frau mit geistiger und seelischer und n = 1 Frau mit geistiger und körperlicher Behinderung, sowie n = 3 Männer mit geistiger Behinderung, davon n = 1 Mann mit leichter geistiger Behinderung bzw. Lernbehinderung, teil. Somit ergab sich eine Gesamtteilnahme von n = 7 erwachsenen Menschen mit geistiger Behinderung.

Gruppendiskussionen:

In dem Zeitrahmen von einem Jahr (April 1999 bis April 2000) konnten insgesamt 11 Gruppendiskussionen mit durchschnittlich zweistündiger Dauer durchgeführt werden.

Die Gruppendiskussionen fanden in den Bundesländern Hamburg, Bremen, Niedersachsen, Hessen und Nordrhein-Westfalen statt.

An den Gruppendiskussionen waren Mitarbeiter und Mitarbeiterinnen aus folgenden Institutionen beteiligt:

- Bundesweite Elterninitiative für Menschen mit geistiger Behinderung (Kunstatelier),
- Vollzeiteinrichtung für Menschen mit geistiger und seelischer Behinderung (Künstlerhaus),
- Heilpädagogische Vollzeiteinrichtung für erwachsene Menschen mit geistiger Behinderung (Beschäftigungsgruppe/offenes Kunstatelier, Tagesförderstätte, grup-

14. Anhang III: Überblick der statistischen Erhebungsdaten

Dem Bereich der bildenden Kunst ließen sich nachfolgend aufgeführte Personen zuordnen:

- 3 freischaffende Künstlerinnen,
- 1 freischaffende Künstlerin und Kunsttherapeutin,
- 1 freischaffende Künstlerin und Klinische Kunsttherapeutin mit Erstqualifikation als Krankenschwester,
- 2 Kunstwissenschaftlerinnen/Kunstpädagoginnen,
- 2 bildende Künstler,
- 1 Studentin der Fachbereiche Kunstpädagogik und Textildesign.

Im Tätigkeitsbereich der darstellenden Kunst waren folgende Teilnehmerinnen involviert:

- 1 Schauspielerin,
- 1 Tanzpädagogin,
- 1 Tänzerin und Graphikerin.

In fünf Fällen konnte die Gesamtheit der existierenden Realgruppe erfasst werden. In sechs Fällen wurde aufgrund verschiedener Bedingungen wie Dienstplangestaltung, Urlaub oder Krankheit ein Ausschnitt der existierenden Realgruppe erfasst.

Bezüglich der Geschlechterverteilung hinsichtlich der Stichproben der Gruppendiskussionen konnte eine Teilnahme von $n = 24$ Frauen und $n = 4$ Männern festgehalten werden. Somit ergab sich insgesamt eine Anzahl von $n = 28$ beteiligten Personen.

Schriftliche Befragungen:

Die 3 schriftlichen Gruppenbefragungen von Studierenden des Fachbereiches Sozialwesen wurden während drei aufeinanderfolgender Semester im Zeitraum vom Wintersemester 1999/2000 bis zum Wintersemester 2000/2001 an einer Hochschule im Bundesland Hessen vorgenommen.

Die durchschnittliche Antwortdauer betrug 20 Minuten.

Insgesamt konnte eine Teilnahme von $n = 52$ Studierenden verzeichnet werden. Im Hinblick auf die Geschlechterverteilung ergab sich hieraus eine Beteiligung von $n = 49$ weiblichen und $n = 3$ männlichen Studierenden.

Erprobung des Beobachtungsinstrumentariums:

An der Erprobung des Beobachtungsinstrumentariums im Bundesland Hessen beteiligten sich folgende Mitarbeiter und Mitarbeiterinnen:

- 1 staatlich anerkannte Heilpädagogin mit Erstqualifikation als staatlich anerkannte Erzieherin und Montessori-Pädagogin,
- 1 staatlich anerkannter Heilpädagoge mit Erstqualifikation als staatlich anerkannter Erzieher,
- 1 staatlich anerkannte Erzieherin mit Weiterbildung zur Heilpraktikerin mit Schwerpunkt Psychotherapie,
- 1 Studentin des Fachbereiches Sozialwesen,
- 1 Praktikantin im Anerkennungsjahr zur staatlich anerkannten Erzieherin,
- 1 Praktikant im Anerkennungsjahr zum Sozialassistenten,
- 1 Praktikant im Freiwilligen Sozialen Jahr.

Somit ergibt sich eine Beteiligung von n = 4 Mitarbeiterinnen und n = 3 Mitarbeitern einer Heilpädagogischen Vollzeiteinrichtung für erwachsene Menschen mit geistiger Behinderung in den Bereichseinheiten

- Heilpädagogische Förder- und Begegnungsstätte (Tagesstätte),
- Beschäftigungstherapie,
- Seniorengruppe,
- offene Kunstgruppe,
- dezentrale Wohngruppe.

www.ingramcontent.com/pod-product-compliance
Lightning Source LLC
Chambersburg PA
CBHW021935290426
44108CB00012B/849